本研究得到国家自然科学基金（71673087）和华东理工大学重大交叉培育基金的资助

SPS措施与农产品质量升级的耦合机制研究

董银果　著

中国农业出版社
北　京

内 容 提 要

20世纪90年代以来，随着消费者收入的增长，可持续发展理念的深入以及多起重大食品安全危机事件的暴发，越来越多进入“中产”的消费者开始关注产品的成分、安全性、制作流程与营养等质量问题（Grunert，2005）。表现在国际市场上，为了控制农产品市场在WTO框架开放后发生系统性风险的可能，各国政府纷纷采纳卫生与植物检疫措施（Sanitary and Phytosanitary，SPS）提高农产品的质量进入门槛，SPS措施因而成为农产品贸易中的主要限制因素。受此影响，中国农产品出口发达国家不断遭遇通报、扣留和拒绝，贸易损失巨大。不仅如此，质量水平低下也是中国农产品国内市场供需失衡的重要因素。一方面国产农产品滞销，而另一方面农产品进口大幅度增加。基于这一严峻形势，2014年以来每年中央1号文件都明确要求提高农产品质量和食品安全，甚至将农产品质量与政府考核绩效挂钩。那么，中国农产品的质量竞争力到底如何？和其他国家相比，中国农产品处于什么样的质量层次？进口国SPS措施倒逼了中国出口农产品的质量升级吗？其背后的机制是什么？这些都是本书想要回答的问题。

本书的结构安排、内容框架以及研究结论如下：

第2章　农产品质量与政府SPS措施。本章从农产品质量的内涵、产生的理论基础、现实驱动力、SPS与农产品质量的关系、SPS措施的保护目的与保护效果等六个方面进行了探索。研究发现：①农产品质量是分层级的，最低层级是其安全性，其次是营养、口味，第三个层级则添加了环境道德标准。SPS措施与农产品质量最低层级的安全性直接相关，而TBT措施与农产品质量的第二、三层次相关。②农产品质量问题的产生既有信息不对称、生产外部性的原因，也有消费者收入增长后对产品质量的需求偏好问题，而其现实的原因则是生物、化学农业发展对农业生产和人们生活方式带来挑战，近年来重大食品安全问题以及老龄化社会到来的影响，当然也离不开过去30年经济发展和消费者的收入增长，这些因素共同决定了国际农产品市场越来越高的质量门槛以及发达国家和新兴经济体国家消费者对产品质量日益提高的要求。③目前国际上SPS协定强制性管辖着农产品质量安全事务，TBT协定指导农产品质量的非强制措施相关事务。各国具有通报与质量相关SPS/TBT措施的义务，贸易纠纷在WTO/DSB解决，后者的行为准则是SPS/TBT条约和CAC标准。④将各国SPS措施的保护目的分为保护健康和保护贸易，基于 2001—2018 年 WTO 成员针对农产品 SPS 通报数据的实证发现，SPS 措施主要是为了保护消费者的健康，但也存在着贸易保护的嫌疑，发达国家 SPS 措施保护贸易的嫌疑更大。⑤基于 2001—2018 年 OECD 国家和中国共 37 个国家数据，测算 SPS 保护效果的研究发现，农产品 SPS 措施关税等值介于 4.6%～60.6%之间，平均关税等值为 21.07%，是农产品加权平均关税的 2 倍。

第 3 章　农产品质量升级的影响因素。本章从质量的度量方法、影响质量升级因素以及影响因素的实证分析三个方面切入，分析了质量度量方法的演进及各方法的优劣，剖析了影响农产品质量升级的因素，并对这些因素进行了实证模拟。研究发现：①技术复杂度、单位价值法、直接估计法和集约边际基础上的价格指数方法是学界曾经和至今仍主要采用的度量方法，目前最前沿的方法是基于 Khandelwal 的嵌套 Logit 方法和需求结构方法（DSM）。②影响质量升级的因素主要有消费者收入的增长及偏好变动、生产技术装备人力资本等生产端变量、国家贸易政策以及资本来源投资政策等。③以日本 2006 年实施肯定列表制度这一贸易政策为样本，建立实证模型，分别从动态和静态视角检验了肯定列表这一政策显著影响中国出口农产品的质量升级行为。

第 4 章　中国农产品质量的测度与评价。本章分别采用嵌套 Logit 方法和需求结构方法测度了中国对日出口、对美出口和对“一带一路”沿线国家出口农产品的质量水平，探讨中国农产品出口增长的动力来源。研究发现：①中国对日出口农产品质量经历了“上升、下降、再上升”的 N 型变动；与其他主要农产品出口国的横向比较发现，中国蔬菜、水果、咖啡茶叶及香料和杂食干果四大类农产品质量与印度基本持平，与荷兰、法国等国家农产品质量相比仍有较大差距。中国农产品整体质量虽处于世界中游水平，但不同类别农产品质量水平差距较大。在 HS9 位编码农产品中，中国 72.37%的种类处于同期世界向日本出口产品质量阶梯的中下游，其中近 50%种类居于低质量行列，反映了中国农产品仍缺乏质量竞争力。②2000—2017 年，中国对美出口农产品贸易经历入世、金融危机、经济新常态等不同阶段，总体出口质量呈现波动上升趋势，且在 2018—2025 年将更加趋于平稳；中国出口市场份额相对较低的消费者导向农产品是影响总体波动趋势的关键，其质量水平介于大宗农产品和中间农产品之间。具体而言，果蔬制品类出口质量长期保持“高且稳”的演变趋势，水产制成品类的质量较低但升级趋势良好；相比国际竞争对手，不同种类农产品质量面临的升级压力差异较大。③2000—2017 年，中国对“一带一路”沿线国家农产品出口质量总体呈上小幅上升态势，水产品、蔬菜和水果质量演变趋势基本一致，总体呈上升态势，2011年之后上升趋势比较明显，油籽类和蔬菜类出口质量较高。水产品对新加坡出口质量高且比较稳定；蔬菜类对俄罗斯出口质量较高，对新西兰出口质量明显下滑；水果类对俄罗斯出口质量高，对韩国出口质量出现小幅下滑，对泰国波动较为明显；蔬果制品对泰国、越南和新加坡出口的质量最为稳定，对菲律宾出口质量提升幅度最大，但对印度尼西亚、韩国、马来西亚、俄罗斯和阿联酋出口质量下滑趋势明显。④从静态和动态的三元边际视角出发，采用核密度估计方法分析发现，虽然中国对美农产品的出口增长动力主要来自数量边际，但只有在质量—数量边际共同作用下才能诠释出口增长的89.3%，且出口动力的边际贡献率走势以2008年金融危机为转折点，开始由数量边际驱动型向质量边际驱动型转变。为了实现出口增长动力的转型升级，性价比即质量除以价格才是中国农产品出口增长持续稳定增长的真实动力。

第5章　SPS措施对农产品质量升级的影响。本章主要探讨进口国实施的SPS措施对中国出口农产品质量升级的影响。在探讨SPS措施对质量升级影响机制的基础上，基于异质性企业理论，分别建立理论和实证模型探讨SPS措施对不同技术层级、不同出口产品种类和不同出口目的地多寡企业的影响。研究发现：①当进口国（日本）SPS措施的标准提高后，促进了各出口国农产品的质量提升，但对不同技术层级农产品出口企业影响不同，技术落后企业较技术前沿企业实现较大的质量升级；非OECD国家技术落后企业在"熊彼特租金"的激励下加速创新，而OECD国家的技术前沿企业因自身标准较高致使创新下降。②面对进口国SPS措施倒逼质量升级，出口企业在垂直—水平二维下，存在产品内升级或产品间重构两种路径；拓展至垂直—水平—时间三维后发现多产品出口企业在"技术溢出"、"干中学"和"退出驱动"三重合力效应下的质量升级效率最高。进一步分析发现，多产品出口企业中，国有企业质量升级最快，而一般贸易快于加工贸易。③进口国异质性SPS措施对中国农产品出口增长和质量升级存在差异化机制，企业在理性抉择质量遵从成本和市场转移成本时会被"质量升级困境"锁定。具体表现在：OECD国家技术性贸易壁垒对质量升级的逆向倒逼作用更突出，落后企业面对技术性贸易壁垒时出口转移概率更高；市场多元化扩张式转移路径可诠释2000—2015年中国出口增长的35.9%，大大扭曲了倒逼机制下出口"高质高价"产品的中介效应。然而，质量驱动型出口增长路径则不存在"质量升级困境"。总之，进口国SPS措施倒逼了出口企业产品的质量升级。

第6章　质量升级对应对SPS措施的影响。本章探讨质量升级的经济表现，并从理论和实证上分析质量升级对应对进口国SPS措施的影响。研究发现：①质量升级主要表现在产品溯源体系的建立、从农田到餐桌的整个生产过程风险控制、产品生产标准提高以及流通与销售的“冷链系统”。②质量升级便利了出口商对进口国SPS措施的遵从，降低了SPS措施的遵从成本以及对农产品出口的负面影响，也是出口商开发突破新出口市场SPS措施的敲门砖。③质量升级行为对SPS措施影响的实证研究发现，质量升级使企业更能从容应对进口国SPS措施，出口贸易稳定性增强，且正向作用于出口的扩展边际和集约边际。可见，SPS措施质量升级也正向促进了对进口国SPS措施的遵从，因而SPS措施与质量升级是相辅相成的关系。

第7章　中国农产品质量升级的策略。本章分为四个部分展开，探讨了质量升级的路径，分别从企业、中介组织和政府视角提出质量升级的策略。研究发现：①中国农产品的质量升级可以沿着三个路径展开，即以遵从发达国家SPS措施为契机实现质量升级，以区域农产品公用品牌建设推动质量升级和以创新驱动产品质量升级。②质量前沿企业在质量升级中应以发达国家质量安全标准为依据，构建产品的溯源体系，从农田到餐桌的全程质量管理和从生产、流通到销售的全程冷链体系，并以不断的技术创新，保持和扩大农产品对发达国家的出口；质量一般企业应以区域农产品公用品牌建设为推手，实施产品的标准化生产，利用地理标志等区域品牌塑造产品的差异化，增强生产过程的控制，提高农产品的质量水平；质量落后企业应通过股权让渡或者合同成为质量前沿企业（国家龙头企业或者发达国家外资企业）供应链的一部分，通过供应链的联动和龙头企业的技术溢出，提升产品质量。③产业组织主要通过以龙头企业为核心，带领中小企业提升产品品质，以运作区域公用品牌以及通过制定和执行行业标准实现产品的质量升级。④政府主要通过采用政策诱导企业质量升级、通过标准促使质量升级和通过SPS措施强制质量升级。为了实现政府对企业质量升级的影响，必须强化五大保障体系建设，即质量标准体系、质量检验检测体系、市场营销体系、质量认证体系以及质量监督管理体系五大保障体系建设。

总之，质量升级是一个长期的过程，是企业生存和发展的决定因素，也是未来中国数十年甚至上百年必须践行的道路。

重 要 术 语

缩写	英文全称	中文名称
BRC	British Retail Consortium	英国零售商协会
BRI	Belt and Road Initiative	“一带一路”倡议
CAC	Codex Alimentarius Commission	食品法典委员会
DSU	Dispute Settlement Understanding	争端解决谅解
DSB	Dispute Settlement Body	争端解决实体
ERS	Economic Research Service	经济研究服务
EUREPGAP	Euro-Retailer Produce Working Group Good Agricultural Practices	欧盟良好农业规范
FAO	Food and Agriculture Organization	联合国粮食与农业组织
FAPRI	Food Agricultural Policy Research Institute	食品与农业政策研究所
FDA	Food and Drug Administration	（美国）食品与药品管理局
GATT	General Agreement on Tariffs and Trade	关税与贸易总协定
GAP	Good Agricultural Practices	良好农业规范
GHP	Good Hygiene Practices	良好卫生规范
GMP	Good Manufacturing Practice	良好生产规范
HACCP	Hazard Analysis and Critical Control Point	危害分析与关键点控制
IPPC	International Plant Protection Convention	国际植物保护公约
ISO	International Organization for Standards	国际标准化组织
LOP	Level of Protection	保护水平
OECD	Organization for Economic Co-operation and Development	经济合作与发展组织
OIE	Office International Des Epizooties	国际动物卫生组织
QACP	Qulity Assurance Control Point	质量保证控制点
QMS	Quality Management System	质量管理体系
SQF	Safe Quality Food	食品质量安全
SPS	Sanitary and Phytosanitary	卫生与植物检疫
SPS-IMS	Information Management System	信息管理系统

（续）

缩写	英文全称	中文名称
TBT	Technical Barriers to Trade	技术性贸易壁垒
TQM	Total Quality Management	全面质量管理
TRIPS	Agreement on Trade-Related Aspects of Intellectual Property Rights	与贸易有关的知识产权协定
UNCTAD	United Nation Committee of Trade and Development	联合国贸易发展委员会
UPOV	International Union For The Protection of New Varieties of Plants	国际植物新品种保护联盟
WHO	World Health Organization	世界卫生组织
WTO	World Trade Organization	世界贸易组织

目 录

第1章

引　言

1.1　研究的背景、目的和意义

1.1.1　研究的背景

随着消费者收入的增长与分化，可持续发展理念的深入，越来越多进入“中产”的消费者开始关注产品的成分、安全性、制作流程与营养等问题，不同食品间的垂直差异与水平差异成为消费者需求偏好的必要条件（Grunert，2005）。在此压力之下，食用农产品的价格竞争力正在下降，而与质量安全相关的标准、生产过程控制、追溯性等成为农产品竞争力的重要来源（董银果，2014）。Sexton（2013）认为，农产品不再是同质性产品，消费者对食品质量特性的需求已从口味、外观和便利性等扩展到食品生产过程及其对环境和食品安全的影响，以及饮食与健康之间的联系。表现在国际市场上，为了控制农产品市场开放后发生系统性风险的可能，各国政府纷纷采纳卫生与植物检疫措施（Sanitary and Phytosanitary，SPS）提高农产品的质量进入门槛，SPS措施因而成为农产品贸易中的主要限制因素（Maskus et al.，2005；Shepherd and Wilson，2013）。加入WTO以来，中国农产品出口频频因质量安全问题受阻于国外的SPS措施。2006年以来国家质检总局对出口企业的调查显示，每年有50%以上企业受到SPS措施直接和间接影响，贸易损失额占当年农产品出口额的1/3左右。国外的拒绝、扣留和质量投诉不仅严重损伤了中国出口农产品的形象（低质廉价），更是让出口企业和广大农户遭遇损失。不仅如此，质量水平低下也是中国农产品国内市场供需失衡的重要因素。一方面国产农产品滞销，而另一方面农产品进口大幅度增加。中国本是大豆出口国，近年进口大豆已占国内需求的 65%～70%；奶业接连暴发的质量安全事故，造成消费者恐慌和对进口农产品的需求偏好。如奶制品进口在 2010—2014 年 5 年累计增幅达到 143.2%。同期，液体奶（鲜奶+酸奶）进口增幅更是高达 1 823%。

基于这一严峻形势，2014—2016 年连续三年中央 1 号文件都明确要求提高农产品质量和食品安全，甚至将农产品质量与政府考核绩效挂钩。那么，中国农产品的质量竞争力到底如何？和其他国家相比，中国农产品处于什么样的质量层次？农产品质量升级的影响因素有哪些？SPS 措施的实施能够提高农产品的质量水平吗？又以怎样的方式影响农产品的质量升级？

本项目从农产品质量的内涵和外延入手，探讨农产品质量和质量升级的影响因素，实证度量中国农产品质量水平并探寻其演变的轨迹，探讨 SPS 措施促进农产品质量升级的机理，量化 SPS 措施对于质量升级的效应，以通过 HACCP/GAP 为例度量质量升级对于遵从 SPS 措施的影响，为提升中国农产品质量竞争力，构建质量与效益并重的中国农产品供给体系提供理论和实证依据。

1.1.2 研究的目的

本项目的研究聚焦于中国出口农产品的质量升级以及 SPS 措施对农产品质量升级的影响，通过理论分析、实证考察、计量分析以及模拟实验等达到以下目的：

（1）评估中国农产品质量竞争力水平、演变及与其他国家的差距，以便清楚认识中国农产品质量的现状。

（2）探讨 SPS 措施与农产品质量升级的关系，为应对国外 SPS 措施和实施中国农产品 SPS 措施提供理论和实证依据。

（3）提供不同技术层次农产品企业质量升级的路径及遵从 SPS 措施的策略。

1.1.3 研究的意义

1. 理论意义

从理论上来说，农产品长期以来被看作同质性产品，忽视了农产品、食品之间的营养、安全、口味等垂直差异以及包装、产地等水平差异，而事实上近年来农产品的品牌、质量、包装等非价格因素已起到主要作用。本研究突破传统经济学对农产品同质性的假设，基于质量和效率双重异质性的新新贸易理论，将SPS措施作为农产品质量门槛，构建“SPS措施、企业技术水平、质量升级的成本与收益”的经济学模型，从产业链视角探讨SPS措施对上下游企业质量升级的直接和间接影响，采用前沿距离模型度量SPS措施对农产品质量升级的影响，丰富农产品质量、质量升级以及SPS措施与农产品贸易的研究。

2. 现实意义

近年来，中国农业连续多年丰收，部分农产品滞销，而同时进口农产品大幅增加，价格数倍于国产农产品。本项目采用嵌套Logit模型测度中国农产品质量竞争力及其演变，横向比较中国水产品、蔬菜、茶叶等农产品质量与其他国家的差距，采用前沿距离模型测度中国农产品与质量前沿的距离，设计技术领先企业、一般企业、落后企业的质量升级路径与SPS策略，为发展“优质、高产、高效、生态、安全”农产品，实现农业生产的转型升级，提高农产品市场竞争力，增加农民收入提供现实依据。

1.2 国内外研究动态综述

本项目研究涉及SPS措施、质量以及质量升级等方面的内容，因此，文献综述主要围绕以上三个方面展开。

1.2.1 SPS措施的研究综述

国外关于SPS措施的研究主要从20世纪90年代展开，研究主要集中在两个方面：一是SPS产生原因与贸易效应研究；二是SPS措施对进、出口国贸易影响的研究。

对于SPS措施的产生原因，经济学家认为是市场失灵，而对于市场失灵又从外部性、信息不对称、交易成本等不同的角度进行了解释，并针对性地提出了外部成本内在化（Mahe，1996）、国家质量检测部门对私营企业的质量标准授信以及建立垂直的产加销供应链关系等解决方案（Akerlof，1970；Williamson，1986）。关于SPS措施影响效应的研究分为理论分析框架和实证度量方法两个方面。理论分析框架主要有三种模式：微观经济学、局部均衡和一般均衡。从微观经济学的角度文献集中在由标准、法规所增加的遵从成本的决定因素以及企业对标准、法规的战略反应（Baldwin，2000；Sexton，2013），政府对法规标准的战略使用以及对市场准入、国际竞争和福利的影响（Ganslandt and Markusen，2001）。而局部均衡的研究集中在 SPS 措施对贸易流动、价格和福利的影响上（Deardorff and Stern，1998；Roberts，1999）。使用一般均衡法的研究着重区分 SPS 措施的需求和供给效应及贸易溢出效应。SPS 措施对贸易的影响直接作用于均衡价格曲线，而均衡价格曲线的移动导致外部不均衡，这种外部不均衡引起收入水平和国内利率变化（Jinji，2010）。SPS 措施贸易影响的度量方法主要有：价格楔方法，存货方法，调查方法，重力模型，以风险评估为基础的成本收益方法，程式化的微观经济方法，产业和多市场数量方法（John and Jean，2002；Swann，2010）。以上方法的区别在于：价格楔方法、引力模型、调研方法和存货方法偏重于对贸易效应的度量，局部均衡方法、成本收益方法、一般均衡方法则突破贸易的局限，探索更为广泛的经济福利效应。

SPS 措施对进出口国家影响的研究多为实证研究，关于 SPS 措施对出口国的影响研究集中在 SPS 措施到底是贸易壁垒还是贸易催化剂（Melo et al.，2014）。持壁垒观点的学者较多，普遍认为，SPS 措施对贸易造成较大限制。如 Yue et al（2006）对美国苹果出口受到 SPS 措施影响的分析，认为进口国实施的 SPS 措施相当于对美国苹果征收了高额的关税，一旦减少这些 SPS 措施，将会显著促进美国苹果的出口。Yue 和 Beghin（2009）针对澳大利亚对新西兰出口的苹果采取的 SPS 措施同样对新西兰造成了贸易损失，关税等值高达 99%。但也有学者认为，SPS 措施在一开始会产生显著的贸易阻碍作用，但随着出口方不断积累经验，在达到一定门槛之后，这种阻碍作用就会逐渐变小，最终会消失（Peteson et al.，2013）。许多针对发展中国家农产品出口的研究普遍认为，发达国家的 SPS 措施对发展中国家出口造成限制作用。Jayasuriya et al.（2006）研究认为，由于美国、日本等 7 个发达国家实行严格的质量安全标准且各国标准差异较大，使印度企业的遵从成本为销售收入的 5%，中小企业高达 10%～15%；持相同观点的还有 Otsuki（2001）、

Gebrehiwet et al.（2007）以及世界银行和 OECD 的大量研究。SPS 标准已经成为发展中国家农产品贸易的主要障碍。其他学者的研究也表明，发展中国家的农产品出口的确会受到发达国家 SPS 措施的阻碍作用（Henson et al.，2005；Maskus et al.，2005；Melo et al.，2014）。由于缺乏相应的资源、技术和人力资本的匮乏，发展中国家难以充分参与到与 SPS 标准相关的贸易规则的制定，从而无法维护自己的利益（Gebrehiwet et al.，2007）。Li 和 Beghin（2012）以 CAC 标准为依据，横向比较各国的 SPS 措施，发现大多数 SPS 措施超越了保护目标，成为贸易壁垒。

但也有相当的研究并不赞成以上观点，他们认为 SPS 措施是贸易催化剂。如 Yue et al.（2005）和 WTO（2005）的研究认为，SPS 标准的提高并不一定会抑制发展中国家的贸易量，不能笼统地认为新的 SPS 标准对发展中国家是完全不利的，对于那些在新标准实施前，就已经主动采取应对措施的国家，新标准的实施却是抢占市场份额的良好机遇。Moenius（2004，2006）通过研究 12 个 OECD 国家双边标准和单边标准的贸易效应得出，双边标准能够促进贸易的发展，而进口国单边标准阻碍了贸易的发展，出口国单边标准则提高了产品竞争力进而促进了贸易发展。因为 SPS 措施的实施能够在一定程度上消除外部性，缓解信息不对称的状况，从而有利于增强消费者的信息，增加对产品的购买，因而可以促进进口（Neeliah et al.，2013）。Jaffee and Henson（2004）认为各国实施的农产品标准未必全是贸易壁垒。标准强化了各国农产品生产供应链的优势和缺陷，从而对不同竞争能力和不同市场参与者产生不同的影响。某些国家或产业会运用较高的标准和安全要求塑造自己在全球竞争市场中的优势地位。因此，需要综合考虑能力范畴和潜在供应链的情形下重新分析农产品各项标准的影响。发展中国家的问题就是如何挖掘自身潜力，克服缺陷，从而在全球市场竞争中获得相应的利益。如 Neeliah et al.（2013）的研究表明，毛里求斯的鱼类产品出口商并不认为欧盟的 SPS 标准成为其主要的出口障碍。

关于 SPS 措施对进口贸易和福利的研究，学者们倾向于个案研究，得出两种不同的结论。一种观点认为，SPS 措施的设置给进口国带来较大的福利损失。Beghin and Melatos（2011）分析了澳大利亚自 1990 年以来的猪肉进口检疫措施演变的影响。结果表明，检疫措施对贸易和福利有重大的影响，关税等值水平超过113%。如果取消这些措施，消费者将获得超过409亿澳元的收益。另一种观点则认为，SPS在总体上不会降低进口国福利水平（Gray et al.，1998；Peterson et al.，2013）。Liu 和 Yue（2012）运用VES效用函数模型分析表明，HACCP（Hazard Analysis Critical Control Point，危害分析与关键点控制）标准的实施促进了欧盟的橙汁进口，增加了消费者福利。Anders 和 Caswell（2009）研究认为，HACCP标准的实施促进了美国的海鲜进口。Curzi et al.（2014）基于前沿距离模型的研究发现，欧盟自愿食品质量标准促进了进口农产品质量的升级。

近年来，中国学者对SPS也展开了较为广泛的研究，研究集中在：SPS特点、SPS措施的贸易影响机制、（国外）SPS措施对中国农产品出口贸易的影响、中国农产品遭遇SPS措施的原因及对策几个方面。

对于SPS措施是否产生贸易壁垒，专家持有不同意见。有学者认为，由于各国技术和经济发展水平存在差异，发展中国家和发达国家之间形成一条难以逾越的技术鸿沟，各种技术性标准成为名副其实的“技术壁垒”（黄卫平等，2001；张亚斌等，2004；施用海，2006）。也有学者认为，近年出现的绝大多数技术措施都符合WTO游戏规则，只有极个别属于歧视性壁垒（邓竞成，2003）。还有学者提出评判SPS壁垒的8条标准（董银果，2009）。

关于SPS的贸易效应，学者们认为，SPS措施虽有诸多正面效应，但是某些国家制定的SPS措施、标准、法规却具有贸易限制作用。冯宗宪（2000）认为标准在设立之初，起到零配额的作用，表现为数量控制机制；标准的作用进一步显现，对进口产生数量和成本、价格和竞争力的影响（顾江、杨红利，2004）。董银果（2008，2011）在局部均衡的分析框架下研究发现，SPS措施设立中的歧视行为对遵从成本影响较大，并认为贸易小国面对所有国家歧视时的遵从成本最高，而贸易大国无歧视的遵从成本最低。

关于SPS措施对我国农产品出口的影响。董银果等（2005）试图用BOX－COX函数量化SPS措施的影响，发现SPS措施对我国猪肉出口具有明显的贸易限制作用。孙东升等（2007）以欧盟提高茶叶残留标准为背景的研究显示，欧盟MRLs标准的提高引起了中国茶叶生产用药成本的增加，对欧盟茶叶出口因此减少 0.006%～1.099%。田东文、叶科艺（2007）、郭留超、许冬至（2009）、董银果（2011）、张广、金钟范（2012）、宋海英等（2014）等采用引力模型以国外最大残留限量为变量度量了 SPS 措施对中国水产品、坚果、鳗鱼、蜂蜜、茶叶等贸易的影响，均证明国外严格的 SPS 措施对中国农产品出口具有明显的限制作用。鲍晓华（2014）基于新新贸易理论，以企业异质性为前提，证明了 SPS 措施不仅影响中国农产品贸易的广度，也影响贸易深度。但也有研究发现，SPS 措施会对中国农产品带来正面影响（陈瑞玲和李东，2010）。徐维、贾金荣（2011）利用引力模型研究发现，日本、美国、欧盟向 WTO 提交的 TBT 和 SPS 通报数每提高一个百分点，中国农产品出口额的对数值就将增加 0.388%。

关于中国农产品出口遭遇 SPS 措施的原因及应对。宋海英等（2009）的调研发现，企业产品质量不过关，联合应对机制尚未形成和有关信息不够公开透明是企业遭遇 SPS 措施主要原因，因此应建立“政府、专家、中介和企业”四位一体的联合应对机制。陈瑞玲、李东（2010）的研究发现，中国农产品出口量的增加是中国遭遇 SPS 措施增多的原因，故企业应适度实行市场多元化战略。董银果（2012）基于 88 家企业调研数据和 Logit 模型的研究发现，国内外标准差异较大和歧视性是主要的原因，董银果（2014）进一步针对中国茶叶出口发达国家的研究发现，国内外标准差异过大（标准的质量差异和数量差异）是茶叶出口受阻的主要原因，消除歧视性和降低国内外标准差异是主要应对方向。另外，有研究将国际农产品市场分为高、中、低三个级别，在考虑遵从成本和遵从收益基础上，提出“退出”、“申诉”和“遵从”三种不同的应对策略（董银果，2011）。当然，最主要的应对策略是提高中国农产品的质量水平。

1.2.2 质量和农产品质量的研究综述

关于质量的研究最早出现在林德 1961 年的文章中，他指出，人均收入是决定贸易方向的主要变量，收入高的国家对产品质量要求也较高，因此收入相似的国家发生贸易的可能性较大（Linder，1961）。此后关于产品质量的研究主要沿着理论研究和实证度量两个视角展开。

关于产品质量的理论研究，Flam 和 Helpman（1987）的南北差异模型将质量差异引入了垂直产业贸易理论中，发现收入差异导致北方国家生产相对高质量的产品与南方国家生产的相对低质量产品进行交易；Berry（1994）的供需平衡模型则提供了度量质量的基本思路。进入 20 世纪 90 年代后，质量对经济增长的影响研究随着 Grossman 和 Helpman（1991）的质量阶梯内生性增长模型得以拓展。而直到 Melitz（2003）率先打破企业生产无差异的“同质性”假设开启新新贸易理论，学者们才开始真正考虑企业产品质量的异质性问题。异质性企业的主要观点在于，只有最有生产效率的企业才能出口，贸易自由化导致企业生产效率的右移，因为生产率低的企业被迫退出市场（Melitz and Trefler，2102）。Sutton（2007）的理论框架分析建立在企业的“能力”上，包括一个企业所能获得的质量的最高水平以及每条生产线的生产成本即生产率两个因素。基于沉没成本和市场结构理论，Sutton 认为，企业在研发上的固定支出可以通过过程革新或者由过程创新导致的生产率提高来提升产品质量。Verhoogen（2008），Baldwin and Harrigan（2011）和 Kugler and Verhoogen（2012）等基于迪克斯—斯特格力兹的垄断竞争模型，并将产品垂直差异引入垄断竞争模型中，认为更有能力的公司在出口市场上表现更好，它们通过使用高质量的投入品进而以高价格出口高质量的产品。

对于产品质量的实证研究集中在如何度量质量，以及产品质量的影响因素。目前测度产品质量主要有四种方法，单位价值法、直接估计法、质量调整价格指数法和反推法。Schott（2004）开创了采用产品单位价值法研究质量的先河，Hummel 和 Skiba（2004）、Fontagne（2007）和 Xu（2010）进一步计算出相对单位价值衡量产品品质；Hummels 和 Klenow（2005）和 Hallak（2006）基于产品单位价值构建价格指数衡量产品质量。直接估计法打破单位价值等于质量的假设，用产品价格方程中剔除成本等非质量因素后的剩余部分衡量质量，代表文献为 Henn et al.（2013）。Hallak 和 Schott（2011）、Feenstra 和 Romalis（2012）的质量调整价格指数法同样克服了单位价值法的缺陷，将价格指数分解为质量指数与质量调整价格指数的乘积，通过求解价格指数和质量调整价格指数便可得到质量指数。反推法同时利用产品价格和市场绩效信息测算质量，其内在逻辑是：产品市场绩效决定于价格和质量，在价格相同的情况下，市场绩效越好，表明该产品质量越高，那么剔除市场绩效中的价格因素后，剩余部分便是质量。Gervais（2009）、Joel（2011）、Mark et al.（2012）和 Piveteau

(2013)基于产品价格和销售量反推质量，将产品出口量对价格和其他控制变量进行回归，得到的残差就是质量。Khandelwal(2010)在嵌套Logit模型下利用产品价格和市场份额反推质量。此外，一些学者利用评级指标法衡量质量。例如，Crozet et al.(2012)利用葡萄酒质量评级指标衡量产品质量，Verhoogen(2008)、Hallak 和 Sivadasan(2009)以企业获得 ISO 国际质量认证体系作为产品质量高的象征，这些方法都要基于特定的数据样本，不具有普遍性(魏方，2015)。

关于农产品质量的研究是将农产品的安全性纳入质量体系中。Sexton(2013)认为，在发达国家，农产品企业不再是同质性产品，消费者对食品质量特性的需求已从口味、外观和便利性等扩展到食品生产过程及其对环境和食品安全的影响，以及饮食与健康之间的联系。因而，消费者对产品价格的敏感度降低，对与食品质量相关的效用更为关注，为此，食品生产企业采取了垂直差异化战略。此外，在垂直食品营销系统下，增加对食品的质量需求也意味着企业增加对高质量中间投入品的需求。Tseng and Sheldon(2014)基于异质性中间投入品理论，得出收入较大的公司，为生产高质量的产品，投入了高质量的中间品，其产品价格也较高；当出口企业目标市场是对品质要求较高的市场时，其中间投入品品质亦高；当出口目的地对品质有偏好时，就会诱导新的生产者加入，而不能满足品质要求的生产者退出市场。国内关于产品质量的研究主要集中在产品质量的测度与影响因素、产品质量对中国企业出口的影响。李坤望等(2014)使用出口产品的相对单位价值衡量质量，分析发现大量低质量出口产品的进入是造成入世后中国出口质量持续下滑的原因；王明益(2013)发现内外资技术差距对中国出口产品质量升级存在倒 U 型影响；施炳展(2013)运用反推法测算中国企业出口产品质量，结果发现中国企业出口产品质量的总体水平上升，但本土企业的出口质量水平有所下降；李秀芳和施炳展(2013)基于同一质量测算结果的计量分析发现，补贴能提升中国企业出口产品的质量；施炳展等(2013)基于改进的嵌套 Logit 模型反推质量，结果发现中国对美国的出口产品品质整体呈下降趋势，加工贸易占比下降、外资企业竞争效应和资本劳动比上升是品质下降的原因。汤二子和孙振(2012)认为企业是否出口由真实生产率决定，真实生产率等于产品质量乘以传统生产率，出口企业的真实生产率高于非出口企业。韩会朝和徐康宁（2014）讨论了最低出口产品质量限制对企业出口行为选择的影响，企业生产率过低将导致产品质量低于质量门槛而无法实现出口。此外，李方静（2014）研究了双重异质性对企业出口目的地选择的影响，经理论分析认为高生产率企业更倾向于通过加大研发投入生产出高质量产品，并将其出口到高收入国家。

关于农产品质量的研究大多强调质量安全在农产品竞争力的作用。张晓燕和关忠猛（2008）强调加入 WTO 后中国农产品的贸易环境发生变化，质量成为竞争力的重要元素。翁鸣（2003）和陈冬冬等（2011）强调农产品质量安全是影响国际竞争力的重要因素。董银果、邱荷叶（2014）将 TTA 即追溯、透明和质量安全保障体系作为农产品质量安全竞争力的重要元素，建立评价模型比较了中国猪肉与其他国家竞争力的差距。以中国猪肉 TTA 水平与出口绩效作为变量的实证研究发现，TTA 水平与猪肉出口显著正相关（董银果，2014）。

关于适当的动植物保护水平评价研究。陈公前（2004、2006）曾提出参照 WTO 规则，尽快确定国家“适当的动物卫生保护水平”的建议，以适应我国动物疫情公布、农产品安全、市场准入以及国际贸易的迫切需要。王玉环（2006）认为，适当的动物保护水平是选择畜产品质量安全供给目标的首要条件，提出评价国家层面适当的动物保护水平的直接指标与间接指标体系。汪莹等（2008）介绍了国外适度保护水平的方法，提出了我国植物适度保护的基本原则。董银果和韩立彬（2012）评述了发达国家适度保护水平的确立方法。

1.2.3 质量升级的研究综述

关于产品质量升级的研究始于 21 世纪初，学者们关注的重点是质量升级的影响因素，较多地探讨了贸易自由化对产品质量升级的影响。学者们认为，贸易自由化通过竞争效应促使终端产品品种的多样化，促使产品质量水平的提高（Lacovone，2012；Ge and Zhu，2011；Bustos，2011；Teshima，2010；Lileeva and Trefler，2010）；贸易自由化也通过进口高质量的中间投入品促使发达终端产品垂直质量的提高（Hummels and Klenow，2005；Schott，2004；Flam and Helpman，1987；Kugler and Verhoogen，2012），然而 Kwaramba（2013）针对南非贸易自由化的研究却表明，贸易自由化如关税削减并没有提高产品的质量水平。中间投入品影响促使产品质量升级的原理是通过学习效应完成的（Coe and Helpman 1995；Keller，2004；Mendoza，2010）。这方面研究大多数都针对制造业产品，Curzi，Raimondi and Olper（2014）针对农产品质量升级的研究表明，贸易自由化促使发展中国家距离质量前沿较近的企业质量快速上升，而不利于距离质量前沿较远的企业质量升级，同时，欧盟自愿食品质量标准促进了农产品质量的升级。

关于中国产品质量升级的研究集中在制造业产品。殷德生（2011）等研究发现，贸易开放不仅通过贸易成本下降促进产品质量升级，而且给中间产品部门带来了显著的技术溢出效应和规模经济，进而激励着发展中国家的模仿活动和发达国家的创新活动。在此过程中，发展中国家的产品质量升级具有资本品（机器）偏向的特征，发达国家的产品质量升级具有创新（技术）偏向的特征。李坤望和王有鑫（2013）探讨影响出口产品质量升级的因素，结果发现，FDI 稳健地提高了中国出口产品质量。进一步分组回归发现，资本密集型行业和高外资进入行业中 FDI 的存在有利于出口产品质量升级，而劳动密集型行业和低外资进入行业中 FDI 的存在不利于出口产品质量升级。

关于农产品质量升级主要基于农产品质量安全治理模式的改进。钟真和孔祥智（2012）将农产品质量安全划分为品质和安全两个方面，从产业组织模式的视角探讨了产业组织模式对农产品质量安全的影响，结果发现，生产模式更为显著地影响了品质，而交易模式更为显著地影响了产品安全性。章力建和胡育骄（2011）更强调技术在农产品质量安全中的重要性，他们提出了在农产品质量安全方面的技术包括现代信息技术、现代生物技术和清洁农业技术。李中东、孙焕（2011）认为农产品质量安全受到以生产地环境保护类技术、投入品类技术、标准法规类技术和生产过程控制类技术为代表的诸多技术的共同影响。他们对 5 省农户调研数据的分析发现，生产地环境保护类技术是目前影响农产品质量安全的中心问题。

1.2.4 国内外文献评论

综上所述，国外学者对 SPS 措施的研究偏向于其贸易影响机制和对进出口国家的影响，甚至某些SPS措施对农产品质量的影响，国内较多关注SPS对中国农产品的影响和应对，没有涉及与农产品质量的关系。另外，尽管国内外学者就产品质量及质量升级的研究大多集中在制造业产品，但国外对于农产品的质量及其质量升级已经从产业链、要素投入等方面展开研究，而国内研究则刚刚起步，实证研究尚未展开。基于此，本项目计划从以下方面展开研究：第一，将研究聚焦于中国农产品的质量及质量升级，基于嵌套Logit模型采用反推法以欧美日等发达国家市场（发达国家市场最能反映世界质量前沿）为例，利用海关9位到10位编码数据度量中国农产品的质量竞争力，横向比较中国蔬菜、水产品、茶叶等农产品的质量水平与主要出口国的差距。第二，将主要影响农产品贸易的政府SPS政策作为质量指标引入研究，并从三个方面探讨SPS措施对农产品质量升级的影响：一是以新新贸易理论为基础，构建“SPS措施、企业技术水平、质量升级的成本与收益”的经济学模型，从微观企业的视角探讨SPS对企业质量升级的影响；二是从产业链的视角探讨SPS措施对上下游企业质量升级的直接和间接影响；三是采用前沿距离模型计算中国农产品与世界质量前沿的距离，从宏观上评估SPS措施对于农产品质量升级的影响。第三，以HACCP或GAP（Good Agricultural Practices，良好农业规范）作为企业质量升级的标志，采用Heckman二阶段模型探讨质量升级对企业遵从SPS措施的影响。

1.3 研究的思路与方法

1.3.1 破解问题的思路

SPS政策是政府根据风险和保护目标确立的市场农产品和食品的门槛质量标准，对国内企业和进口产品适用，是农产品生产企业质量升级的强制动因。在这一强制标准下，企业对产品质量的升级过程包括新的技术创新，新工艺/新方法的使用，农产品过程管理如HACCP，对农产品生产流程的改造，信息档案系统的建立等，这些技术和方法的使用增加了企业的生产成本，但客观上提高了产品的质量水平。更高的质量水平不仅满足了消费者更高效用需求，获得更高的市场份额，因此也提高了企业的利润水平。未能完成质量升级的企业或者完成后不具竞争力的企业被市场淘汰。本项目关注的问题是：政府 SPS 政策对企业质量升级的影响以及农产品质量水平的评价和度量（图 1-1）。

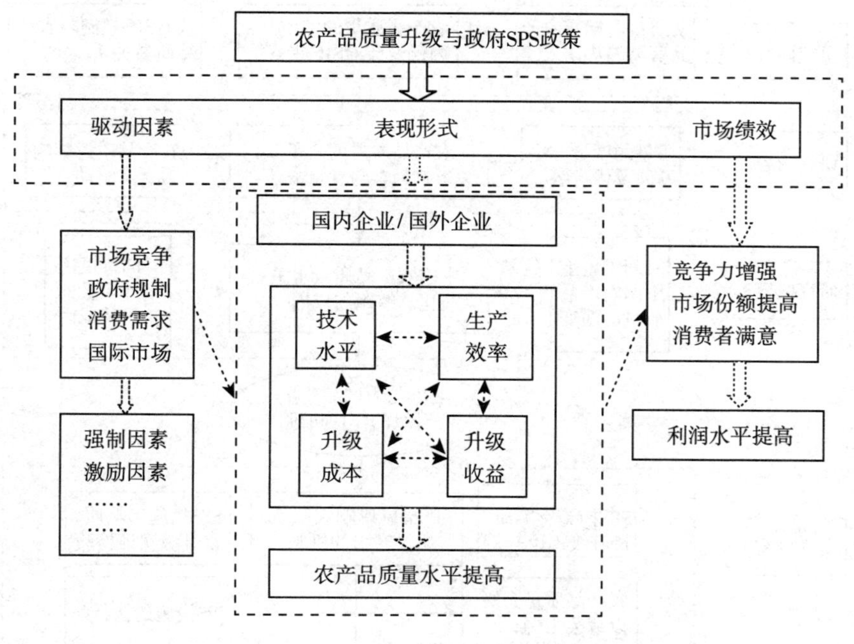

图 1-1　主要研究范围

政府的 SPS 政策对异质性企业质量升级行为的影响取决于企业的技术水平、生产效率、质量升级的成本和收益，只有具有质量升级的条件且升级后仍具有生产利润的企业才会选择升级，继续留在市场，而技术水平低下、无法承受质量升级成本的企业则会退出。政府的 SPS 措施也影响外国的出口企业，故受到相关国际规制的约束。因此，本项目采用经济数理方法、嵌套 Logit 模型和前沿距离模型以及成本收益分析方法等从农产品质量升级的“质”和“量”入手，评估中国农产品的质量水平，从微观上构建“SPS 措施、企业技术水平、质量升级的成本和收益”模型，从产业链视角探讨 SPS 措施对上下游企业质量升级的直接和间接影响，从宏观上计算农产品与世界质量前沿的距离，检验 SPS 对农产品质量升级行为的影响，并以蔬菜出口企业为例，检验质量升级对执行 SPS 措施的影响，设计不同技术水平企业的质量升级路径与 SPS 措施策略。根据以上分析，本项目的研究内容框架见图 1-2。

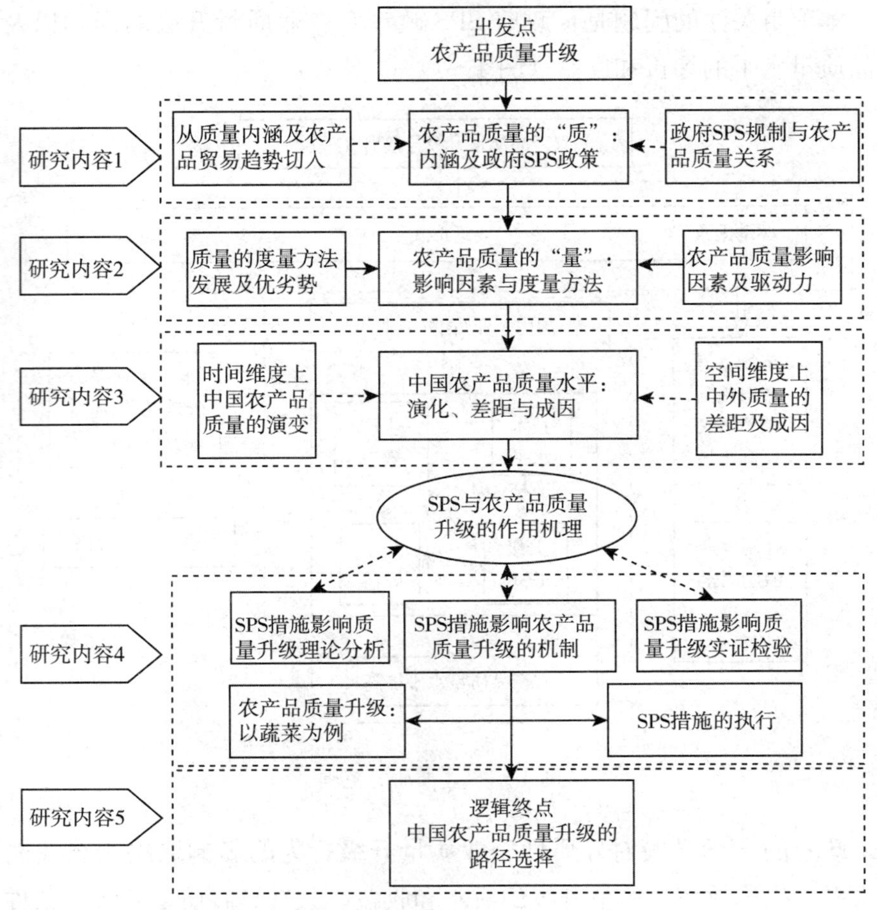

图 1-2　基本研究内容框架

1.3.2　技术路线

首先，根据文献资料和作者已有研究积累，进一步深化 SPS 措施与农产品质量、质量升级的基础理论研究，为项目主题研究奠定理论基础；其次，通过文献资料和典型调查以及统计数据围绕关键词“中国农产品质量水平”展开研究，考察、比较并实证度量中国农产品的质量水平以及时空演变；再次，紧紧围绕关键词“SPS 措施与农产品质量升级”分四步展开：第一步，建立“SPS 措施、企业技术水平、质量升级的成本与收益”为一体的分析框架，探讨企业质量升级影响因素以及质量升级对生产、出口的影响；第二步，从产业链视角分析 SPS 措施对出口企业及上下游企业质量升级的直接和间接影响；第三步采用前沿距离模型检验 SPS 对中国农产品质量升级的影响；第四步，采用蔬菜企业的案例和宏观数据以通过 HACCP/GAP 作为质量升级的标志，检验质量升级对企业遵从 SPS 的影响；最后，在理论研究、实证研究和模拟试验基础上，提出技术“领先企业”“一般企业”“落后企业”的农产品质量升级路径与 SPS 策略，并提出政府、协会的配套措施，在项目组讨论及吸取外部（专家、企业代表）意见的基础上形成专题和总体报告。详见技术路线图 1-3。

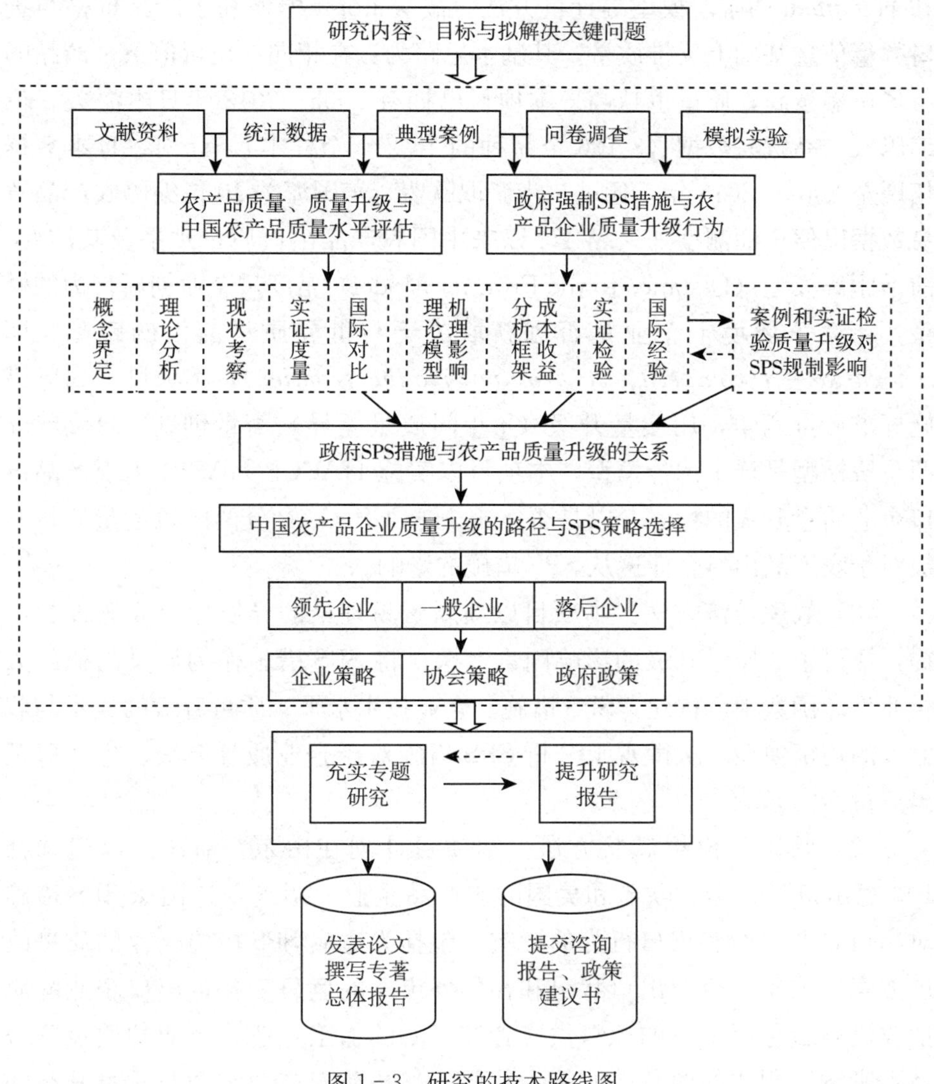

图 1-3 研究的技术路线图

1.3.3 研究方法

根据上述研究目标和拟解决的关键问题，本项目将综合运用分析与归纳相结合、实证分析与规范分析相结合、定量研究与定性研究相结合、实地调查与逻辑推理相结合，案例分析、国际比较研究等研究方法，其中，重点应用如下：

(1) 计量经济方法。本项目主要采用嵌套Logit模型、前沿距离模型和Heckman两阶段模型等计量方法。嵌套Logit模型基于产品价格与进口数量信息基础上反推质量。其基本思路为：在相同单位价值下，产品的市场份额越高，质量也越高。本项目已拥有2005—2012年日本海关9位编码农产品贸易数据（3 106个品种的15 210个样本），计划将日本数据拓展至2002—2015年，还进一步获取欧盟、美国海关10位编码农产品贸易数据以便全面测度加入WTO以来中国农产品出口质量水平及其演变；前沿距离模型（Distance to the Frontier Model）是度量企业创新行为的模型，在竞争环境下企业是否创新取决于与世界质量前沿的距离。即 $innovation=f(competition, proximity\ to\ the\ frontier)$。本项目用SPS措施标准衡量竞争，用质量升级（$n$年间质量差异）衡量创新。Heckman两阶段模型是样本选择模型，本项目以实施HACCP/GAP作为农产品出口企业质量升级的标志，以是否实施HACCP/GAP分两阶段度量质量升级对于农产品出口企业遵从SPS措施的影响。

(2) 数理经济方法。本项目以新新贸易理论的异质性企业假设为前提，探讨企业质量升级的影响因素，探讨将SPS措施作为质量门槛纳入企业生产函数中，构建“SPS措施、企业技术水平、质量升级的成本与收益”的均衡模型，从微观上分析SPS措施对于企业质量升级、生产以及出口行为的影响。

(3) 调研和模拟试验方法。本项目计划在山东、浙江、福建选择100家出口到日本、欧盟和美国的农产品企业，调查发达国家SPS措施对出口企业生产和出口行为的影响，包括为适应SPS措施企业的质量改进方案和成本，企业出口状况和在国外市场的竞争变化，出口企业的质量改进是否包括上游的原料供应者和下游的加工企业，企业的质量升级是否影响了周边的内贸企业等，获取SPS措施对产业链企业质量升级的影响信息；进而，从100家企业中选择国家龙头企业、省级龙头企业和一般企业（假设它们为技术领先、技术一般、技术落后）3种类型企业各2～3家，模拟实验若企业实施最严厉的HACCP或GAP，可能产生的成本，实施HACCP或GAP后可能给企业出口价格和出口额带来的效应，连续4年定点实验，比较SPS措施对不同技术层次企业质量升级的影响。

（4）成本收益方法。成本收益方法是经济决策中最常用到的研究方法，企业的质量升级就是一项经济决策。SPS措施影响企业质量升级的成本包括技术改造费、仓储建设费（如冷库）、认证费用、检验费、供应链的支出、档案信息费以及原材料价格的提高等，质量升级的收益包括销售额的增加，即单价的提高和市场份额的增加，均衡点是边际成本等于边际收益。本项目利用建立的"SPS、企业技术水平、质量升级的成本与收益"模型，采用模拟实验企业的数据，计算不同技术层次农产品出口企业质量升级的成本与收益。

1.4　可能的创新之处

将农产品的质量水平、质量升级与SPS措施的使用相结合，根据中国农产品与世界质量前沿的距离，探讨SPS措施对于农产品质量升级的影响，是本项目的显著特色和创新之处。农产品与世界质量前沿的距离不同，SPS措施对农产品质量升级的影响亦不同。因而，SPS措施对一国农产品质量升级的驱动不仅要考虑生产效率、成本与收益，还要考虑和世界质量前沿的距离，出口农产品的质量升级通过产业链辐射影响到国内农产品的质量升级，进而提高整体农产品的质量水平。

本项目的创新表现在：

1.4.1　精准计算中国农产品在不同出口市场的质量水平

本项目分别采用嵌套Logit模型、需求结构模型（DSM）测度了中国农产品在日本市场、美国市场以及"一带一路"市场的质量水平，比较了中国农产品与竞争对手的质量差异、不同种类农产品（如蔬菜、水产、畜产、花卉）的质量差异以及不同HS编码农产品的质量水平，在美国市场还特别比较了大宗产品、中间产品以及消费者导向农产品的质量水平，较为全面地展示了中国出口农产品的质量全貌。从质量水平的视角探析了中国农产品不断退出主流市场（如日本、美国、欧盟）的深层原因。另外，在产品质量的测度过程中，采用多种创新方法解决模型可能存在的内生性问题。

1.4.2 从“性价比”视角揭示了中国农产品出口增长的动力

本项目以美国市场为例，基于HS10位编码数据，采用三元边际模型从静态、动态视角考察中国农产品对美出口增长的拓展边际、数量边际和价格边际，发现从2013年开始中国农产品的出口增长正从数量边际向价格边际（质量边际）过渡。性价比，即质量与价格的比值，才是中国农产品出口增长的动力源泉，是中国农产品在国际市场竞争的法宝。这一研究在国内属于首次展开。

1.4.3 从产品多样化、市场多元化视角构建SPS影响质量升级模型

本项目基于异质性企业模型，分别将企业出口产品的多样化、出口市场的多元化内生于MO模型，构建进口国SPS措施倒逼中国出口产品质量升级的机理。在产品多样化模型中，主要探讨“技术溢出”、“干中学”、“进入驱动”和“退出驱动”对多产品和单产品出口企业质量升级行为的影响，发现，在以上四个效应的综合影响下，多产品落后企业质量升级幅度最大；在市场多元化模型中，主要探讨“出口路径依赖”、“出口选择”、“干中学”、“退出驱动”和“进入驱动”对单一出口市场和多窗口市场企业的质量升级行为，研究发现，单一目的国落后企业的质量升级幅度最大。在多元化模型的基础上，本项目进一步探讨了在“遵从成本”和“转移成本”对企业在面临SPS措施时的质量升级行为，深入分析了中国农产品出口企业质量升级不显著的背后成因。

1.4.4 研究不同质量层级企业在SPS作用下的质量升级行为

本项目将出口企业按照质量层级分为前沿企业和落后企业，基于前沿距离模型和农产品出口日本市场的数据，评估了SPS措施倒逼下，质量

前沿企业和质量落后企业的质量升级行为，结果显示技术落后的农产品较技术前沿的农产品实现较大的质量升级；非 OECD 国家技术落后企业在“熊彼特租金”的激励下加速创新，而 OECD 国家的技术前沿企业因自身标准较高致使创新下降。

第2章

农产品质量与政府SPS政策

研究农产品质量升级首先必须清楚界定质量、农产品质量以及质量升级等基本概念，必须清楚质量升级的动因以及政府政策在农产品质量升级中的作用。这些问题的解决为下文的深入研究奠定基础。

2.1 质量与农产品质量的内涵

2.1.1 质量的内涵

质量的内容十分丰富，人们对质量概念的认识也经历了一个不断发展和深化的历史过程。美国著名的质量管理专家朱兰（J. M. Juran）博士从顾客的角度出发，提出了产品质量就是产品的适用性。即产品在使用时能成功地满足用户需要的程度。美国质量管理专家克劳斯比从生产者的角度出发，曾把质量概括为“产品符合规定要求的程度”；美国的质量管理大师德鲁克认为“质量就是满足需要”；全面质量控制的创始人菲根堡姆认为，产品或服务质量是指营销、设计、制造、维修中各种特性的综合体。国际标准化组织（ISO）2005年颁布的ISO9000：2005《质量管理体系基础和术语》中对质量的定义是：一组固有特性满足要求的程度。因此，质量不是一个固定不变的概念，它是动态的、变化的、发展的；它随着时间、地点、使用对象的不同而不同，随着社会的发展、技术的进步而不断更新和丰富。

经济学中的质量常常与一个产品区别于另一个产品的水平或垂直特性相关。水平特性是指产品在花色、款式、服务等方面的适用性；而垂直特性就是产品在质的方面体现的不同，这里特指“质量”。质量作为产品垂直差异的重要特征，反映的是在同一类产品内，不同差异化产品之间被消费者认可的程度。本节所要研究的质量，指的是基于同一产品下不同种类间的垂直差异，如中国产的红苹果是否比他国产的红苹果更甜更健康更受消费者青睐。

经济学对产品质量的研究最早可以追溯至张伯伦。虽然张伯伦从未明确提出质量这一概念，但他在垄断竞争模型中指出：生产者会选择产出有别于竞争对手的产品种类以成为市场的寻价者。言下之意，市场上每一种产品都是差异化的。将产品质量重新纳入主流模型的是 Lancaster（1966，1971，1979）。他提出产品性能分析（Characteristics of products）法，强调消费者购买的并非商品本身，而是商品中蕴含的性能。他认为，每件商品都可以视为许多性能的组合。性能的多寡和强度影响消费者的选择。正因为性能存在差异，产品之间也是存在差异的。Lancaster 进一步将产品分为水平差异（横向差异）和垂直差异（纵向差异）产品。水平差异通常与消费者的主观评价有关。例如部分消费者偏好可口可乐，部分消费者偏好百事可乐，但两种可乐的价格十分接近。垂直差异是可以客观排列的产品属性，通常等同于质量差异。例如，几乎所有的消费者都认为双核处理器优于单核处理器，电动割草机要比手动割草机省时省力。

进入 21 世纪后，中国的出口贸易迅速发展，出口的迅速扩大使得中国出口品质量和技术含量得到国内外学者的关注。正如 Hausmann et al.（2007）所指出的，决定一个国家长期经济增长效率的不是其出口了多少，而是出口了什么。其次，出口质量为全球化与收入不平等问题带来新的解释。

2.1.2　农产品质量

农产品市场一直被传统经济学视作生产同质商品的完全竞争市场，但随着消费者收入的增长与分化，可持续发展理念的深入，越来越多进入“中产”的消费者开始关注产品的成分、安全性、制作流程与营养等问题，不同食品间的垂直差异与水平差异成为消费者需求偏好的必要条件（Grunert，2005）。Sexton（2013）认为，农产品不再是同质性产品，消费者对食品质量特性的需求已从口味，外观和便利性等扩展到食品生产过程及其对环境和食品安全的影响，以及饮食与健康之间的联系。在此压力之下，食用农产品的价格竞争力正在下降，而与质量安全相关的标准、生产过程控制和认证以及追溯性等成为农产品竞争力的重要来源（董银果，2014）。

农产品质量是分质量层级的，农产品质量的最低层级是其安全性。安全性也即食品安全，没有安全性的农产品谈不上质量；质量的第二个层级是营养、口味，在具备安全性的基础上，如果农产品在营养和口味上更佳，则比一般安全性的农产品具有更高质量。比如散养鸡的鸡肉比笼养鸡肉口感更好，不施用农药的蔬菜比施农药的蔬菜更安全，也更有营养价值；质量的第三个层级是添加了环境道德标准。比如鱼类的贸易就和海洋资源的可持续发展相连，是否具备让海豚逃生的设备；狗在西方国家被作为家庭成员，狗肉作为食品被认为是不道德的。

从图 2-1 可见，不同的质量层级是与不同的国际条约相联系的，对于质量的最低层级——食品安全而言，与之相联系的是 SPS 协议，即 WTO 通过的允许成员国强制执行的法规、标准、程序和要求；而与农产品、食品质量更高层级相联系的营养、口味以及环境、道德等主要与 WTO 的 TBT 条约相联系，这些标准、法规都是指导性的，企业可以自愿采纳。

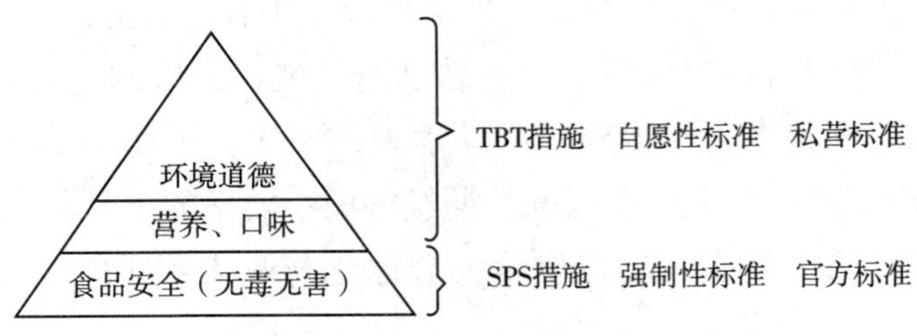

图 2-1　农产品（食品）质量层次及与 TBT/SPS 关系

2.1.3　质量升级

Dulleck et al.（2005）的质量升级多维模型从产业层面将质量升级分为：产业间质量升级、产业内质量升级和产业区间内质量升级三个方面。产业间质量升级是指通过技术水平的改进从低技术产业向高技术产业转移；产业内质量升级是指产业内低质量产品向高质量产品转移；而产业区间内质量升级是指同产业同质量区间产品的质量提高。

农产品质量升级是指农产品、食品通过技术水平的提升，采取各种质量管理系统使产品从价值链的低端向高端延伸，属于产业内质量升级。同样的产品，在消费者市场消费者的支付意愿更强，支付价格更高。当然，为了实现质量升级，企业也会投入较大的资本进行技术改造、引进质量管理系统。

质量升级是个动态过程，随着消费者收入水平的提高，对产品质量的要求相应提高，为了保持竞争优势，企业需要不断地探索新的质量升级措施。这一过程永无止境（图2-2）。

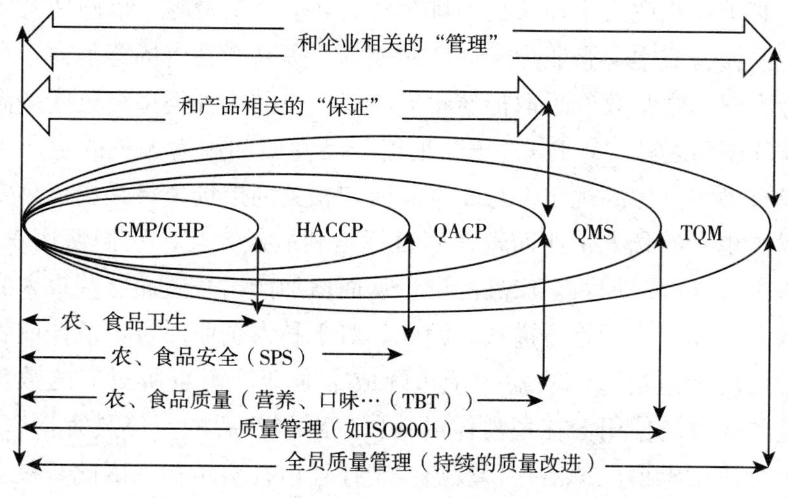

图2-2 食品质量层次与质量保证系统

2.2 农产品质量产生的理论基础

当农产品市场运作正常和有效时，企业会自主根据市场信号提供高质量产品，但是若存在市场失灵，就需要政府介入采用政策矫正市场失灵，诱导和迫使企业提供高质量农产品，保护消费者的权益。综合来讲，农产品质量问题产生的基础主要包括以下几个理论。

2.2.1 外部性理论[①]

传统经济理论认为，市场可以实现资源的最优配置，实现帕勒托最

① 本节部分内容来自董银果，徐恩波，霍学喜．简论绿色壁垒产生的原因及理论基础——以中国畜产品出口为例［J］．华南农业大学学报：社会科学版，2005（1）：28-34.

优。然而，现实中，市场却存在着失灵和溢出效应。就农产品的市场而言，存在着两种类型的市场失灵。一种是农产品生产的环境污染。农畜牧业在为人类提供肉、蛋、奶、皮、毛消费品的同时，却对环境也造成一定的污染。如动物粪便、尿、污水对周围的空气、水质、水源甚至土壤都会造成一定的负面影响。但是，这些影响却没有包含在其成本中，因此，产品的市场成本只是部分成本，没有包含环境损害成本，因而其成本是不完全的。必须运用政策干预（交纳排污费、环境污染费等）措施使其成本包含环境的损害成本。企业为降低产品成本，提高产品市场竞争力，在执行环保标准时，常与政府采取捉迷藏的游戏。目前这种类型绿色壁垒尚游离在WTO原则之外。WTO对于与最终产品性质和用途无关的生产和加工方法没有做出具体的规定。与农产品密切相关的市场失灵是指食品安全问题。对于单个的私人企业而言，其目标是利润最大化。它们使用农药/兽药或杀虫剂等以增加农畜产品的产量从而增加产出。然而这些投入品和其他投入品一样，边际收益递减。因此，对于私人企业而言，最佳或者理想的单位使用量是当边际收益等于边际成本时即均衡点所对应的数量。然而，这些药物的使用会在畜禽体内残留，对消费者的身体具有损害作用。而发生食品中毒事件的治疗费及赔偿费往往由社会承担。因此，社会边际成本高于私人边际成本，私人企业对单位面积上畜禽药物和添加剂的使用量超过社会理想的使用量。在消费市场上，由于信息不对称，消费者无法准确得知兽药的使用量及其对身体的潜在危害，所以他们无法实施货币选择，只能支付正常价格。外部性消极影响表现在食品消费导致的疾病发生率很高和治疗成本不断增高。这种类型的市场失灵要求有一种制度性的安排或政策的干预来修正和弥补，以便使达到私人边际成本与社会边际成本相一致，即由私人承担其全部产品成本。Mahe指出：人们已经认识到在市场失灵的情况下用制度性的安排补充自由市场，从而保证效率的必要性（Mahe，1996）。制度性安排被定义为：约束个人、个人团体以及正式组织的一组正式或非正式规则（North，1990）。政府通过食品安全标准和检验提高私人企业生产不安全食品的边际成本，使安全食品的生产达到理想产量水平。其难点是政府干预的相对成本与收益的衡量和食品安全“社会理想”水平的确定（如图2-3，M点是私人的均衡点，而N点是社会的均衡点，私人的价格小于社会价格，而私人的药物和添加剂使用量P大于社会允许使用量 S)。

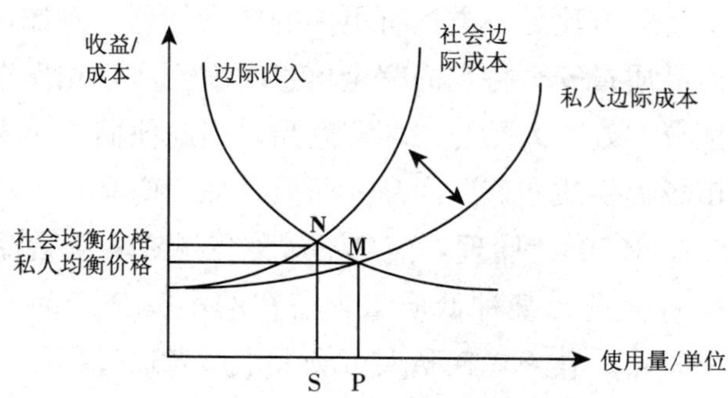

图 2-3　外部性导致的农产品市场失灵

成本收益分析试图通过影响食品安全的成本分析以确定“社会理想”水平的食品安全。社会改善食品安全的动机受到两种成本的影响。其一是减低药物残留危害影响的成本，定义为“缓解成本”，包括改进产品技能、采用 HACCP 和其他风险管理工具或者使用微生物检测和食品检验。其二是食品安全事件的影响成本，定义为“影响成本”。对企业来说包括产品召回、法律责任和名誉的损失；对社会来说包括患者治疗费用、生产效率的降低和消费支出的浪费等。假设公司和政府法规机构为减低食品安全问题所花费的努力对食品安全水平有积极影响，则会增加缓解成本而减少影响成本。因此，当没有采取任何行动时，缓解成本为零，影响成本很大，食品安全事件频繁发生。相反，如果食品安全事件完全消除，影响成本为零，但缓解成本将是难以实现的（假如技术可行的话）。模拟残留污染控制的经济模型，对社会有一个“理想”水平的食品安全，它减低联合的缓解和影响成本。因此，食品安全战略对于食品工业或法规者的目标是不应完全消除食品所带疾病的所有风险，因为这种安全战略的成本将大大超过收益。实际应允许存在一个食品安全的“理想”水平，这意味着对社会来说，存在着一个可接受水平的食品安全风险。然而对食品工业和法规制定者来说，困难在于对理想水平的确定以及达到这一理想水平的食品安全战略（Hobbs and Kerr，1999）。

2.2.2　信息不对称理论

农产品是典型的“经验品”和“信任品”，在食用之前消费者根本无法获得农产品的质量，这就意味着在农产品交易中存在信息不对称。信息不对称意味着交易一方比另一方拥有更多的产品信息。例如，当交易前消费者没有关于产品质量安全特点的完全信息时就会产生相反选择。由于消费者往往不能区分“好”商品与“坏”商品，因此他们不愿支付较高价格激励供应商向市场提供质“好”商品。而质“坏”商品在市场上就会追逐好商品（Akerlof，1970）。同理，信息不对称将导致安全食品就会被逐出市场，市场相反将会选择某种低质量、潜在的不安全产品。对于这一问题，有三种解决思路。其一，在私人市场上生产者通过标签、质量评估方案向消费者表明自己生产的是安全食品。其二，通过公共政策途径对加工工业的严格管理/管制以确保他们向社会提供安全食品。其三，公私结合的解决方案，即由国家质量监督机构给予私人的商标、质量评估方案给予授信。当市场失灵是普遍存在，特别是一些企业具有充当机会主义的动机，它们通过假冒别人商品、免费搭车由其他人建立的安全食品供应，这时，私人市场的解决途径是不充足的。公共和公司结合的途径可以克服这一问题。对于消费者，其动机是降低信息不对称，对于投资于商标和技术提高食品安全的“诚实”企业来说，阻止这些资产被机会主义的“骗子”公司占有的机制是非常重要的。

交易成本经济学的观点认为从事商业交易存在着成本，这些成本影响在一个工业中遵守的管理结构（Williamson，1986）。交易的搜寻、谈判、监控和执行成本的变化可能改变在工业中形成紧密的垂直或水平联盟。食品安全是食品产品的重要特征，但是，由于信息不对称，消费者（下游的食品企业）在购买前常常不可能发现食品安全问题。这就增加了下游企业质量安全的监控成本，这就是建立紧密垂直供应关系的最初动机。在质量安全检查的情况下，对于未及时发现食品分销和零售环节的病菌超标的法规处罚，就更促使形成紧密产加销供应链关系以降低交易风险成本（Hobbs，1996）。

2.2.3 收入偏好理论

这一理论是瑞典经济学家斯戴芬·伯伦斯坦·林德（Staffan B. Linder）于 1961 年在其论文《论贸易和转变》提出的，又称为“需求相似理论”。

需求相似理论两个假设条件：①假设在一国之内，需求受消费者的收入水平决定。不同收入阶层的消费者偏好不同，收入越高的消费者就越偏好奢侈品，收入越低的消费者就越偏好必需品，但如果消费者收入水平相同，则其偏好也相同。一般情况下，一国对该国平均档次的商品的需求量最大，其成为代表性需求。②厂商根据消费者的收入水平与需求结构来决定其生产方向与内容，而生产的必要条件是对其产品有效需求的存在；如果两国的平均收入水平相近，则两国的需求结构也必定相似。反之，如果两国的收入水平相差很大，则需求结构也必存在显著的差异。

林德认为，国际贸易是国内生产的延伸，国内生产的产品有富余，有能力向国外出口产品。两个国家的偏好相似，需求结构接近，或者说需求结构的重叠部分越大，两国间的贸易量就越大。两国人均收入水平相近，则需求结构相似，需求重叠部分就越大，两国间的贸易量就越大。

在此基础上，贸易按照以下流程进行：随着一国人均收入水平提高，对工业制成品尤其是奢侈品的需求增加（根据恩格尔定律），进而带动本国工业制成品生产增加，结果使产量的增加超过了需求的增长，从而有能力出口。对于这类产品，只有收入水平相近的国家才会有较多的需求，因而出口对象国是收入水平相近、需求相似的国家，这样就使得两国间贸易量增大。林德的理论从偏好相似和重叠需求的角度，对发达国家之间的北—北贸易的快速发展作出了解释，所以称为“重叠需求论”。

林德还认为，一国将出口那些国内需求规模大，或如他所声称的“具有代表性的需求”的产品。这种结果之所以会出现，是因为厂商往往对国内生意的机会更敏感；发明、创新也往往由国内市场没能解决的问题所激发；对新产品的不断改进也只有在为国内消费者接受的情况下，才能带来显著的成本降低。

2.3　农产品质量的现实驱动力

近年来，国际农产品市场不断提高对产品质量的要求，这些要求有其深刻的经济背景，也构成了农产品出口企业产品质量升级的动因。

2.3.1　消费者收入增长催生了质量偏好

随着 20 世纪 80 年代以来世界经济的快速增长，世界各国的人均收入水平有了很大的提高。收入水平的提高，使消费者对安全食品具有较大的需求偏好，因为安全食品是一种“奢侈品”，其需求随着收入水平的提高而增强（Athukorala and Jayasuriya，2003）。根据林德（1961）的需求偏好理论，随着收入水平的提高，人们对农产品、食品的质量也提出了更高的要求。国家之间由于收入水平接近、生活质量接近、贸易发生的可能性越高。

改革开放以来，中国居民生活水平大幅增长，从1980年的347美元增长到2018年的7755美元，增长了20倍（表2－1）。随着收入水平增长，消费者对农产品的需求渐渐由数量需求向质量需求过渡，人们不仅仅满足于吃饱，而且希望吃得安全，有营养，表现在食品结构上，逐渐从消费粮食到粮食的转化物（肉蛋奶），即使对肉蛋奶的需求，也产生了更为安全的需求，众多研究已经证明了这一点。如韩杨等（2014）比较分析消费者对粮、油、蛋、奶、肉、水果、蔬菜、水产品等安全信息需求的差异及其对消费者购买行为的影响。研究发现：食品质量安全信息是消费者选择、购买食品的重要依据，消费者在选择、购买不同食品时，消费者关注的质量安全信息不同。经济学家倾向于采用支付意愿研究消费者对更安全食品的偏好。周应恒等（2006）对江苏消费者购买蔬菜的研究发现，消费者对低残留青菜中食品安全的平均支付意愿达到了5.36元/千克，其溢价达335%。如杜鹏（2012）采用实验方法调查消费者对绿色食品的支付意愿，研究发现，顾客体验的两个维度，即认知体验和质量体验与消费者对绿色食品的购买意愿呈显著正相关，但顾客体验对消费者绿色食品支付溢价并没有显著影响。尹世久等（2015）以番茄为例，采用选择性实验方法研究消费者对食品安全属性的偏好。结果发现，消费者对食品安全认证标签、可追溯标签和品牌属性均具有显著支付意愿，对可追溯标签的支付意愿远高于其他属性。董银果（2017）通过1 100多名消费者的问卷调查，研究发现，消费者对进口婴儿配方奶粉具有更强的购买欲望，偏好其质量（营养、安全），而且消费者对欧盟奶粉和日本奶粉分别愿意支付11.5%和5.6%的溢价。

近年来中国农产品贸易中出现“洋货入市、国货入库”的贸易怪相，说明农产品的生产结构已无法满足消费者对于产品质量的需求（韩长斌，2016）。十九大报告明确指出，当前中国社会的主要矛盾是人民日益增长的美好生活需要和不平衡不充分的发展之间的矛盾。这也预示着随着消费者收入的增长，食品生产者必须对生产结构进行改革，更加注重对产品质量的控制，为市场提供高品质的产品，才能获得消费者的认可和购买。

表2-1 1980—2018年主要国家人均GDP增长状况（2010年不变美元）

国家	1980	1990	2000	2010	2018
中国	347	729	1 768	4 550	7 755
欧盟	19 925	24 747	30 269	33 729	37 417
印度	423	581	827	1 358	2 104
日本	25 855	38 074	42 169	44 508	48 919
美国	28 589	36 059	44 727	48 467	54 542

数据来源：世界银行数据库（https：//data. worldbank. org. cn/）。

2.3.2 生化农业的发展对农产品质量安全带来挑战

在过去100多年里，经济的发展和科技进步极大地提高了社会的物质文明和人们的生活水平。但是经济科技的发展也带来了一些始料未及的天灾人祸。如大量生物物种由于生存环境的破坏而濒临灭绝，森林减少、土壤沙化、河流污染、城市缺水、臭氧层破坏和全球变暖等生态环境因素成为经济快速发展的瓶颈因素；生态环境的破坏也威胁到人类自身的生存。比如，由于灌溉而导致的水渠、水沟的盐碱化给美国每年造成的损失超过70亿美元（Ribaudo，1986）；美国学者Pimentel and Lehman（1993）估算，由于杀虫剂使用每年给美国造成的环境和社会损失超过800万美元(包括人类健康成本，作物的抗药性等)。据联合国粮农组织的统计数据显示，2016年中国农药施用量位居世界首位，远远超出世界各国农药施用量的平均水平。每年中国农药施用量高达175万吨，是发达国家平均农药施用量的3.42倍（Richardson et al.，2014）。严峻的现实唤醒了人类的环保意识，经过人类反思、觉醒，1972年6月，联合国通过了《人类环境宣言》，1987年，世界环境与发展委员会成立，发表了《我们的共同未来》的报告，并提出的全球可持续发展的目标。1992年又通过了《环境与发展宣言》《21世纪议程》《关于森林问题的原则性声明》等文件，随后国际标准化组织制定了环境管理标准ISO14000，把环境因素纳入了产品的质量管理中。另外，随着生化农业的发展，疫病、农兽药残留、转基因等也给人类的食品安全、健康带来巨大挑战，各个国家不得不在政府层面提高卫生与植物检疫措施的水平，加强对进口产品的检疫，提高本国食品安全标准。比如日本2005年6月通过的“肯定列表制度”涉及的农业化学品残留限量包括“沿用原限量标准而未重新制定暂定限量标准”“暂定标准”“禁用物质”“豁免物质”和“一律标准”五大类型。其中，“沿用原限量标准而未重新制定暂定限量标准”涉及农业化学品63种，农产品食品175种，残留限量标准2 470条；“暂定标准”涉及农业化学品734种、农产品食品264种，暂定限量标准51 392条；“禁用物质”为15种；“豁免物质”68种；其他的均为“一律标准”，即食品中农业化学品最大残留限量不得超过0.01毫克/千克。可见，日本现行的“肯定列表制度”对食品中农业化学品残留限量的要求更加全面、系统、严格。1994年经修订正式签署的《关贸总协定贸易技术壁垒协议》和《卫生检疫协议》中就明确规定：不得阻止各国为保护人类或动物的生命健康或为保护环境必须采取的措施。WTO也极其重视该协议，在诸多原则中突出了环保例外权，SPS措施是各国强制执行的进口产品检疫措施。这一切最初的动机都在于保护环境、人类和动植物的生命健康，客观上也推动了产品质量的提高和世界贸易的发展。为了实施可持续发展战略，确立世界各国公认的环保条款和例外权的合法性是完全必要的[①]。

2.3.3 重大食品安全事件激发了消费者对质量安全的需求

20世纪90年代以来，国际上先后发生了“疯牛病”“口蹄疫”“二噁英”“禽流感”“三聚氰胺”等重大食品安全危机事件。这些事件发生在一国，但是由于食品生产和消费的国际化，迅速传播到世界各国，引起国际恐慌。据研究，一项消极信息对消费者购买行为的影响往往是好消息的4倍（Chang and Kinnucan，1991）。食品危机事件的爆发，给一国经济带来巨大的经济损失。如英国发生“疯牛病”后，世界各国纷纷禁止进口英国牛肉，以保护本国国民健康，保护本国肉牛生产。这一禁止给英国牛肉

---

① 2.3.2的部分内容来自：董银果．绿色贸易壁垒产生的理论基础［J］．华南农业大学学报，2005（1）．

工业造成 6 亿美元的损失。国际国内市场的丧失与根除及预防“疯牛病”措施使英国损失近 300 亿美元，还造成 10 万人失业，通货膨胀、收入下降等一系列社会问题。

这些重大食品安全事件还严重打击了消费者的信心。如中国在发生“三聚氰胺”事件后，消费者先后涌向中国香港、澳大利亚、荷兰等地抢购奶粉，在购买食品时食品的质量安全已经跃升为消费者最为关注的因素。三聚氰胺事件已经过去 10 年，但是其留在消费者心中的阴影依然没有消退，消费者仍然信任进口产品而不是国产产品。据中国食品土畜进出口商会提供的数据显示，进口奶粉的市场占有率已从 2008 年前的 30%左右，跃升到 2014 年 50%以上，在高端奶粉市场，这一数据更是超过 70%。凯度消费者指数的数据显示，进口奶粉（含国内品牌的国外工厂）在一、二线城市的占有率已从 2015 年的 72.5%上升到 2017 年的 84.5%。

政府为了重塑消费者的信心，实施了严厉的食品质量安全措施，如日本颁布的肯定列表制度，欧盟成立的食品安全局，中国颁布了《食品安全法》，各国不断根据消费者需求，颁布和修订其法规标准，对食品生产过程实施监控，如近年来的可追溯体系、HACCP 认证等说明了政府和生产者的行动，严厉的食品安全措施首先出现在发达国家，随着农产品贸易的进一步开放，这些严厉的 SPS 措施向其他发展中国家延伸。

2.3.4　老龄化社会的到来对食品质量安全提出要求

所谓老龄化是指 65 岁以上人口在总人口中的比重超过 7%。按照这一标准，世界 65 岁以上人口比例早在 2002 年就已经超过了 7%，并且逐年递增，2017 年已经达到 8.7%，老龄化程度严重。从目前的平均寿命来推测，老龄化问题至少还会持续 10 年（齐明珠，2013）。农产品、食品安全的文献表明，由于更容易受到疾病的威胁，老年人对于食品质量安全的高标准有强烈偏好，对食品质量有更强烈的要求，对高质量农产品、食品需求强烈（Tran et al.，2012；Jaud et al.，2013）。以老龄化程度较高的日本为例，据日本共同社报道，截至 2018 年 7 月 15 日，日本 70 岁以上人口较上年增加 100 万，达 2 618 万人，占总人口的 20.7%。65 岁以上增加 44 万，至 3 557 万人，占总人口比例达 28.1%，创历史新高。其中女性突破 2 000 万，达 2 012 万人，大幅超过男性的 1 545 万人。据日本国立社会保障与人口问题研究所估算，2040年日本老年人占总人口比例将上升至35.3%。由于老龄化问题严重，日本的食品、农产品质量安全标准是全世界最高的。

2.3.5 满足消费者需求是企业盈利的前提

企业间的竞争迫使企业寻找新的利润增长点，而利润的提升不仅需要产品有相对较低的成本优势，而且在品质方面有不同于其他产品的比较优势。而如何向市场表明自己的产品是优质的呢？制定或者遵从某个私营标准恰是企业产品质量竞争力的最好证明。

"Private Standard"（私营标准）又称"Private Voluntary Standard，缩写PVS"、"Private Food Standard"或"Private Food Schemes"等，指非政府机构设立的，用于规范商业团体内部产品质量，以满足其自身品质需求的自愿性标准、认证和措施。私营标准是与官方标准或者国家标准相对而言的。目前，私营标准体系多样，制定目标和关注范围各不相同，涉及食品安全、环境污染、社会责任和动物福利等方面。一般而言，三流企业是来料加工型，二流企业是产品销售型，一流企业是技术输出型，而超一流的企业则是标准输出型的，它们能够通过创造和运作标准来获得超额利润。Henson（2005）认为私营标准及认证的持续实施，能够使产品质量安全水平得到提升从而产生品牌效应，即在消费者心目中树立良好的品牌形象进而增强产品的声誉和竞争力。同时，私营标准也是企业实施产品质量差异化战略的工具，通过认证的企业比未能通过的企业更具优势，保证企业在新的目标市场获得更多的产品质量安全优势（Caswell and Johnson，1991）。例如，法国欧尚（Auchan）集团和卡西诺（Casino）集团，为市场竞争需要，都制定了自有品牌的质量标准保证体系（Filiere Agriculture Raisonnee和Terre Et Saveur）①。

2.4 SPS措施与农产品质量的国际规制

SPS措施是指各国政府为了保护消费者食品安全、动植物群体安全和

① 2.3.5小节的内容来自：董银果，严京．私营标准对农产品国际贸易的影响分析［J］．农业经济问题，2010（7）：87-93.

生态环境安全制定的针对进口产品的法规、检验检疫标准、取样和检验的程序以及针对产品的包装要求。由于 SPS 措施主要针对动植物产品和食品，因此与农产品关系最为紧密。SPS 措施通过国家在进口边境的强制性检验检疫，迫使出口商必须遵从 SPS 措施，客观上提高进口农产品的质量安全水平。当然，根据 WTO 的国民待遇原则，WTO 成员的国内产品也必须遵守 SPS 措施。因此，SPS 措施在制定时针对进口产品，而实际执行中，国内产品也必须遵从统一标准。

随着全球食品安全问题的凸显，SPS 措施成为各国政策篮子中重要的政策工具，目的是减少进口产品携带病毒、疫病、虫害、污染物等的风险。由于 SPS 措施在法律上合法、在道义上合情，作为保护措施实施起来比较有效，作为贸易手段又比较隐蔽，因此，在 20 世纪 90 年代在各国广泛盛行。甚至被有些国家作为实施贸易的保护手段而滥用，基于此，GATT（在 1995 年 1 月 1 日起为 WTO）在乌拉圭回合通过《农业协议》的基础上，修订了《TBT 协议》，通过了专门针对 SPS 措施的《SPS 协议》，其目的是最小化 SPS 措施作为贸易壁垒使用的可能性，将 SPS 措施的使用建立在必要水平上，而不至于使其成为限制贸易的工具。

现行的具有普遍影响的农产品质量安全国际规制主要包括：联合国粮农组织（FAO）和世界卫生组织（WHO）1961 年共同成立的法典委员会及其制定的食品国际标准，GATT 于 1994 通过《卫生与植物检疫协议》（SPS 协议）、修订后的《技术性贸易壁垒协议》（TBT 协议）及其相关规定[①]。

2.4.1　《SPS 协议》和《TBT 协议》

SPS 协议核心是，允许成员国在对人类、动植物生命和健康的风险科学评估基础上，建立农产品进口的 SPS 措施。其主要贡献在于规范了 SPS 措施制定过程中的科学风险评估程序，提出了 SPS 措施规范化、正当化的途径，这样就减少了 SPS 措施演变为贸易壁垒的机会。SPS 协议的原则和规定为，WTO 成员有权设置 SPS 措施，以保护国民健康和动植

① 本节内容来自：董银果．国际食品贸易规制述评［J］．西北农林科技大学学报（自然科学版），2005（9）：77-80．

物的生命安全，但必须建立在科学依据之上，不应构成对贸易任意的、歧视性的、不合理的、不必要的或变相的限制。成员的 SPS 措施应建立在已有的国际标准、规定或指南的基础上，建立在国际标准基础上的措施是合法、正当的。食品安全应建立在法典委员会（CAC）的标准上，动物健康应建立在国际动物流行病办公室（OIE）的标准上，植物健康应建立在国际植物保护公约（IPPC）制定的标准基础上。成员如果引入比国际标准更严厉的 SPS 措施，则应提供科学依据或进行有效的科学风险评估来证明这些是为保护人类、动物和植物健康所必要的措施；各国应尽快公布新的 SPS 措施，执行透明度原则。WTO 还规定，当成员因执行 SPS 而发生争议时，可以提交到 WTO 的争端解决机制加以仲裁。

TBT 协议的目标是确保出口产品的质量，保护人类和动植物的健康安全，保护环境，防止欺诈行为和保卫国家安全。但是，TBT 标准不仅仅针对农产品，对于工业品也同样适用。TBT 的目的是提供技术性指导，其针对的是超越安全的更高水平的质量方面。TBT 协议的原则是避免不必要的贸易障碍，无歧视和国民待遇原则，技术规则的等效性，一致评定程序的相互认可，以及一致性和透明度原则。

可见，TBT 协议涉及的范围比 SPS 协议广泛得多。SPS 协议明确地集中在食品安全事务上，是针对农产品质量的最基础层面——无毒无害，而 TBT 是关于产品（包括工业品、农产品和食品）国际贸易的技术性标准（强制的或自愿的），是针对较高水平的质量，比如食品的营养、口感等。当涉及产品安全时，是 SPS 的管辖范围，除此之外，则是 TBT 协议的范围。TBT 协议下的技术标准是关于进出口产品必须满足的性能标准，包括产品质量特性、包装要求、标签规则、广告和销售主张。还可包括产品在生命周期中的环境、健康、劳工或其他标准。在食品标准方面，具体涉及到质量条款、营养要求、标签、包装和产品内容以及分析方法。TBT 协议规定了使用标准的时间和必须满足的条件（如通知程序，透明性及其采用国际标准等），强调的重点也是国际标准。不同的是，TBT 未指定专门的机构制定国际标准。TBT 协议应用于所有的政府标准。

有学者指出（Hooker，1996），食品安全与食品质量之间存在着模糊的区别。但事实上，就食品贸易而言，TBT 与 SPS 之间可能存在着管辖权重叠。当 SPS 试图按照科学依据区分正当与不正当贸易壁垒时，TBT

却不受科学依据的限制。其结果是，TBT 在处理针对于特定产品的贸易壁垒时显得较为软弱。例如，当一国希望保护国内食品工业时，可以根据保护环境、食品生产和加工方法方面的道德要求而成功地使用 TBT 协议，然而这种理由在 SPS 协议下是不可能成立的。

2.4.2　法典委员会（CAC）

联合国粮农组织和世界卫生组织于 1961 共同创立了食品法典委员会来制定国际食品贸易的规则和标准。CAC 的食品标准包括标准的范围和产品描述、必要的成分和质量因素、卫生要求、标签要求以及分析和抽样方法。一般而言，CAC 标准从酝酿到最终完成需经八个步骤、大约 4～5 年的时间。在法典标准制定程序中，所有成员都有两次机会（即第三步和第六步）就建议性文本发表意见。因此，在标准制定过程中，成员应将自己的建议和要求反映给法典委员会，使最终制定的标准能为本国接受并具有可操作性，这一点对于经济技术落后的发展中国家尤其重要。

根据联合国粮农组织贸易统计数据，食品贸易额在 2013 年超过 1.12 万亿美元，并且还在增长。虽然食品法典委员会的直接职责并不是推动贸易，但当各国的国内条款与食典标准保持一致时会有更多益处。CAC 的初衷是如果所有国家都与国际商定的标准统一，则贸易壁垒会减少，食品自然将在各国之间更加自由地移动。如果一个国家将其国内食品标准与法典标准统一，贸易伙伴则能够在公平的竞争环境中运作。

SPS 协议突出了 CAC 标准的贸易功能，使 CAC 标准成为解决国际贸易纠纷的依据。这就使标准建立过程中的科学风险评估成为 CAC 成员最为争议的事项。CAC 的传统姿态是：以科学依据评估风险对人类的健康影响。世界贸易组织已具体确定了食品法典委员会为食品添加剂、兽药、农药、污染物、分析和采样方法以及卫生操作规范和准则制定的标准、准则和建议。这意味着法典标准被认为是经科学验证的，并被接受作为评价国家措施和条例的基准。

2.4.3　WTO 通报咨询系统

根据 WTO 的透明度原则，WTO 成员新制定或修订的 TBT 和 SPS 措施，如将对贸易产生重大影响并且与相关国际标准不一致，应通过

WTO 秘书处向其他成员通报（即使该措施只涉及一个贸易成员，也必须通报），并给予至少 60 天的评议期。自 1995 年到 2020 年 4 月 21 日，WTO 秘书处已经收到并分发了约 63 927 个 SPS 和 TBT 通报，其中 TBT 通报 37 616 项，占 58.8%，SPS 通报 26 311 项，占 41.2%①。这些通报的详细信息在 WTO 信息管理系统中可以查阅。由于通报数量多且涉及产品类型复杂，对出口企业带来较大挑战，及时追踪并对通报措施反馈意见仍是一项较大挑战。

TBT/SPS 咨询系统的目的是为贸易伙伴提供措施咨询和技术解释，以帮助解决成员在执行这些措施时的困难和答疑，便利相关的 TBT/SPS 措施的执行。因此，在 SPS/TBT 措施的评议期内，可能受影响的出口国必须联合出口商对该措施可能带来的困难、技术可能性以及是否违背 WTO 的原则做出评估，并针对困难向发出通报的国家进行咨询，将执行的影响最小化。

2.4.4 SPS 争端解决机制（DSU）

WTO 争端解决机制，是一种贸易争端解决机制，是各个协议得以切实执行、世界贸易体制安全和正常运转的基本保障；也是 WTO 不可缺少的一部分，是多边贸易机制的支柱，在经济全球化发展中颇具特色。它具有统一性、效率性和强制性的特点。世贸组织前任总干事鲁杰罗说过："如果不提及争端解决机制，任何对 WTO 成就的评价都是不完整的。从许多方面讲，争端解决机制是多边贸易体制的主要支柱，是 WTO 对全球经济稳定作出的最独特的贡献。"

DSU 建立了争端解决机构（Dispute Settlement Body - DSB）来负责监督争端解决机制的有效顺利运行，这是 WTO 的一个创新。DSB 可以成立专家组（Panel），对成员的某一违法行为进行裁决，承担具体的任务，任务完成后即解散。专家组一般由 3 名或 5 名独立的人员组成。专家组根据被授予的职权范围，在规定时间内，形成专家组报告，交 DSB 会议批准。DSB 建立了常设的上诉机构（Appellate Body），这是 WTO 争端解决机制的创新。常设上诉机构有 7 名成员，任期为 4 年，对某一案件由其中

① 数据来自 WTO 网站。

的 3 名进行审议。上诉机构可以维持、修改或撤销专家组的法律调查结果和结论，而且上诉机构的报告一经 DSB 通过，争端各方就必须无条件接受。

遗憾的是，自从 2019 年以来，由于美国对于 WTO 的多边体系不满，阻挠法官的任命，造成审议案件的法官严重不足，DSB 事实上处于停摆状态。

2.5　SPS 措施的保护目的探讨①

2.5.1　引言

通过关税与贸易总协定（GATT）项下的八轮贸易谈判，国际贸易领域的关税水平大幅降低（如工业品的平均关税从 45%降至 3%），传统的非关税壁垒的使用也受到限制。然而人们担心贸易协议虽然降低了保护率，但不能降低国内政治经济集团实施贸易保护的热忱。关税的直接下降会导致非关税壁垒的上升，非关税壁垒用来替代关税维持进口国期望的保护水平（符磊和强永昌，2018）。这种担忧并非空穴来风，据 WTO I-TIP Goods 数据库报告②，WTO 成员实施的非关税壁垒从 1996 年的 1 677 种上升到 2018 年的 3 527 种。同时随着 WTO 及多边贸易协议（FTA）对传统的数量型非关税壁垒进行限制，非关税壁垒的主要形式也发生了巨大的变化（Baldwin，2016）。1996 年数量限制（QR）型非关税壁垒占比高达 40.9%，是当时最流行的贸易保护形式；到 2018 年，技术性贸易壁垒（TBT-SPS 措施）达 3 527 种，占比 95.15%。而 20 世纪 80—90 年代流行的关税配额（TRQ）已经消失，防御性壁垒如反倾销（AD）、反补贴（CV）的使用数量在下降。近年来技术性贸易壁垒对贸易的影响已远超防御类壁垒（鲍晓华和朱钟棣，2006；Kee et al.，2013），成为国际贸易中最主要的非关税壁垒（Wood et al.，2017）。乌拉圭回合将农产品贸易纳入多边贸易体制，为防止成员在农产品关税降低后滥用技术性贸易措施，通过了专门针对农产品的《实施卫生与动植物检疫措施协议》（即

① 本节内容来自：董银果，吴倚天．健康与贸易，孰轻孰重——SPS 措施的保护目的探讨[J]．华中农业大学学报（社会科学版），2019（6）：50-59.

② WTO I-TIP Goods 数据库：http：//i-tip.wto.org/goods/Forms/GraphView.aspx.

SPS协议），要求成员的SPS措施必须建立在科学的依据之上，出于保护国内消费者和生态环境的目的。SPS协议执行以来，WTO成员SPS措施的使用和更替频繁，SPS通报数从1995年的198项增长到2018年的1 632项，年均递增9.6%，2015年更是达到了1 681项①。那么，WTO成员如此众多的SPS措施真的是为了保护消费者健康？还是在保护健康的幌子下实则保护国内产业和贸易？

国内外学者认为SPS措施对贸易存在极大影响，存在着滥用的可能性。宋海英和Jensen（2014）、秦臻和倪艳（2014）、Beghin et al.（2015）分析了不同农产品市场上SPS措施对出口贸易的抑制性，他们认为，SPS措施在短时间内会挤出不符合要求的生产商和出口商，减少出口贸易。SPS措施的增加尤其会减少从发展中国家的出口，对于发达国家出口的影响远小于发展中国家（Otsuki et al.，2016）。为了探究SPS措施的贸易保护动机，Fischer and Serra（2000）提出将SPS措施的标准与只为本国生产者设定的标准相比较，认定超过国内标准的SPS措施为保护主义。Disdier（2008）通过计算技术性贸易壁垒的频率与进口覆盖率，发现有些国家对特定HS编码商品的SPS通报远远超过平均的SPS通报，可能具有潜在的贸易保护倾向。Aisbett和Pearson（2012）通过检验各国关税水平与SPS措施之间的负相关关系，认为SPS措施的实施存在弥补关税下降的贸易保护目的。然而，也有众多学者认为SPS措施的增加是符合健康保护的趋势（Jaud et al.，2013）。20世纪90年代以来，重大食品安全危机频发，消费者尤其是发达国家的消费者对食品质量的要求日益紧迫，这迫使政府制定更为严厉的SPS措施保护消费者健康（Delind and Howard，2008）。同时从长期来看，SPS措施通过质量门槛的强制作用客观上能够促进出口国产品质量的升级（董银果和黄俊闻，2018）；而质量的上升有利于未来的出口增长，也有利于一国的高质量发展（李丽玲和王曦，2015），这符合保护健康的目标。

以上文献主要从SPS措施的实施对出口国的贸易影响来判断SPS措施的实施目的，而不是依据SPS措施制定者自身所处的国内外环境，其结果就可能导致误判。这是因为，SPS协议要求，只要成员的SPS措施

① 有关SPS通报的数据均来源于WTO/SPS通报中心，网址为：http：//spsims. wto. org.

基于科学依据，就允许他们制定异质性的SPS措施。事实上，由于出口国之间技术水平和发展程度的差异，进口国实施的SPS措施可能会成为某个出口国的贸易壁垒，但也可能成为另一出口国的贸易机会（董银果和李圳，2015），但这并不代表SPS措施的制定完全是出于保护贸易目的。另外，SPS措施研究大多侧重于SPS措施对出口或双边贸易额的影响，虽然贸易额可以作为评价贸易保护的一个指标，但并非充分条件，同时对于SPS措施贸易保护主义的直接证明大多存在局限性，使用频数或SPS措施指标的差异不能完全代表贸易保护主义且缺乏大量数据支撑。基于此，本研究可能的贡献主要有：①从SPS措施制定者自身的国内外环境出发，依据2001—2018年WTO成员的SPS措施通报数，选取代表健康保护和贸易保护两个方面的指标考察SPS措施的保护目的，以便评判更为客观和科学；②为克服SPS通报数据过度离散、异方差及零膨胀的问题，采用零膨胀负二项回归（ZINB）模型进行实证分析，相比传统多元线性回归模型更加精确；③依据经济发展程度和产品的加工程度将样本细分为发达国家和发展中国家、初级农产品和加工农产品进行分样考察，探讨不同国家、不同产品SPS措施保护目标的差异。

2.5.2　模型与变量

2.5.2.1　理论模型

SPS措施是各国制定的与食品安全、动植物健康和环境安全密切相关的法规、标准、程序和要求（董银果，2014）。WTO在《实施卫生与动植物检疫措施协议》中规定，各国可以基于保护国家安全、人类及动植物安全健康、环境保护等合理因素制定和采取SPS措施，但这些措施应以贸易限制最小化为前提。可见，WTO对于SPS措施的正当性认定基于两个方面：一是基于合理的健康保护目的，二是不构成贸易障碍。这种SPS的双重性质也常常被学者质疑，SPS措施一方面为了保护人类动植物健康产生的“基于安全健康的保护”，另一方面可能为了本国产业利益实施的“基于经济利益的保护”（鲍晓华，2005；Beghin，2015；张海东，2008）。这也就启示了本研究的理论模型思路，通过人类、动植物健康指标与贸易保护指标与SPS措施的关系来验证SPS措施的保护目的。

当单纯的市场机制不足以防止或者克服由进口产品可能携带的疾病或

者虫害导致的外部性，技术性贸易壁垒应对其起到纠正作用（鲍晓华和朱钟棣，2006）。因此，当人类与动植物安全健康受外部性威胁或损害时，制定并实施SPS措施保护人类与动植物安全与健康就成为必然且正当的选择。SPS措施的初衷是保护消费者、动植物群体以及生态环境，因此，一国SPS措施的制定一定与该国消费者对食品安全的需求以及与该国的生态环境的状况密切相关。这是各国制定SPS措施中具有合理内涵的诉求，是有科学依据支撑的部分。

SPS协议产生的背景是乌拉圭回合，农产品首次被纳入谈判范畴。根据《农业协议》，农产品的非关税措施要进行关税化改革，关税要逐步削减。为了防止在《农业协议》实施后，各国采取技术性贸易措施保护农产品，乌拉圭回合决定采用制度性安排来规范各国SPS措施的实施，通过了《SPS协议》。由此可见，SPS措施也存在着用来代替传统贸易措施的可能性，或者说当传统的保护手段无法实施时，转而采用一种更隐蔽、更有效且更符合潮流的保护方式。比如美国和欧盟之间的荷尔蒙牛肉案，就是欧盟为了保护牛肉产业而实施的SPS措施（张磊，2009）。因此，SPS措施的实施也可能出于贸易保护的目的。

当然，SPS措施的实施也离不开一国的经济基础和技术水平，这些因素决定一国的SPS措施可能处于较高水平，但这并不关乎贸易保护或者健康保护。根据以上理论分析，本研究建立的模型如下：

$$Y_{ipt} = \alpha \sum HP_{ipt} + \beta \sum TP_{ipt} + \gamma \sum Control_{ipt} + \varepsilon_{ipt} \quad (2-1)$$

其中，Y代表SPS措施，HP代表消费者健康保护的指标，TP代表贸易保护的变量，$Control$代表控制变量，ε代表误差项，下标i代表不同国家，p代表不同农产品类别，t代表年份。

2.5.2.2 变量选择

1. 因变量（Y）

学者们采用多种措施来度量SPS措施，如进口拒绝的频率包括进口拒绝次数、进口覆盖率①、SPS措施引起的法规诉讼事件次数甚至SPS措施相关文件的页数（张海东，2008；Beghin，2015）。在实证研究中，学者们采用农兽药最大残留限量（董银果，2014）、HACCP标准的实施

① 受到壁垒限制的进口产品价值占该行业所有进口产品总价值的比重。

（Anders and Caswell，2009）以及 SPS 通报数作为 SPS 措施的变量（鲍晓华和严晓杰，2014；董银果和李圳，2015）。考虑数据的完整性以及可获得性，本研究以各国 SPS 措施的通报数量代表 SPS 措施。

2. 代表健康的自变量（*HP*）

（1）人口数量与人口结构。一个国家或地区的人口数量越多，其面临公共安全与流行病预防控制风险也越大，需要有效的政策控制风险。对于农产品来说，SPS 措施就是控制人类因食品安全问题感染疾病风险的主要政策，所以人口数量与其对应的 SPS 措施严厉程度密切相关，且呈现正向促进作用，这是符合“健康保护”动机的。但是，大量人口会带来农产品需求增加，政府也可能实施宽松的贸易政策如降低 SPS 措施来满足国内的农产品需求（Aisbett and Pearson，2012），这样看来人口数量对于 SPS 措施影响又是负向的。为此，我们使用 2013 年和 2018 年的截面数据进行图示分析[①]，也难以判断人口数量对于 SPS 措施严厉程度的影响方向。

从人口结构来看，食品安全标准的文献表明，由于更容易受到疾病的威胁，老年人对于食品安全的高标准有强烈偏好，老龄化对于 SPS 措施的促进也符合“健康保护”的初衷（Tobin et al.，2012；Jaud et al.，2013）。本节采用 65 岁以上人口比例代表各成员老龄化程度，预期其系数的符号为正。

（2）健康与环境。当一国人民的健康水平下降时，政府应制定更多的 SPS 措施来降低进口的安全风险，同样当环境质量及动植物健康水平下降时，需要更多的 SPS 措施保护环境，故二者反向相关。人类健康指标本研究采用死亡率表示，动植物健康和环境指标选用环境绩效指数（EPI）与环境可持续性指数（ESI）[②] 表示，该指标对各个国家的环境健康和生态健康包括空气质量、水和卫生、水资源、农业健康、森林环境、鱼类、生物多样性等多方面的数据进行了综合评价，已经广泛出现在环境经济学的文献中。

---

① 依据 SPS 措施均值与人口均值将各个国家分入了四个象限，我们可以发现第一第四象限与第二三象限数据点数量接近，图形略去，备索。

② 耶鲁大学和哥伦比亚大学 2001—2005 年联合推出 ESI 指数，2006 之后将 ESI 指数升级为 EPI 指数。

3. 代表贸易保护的自变量（*TP*）

（1）农产品进口额。从经验来判断，进口需求越大的国家越可能实施SPS措施进行贸易保护。大量的进口会对本土企业产生巨大的冲击，甚至垄断当地产业，导致当地失业增加等问题。SPS措施的实施可以对部分产品的进口造成限制，缓解进口对当地产业的冲击（Aisbett and Pearson，2012）。从数据来看，进口量前三位的国家（地区）美国、欧盟和日本也同样是SPS通报数量前三位的国家，从图2－4来看，SPS措施随着进口额的上升呈现上升趋势，判断农产品进口量会促进SPS措施上升。当然也需要考虑各国家人口数量不同所带来的进口需求，故本研究采用人均农产品进口额作为变量。

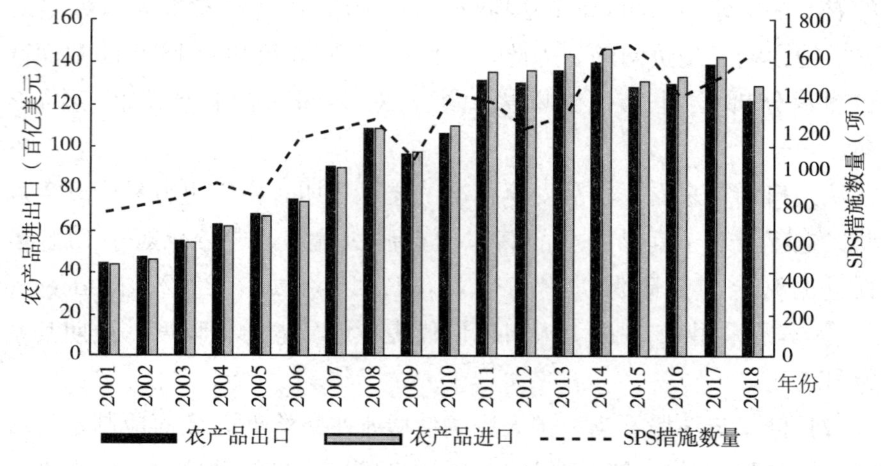

图2－4　成员国农产品进出口与SPS总数

数据来源：UN COMTRADE。

（2）关税。有学者认为关税措施的下降只是诱发了另一种形式的保护，Bhagwati（1988）将这一现象称为“恒定保护法”。也有研究表明，许多国家SPS措施表面上是为了实现保护人类和动植物健康的非交易目的，实质上被用来保护本国市场和产业，甚至作为谈判筹码（Peterson and Orden，2008）。通过关税及SPS的变化趋势（图2－5），虽然相互关系不是特别清晰，但仍能看到一些年份（例如2014年）关税下降后SPS措施数量快速上升。因此推断，若关税与SPS措施存在负向关系，则可能存在贸易保护。

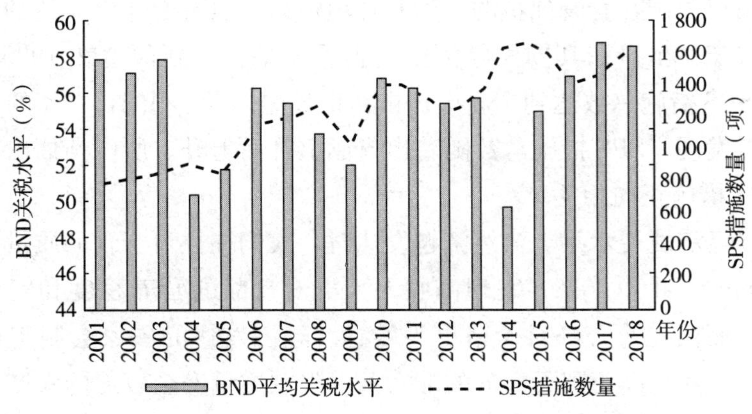

图 2-5　农产品 BND 关税与 SPS 总数

数据来源：UN COMTRADE。

(3) 农产品补贴。农产品补贴是 WTO 多哈发展议程农业谈判的重要议题，但很遗憾未能达成一致。根据乌拉圭回合达成的《农业协定》，发达国家应在 6 年内削减 20%的农业支持，而发展中国家应在 10 年内削减 13%的农业支持。对于农业补贴的限制虽会促进农产品的自由贸易，但同样也会给本国产业压力，特别是对于农业比较优势较弱的国家例如日本，外国农产品会挤占本土市场（赵文，2009）。建立独立自主的农业市场的重要性不言而喻，政府很可能会使用 SPS 措施这类非关税壁垒部分抑制进口农产品的竞争优势，以保护国内产业。故农产品补贴的降低可能诱发 SPS 措施的发布。

(4) 经常项目逆差。经常账户反映一国商品和劳务在国际市场的竞争力。经常账户余额往往影响着一国的贸易政策，当经常账户逆差时，政府在舆论的压力下倾向于实施严格的贸易政策去限制进口（Aisbett and Pearson，2012），SPS 措施就成为一种可利用的、变相的贸易保护政策，因此预估经常账户余额与 SPS 措施反向相关。

4. 控制变量

(1) 农产品出口额。若一个国家是出口导向型，那么必然需要保护重要的农业产业和独特的生物多样性，严防外来生物对农业生产环境的破坏。另外，在全球消费者对食品安全更为关注的背景下，出口国倾向于采取严厉的 SPS 措施增强本国产品在国际市场的竞争力。例如，新西兰是农产品出口大国，有着独特的生物和环境体系，也有着非常发达的现代农牧业，农产品出口在其国民经济中占据重要地位。新西兰在 1995—2018 年发布 SPS 措施总数达到 785 次，排在世界第八位。由图 2-4 的总体趋势也可以发现，SPS 措施总数随着出口额上升而上升。所以预估出口贸易额与 SPS 措施正向相关。

(2) 经济发展水平。当经济越发达时，人们往往对于食品质量要求越高。Tobin et al.（2012）发现高收入人群对食品的营养程度和安全度更加重视，而低收入人群对价格更为敏感。经济发达的国家会制定严格的 SPS 措施，甚至高于国际标准的准入条件限制质量安全较低的农产品进入本国，所以认为经济发展水平与 SPS 措施正向相关。

(3) 规制质量。规制质量反映了政府纠正市场失灵以及对微观产品调控的能力。一个有效的政府自然会关注人民的食品安全，本国动植物群体的健康与环境的可持续发展，这促使政府制定和实施 SPS 措施，故预估规制质量与 SPS 措施正向相关。

2.5.3 数据与方法

虽然 SPS 措施自 1995 年开始实施，但考虑到 Yale EPI 与 ESI 数据以及政府农业支出的有效数据从 2001 开始，故本节选取了 2001—2018 年 SPS 措施及其影响因素数据。WTO 成员通报 SPS 措施的共有 123 个，因中国台湾、中国香港、中国澳门、海地和圣文森特等国家（地区）的环境数据缺失严重，本节从模型中删除了这 5 个样本。最终，模型中选用了 2001—2018 年 118 个 WTO 成员所有农产品类别（HS 二位编码 01～24）的 SPS 措施及其他影响因素共计 48 363 个样本数据。

SPS 数据来源于 WTO-SPS 数据库；环境数据来源于 Yale EPI-ESI 数据库；关税及农产品进出口数据来源 UN COMTRADE；经常账户余额、人口、死亡率、GDP 以及规制质量数据来源于世界银行①。需要说明的是，由于农产品补贴有效数据仅有 40 个国家，为了结论的普遍性本节

---

① 世界银行数据库：https://data.worldbank.org.cn；联合国粮食及农业组织数据库：http://www.fao.org/faostat/zh/#data/IG；UN COMTRADE 数据库：https://comtrade.un.org/data；Yale EPI - ESI 数据库：https://epi.envirocenter.yale.edu；WTO - SPS 数据库：http://spsims.wto.org.

采用补贴的上一级指标政府农业支出（其中包括了政府最终消费支出、补贴、转移支付等项目），数据来源联合国粮食及农业组织数据库。本节样本描述性统计如表 2－2。

表 2－2　模型变量含义及描述性统计

变量	含义	预期符号	平均值	标准差	最小值	最大值
SPS	WTO 成员的通报数量	因变量	0.397	2.099	0	71
Population	人口总数（百万人）	+/−	50.339	168.582	0.085	1 378.665
Old	大于 65 岁以上人口比例	+	8.228	5.466	0.751	26.565
Health	死亡率（每千人死亡人数）	+	8.220	3.183	1.473	19.622
Environment	Yale EPI&ESI 评价指数	−	59.350	13.454	18.43	95.511
Tariff	简单平均 BND 关税	−	41.874	55.984	0	1 987.27
Import	人均进口总额（美元）	+	359.229	1 141.312	0	45 883.77
Current Account	经常账户余额（百万美元）	−	−102.844	64 851.58	−805 962	420 569
Expenditure	政府农业开支（百万美元）	−	18.063	34.328	0	528.90
Export	出口总额（百万美元）	+	388.814	1 330.643	0	29 373.12
GDP	GDP 总额（百万美元）	+	523 799.3	1 663 626	450	16 920 300
Regulation Quality	规制质量	+	0.203	0.883	−2.236	2.261

数据来源：由 stata14 计算。

因变量 SPS 通报数量是典型的计数变量，存在着大量相同的数值，其作为因变量难以满足自变量与因变量是线性关系的假设。同时，SPS 通报数据大量集中在某些产品与某些国家。如 2001—2018 年通报数量最多的十个国家 SPS 通报数量占到 SPS 措施通报总数的 59.63%，编码为 HS02、01、04、06 的农产品通报数占到了 24 类农产品通报总数的 45.48%。2001—2018 年 SPS 通报数的均值为 0.397，方差为 2.099，方差远大于均值，说明数据处于离散分布。另外，SPS 通报数量中存在着大量的零值。其中 0 通报出现的频率高达 88.49%[①]，远高于其他通报数量出现的频率，呈极端化分布，已出现零膨胀现象，数据不符合 OLS 正态分布的假设，故 OLS 方法不适合本研究。

零膨胀模型由 Lambert（1992）提出，用以解决模型中因变量零值过多导致回归误差较大问题。本节使用计数模型中的零膨胀负二项回归模型。该模型的概率分布式是由负二项分布和离散零分布组成的一个混合分布，包括因变量等于 0 和不等于 0 两种情况，其公式如下：

$$\Pr(Y=X,p,\tau) = \begin{cases} p+(1-p)\left(1+\dfrac{\lambda}{\tau}\right)^{-\tau} & y=0 \\ (1-p)\dfrac{\Gamma(y+\tau)}{y!}\left(\dfrac{\tau}{\lambda+\tau}\right)^{-\tau}\left(\dfrac{\lambda}{\lambda+\tau}\right)^{-y} & y=1,2,\cdots \end{cases} \tag{2-2}$$

其中 τ 为模糊参数表示离散程度，p 被称为 ZI 参数表示 0 数据所占比例，Γ 表示伽马分布。Y 表示因变量即 SPS 通报数量，X 为自变量的集合，即影响 SPS 通报数量的因素。均值和方差分别为 $E(Y)=(1-p)\lambda$ 和 $\text{var}(Y)=(1-p)\lambda(1+p\lambda+\lambda/\tau)$。当 $p\to\infty$，$\tau\to\infty$时，分别服从零膨胀泊松分布和负二项分布。所以 ZINB 模型的公式为：

$$\begin{aligned}\lambda = \exp[&Intercept + b_1\log Population + b_2 Old + b_3 Health \\ &+ b_4 Environment + b_5 Tariff + b_6\log Import + b_7\log Export \\ &+ b_8\log GDP + \beta_9 Current\ Account + \beta_{10} Regulation\ Quality]\end{aligned} \tag{2-3}$$

其中 $Intercept$ 和 b 都为待估参数[②]。

---

① 通报数量为 1～5 的频率分别为 4.66%、2.34%、1.24%、0.82%、0.49，6～10 的频率为 1.2%，11～30 的频率为 0.67%，31～71 的频率为 0.09%。

② 参数估计方法参见 Nocedal 和 Wright（1999）。

2.5.4 实证结果分析

本节采用零膨胀负二项回归方法的结果见表 2-3。从模型选择来看，OLS 方法下变量显著性较差且拟合优度 $R^2=0.014$，存在较大误差；似然比检验（likelihood ratio test）估计量 95%的置信区间为（9.98，10.89），拒绝 $alpha=0$ 假设，表明应使用负二项回归而非泊松回归；Vuong 检验值为 $z=0.04<0.05$，说明零膨胀负二项回归模型（ZINB）模拟效果优于标准负二项分布模型（NB），本文模型选择无误。同时在未加入控制变量的结果中，贸易保护变量与健康保护变量的符号并未改变，显著性几乎没有变化，说明模型结论稳定。

代表“健康保护”的四个变量的回归结果显示，SPS 措施的制定是出于保护健康的需要。具体而言，人口数量与 SPS 措施呈现负相关关系，并在 1%的统计水平下显著。可见，人口增长带来更多的是对农产品需求的增长，WTO 成员更多选择降低 SPS 措施来提高进口以满足国内需求，在质量与数量的选择上偏向于数量；只有部分发达国家食品数量的基本需求被满足后才会提高 SPS 措施作为质量门槛，这也符合我们的预期。老龄化与 SPS 措施呈现正相关关系，并在 1%的统计水平显著。表明随着老龄化程度提高，SPS 措施的通报数量增加。人口增速放缓及老龄化问题是大部分国家正在面临的问题。世界 65 岁以上人口比例早在 2002 年就已经超过了 7%①，并且逐年递增，2017 年已经达到 8.7%，老龄化程度严重。从目前的平均寿命来推测，老龄化问题至少还会持续 10 年（齐明珠，2013）。根据逐年上升的老龄化人口及可能出现的世界人口减少，未来 10 年 SPS 措施通报数量还会上升。回归显示，SPS 措施与人口死亡率呈现极其显著的正相关关系，与环境质量（包含了动植物健康）呈现显著的负相关关系，符合本研究的预期。这表明，当人类健康水平与环境质量下降时，SPS 措施的实施能够起到保护健康和矫正环境负外部性的作用。以上几项代表健康的指标都与 SPS 措施显著相关，由此我们可以推断，成员制定 SPS 措施主要是出于保护健康的初衷。即 SPS 措施主要被用来减少进口产品对本国生态环境和居民健康的风险。WTO/DSB 关于成员争端案

① 老龄化：65 岁以上人口数量超过 7%。

例的裁决显示，只有极个别属于贸易壁垒（邓竞成，2003）。另外，WTO的透明原则也部分确保了各国以保护人类、动植物健康以及生态环境安全作为SPS措施通报的目的。由此可见，随着国际农产品贸易的发展，贸易风险已是各国政府不可回避的现实，制定SPS措施保护国内消费者的食品安全，动植物群体安全和生态环境的可持续发展是政府不可推卸的责任。而任何的疏漏都可能导致传染性疫病、虫害的大面积爆发，损害人民的健康和农牧业业发展。

代表“贸易保护”的四个变量的回归结果显示，四项指标中的三项与预期相符，并在1%～5%的统计水平显著（表2-3）。具体而言，关税水平、经常项目余额与政府农业支出与SPS措施呈负相关。这说明各国利用SPS措施的贸易限制来弥补进口关税及农产品补贴下降所导致的贸易保护力下降，贸易逆差的出现会促使成员提高SPS措施来抑制甚至反转逆差，这些与SPS措施健康保护的初衷是不符合的。这证明了成员通报的SPS措施之中会带有贸易保护的成分存在。主要有以下两个方面的原因：第一，全球经济放缓导致贸易保护主义抬头。符磊和强永昌（2018）、王小梅（2016）都提到金融危机之后各国贸易收紧，贸易保护主义开始抬头。从国际贸易市场上来说，严格的贸易政策可以保护本国产业，稳定就业市场，中美贸易战爆发的直接动因就是美国对中国有巨额逆差。第二，从长远角度来看，全球经济一体化本来就是一个非常难以达到的目标。Rodrik（2000）就提出了“全球化三元悖论”，全球化、主权完整与民主不可兼得。贸易壁垒的削减、统一税制和监管、开放的资本流动都会威胁到一国的主权，如果在保证国家主权完整的前提下推进全球化，那么必然会使得国内的利益群体受损，违背了民主的原则。同样，面对WTO统一的关税削减，各国政府必然背负着国内民众的压力，为了维持国内的产业，不牺牲国内利益团体，只能通过使用这类披着合法外衣的贸易保护政策，这就使得原先为消费者健康和生态环境所设计的SPS措施偏离了初衷。目前逆全球化思潮的抬头使得SPS措施的贸易保护作用更加明显。

关于控制变量的回归结果显示，三个控制变量的符号与预期相符。出口导向型国家需要更严格的SPS措施以保护国内的生态环境。GDP总量、规制质量也与SPS措施呈现显著的正相关关系，说明收入越高、规制质量越高的国家对于农产品、食品质量的要求也越高。

表 2-3　模型的回归结果

		零膨胀负二项（无控制变量）	零膨胀负二项（所有变量）	普通最小二乘法（OLS）
健康保护指标	*Population*	−0.002***	−0.970***	−3.349***
		(0.024)	(0.058)	(0.456)
	Old	0.06***	0.138***	0.418***
		(0.009)	(0.011)	(0.031)
	Health	0.244***	0.299***	0.006**
		(0.012)	(0.013)	(0.030)
	Environment	−0.027**	−0.001*	−0.006*
		(0.002)	(0.002)	(0.030)
贸易保护指标	*Tariff*	−0.003**	−0.003***	−0.018 6*
		(0.001)	(0.001)	(0.015)
	Import	0.106	0.057 7	−0.017
		(0.018)	(0.015)	(0.039)
	Expenditure	−0.175***	−0.262***	−0.073*
		(0.025)	(0.026)	(0.015)
	Current Account	−0.014***	−0.002***	−0.002**
		(0.001)	(0.001)	(0.001)
控制变量	*GDP*		0.074***	0.814**
			(0.039)	(0.242)
	Export		0.019*	0.025
			(0.012)	(0.018)
	Regulation Quality		0.061*	0.162*
			(0.058 8)	(0.096)
	_cons		−15.707*	−38.769**
			(38.917)	(8.037)
	N	48 363	48 363	48 363

注：* $p<0.1$，** $p<0.05$，*** $p<0.01$。

总体来看，WTO 成员发布的 SPS 措施主要出于保护健康的目的，符合 SPS 措施设立的初衷，但也同时存在着贸易保护的嫌疑。

2.5.5　SPS 措施保护目的在产品/国家的差异

本节将农产品分为初级农产品与加工农产品，分别探讨其 SPS 措施的保护目的。结果显示（表 2-4）：无论是在初级产品还是在加工农产品中，代表健康的四个指标都与预期相符，并在1%～10%的统计水平显著，而代表贸易保护的四个指标在加工农产品样本中均与预期相符且在统计上具有较强的显著性；而在初级农产品的样本中，人均进口与SPS措施相关关系不显著，且指标整体显著性略逊于加工农产品，这说明加工农产品更倾向于以SPS措施为幌子，实施贸易保护目的。原因在于，初级农产品一般是未经加工的原材料，直接来自于畜牧业、水产业和种植养殖业等。这些活物或新鲜原材料会带来更大的动物疫病、物种入侵和食品安全风险，很容易对进口国的生态环境造成危害。所以针对这类产品有更多的检验检疫标准，进口国针对这类产品都会采取更加严格的SPS措施控制疫病和病虫害的进入，这符合SPS措施制定的初衷。董银果和李圳（2015）发现，初级农产品在进口中可能携带的化学品残留、物理性污染物和生物性病菌都是SPS措施关注的重点。而加工农产品则不同，其加工也是一个去风险的过程。化学残留物、物理性污染物和生物病菌都会在高温或者消毒过程中挥发或者死亡，其对进口国造成危害的风险大大降低，SPS措施的必要性下降，基于贸易保护的目的更多。

表2-4　SPS措施产品/国家差异性实证结果

变量	初级农产品 HS01-14	加工农产品 HS15-24	HS01，02， 04，06	发达国家	发展中国家
Population	−1.089***	−0.888***	−0.829***	−1.194**	−0.694***
	(0.068)	(0.113)	(0.095)	(0.152)	(0.083)
Old	0.120***	0.105***	0.101***	0.412***	0.171***
	(0.013)	(0.019)	(0.018)	(0.027)	(0.016)
Health	0.312***	0.179***	0.249***	0.821***	0.277***
	(0.015)	(0.024)	(0.021)	(0.031)	(0.017)
Environment	−0.003*	−0.004*	−0.001**	−0.022**	−0.011***
	(0.003)	(0.004)	(0.004)	(0.004)	(0.003)
Tariff	−0.006***	−0.001***	−0.004**	−0.010***	−0.002***
	(0.001)	(0.004)	(0.001)	(0.002)	(0.001)
Import	−0.055	0.025**	−0.032	0.175***	−0.016
	(0.020)	(0.052)	(0.028)	(0.039)	(0.022)
Expenditure	−0.148**	−0.445***	−0.133*	−0.756***	−0.407*
	(0.030)	(0.050)	(0.042)	(0.098)	(0.038)

（续）

变量	初级农产品 HS01-14	加工农产品 HS15-24	HS01，02，04，06	发达国家	发展中国家
Current Account	−0.002***	−0.002***	−0.003***	−0.005***	−0.001**
	(0.001)	(0.001)	(0.001)	(0.001)	(0.001)
Export	0.008*	0.010*	0.079***	0.077**	0.012
	(0.014)	(0.027)	(0.021)	(0.023)	(0.015)
GDP	0.732***	0.816***	0.519***	0.955***	0.649***
	(0.045)	(0.073)	(0.063)	(0.079)	(0.028)
Regulation Quality	0.051*	0.043*	0.005*	0.968**	0.221**
	(0.066)	(0.118)	(0.093)	(0.079)	(0.066)
_*cons*	−17.092	−14.719	−16.207	−16.534	−16.646
	(78.308)	(58.007)	(59.170)	(90.174)	(54.946)
N	28 461	19 902	8 060	10 485	37 878

注：* $p<0.1$，** $p<0.05$，*** $p<0.01$。

同时，根据对于SPS措施数据的观察，通报主要集中在HS01、02、04、06这4类农产品上，占据了所有通报数的45.48%。对这四类农产品的实证研究发现，代表保护健康变量的显著性极强（1%～5%的显著性），而贸易指标的显著性较差，人均进口额不显著，且其他三个指标显著性明显低于其他模型结果。说明这四类农产品的SPS措施主要基于健康保护，贸易保护性偏弱。从产品类别来看，01（动物），02（肉类），04（畜产品）都是风险性极高的农产品，动物疫情和重大传染病（如口蹄疫、禽流感、非洲猪瘟等）发生的概率较大，其SPS措施严格程度以及健康保护的目的都是合理的。

本节将样本分为发达国家和发展中国家，分别探讨SPS措施的保护目的。结果显示，四个代表健康的变量在发展中国家样本中均与预期相符并在1%的统计水平显著，而在发达国家的样本中只有2个变量呈现1%的显著性，另外2项指标则不显著或弱显著（10%）。代表贸易保护的四个指标在两组样本中均与预期相符，在发达国家样本中的显著性更高。由此我们推断，发达国家的SPS措施潜藏着贸易保护的目的，而发展中国家则主要是出于保护健康的需要。从数据来看，2001—2018年SPS通报总数排名前三的均为发达国家，美国（3 497 个）、日本（1 804 个）和欧盟（1 535 个）。相关研究也表明，发达国家的 SPS 措施已成为发展中国家农产品出口的主要障碍（Otsuki et al.，2016），中国农产品出口中遭遇的 SPS 措施主要来自发达国家（董银果，2014；朱丽娜，2017）。

究其原因，主要有以下几点：第一，发达国家是国际规则的制定者。发达国家虽然数量只有 20 多个，却是国际贸易谈判的主导者和贸易规则的制定者。虽然发展中国家逐渐加入到了贸易政策制定的行列之中，WTO 也提供一个更民主的环境，但是短时间内可能无法撼动发达国家的统治地位。这样的状况下，一些贸易政策很可能是发达国家为自身贸易保护寻找的理论依据和借口（王小梅，2016）。第二，经济水平差异导致各国贸易政策的目标不同。发达国家经济发达，收入水平高，对于农产品的质量有较强的需求，故其 SPS 措施数量多、标准高。发展中国家对于农产品数量的需求高于其对质量的需求，其首要任务是满足国内对于农产品的需求，其结果就是较少的 SPS 措施。第三，发达国家与发展中国家技术上的差距也导致了 SPS 措施上的差异。SPS 措施对于进出口国的检验检疫都提出了更高要求，附加了更多的成本，具有科技和经济优势的国家更有竞争力（顾江和杨红利，2003）。SPS 协议规定，当一国希望制定新的 SPS 措施或者进行措施修订时，必须进行风险评估。而风险评估是采用科学方法对于危害进入传播的可能性以及后果做详细的预估，并在多个可供选择的防治措施中选出贸易影响和歧视性最小的措施用来控制风险。所以，检验检疫的技术水平是一国制定 SPS 措施的基础。科技落后国家缺少掌握现代检测手段的检测人员，精良的检测仪器，精确的取样方法，因而无法制定有效的 SPS 措施。

2.5.6 结论及政策建议

SPS 措施成为乌拉圭回合以来影响农产品贸易的最主要措施，对发达国家和发展中国家都带来较大的影响，尤其对发展中农产品出口影响深远。本节以 WTO 成员农产品 SPS 措施通报的保护目的为研究对象，分别选取代表健康保护和贸易保护的指标，构建零膨胀负二项回归模型（ZINB），采用 2001—2018 年数据进行回归。研究发现，SPS 措施主要以健康安全作为主要出发点，但也存在着贸易保护的嫌疑。相比发展中国家，发达国家贸易保护嫌疑较重，健康安全保护略显不足。加工农产品较初级农产品存在着更强的贸易保护动机。

基于以上的研究结论，本研究认为，第一，对于国外发布的 SPS 措施，政府与出口企业一定要在合理的评审期反馈意见，将本国的关注和咨询反映到 SPS 措施的通报者。即使在 SPS 措施实施后也可以通过 WTO 的特别贸易关注，反馈企业的意见，将国外制定 SPS 实施贸易保护的可能性降到最低水平。第二，对于国外正当的 SPS 措施，出口企业应将提高农产品质量放在首位，根据进口国的安全标准进行农产品质量升级，这样才会减少 SPS 措施所带来的影响和损失。政府对于出口企业的技术难题进行针对性培训，减少企业的遵从成本。第三，当遭遇国外的贸易壁垒时，如果确认其没有科学依据，不是基于保护健康的需要，就需要大胆质疑，通过 WTO 争端解决机制提起诉讼。第四，通过调整农产品出口结构来减小 SPS 措施的负面影响。虽然加工农产品 SPS 措施带有贸易保护倾向，但农产品的 SPS 措施主要集中在初级农产品，农产品出口企业可以调整出口结构，通过出口加工农产品来减少 SPS 措施带来的负面影响。

2.6　SPS 措施的保护效果探讨①

2.6.1　引言

从 1947 年 4 月到 1994 年 4 月，关税与贸易总协定（GATT）共推动了八轮贸易谈判。其中农产品在第八轮谈判（乌拉圭回合）中被纳入多边规制范畴，非关税壁垒进行关税化改革并开始削减关税，发达国家的关税削减幅度达 57%～76%，发展中国家也达到 22%～49%（程国强和崔卫杰，2005）。但传统关税的下降并不能降低国内政治经济集团实施贸易保护的热忱，新型非关税壁垒被用来替代传统关税以维持贸易保护水平（符磊和强永昌，2018）。根据 WTO ITIP Goods 数据，非关税壁垒实施数量从 1996 年的 1 677 项上升到了 2019 年的 3 352 项。其中，技术性贸易壁垒（TBT - SPS 措施）已经成为最主要的非关税壁垒，2019 年通报量高

① 本节内容来自：董银果，吴倚天，姚欣辰．基于价格楔方法的 SPS 措施贸易保护效应分析，该文正在投稿中。

达3 209项，占非关税壁垒总量的95.73%。

事实上，WTO/GATT为防止成员在农产品市场受到关税约束后滥用技术性贸易措施，专门通过针对农产品技术性贸易措施规范化使用的《实施卫生与动植物检疫措施协议》（即SPS协议），要求成员SPS（Sanitary and Phytosanitary）措施的实施建立在保护人类、动植物安全与健康以及保护环境的目的之上。SPS协议自实施以来，各国SPS措施通报数量增长迅速，从1995年的198项增长到2019年的1 762项。随着数量的增长，SPS措施对贸易的影响也随之扩大。Beghin et al.（2015）研究发现，SPS措施对农产品贸易存在着明显的抑制效果，在短时间内快速挤出不符合检疫要求的出口商，特别是对经济技术落后的发展中国家，存在着更严重的贸易限制影响（Wood et al.，2017）。综合来看，SPS措施已经成为农产品国际贸易中最主要和影响最大的非关税壁垒。那么，SPS措施的贸易保护效果到底有多大？不同产品之间是否存在较大差异？哪些产品得到了更高的保护呢？对这些问题的研究具有重要的意义：一是对保护效应的定量评价可以为政府和出口商提供SPS措施政策成本和效率方面的信息和建议，便于出口商调整出口战略，合理选择出口产品；二是通过量化贸易伙伴的SPS措施保护效应来测算本国贸易损失，为贸易纠纷的解决以及SPS政策的调整提供依据；三是为自由贸易区谈判提供依据，在WTO多边谈判受阻后双边或者区域性自贸区协定成为各国政策的重点，而SPS措施的实施安排是自贸协定的重要组成部分。例如《中国—新西兰自由贸易协定》就规划了双方在风险分析、适应地区条件、等效性和技术援助等方面的机制框架。

目前学界对于SPS措施的研究文献主要集中在贸易效应上。大多数研究显示，SPS措施对贸易产生抑制作用（Otsuki et al.，2016；朱丽娜，2017；Crivelli and Groschl，2016）。董银果和李圳（2015）研究发现，SPS措施对农产品进口影响呈现U形，第2年左右产生限制作用，对发展中国家的出口影响尤其严重。宋海英和Jensen（2014）发现欧盟SPS措施对中国蜂蜜出口存在明显短期抑制性。鲍晓华和严晓杰（2014）利用二元边际分析发现，2001—2008年SPS措施对中国农产品出口的抑制性主要体现在集约边际。尽管众多研究证明SPS措施对贸易产生负向影响，但对于SPS措施的贸易效应可以折算成多大幅度的关税等值这一类问题却鲜少触及。这是因为 SPS 措施贸易效应的定量化测度存在着客观的难度：其一，SPS 措施是一种较难量化的非关税壁垒，因为 SPS 措施检疫指标多样且复杂，很难用统一的方法去量化不同的指标；其二，各组织统计口径不一，无法批量直接获取度量所需的相关数据（张海东，2008；鲍晓华，2010），客观上限制了实证研究的展开。故本节可借鉴的直接量化文献较少，只能借助其他非关税壁垒的量化方法展开研究。

目前，非关税壁垒的量化方法主要有存量指标法、价格楔和数量方法三种。存量指标法通过统计与非关税壁垒直接相关的数据或是被非关税壁垒影响的贸易产品的范围或程度来反映其影响大小，常见的指标包括进口拒绝的频率、进口覆盖率等。鲍晓华和朱钟棣（2006）、鲍晓华和朱达明（2014）利用进口覆盖率指标测度了技术性贸易壁垒的壁垒效应，发现其平均值高达 49.23%。另外，农兽药最大残留限量（Otsuki et al.，2001）、HACCP 实施标准（Anders and Caswell，2009）指标也被用于度量 SPS 措施的贸易效应。存量指标法因为其计算便利在 20 世纪 90 年代被广泛使用，但此方法难以体现非关税壁垒不同指标内容的差异和特性（Fontagne et al.，2001）。价格楔（Price Wedge）由 Deardorff and Stern（1998）提出，以进口价格与参考价格（即未遭受非关税壁垒的同质产品价格）的差来衡量保护效应，由于参考价格无法观测，一般用国内价格或出口价格替代。Arita et al.（2016）通过价格楔方法测量了美国农产品非关税壁垒水平，结果发现关税等值介于 34%～125%之间。孟雪和郭白滢（2015）利用改进的两步价格楔法测度了 2012 年中国出口遭遇的非关税壁垒，发现其关税等值最高可达 145.8%。价格楔法是测算非关税壁垒整体保护效应的一个有效工具，但无法分离每一种非关税壁垒的影响，另外，这种方法比较适合对单一产品的研究。数量方法主要基于 Leamer（1988）提出的一般均衡模型估计非关税壁垒对进口数量的影响，并将数量影响转换为价格影响进而估计关税等值。朱晶和吴国松（2012）、赵亮和陶红军（2015）都采用了这一方法对中国农产品进口贸易非关税壁垒进行了关税等值测度，结果发现政策保护的是中国缺乏优势的农产品。Kee et al.（2009）通过数量模型测算了 2001—2005 年部分 WTO 成员的农产品非关税壁垒，发现部分产品的关税等值竟然为负数，意味着非关税壁垒对贸易有促进作用。数量方法数据要求较高，测算结果相对较为精准，是近年来测算农产品非关税壁垒保护效应的研究中应用较多的模型。

基于以上的分析和比较，本节选取数量方法作为基础模型以测算 SPS 措施的关税等值。本节边际贡献主要有：①借鉴已有研究中关于非关税壁垒的量化模型，基于 OECD 国家和中国共 37 个国家 2001—2018 年 HS 两位编码农产品下的 14 208 个样本数据，对 SPS 措施的贸易保护效应展开实证测量，丰富 SPS 措施的相关研究；②对一般均衡模型指标进行优化，并使用 GMM 面板估计克服内生性问题，相比传统回归方法更加精准；③在测度 SPS 措施关税等值的定量研究基础上，进一步结合 SPS 通报数量、关税水平对农产品进行总体和分类研究，分析中国 SPS 措施对某一类别和全体农产品的保护效应，对高保护效应的农产品进行重点考察，使结论更为准确科学。从而，本研究能够为中国 SPS 措施在农产品贸易中的应用效果评价和相应政策调整提供依据与参考。

2.6.2 模型与数据

SPS 措施关税等值模型可以分为三部分：①通过一般均衡模型估算 SPS 措施对农产品进口数量的影响；②通过进口需求函数估计农产品的需求价格弹性；③将 SPS 措施的进口数量效应转换为价格效应，并结合进口农产品的需求价格弹性，获得 SPS 措施的关税等值。

1. SPS 措施对农产品进口数量效应

本节使用 $n\times n$ 的一般均衡模型来衡量 SPS 措施对进口数量的影响，该模型可以反映关税、非关税壁垒和国内农业支持对农产品进口的数量影响效应。这一模型由 Leamer（1988）提出，Harrigan（1993）、Lee and Swagel（1997）等学者对其进行了完善。具体模型如下：

$$\ln(Q)=\sum_{k}\alpha A^{k}+\beta NTB+\gamma\ln(Subsidy)+\varepsilon\ln(1+Tariff)+a+\mu \tag{2-4}$$

其中，Q 表示农产品进口数量；A 为国家特征变量，代表一个国家的比较优势；NTB 为非关税壁垒；$Subsidy$ 为国内农业补贴；$Tariff$ 为关税指标，由于关税对于进口的影响取决于进口需求弹性，所以关税变量前的系数不再被估计，而是直接用进口需求弹性替代（Kee and Nicita，2009）。方程中 a 为产品固定效应，μ 为误差项。

当弹性已知时，关税项可以移到方程左侧形成新的因变量，这有利于控制方程的内生性问题（Trefler，1993）。但弹性数据无法直接获得，估计弹性的过程产生了新的误差项 κ。另外，β 与 γ 的估计值理论上是一个非正值，但在实际估计中可能会产生正值，Lee and Swagel（1997）考虑到变量的实际经济含义对系数进行了替换，可得如下公式：

$$\ln(Q) - \varepsilon\ln(1 + Tariff) = \sum_k \alpha A^k - e^{\beta}NTB - e^{\gamma}\ln(Subsidy) + a + \kappa \tag{2-5}$$

关于国家特征变量 A，Kee and Nicita（2009）、朱晶和吴国松（2012）采用的是耕地面积/GDP、农业人口/GDP 和农业资本/GDP 三个变量。除了考虑要素资源投入外，还必须考虑劳动生产率，故选用人均可耕地面积（Area）、农业就业人数（Population）和人均农业增加值（Added Value）三个指标来表示一个国家的比较优势。关于 NTB 变量，Leamer（1990）、Kee and Nicita（2009）在模型中采用是否存在非关税壁垒的虚拟变量，但是考虑到近年来各国对于不同农产品实施 SPS 措施频率远高于一年一次，使用虚拟变量目前已不太合理。对于衡量 SPS 措施的变量选择，已有文献主要采用 SPS 措施文件页数（Beghin et al.，2015）、农兽药最大残留限量（董银果，2014）、HACCP 标准（Anders and Caswell，2009）和 SPS 措施通报数（董银果和李圳，2014；鲍晓华和严晓杰，2014）等。基于数据的完整性和可获得性，本节选取 SPS 措施通报数作为 NTB 变量，可以较好体现 SPS 措施的严厉程度。调整后的模型如下：

$$\ln(Q_{pct}) - \varepsilon_p\ln(1 + Tariff_{pct}) = \alpha_1\ln(Area_{ct}) + \alpha_2\ln(Population_{ct}) + \alpha_3\ln(Added\ Value_{ct}) - e^{\beta}SPS_{pct} - e^{\gamma}\ln(Subsidy_{ct}) + a_p + \kappa \tag{2-6}$$

其中，下标 p 代表产品类别，c 代表国家类别，t 代表年份。参数 β 表示 SPS 措施对农产品进口数量的影响，Nardella and Boccaletti（2004）、秦臻等（2014）等认为 SPS 措施对农产品贸易存在抑制性，对贸易量有负向影响，所以参数应该满足 $\beta<0$。同样的，国内农业补贴也会提升国内商品的竞争力，降低进口量，即 $\gamma<0$。对于国家特征的控制变量来说，根据俄林的要素禀赋理论，一国会出口密集使用其丰腴（便宜）要素生产的产

品，而进口采用其稀缺（昂贵）要素生产的产品。如果一国拥有丰腴的农业要素，则农产品进口下降，而出口增多，故$\alpha_1<0$，$\alpha_2<0$，$\alpha_3<0$。

2. 进口产品的需求价格弹性

弹性的估计一直是国际贸易领域中重要的课题，对于政府制定关税政策、改善国际收支状况具有重要现实意义。在弹性的计算中，最简单和使用最广泛的方式是构建进口需求函数方程，通过方程的系数来测算弹性（许统生和涂远芬，2006）。如张寒等（2015）以马歇尔进口需求函数为基础测算了中国原木的进口弹性；陶红军（2013）利用GDP最优条件改进需求函数测算了主要经济体的进口弹性；Soderbery（2013）、Felettigh and Federico（2011）增加需求方程的宏观经济控制变量，使用动态最小二乘法估算进口需求弹性。当然，近年来也有了许多精准度更高的模型和研究方法。例如，罗利平和蒋勇（2014）、祁春节（2017）使用Rotterdam模型分别测算了中国橙子和德国花卉进口需求弹性。贺蕾和霍学喜（2011）使用AIDS模型测算美国苹果汁进口需求弹性。陈勇兵等（2014）、Kee et al.（2008）使用半弹性超越对数GDP函数法（Semiflexible Translog GDP Function Approach）测算农产品总体弹性与进口需求弹性。此类方法都需要市场份额数据（各出口国农产品进口额在进口国总进口额中的比重），适合单一目标国研究，并不适合多国家多产品的大样本研究。

本节使用单一的进口需求函数方程来估计弹性。基于马歇尔需求函数，一个国家的进口需求量是其真实收入与进口相对价格的函数。因此，传统的进口需求函数可以写成：

$$Q_t = f(Y_t, RP_t) \tag{2-7}$$

其中，Q_t为进口需求，Y_t为真实收入，RP_t为进口产品相对价格。真实收入用实际GDP（$GDP_{c,t}$）表示，进口相对价格可以通过进口价格（$P^I_{p,c,t}$）与国内价格（由出口价格代替，$P^E_{p,c,t}$）的函数表示。同时考虑变量的自回归问题，进口需求函数中应加入进口需求滞后一期（$Q_{p,c,t-1}$）变量（张寒等，2015）。另外，还应考虑加入通胀水平（用GDP折算指数表示，$\ln flation_{c,t}$）、官方汇率（一美元等值的本国货币数量，$exchange_{c,t}$）控制变量。具体函数形式可以写成C—D函数形式：

$$Q_{p,c,t} = \alpha_0 \times (P^I_{p,c,t})^{\alpha_1} \times (P^E_{p,c,t})^{\alpha_2} \times (\ln flation_{c,t})^{\alpha_3} \times (GDP_{c,t})^{\alpha_4} \times (Q_{p,c,t-1})^{\alpha_5} \times (exchange_{c,t})^{\alpha_6} \times e^{\mu} \tag{2-8}$$

方程两边取对数后可以表示为：

$$\ln(Q_{p,c,t}) = \alpha_0 + \alpha_1 \ln(P^I_{p,c,t}) + \alpha_2 \ln(P^E_{p,c,t}) + \alpha_3 \ln(Inflation_{c,t}) + \alpha_4 \ln(GDP_{c,t}) + \alpha_5 \ln(Q_{p,c,t-1}) + \alpha_6 \, Exchange_{c,t} + \mu \quad (2-9)$$

式（2-9）中，参数α_1表示农产品进口需求弹性，其经济含义为价格每上升1%，进口需求变化α_1%。弹性理论指出，需求价格弹性小于−1为富有弹性，需求受价格影响较大，高档消费品和耐用消费品一般具有此特征。弹性大于−1且小于0则是缺乏弹性，需求受价格变动影响小，一般生活必需品及农产品是缺乏弹性的。弹性大于0的产品在现实中比较少，例如奢侈品价格下降后需求会变低，又如国家稀缺或战略性产品，即使进口价格上涨也不会降低产品进口需求（陈勇兵等，2014）。所以，农产品需求弹性应当满足$-1<\alpha_1<0$。参数α_2表示的是进口国国内价格对进口需求的影响。高颖等（2012）、王锐等（2016）研究粮食进口需求的影响因素，发现国内价格与进口需求成正比，即$\alpha_2>0$。参数α_3代表通货膨胀对农产品进口需求的影响，当国内物价上涨时进口商品价格相对降低，导致进口量上升，$\alpha_3>0$。参数α_4表示农产品需求收入弹性，正常品的收入弹性大于0，即收入越高需求越大，所以对于农产品参数应该满足$\alpha_4>0$。参数α_5代表上一期进口商品需求对当期需求的影响，应当满足$\alpha_5>0$。参数α_6表示汇率对进口需求影响，当本国货币升值（一美元能兑换的本国货币变少），进口商品价格相对降低，其需求则会上升，即$\alpha_6<0$。

3. 关税等值

为了计算SPS措施的关税等值，需要将SPS措施对进口农产品的数量效应转换为价格效应。假设一国进口产品价格为p，SPS措施的关税等值可以表示为$AVE_{SPS}=\frac{\partial \ln(p)}{\partial \ln(SPS)}$。关税等值又可以表示为关于数量效应的等式：

$$\frac{\partial \ln(Q)}{\partial \ln(SPS)} = \frac{\partial \ln(Q)}{\partial \ln(SPS)} \times \frac{\partial \ln(p)}{\partial \ln(SPS)} = \varepsilon \times AVE_{SPS} \quad (2-10)$$

将式（2-10）中的进口数量对SPS措施数量微分后代入等式可以得到

$$AVE_{SPS} = \frac{1}{\varepsilon} \times \frac{\partial \ln(Q)}{\partial \ln(SPS)} = \frac{e^{\beta}-1}{\varepsilon} \quad (2-11)$$

SPS措施的关税等值可以转化为关于进口需求弹性和一般均衡模型中系数β的值。所以在实证操作中，先通过进口需求函数回归得到需求弹性，之后将弹性代入一般均衡模型中估计系数β的值，最后计算得到SPS措施的关税等值。

本节以OECD国家和中国共37个国家数据为样本研究SPS措施的关税等值，主要基于以下考虑：①从SPS措施的通报数量来看，37国的通报量占全球总量的52%，而从农产品贸易份额来看，37国的进口额占全球进口总量的80%以上，因此选择这些国家样本具有典型性和代表性。②Otsuki et al.（2016）认为，SPS措施通报主要来源于发达国家，发展中国家因为检验检疫措施落后等原因发布频率并不高。OECD国家大多为发达国家，SPS措施的严格性远远超过非OECD国家，对贸易的影响更为深远，估算其SPS措施的关税等值更具有现实意义。③进口价格、出口价格以及农产品补贴数据在非OECD的国家中缺失严重，不利于本节模型的估算。另外，2000年之前人均可耕地面积、进出口价格等数据有所缺失，考虑数据的完整性，故本节选取2001—2018年作为研究的样本区间。最终使用了37个国家所有农产品类别（HS二位编码）18年共14 208个样本数据。

SPS措施数据来源于WTO-SPS数据库①；进口数量和关税数据来源于UN COMTRADE数据库②；农业补贴数据来源于联合国粮食及农业组织数据库③。需要说明的是，我们无法获得各国国内补贴与出口补贴数据，只能以总体补贴替代；因国内价格无法直接获得，本节假设国内市场为完全竞争市场，国内农产品价格以出口离岸价格（FOB）替代，进口价格采用到岸价格（CIF），数据均来源于WITS数据库④。GDP折算指数、实际GDP、汇率、人均可耕地面积、农业就业人口和人均农业增加值数据来源世界银行⑤。数据的描述性统计如表2-5。

① WTO-SPS数据库：http：//spsims. wto. org.

② UN COMTRADE数据库：https：//comtrade. un. org/data.

③ 联合国粮食及农业组织数据库：http：//www. fao. org/faostat/zh/#data/IG.

④ WITS数据库：http：//wits. worldbank. org.

⑤ 世界银行数据库：https：//data. worldbank. org. cn.

表2-5　模型变量含义及描述性统计

变量	含义	平均值	标准差	最小值	最大值
SPS	SPS通报数量（项）	0.512	2.406	0	65
Q	进口数量（亿千克）	1.576	35.972	0.000	2 833.211
P^I	进口价格（千美元/千克）	0.265	3.256	0.000	132.771
P^E	出口价格（千美元/千克）	0.243	4.083	0.000	137.951
Inflation	GDP折算指数（%）	2.712	3.783	−9.729	52.923
GDP	实际GDP（百亿美元）	12.486	26.267	0.059	187.633
Exchange	汇率（1美元对应价值）	60.083	204.782	0.499	1 290.991
Area	人均可耕地面积（公顷）	0.316	0.392	0.028	2.566
Population	农业就业人口（百万人）	8.938	49.088	0.003	370.074
Added Value	人均农业增加值（美元）	717.758	655.832	161.111	3 658.537
Tariff	关税（%）	13.794	26.053	0	328.63
Subsidy	农业补贴（百万美元）	7 428.756	25 147.54	0	279 741.5

数据来源：由Stata14计算得到。

2.6.3　实证结果

王琦和田志宏（2013）指出，进口数量、关税与非关税壁垒之间存在内生性问题。故式（2-5）的一般均衡模型与式（2-8）的进口需求函数中可能存在内生性问题，即解释变量与被解释变量存在互为因果的关系。如果采用OLS回归，则会造成有偏估计。工具变量法、广义矩估计（GMM）和两阶段最小二乘法（2SLS）都是解决内生性的估计方法。其中GMM又可以分为差分GMM与系统GMM，采用系统GMM模型可以同时解决内生性和异方差问题，即使在随机误差项分布未知的情况下，也可以得到无偏有效的参数估计。操作方法是将原估计方程与一阶差分后的方程纳入一个体系进行估计，同时添加解释变量的滞后值作为一阶差分方程的工具变量。具体估计方法参考Arellano and Bover（1995）。

1. 进口需求弹性的估算结果

本节对进口需求函数方程采用普通最小二乘法（OLS）、两阶段最小二乘法（2SLS）、系统 GMM 三种方法进行估计，对比变量参数显著性，系统 GMM 模型估计值显著性最高。同时，通过 Hausman 检验得知，方程存在内生性变量。借助 Sorgan 统计量发现，滞后期的进口价格作为工具变量是有效的。综上所述，系统 GMM 是最适合进口需求函数的估计方法。

从实证结果来看（表 2－6），总体进口需求函数模型参数符合预期。除了通货膨胀的系数不显著外，其他系数均满足显著性要求，特别是进口价格解释变量在 1%的水平上显著。从结果得知，总体的进口需求弹性为－0.762，总体为缺乏弹性，符合农产品的弹性预期，经济含义为：若进口价格上升 1%，进口量下降 0.762%。从控制变量来看，本国价格对于进口需求有 5%水平上的显著正效应。需求收入弹性为 0.655，1%水平上显著为正，说明国民收入越多，进口需求越大。进口需求滞后一期对当期影响为正且在 1%水平上显著。汇率指标在 10%的水平上显著为负，本国货币升值后购买力增强会带来进口需求的升高。但是通货膨胀指标不显著，其原因可能在于通货膨胀会直接引发汇率下降和货币贬值，通货膨胀引发的进口商品相对价格下跌会被汇率下跌的效应抵消（高美玲，2012）。另外，通货膨胀也会引起货币政策紧缩，导致总体消费需求降低，从而降低进口需求（唐吉洪，2017）。

表 2－6　弹性模型的回归结果

变量	OLS	2SLS	系统 GMM
$\ln(P^{I}_{p,c,t})$	−0.167	−0.678**	−0.762***
	(0.028)	(0.007)	(0.015)
$\ln(P^{E}_{p,c,t})$	0.034*	0.013***	0.023**
	(0.017)	(0.006)	(0.031)
$\ln(Inflation_{c,t})$	−0.004	−0.005	0.051
	(0.006)	(0.006)	(0.006)
$\ln(GDP_{c,t})$	0.053***	0.367***	0.655***
	(0.007)	(0.002)	(0.021)
$\ln(Q_{p,c,t-1})$	0.921***	0.604***	0.387***
	(0.006)	(0.004)	(0.008)
$exchange_{c,t}$	−0.001	−0.001*	−0.002*
	(0.001)	(0.001)	(0.001)

（续）

变量	OLS	2SLS	系统 GMM
_ *cons*	−1.921**	−4.544***	−8.738***
	(0.139)	(0.105)	(0.573)
N	14 208	14 208	14 208
Hausman 内生性检验	*Chi2*（6）=8.5，方程存在内生的解释变量		
过度识别检验	Sorgan=0.091，工具变量是有效的外生变量		

注：* $p<0.1$，** $p<0.05$，*** $p<0.01$。

表 2-7 呈现了分类农产品通过进口需求方程估计后的结果。从结果来看，大部分农产品的弹性大于−1，属于缺乏弹性的产品。参照弹性理论及 Kee et al.（2008）、陶红军（2013）、Mugableh（2016）的研究，生活必需品的进口需求弹性大于非必需品，需求价格弹性越大的产品可替代性越强。分产品来看，烟草（HS24）、食品工业残渣动物饲料（HS23）、咖啡茶调味香料（HS09）、虫胶树胶树脂（HS13）和其他动物产品（HS05）在农产品中属于相对富有弹性的产品，这几类产品相对来说还不属于生活必需品，进口需求弹性较大。食用蔬菜及根茎（HS07）、食用水果及坚果（HS08）、谷物（HS10）、制粉工业产品（HS11）、谷物粮食粉糕饼点心（HS19）在农产品中属于相对低弹性的产品，这几类产品都是食品加工行业基本材料和粮食，属于生活必需品。从初级/加工农产品来看，初级农产品相对更缺乏弹性，这可能是因为初级农产品中包含了肉类蔬菜和谷物等产品，都是人们饮食中不可或缺的部分，为生活必需品，可替代性不强。而加工农产品可替代的选择更多，类似烟草制品、可可制品等属于非大众生活必需品，相对富有弹性。

表 2-7　分类农产品进口需求弹性

农产品类别	HS 编码	弹性	农产品类别	HS 编码	弹性
活动物	01	−0.551	活树及其他活植物	06	−0.937
肉及食用杂碎	02	−0.651	食用蔬菜及根茎	07	−0.485
鱼及其他水生动物	03	−0.696	食用水果及坚果	08	−0.526
乳品，蛋类，蜂蜜	04	−0.923	咖啡，茶，调味香料	09	−1.006
其他动物产品	05	−0.955	谷物	10	−0.531

（续）

农产品类别	HS 编码	弹性	农产品类别	HS 编码	弹性
制粉工业产品	11	−0.526	糖及糖食	17	−0.895
含油的籽，果仁和果实，药用植物	12	−0.831	可可及可可制品	18	−0.987
			谷物，粮食粉，糕饼点心	19	−0.522
虫胶，树胶，树脂	13	−0.995	蔬菜水果坚果制品	20	−0.916
编结用植物材料	14	−0.781	杂项食品	21	−0.807
动植物油、脂及分解产品	15	−0.661	饮料，酒及醋	22	−0.837
肉及其他水生无脊椎动物制品	16	−0.897	食品工业残渣，动物饲料	23	−1.263
			烟草及烟草代用品制品	24	−1.277

数据来源：作者估算结果。

与进口需求函数的估计类似，一般均衡模型同样也需要解决内生性问题。此方程同样使用了普通最小二乘法（OLS）、两阶段最小二乘法（2SLS）及系统 GMM 三种估计方法。2SLS 和系统 GMM 的估计显著性明显高于 OLS。通过 Hausman 检验可以得知，方程存在内生性问题。借助 Sorgan 统计量，滞后期的 SPS 通报数量作为工具变量是有效的。综上所述，系统 GMM 是适合该方程的估计方法。

从实证结果来看（表 2－8），变量符号和显著性是符合预期的。SPS 措施在 1%的水平上显著为负，SPS 措施通报每增加一项，进口数量则会降低 0.175%。同样的，农产品补贴在 1%的水平上也显著为负。对于国家特征变量来说，人均耕地面积和人均农业增加值是符合预期的，农业就业人口在 10%的条件下显著为正，这可能是由于农业就业人口规模也体现了人口数量规模的大小，国家人口数量越多其农产品需求也越大，因此导致了变量符号与预期不同，但其显著性不高。

表 2－8　一般均衡模型回归结果

变量	OLS	2SLS	系统 GMM
SPS_{pct}	−0.119	-0.174^{***}	-0.175^{***}
	(0.061)	(0.019)	(0.014)
$\ln(Area_{ct})$	-0.056^{**}	-0.141^{***}	-0.142^{***}
	(0.061)	(0.024)	(0.023)

（续）

变量	OLS	2SLS	系统 GMM
ln(*Population*$_{ct}$)	−0.402	0.316*	0.315*
	(0.062)	(0.017)	(0.017)
ln(*Added Value*$_{ct}$)	−0.062*	−0.407***	−0.408***
	(0.047)	(0.042)	(0.037)
ln(*Subsidy*$_{ct}$)	−0.068**	−0.521***	−0.521***
	(0.025)	(0.033)	(0.034)
_*cons*	14.818***	19.022***	19.021***
	(0.392)	(0.301)	(0.288)
N	14 208	14 208	14 208
Hausman 内生性检验	*Chi2*（6）=54.04，方程存在内生的解释变量		
过度识别检验	Sorgan=0.168，工具变量是有效的外生变量		

注：* $p<0.1$，** $p<0.05$，*** $p<0.01$。

2. SPS 措施关税等值的估算结果

农产品 SPS 关税等值的估算结果（表 2－9）所示，各类农产品关税等值介于 4.6%～60.6%之间。其中，糖及糖食（HS17）、可可及可可制品（HS18）、饮料酒及醋（HS22）为 SPS 关税等值最低的三个品类。而活动物（HS01）、肉及食用杂碎（HS02）、烟草及烟草代用品制品（HS24）排在关税等值的前三名，其中活动物的关税等值为 60.6%，是所有农产品中 SPS 措施关税等值最高的产品。经过计算，农产品 SPS 措施平均关税等值为 21.07%。

表 2－9　分类农产品 SPS 关税等值

农产品类别	HS 编码	参数 β	关税税率	SPS 关税等值
活动物	01	−0.406	5.12%	60.6%
肉及食用杂碎	02	−0.288	11.87%	38.4%
鱼及其他水生动物	03	−0.101	6.96%	13.8%
乳品，蛋类，蜂蜜	04	−0.249	13.15%	23.9%
其他动物产品	05	−0.116	2.74%	11.5%
活树及其他活植物	06	−0.202	6.39%	19.5%
食用蔬菜及根茎	07	−0.086	9.66%	17.0%

（续）

农产品类别	HS编码	参数β	关税税率	SPS关税等值
食用水果及坚果	08	−0.181	8.71%	31.5%
咖啡，茶，调味香料	09	−0.078	2.06%	7.5%
谷物	10	−0.109	37.03%	19.4%
制粉工业产品	11	−0.117	18.81%	21.0%
含油的籽，果仁和果实，药用植物	12	−0.087	3.70%	10.0%
虫胶，树胶，树脂	13	−0.306	6.43%	26.5%
编结用植物材料	14	−0.236	2.99%	26.9%
动植物油、脂及分解产品	15	−0.061	7.18%	9.0%
肉及其他水生无脊椎动物制品	16	−0.254	14.91%	25.0%
糖及糖食	17	−0.024	14.43%	4.6%
可可及可可制品	18	−0.049	4.40%	4.8%
谷物，粮食粉，糕饼点心	19	−0.131	10.82%	23.5%
蔬菜水果坚果制品	20	−0.136	15.29%	13.9%
杂项食品	21	−0.104	13.64%	12.2%
饮料，酒及醋	22	−0.055	4.17%	6.4%
食品工业残渣，动物饲料	23	−0.163	2.66%	11.9%
烟草及烟草代用品制品	24	−0.628	25.63%	36.5%
全体农产品（平均值）			10.55%	21.07%

数据来源：作者估算结果。

基于SPS措施保护健康的初衷，活动物产品的SPS措施高保护效应是非常合理的。首先，从风险级别来看，活动物贸易的风险是所有农产品中最高的。水产品、蔬菜产品和其他农产品的最大危害可能是化学残留对食用者造成一定的健康影响，而活动物产品的贸易可能会导致疫病的大面积传播，导致动物乃至人类的死亡，会对一个国家的公众和动植物群体带来巨大的健康危害，其危险性和传播性远非其他农产品相比。例如，1985年“英国疯牛病”通过英国牛肉出口快速感染了欧盟地区，疫病感染超过16万人（李思敏和樊春良，2015）。因此，世界动物卫生组织（OIE）将疯牛病、口蹄疫、非洲猪瘟、禽流感、古典猪瘟等疫病列为A类疫病，即超级传染病。其次，一国一旦爆发A类疫病，其他国家往往就会直接中断贸易。例如，英国暴发疯牛病后，包括中国在内的30多个国家对英国牛肉实施了贸易禁令；2004年由于中国暴发了禽流感疫情，世界上40多个国家宣布禁止进口中国禽类或动物产品（董银果，2009）。严厉的贸易禁令也从侧面说明SPS措施高保护效应的合理性。近年来大规模传染病如SARs、禽流感、非洲猪瘟以及COVID-19都能够在活动物之间广泛传播，其对人民健康造成的危害和对社会经济活动造成的破坏都是巨大的。出于对国内消费者的健康安全保护，对于活动物（HS01）应该实施更严格的检疫标准和更及时的SPS通报措施，形成更强的保护效应。

2.6.4　SPS与关税保护效应的比较

相比传统关税水平，SPS措施的保护效应已经超过了传统的关税税率（表2-9）。本节以进口价值作为权重计算了37个国家18年的农产品关税，总体农产品加权关税为10.55%，而SPS措施的总体关税等值高达21.07%，是关税水平的2倍。另外，除HS17和HS21之外，其他农产品的SPS措施关税等值均已超过了传统关税水平，其原因可能在于传统农产品关税受到约束反而促使新型非关税壁垒快速发展。在GATT/WTO最惠国待遇以及《农业协议》限制下，各个成员可以实施传统关税保护的空间越来越小，传统关税水平逐年下降（李硕，2015）。但贸易保护并没有因为传统关税的下降而减少，SPS措施因为其合理性、隐蔽性和有效性被越来越多的成员所使用。同时，SPS措施具有健康保护的合理理由，加之近年来转基因产品（GMO）贸易带来的不确定性增大，客观上也对SPS措施产生了需求。当然，也有部分政治经济利益集团利用SPS措施的合理内核推行贸易保护主义。多重因素的叠加导致SPS措施作为新型非关税壁垒更容易被其他成员大肆滥用（鲍晓华和严晓杰，2014）。所以在农产品领域，SPS措施一定程度上已经取代关税成为实施贸易保护的利器，其保护力度也超过传统关税。

从初级农产品（HS01-14）和加工农产品（HS15-24）分类来看，平均SPS措施关税等值分别为23.39%和14.59%，初级农产品关税等值相比加工农产品高出60%。原因在于，初级农产品一般是直接来自畜牧、水产养殖或者种植的新鲜原材料，这些新鲜的初级农产品相较于加工农产品更容易给进口国带来疫病传播和食品安全风险，所以针对初级农产品会有更严格的检验检疫标准和SPS措施，确实有其合理性。例如，2001—

2018 年 SPS 通报数量前三位均为初级农产品，分别为：肉及食用杂碎（HS02）通报数 975 项、食用水果及坚果（HS08）通报数 858 项、活树及其他活植物（HS06）通报数 798 项。董银果和李圳（2015）认为，初级农产品可能携带的化学品残留、物理性污染物和生物性病菌都是 SPS 措施标准关注的重点。而农产品的加工则是一个消除残留物病菌的去风险过程，对其采取 SPS 措施的必要性下降。所以 SPS 措施对初级农产品产生的贸易限制要大于加工农产品。

为了进一步考察不同农产品的贸易保护效应、为进出口贸易提供政策建议，本节结合 SPS 通报数和关税等值，根据 SPS 通报数和关税等值的均值将 HS01～HS24 的农产品划分为四个区域（图 2－6）。HS01、02、04、06、08、10 类产品处于高通报数—高关税等值的区域内，这些产品不仅要面对大量繁杂的检验检疫标准，同时 SPS 措施也会产生较大的贸易限制。作为出口商来说，应当谨慎选择此类商品的出口，综合考虑 SPS 措施检疫所产生的成本和贸易限制所带来的出口下降风险。应当选择生产和出口在低通报数—低关税等值区域内的产品，这类商品大多为加工农产品。因此，出口国可以适当调整出口农产品的结构，从初级农产品转向加工农产品，减少 SPS 措施所带来的贸易限制和检疫要求，从而降低出口风险。

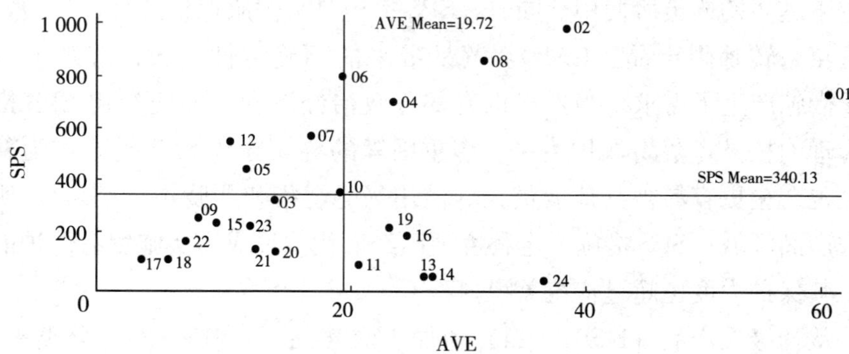

图 2－6　SPS 通报数和 SPS 措施关税等值分布

为了进一步计算和比较不同类别农产品的综合保护率，本节将 SPS 措施关税等值与传统关税相结合形成等税率图（如图 2－7 所示），发现 HS01、10、24 类产品是传统关税与关税等值相加最高的三类产品，税率加总分别为 65.72％、56.43％、62.13％，其中 HS01 类产品属于低关税—高关税等值产品，而 HS10 类产品属于高关税—低关税等值产品。此外，HS09、18 和 22 类产品则是关税等值与关税相加最低的三类农产品。所以作为出口商，除了关注传统关税的变化外，也应当结合 SPS 措施非关税壁垒贸易限制所产生的关税等值效应，有意识地避开生产和出口一些高贸易保护的产品。

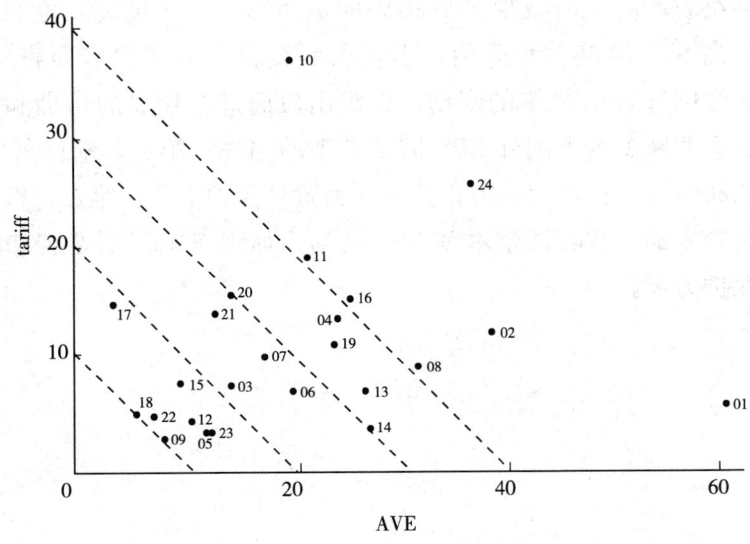

图 2-7　关税和 SPS 措施关税等值分布

2.6.5　结论及政策含义

乌拉圭回合以来，传统农产品关税被限制，SPS 措施逐步成为农产品领域实施频率最高且对贸易影响最大的非关税壁垒。本节以 OECD 国家与中国共 37 个国家 2001—2018 年实施的 SPS 措施为研究对象，通过一般均衡模型、弹性估算模型以及数量价格转换公式定量研究不同类别农产品 SPS 措施的关税等值。研究发现，SPS 措施的平均关税等值达 21.07%，其保护力度是传统关税的 2 倍；从产品分类角度来看，活动物产品的关税等值最高，达到 60.6%，初级农产品的平均关税等值比加工农产品高出 60%；结合 SPS 措施关税等值和关税水平发现，HS01、02、04、08 类产品是高通报数—高关税等值产品，而 HS01、10、24 类产品是传统关税和关税等值相加最高的三类产品。

本研究具有以下的政策含义：对于出口商而言，第一，除了关注传统关税水平外，更应当关注 SPS 措施额外带来的检验检疫成本以及 SPS 措施产生的贸易限制效应，并将 SPS 措施政策的关税等值和可能损失纳入到成本一收益的综合考量之中；第二，根据不同农产品 SPS 措施的关税等值情况，出口商应适当调整农产品的出口结构，加大加工农产品的出口以替代初级农产品从而减少 SPS 措施的负面影响，尽量避开生产出口高通报数一高 SPS 措施关税等值以及高关税商品。对于政府而言，第一，应密切关注国外 SPS 措施的变动，组织出口商进行相关的培训和技术指导，帮助企业减少由于国外 SPS 措施带来的损失；第二，对国外 SPS 措施变动的科学性进行考察，防止其演变为贸易保护手段；第三，根据进口产品的风险变动，及时调整本国 SPS 措施，加强对本国消费者和动植物群体的保护力度。

第3章

农产品质量升级的影响因素

在理解农产品质量的内涵以及农产品质量与SPS措施关系的基础上，本章继续探索农产品质量的度量方法及农产品质量、质量升级的影响因素。主要回答以下问题：有哪些度量质量的方法？这些方法各有何优缺点？农产品质量升级的影响因素有哪些？他们是如何影响质量升级的？

3.1 质量的度量方法

产品质量并不能直接从贸易和生产数据中观察到。在实证上，将产品质量的跨国和时间序列变化与企业的出口（Brooks，2006；Verhoogen，2008）、所在国的技能溢价（Verhoogen，2008）、进口数量限制（Aw&Robert，1986；Feenstra，1988）和贸易模式（Schott，2004；Hallak，2006）等联系起来。质量增长对宏观经济增长的贡献也分别被Grossman & Helpman（1991）和Hummels & Klenows（2005）在理论和实证上进行了验证。随着出口质量衡量方法的不断完善，出口质量对贸易量的影响逐渐成为当前的研究热点。目前测度产品质量的主要方法有：技术复杂度指标、单位价值法、直接估计法、质量调整价格指数法等。

3.1.1 技术复杂度

出口技术复杂度是从贸易专业化指标（Trade Specialization Indicator，TSI）演变而来的。Michaely（1984）认为，贸易专业化指标暗含的假设是某一种出口产品中所含技术水平与出口该产品的国家的收入水平相关。他认为："劳动生产率越高的国家，其单位劳动创造价值也越高，从而其工资和人均收入水平也越高"，因此可以用各国人均收入的加权平均值来间接测算产品的世界平均劳动生产率。Michaely 的观点后经 Hausmann 等学者的改造，演变成为出口技术复杂度。

出口技术复杂度测度某一产品（微观层面）、某一行业（亚层面）或者某一国（国家层面）的产品所含技术水平。出口技术复杂度与出口国经济发展程度正相关，即经济发展水平越高，出口产品所含技术水平越高。一些学者研究了出口技术复杂度的经济效应，如出口技术复杂度与出口规模正相关，但存在地区和行业差异（李猛、于津平，2018）；出口技术复杂度越高，越有助于全要素生产率的提高（陆云航，2017）；出口产品中所含技术水平越高，有利于加快产业转型升级（马鹏、肖宇，2014）等。

如果一国出口结构中，劳动密集型或资源密集型产品占较大份额，而资本密集型或技术密集型产品占比较小，则该国出口产品的技术复杂度一定较低。出口产品技术复杂度一般采取出口产品分类和贸易指标分类来表示。

出口产品分类方法是根据国际惯用标准对贸易品的技术水平进行分类。OECD（1994）以技术行为为基础，将制成品分为高技术制成品、中高技术制成品、中低技术制成品和低技术制成品四大类。Lall（2000）以研究与发展（R&D）的比重、规模经济、进入壁垒、学习效应等考虑技术在产品竞争优势中的作用，对照联合国的标准国际贸易分类（SITC），把出口产品划分为大类初级产品、资源型产品、低技术产品、中技术产品和高技术产品。Worz（2005）从技术溢出的角度对贸易做了分类，根据贸易品中技术密集程度的不同将贸易品分为高技术密集品、中等技术密集品和低技术密集品三类。

贸易指标分类是根据产品的出口技术复杂度指数、出口相似度指数等指标分析出口产品的技术复杂度以进一步研究产品质量。产品的要素密集信息来自于国民经济投入产出表，而世界各国或地区一般只是给出产业分类的二位数水平的投入产出表，研发支出数据一般只能在产业水平上得到，所以，这种方法只能在产业水平上实施，从而只能粗略地测量一个经济体出口贸易的技术结构。此后许多学者在 Michaely（1984）的基础上提出了多种修正，其修正之处主要是在计算产品技术含量（PRODY）时选择了不同的权重。这些指数虽然名称各异，但从其方法类型看可以分为三大类。①第一类是出口绝对份额法，支持该类方法的包括 Michaely

(1984)、关志雄(2002)、Lall 等(2005),其权重是各国某产品出口占世界该种产品总出口的份额。②第二类是出口相对份额法,支持该类方法的包括 Hausmann 等(2007)、Rodrik(2006)和樊纲等(2006),其权重是各国在该产品上的比较优势在世界所有国家在该产品上比较优势之和中所占的比重。③第三类是生产相对份额法,支持该类方法的包括杜修立和王维国(2007)、Van Assche 和 Gangnes(2010),他们认为前两类方法从出口角度衡量产品技术含量是不准确的,应该从生产角度来衡量,而产品的贸易分布和生产分布之间往往差异较大。但用生产相对份额法来衡量产品复杂度虽然理论上正确,但由于数据原因并不具有可操作性。

技术复杂度方法在实践中也广泛流行。姚洋、张晔(2008)运用技术复杂度指标测算发现,1992—2002 年间,中国虽出口更多高技术产品,但整体技术含量相对于世界先进水平并没有提高。Amiti 和 Freund(2008)的实证研究表明:虽然 1992—2005 年间中国出口商品的技术含量有显著的提高,但在剔除加工贸易后,却无证据表明中国的出口品存在显著的技术进步。

Rodrik(2006)运用 Hausmann 等(2005)构建的出口复杂度指数对中国出口品进行研究后发现,中国出口产品的技术结构已经大大领先于其经济发展水平,与比中国人均收入高 3 倍的国家相似,由此这一现象被称为"Rodrik 悖论"。国内外学者从不同角度进行了研究,主要有:加工贸易角度(Amiti and Freund,2008;Van Assche and Gangnes,2008)、区域资源禀赋角度(Schott,2006)、出口产品质量角度(Xu Bin,2010)等。尽管国内外学者进行了充分研究,但中国是否真正存在"Rodrik 悖论"尚未取得一致结论。

Schott(2006)通过相似度指标进行研究后指出,中国的出口技术结构与发达国家更为相似,与发展中国家存在较大的偏离。此外,还有通过其他指标分析出口产品技术复杂度以进一步研究出口质量的方法。比如,杨汝岱、姚洋(2008)通过构建有限追赶指数(limited catch - up index,LCI)对 112 个国家和地区的出口发展情况研究后认为:最近几年,中国的出口品技术结构不断提升,已经改变了以往以低技术出口为主的局面,在很大程度上超越了世界上同等收入国家的水平。该方法的重大缺陷就在于技术复杂度刻画的是不同产品间的技术含量差异,显然,水产品的培养技术与农作物的培养技术不同，不可简单用技术含量差异来决定两者产品的质量高低（董银果、黄俊闻，2016）。

基于相对价格的估计方法是对技术复杂度方法的进一步发展。许多学者发现中国、印度等国家出口复杂度高于发展中国家平均水平，换言之，这些国家的出口复杂度水平超越了与其相应的人均收入水平。不少学者从加工贸易、FDI 等角度给出了解释（Rodrik，2006；Ferrantino，2007；Amiti 和 Freund，2008；Van 和 Gangnes，2008；Xu Bin 2010；Wang 和 Wei，2010）。另有一些学者认为出口复杂度指标本身存在缺陷，即衡量出口复杂度的主要指标没有体现产业内产品质量差异因素（Schott，2004、2008；Xu Bin，2010）。因此，Xu Bin（2010）提出了一种基于相对价格的产品质量估计方法。即用表示由 c 国 i 产品的出口价格除以所有国家 i 产品出口价格的加权均值来标示，这种基于相对价格的估计方法是被广为采用的方法，其优点在于简洁明了，数据要求较低，但是同样无法剔除包含在价格中的非质量因素。此外，Xu Bin（2007）使用相对价格的估计方法，以将出口产品内复杂度引入产品间复杂度，作为衡量产品间复杂度的新思路——以相对价格衡量产品内复杂度，然后将其作为质量乘数进行质量调整，后得到该国该产品的复杂度（QPRODY），最后再计算出国家总体的出口贸易复杂度（QEXPY）。

3.1.2 单位价值法

在实证研究的初期，众多文献主要采用产品单位价格作为出口质量的替代指标（Nielsen and Luthje，2002；Hallak，2006）。这种用产品单价作为质量的代理变量的方法就是单位价值法。其逻辑是，单价相同的产品，市场份额越大的质量越高。反过来讲，市场份额相同的产品，单价越高反映着质量越高。

早在 1987 年，Flam and Helpman（1987）构建了南北贸易模型，采用分部门产品质量数据，利用价格测度发达国家与发展中国家的出口产品质量，结果表明发达国家倾向于出口高质量的产品，而发展中国家则出口低质量的产品。随后 Schott（2004）、Hummels and Skiba（2004）、Hummels and Klenow（2005）等使用类似的方法从不同角度对出口产品质量进行了估计。

Aiginger（1997）定义单位价值为一国出口的名义销售额除以销售量（通常以重量表示），他认为这一指标是质量导向的，低单位价值意味着低质量和低成本，高单位价值意味着高质量或高度加工的商品，并研究了德国在双边贸易中的国际竞争力。Fontagné et al.（1999）将产品间的质量差异定义为“质量阶梯”，研究发现欧洲在高质量产品上更具优势，产品的种类和产品在质量区间中所处的位置是至关重要的，专业化的动态发展对于一国经济增长率有着长远性的影响。Aiginger（2000）利用出口单位价值、质量敏感性行业的出口份额、出口在高价（质量）区中的比重三个指标，研究了欧盟在质量竞争中的地位，得出了欧盟国家以质量竞争为主的结论。Bils & Klenow（2001）将产品单位价格的增长率分为产品质量的增长和通货膨胀两部分，在此基础上建立了质量恩格尔曲线，并预测了质量的增长。Schott（2004）使用单位价值差异预测不同产品组合上的专业化，并解释具有出口国特征的单位价格差异，例如人均GDP。

Schott（2006）研究了中国的出口复杂度，通过比较中国与美国出口产品的单位价值发现，与具有相近禀赋的国家相比，中国的出口更为复杂，并且在同水平GDP的国家中，中国出口产品的价格更为低廉。Hallak（2006）把出口产品的单位价格当作出口质量指标，发现富裕国家倾向于进口较高质量的商品。Hummels and Klenow（2005）把质量和产品组合作为能够直接影响消费者效用的需求转化量，预测的质量和类别内产品组合能被表示为按照替代弹性调整的可观测的价格和数量。Fabrizia et al.（2007）用一国出口产品的单位价值相对世界出口产品的平均单位价值来表示产品质量，发现一国产品质量和技术升级与国际市场份额的增加通常是一致的，获得国际市场份额的主要因素源自产品质量的改进。Khandelwal（2009）引入市场份额来度量各国出口产品质量的差异。李坤望等（2014）使用出口产品的相对单位价值衡量质量，分析发现大量低质量出口企业进入是造成加入WTO后中国出口质量持续下滑的原因。鞠建东和余心玎（2014）分析了中国在世界价值链中的贸易角色，发现中国所处的位置及出口产品的种类均与发达国家相似，通过考察进出口单位价值，发现中国出口的产品在质量上属于低值产品，且在价值链的下游体现得更为明显。

尽管在许多与贸易相关的文献中，以产品单位价格作为出口质量的替代指标被广为接受，但许多学者对此做法提出了质疑。较高的单位价格不但可能反映较高的质量，也可能反映较高的成本（Aiginger，1997）。单位价值法无法剔除生产成本（尤其是各国不同的工资水平）信息，高价格只是高质量的必要条件，单位价值还受到要素价格扭曲、运输成本、汇率、贸易壁垒和政府补贴等影响，因此如果以 CIF 价格衡量产品质量，就存在高估或低估质量的可能。例如，2012 年中国和意大利的男士针织全棉衬衫（HS6105100010）在美国市场的 CIF 价格分别为 18 美元和 174 美元，但我们不能仅凭此断定意大利衬衫的质量更高，因为当年意大利的 GDP 是中国的 5.6 倍（Amiti and Khandelwal，2013）。另外，产品异质性和分类错误是单位价格噪声的重要来源（Lipsey，1997）。

Hallak and Schott（2011）和 Khandelwal（2010）对出口单位价格在捕捉产品质量上较弱的能力也做了类似阐述。因此，出口商品的单位价格能够在一定程度上反映出口质量，但又不完全等同于出口质量。如果能在出口单位价格中剔除其他因素的影响，有效提取质量成分，那么这将是出口质量测算上的一个突破。

质量调整价格指数法同样克服了单位价值法的缺陷，这一提法是来源于这样的思想：低（高）价格可能来自于高（低）生产率，也可能来自于低（高）质量，换言之，产品质量与生产率都影响产品价格。企业可能凭借高生产率从而以低价出口，但也有可能凭借高产品质量从而以高价出口（Baldwin & Harrigan，2011；Johnson，2011），因此，在研究效率与价格的关系时，首先要排除产品质量对价格的影响，求得质量调整价格。假设：第一，产品质量来自需求方因素，不考虑质量选择问题；第二，改进质量将提高消费者需求而不会提高价格；第三，不变替代弹性需求体系，从而忽视基于涨价的潜在价格变化，基于“质量—调整”价格估算方法没有考虑产品内（HS 某一类别内）质量变化（有别于 Boorstein and Feenstra，1991；Harrigan and Barrows，2009）。

Hallak and Schott（2011）、Feenstra and Romalis（2012）指出，将价格指数分解为质量指数与质量调整价格指数的乘积，通过求解价格指数和质量调整价格指数便可得到质量指数。汤二子、孙振（2012）结合质量调整价格指数法，认为企业是否出口由真实生产率决定，真实生产率等于产品质量乘以传统生产率，出口企业的真实生产率高于非出口企业。

3.1.3 直接估计法

直接估计法打破单位价值等于质量的假设，用产品价格方程中剔除成本等非质量因素后的剩余部分衡量质量，代表文献为 Henn et al.(2013)。

Hallak and Schott（2009、2011）认识到产品质量不仅与产品的价格有关，同时还与消费者对产品的评价等其他一些因素有关，因此，不应仅仅建立产品质量与价格之间的关联关系，而应该把一些主要的影响因素都纳入其中。按照这一思想，他们提出了一种新的出口质量指标。这种方法运用价格指数得到国家间的行业非纯价格指数——“非纯价格指数”（Impure Price Index，IPI）建立在被质量“污染”的价格数据上，而“纯净价格指数”（Pure Price Index，PPI）指剔除质量因素的价格指数。通过对IPI分解和剔除纯价格后，就能得到反映行业出口质量的指标。该方法用贸易净额代替市场份额来表示消费者偏好，它的基本思想是：当消费者在两种价格相同的产品间选择时，他们会更加青睐于来自贸易顺差国的产品。因为更高的贸易顺差水平暗含着产品具有更高的质量。换言之，在给定出口价格的条件下，出口产品质量越高，则一国贸易净额越大。因此，出口产品质量被表示为贸易净额关于纯净价格指数（PPI）的方程的残差。

Hallak and Schott（2009）利用1989—2003年美国的进口产品数据，对世界其他国出口美国的产品质量进行了测算，结果发现发达国家和发展中国家的出口产品质量差距随着时间的推移正在逐步缩小。Wang（2012）运用 Hallak 模型对中国出口产品的质量进行测度发现，中国出口产品的质量明显低于同行业全部出口产品的质量，并且这一差距呈持续扩大的趋势。章璐（2010）运用 Hallak and Schott（2009）提出的产品质量指数模型，对10个国家 SITC7 分类出口产品的质量指数进行了测度，发现中国出口产品的质量呈明显上升趋势。熊杰（2011）运用 Hallak and Schott（2009）质量指数模型，对15个国家的 SITC 5－8 分类出口产品质量进行测度的结果表明，中国高技术产品质量上升而其他出口产品质量下降。王涛生等（2013）运用加权平法和非线性自校正方法修正了 Hallak&Schott（2011）的出口产品质量测度方法，对中国机电类出口产品质量进行了测度，发现各行业出口产品的平均质量水平总体上呈持续下降趋势。谢靖和廖涵（2017）在 Hallak 和 Schott（2011）的价格指数分解模型基础上进行拓展，利用 2000—2011 年中国 27 个制造业行业的动态面板数据，通过模型回归测算中国制造业的出口质量，并得出环境规制对制造业的出口质量会产生先降低再提高的“U”形动态影响的结论。

3.1.4 基于集约边际精确价格指数的估计方法

基于集约边际的估计方法以 Hummels and Klenow（2005）、Acemoglu and Ventura（2002）、Krugman（1979、1980、1981）以及 Armington（IMF Staff Papers，1969）为基础，主要思想是：之所以大经济体相对于小经济体出口更多，可能是基于三种出口模式，即出口更广泛的产品品种（广义边际，Extensive Margin）、每个产品品种出口更多数量（集约边际，Intensive Margin）以及出口更高质量的产品（Quality）。Armington（1969）、Acemoglu 和 Ventura（2002）解释了富国（或者高生产率国家）的集约边际效应。Armington（1969）的模型中假设每个国家只生产特定产品品种，不涉及广义边际问题。在该模型中，假设不同国家间所生产的同种产品的质量一致。在给定产品品种的条件下，劳动力更丰裕或者生产率更高的国家具有更高的产出水平，这意味着集约边际将导致更低的价格。Acemoglu 和 Ventura（2002）在 Armington（1969）模型中增加了内生因素（资本积累和品种数量）。该模型的思想是：富国（或者高生产率国家）具有更高的产出水平（给定产品品种），因此，都将导致更低的价格。Krugman（1979，1980，1981）回答了 Armington（1969）、Acemoglu 和 Ventura（2002）没能解释的问题，即为什么在现实中在给定产品品种的情况下，有些富国（或者高生产率国家）不但出口量大，而且出口价格高。该模型的基本思想是：富国更倾向于出口高质量产品，在这种情况下，高出口数量与高产品价格可能并存。质量提供一种需求转移机制，即在给定（进口）价格的条件下，消费者更加青睐高质量（进口）产品。

Hummels 和 Klenow（2005）借鉴 Feenstra（1994）的方法来估计集约边际中的数量效应、品种效应与质量效应。由于无法获得每种产品精确的品种数目，因此，估计产品质量的方法要建立在一些特定假设的基础上。Hummels 和 Klenow（2005）采取的办法是：假设出口品种不随出口国经济规模而变，对以质量与价格、品种的关系式进行一阶差分，从而求取产品质量，进而调整价格等于在价格中扣除产品质量因素。

3.1.5　反推法

反推法同时利用产品价格和市场绩效信息测算质量，其内在逻辑是：产品市场绩效决定于价格和质量，在价格相同的情况下，市场绩效越好，表明该产品质量越高，那么剔除市场绩效中的价格因素后，剩余部分便表示质量。其基本思路是：利用产品的价格、数量等信息估计出产品的消费需求函数，然后借此反推出产品质量信息。

Gervais（2009）、Joel（2011）、Mark et al.（2012）和 Piveteau（2013）基于产品价格和销售量反推质量，将产品出口量对价格和其他控制变量进行回归，得到的残差就是质量。Khandelwal（2009）在国家—产品层面通过构造嵌套 Logit 需求模型和设定有效工具变量，测量一国国家层面出口产品质量的“梯度”——在嵌套 Logit 模型下利用产品价格和市场份额反推质量，是目前最为前沿的方法之一。

刘伟丽和陈勇（2012）按照 Khandelwal（2010）的做法，用 2000—2008 年中国海关进口数据计算产品的市场份额，对中国制造业产业质量阶梯进行了测度，结果显示中国整体上产品质量较低，其中家具制造等行业质量阶梯较长，农副食品加工等行业质量阶梯较短，并为不同质量阶梯长度产业的质量发展提出不同的政策建议。Manova 和 Zhang（2012）利用中国的海关数据分析了中国企业出口价格的企业间、企业内、企业—产品内的差异性，但其着眼点在于从质量视角解释中国企业出口价格行为，说明中国企业存在质量调整，论证了产品质量异质性对企业出口行为的影响，但是并未直接测算中国出口产品的质量。施炳展（2013）运用反推法测算中国企业出口产品质量，结果发现中国企业出口产品质量的总体水平上升，但本土企业的出口质量水平有所下降；基于同一质量测算结果的计量分析发现，补贴能提升中国企业出口产品的质量，中国对美国的出口产品品质整体呈下降趋势，加工贸易占比下降、外资企业竞争效应和资本劳动比上升是品质下降的原因。王明益（2013）根据反推法，发现随着内外资技术差距的下降，内资企业生产的产品质量升级将会加快，但当内外资技术差距拉大至某界限时，内资企业生产的产品质量升级将会减缓。

施炳展等（2013）采用美国进口数据，基于嵌套 Logit 模型方法，测度了 1995—2006 年中国对美国出口产品的品质，结果发现中国产品品质呈下降趋势，行业技术密集度和资本密集度越高，品质阶梯越长，中国出口品质也越低。张一博和祝树金（2014）构建改进的嵌套 Logit 模型，测算出中国工业行业出口产品的质量阶梯与质量指数，结果发现技术密集型行业质量阶梯较长，劳动密集型行业质量阶梯较短。Pula and Santabarbara（2011）认为，尽管中国出口产品的单位价值低于发达国家，但自 1995 年以来其出口到欧盟的产品质量阶梯正在逐步攀升，这得益于全球生产网络的作用。孙林等（2014）利用嵌套 Logit 模型，对 2001—2010 年中国出口到美国的产品质量进行了测度，实证分析发现中国整体出口产品质量高于世界平均水平，且存在着明显的质量升级现象。

亢梅玲、和坤林（2014）使用事后反推法，对中国 1995—2009 年的制造业出口产品质量进行测算和分析，并且验证了出口干中学的质量升级效应，得出了中国制造业出口产品年度质量指标逐年上升，但总体质量水平不高，仍有很大的提升空间。董银果、黄俊闻（2016）基于嵌套 Logit 模型测度中国出口到日本的农产品质量，将出口农产品在目标市场的市场份额作为农产品价格、目标市场的消费者水平差异偏好和产品质量（垂直差异偏好）等因素的函数，发现 2005—2012 年间，中国出口农产品质量经历了“上升、下降、再上升”的 N 形变动。

另外，还有评级指标法或叫产品特征法，是一种根据产品自身的各项具体特征，设计具体的指标变量以对产品质量进行度量的方法。举例来说，Goldberg 和 Verboven（2001）对欧洲的汽车市场进行研究。为了控制不同品牌汽车的质量差异，他们引入了一系列具体的汽车特征参数，如引擎的马力、汽车的排量等来描述不同品牌间汽车的质量差异。Auer et al.（2014）采用相似的做法，他们将不同汽车的特征参数综合成单维度的质量指数，用以近似汽车的质量。另一个例子的产品是酒类产品。Crozet et al.（2012）研究香槟这一特定产品的质量，将《香槟手册》上对于不同品牌香槟的评级作为质量的代理变量；类似的，Chen 和 Juvenal（2016）研究红酒产品的汇率传递行为，他们以品酒专家对红酒质量的打分为依据建立质量评级指标。可以看出，这一方法需要数据中提供特定产品详细的各种参数特征信息，与标准化的贸易数据（如中国海关进出口贸易数据库）有所不同。魏方（2015）指出这些方法都要基于特定的数据样本，不具有普遍性。

3.2　影响农产品质量的因素分析

产品质量及其升级受一系列因素的影响。这些因素有来自供给方面的因素，也有需求方面因素的驱动。需求方面因素主要来自市场的需求，这是企业质量升级的动因，供给方面的因素则主要解决企业的能力问题。

3.2.1　消费者收入水平

消费者收入水平是高质量农产品生产的经济基础，因而也是决定经济政策和贸易政策的重要变量。当一国居民随着收入水平的提高，对农产品、食品的数量需求得到满足，则必然对于食品的安全性和质量有了更高层次的需要，这是农产品生产者提高食品质量的动因。Linder（1961）发现收入对于一国的出口产品质量具有正向影响，因为高收入国家的消费者更偏好高质量消费品，这为本国的生产者提供了巨大的本地市场，他们会优先根据本国消费者的偏好进行生产，并将产品出口到具有类似偏好的国家。Fajgelbaum 等（2011）通过理论模型，发现收入水平的提高，通过本地市场需求规模促进出口产品质量的升级，而收入分配更为分散的国家对于高质量产品的需求更强。Latzer 和 Mayneris（2014）指出当人均收入水平和收入分配差距改善时，通过本地市场需求，将会促进出口产品质量的升级；类似的研究还有 Flam 和 Helpman（1987）、Stocky（1991）、Matsuyama（2000）等。

居民的收入水平提高，是对更高食品质量安全、更高生活质量追求的物质基础，只有具备了这个物质基础，消费者才可能为更高质量安全的食品埋单，也才能具有更高支付意愿。作者曾对 1 101 名消费者对国外婴儿奶粉的支付意愿研究发现，消费者收入是影响消费者支付意愿的最重要因素，而且不同收入家庭分组中的系数完全不同，越是高收入家庭，其系数越高①。将这一规律放入全球视野，可以发现，发达国家的食品质量安全

① 董银果、叶明确、朱悦，外来和尚会念经——消费者对“洋奶粉”支付意愿及影响因素，此文在投稿阶段。

标准要高于发展中国家。这是因为，发展中国家居民收入低，即使食品的数量需求都难以满足，更别提质量需求了。

收入水平的影响也体现在一国在不同的阶段食品质量安全标准的差异。当一个国家跨越低收入向中高收入迈进，其对食品质量安全的要求也得以提高。表现为居民对风险的包容力下降，要求政府提供更高水平的保护，也愿意为更高水平的保护埋单。例如，对于食品追溯、透明和质量安全认证的要求首先出现在经济更为发达的高收入国家（董银果、邱荷叶，2014），又如近年来，随着中国居民生活水平大大提高，对食品、农产品质量的需求提高，中央提出供给侧结构性改革，SPS 措施的迭代加快，通报数量上升，中国的整体质量安全标准在提高。

3.2.2 投入及生产过程控制

企业是产品生产的微观组织，企业通过工人、材料、工具、环境以及生产过程的控制提高产品的质量水平。具体而言，主要包括以下六个方面的因素。

（1）工人的素质和技能。作为产品的直接生产者，工人对产品质量的认识、工作技能、身体状况、工作态度等都直接影响产品质量。如在农产品生产中，农户如果对产品的质量安全有着深刻的认识，将消费者的安全与自身安全置于同等重要地位，就不会为了利益而实施掺假行为，或者不会将低质、劣质产品卖给消费者。刘启仁、铁瑛（2020）研究了企业雇佣的人力资本结构、投入品以及产品质量的关系，发现企业雇佣结构升级对出口产品质量起到正向促进作用；雇佣结构与企业中间品投入质量具有互补性，中间品质量越高，雇佣结构对出口产品质量的促进作用越强。因此在“贸易大国迈向贸易强国”的攻坚期，虽然高学历劳动力供给的增长有助于中国产品质量的提升，但这一过程亟须匹配相应高质量的中间产品投入。

（2）机器设备的精度与维护保养状态。

（3）原材料的质量水平。例如初级农产品生产中的农药、化肥、种子直接影响其产品品质，而加工农产品的初级产品来源也决定最终产品质量好坏。

（4）工艺方法及操作流程。包括工艺流程的安排、工艺之间的衔接、工序加工手段的选择（加工环境条件的选择、工艺装备配置的选择、工艺参数的选择）和工序加工的指导文件的编制。以农产品为例，现在越来越多的企业采纳了 HACCP 认证系统，即将产品生产过程中容易导致污染的方面进行分析，并采用预防性流程来进行控制。以奶粉为例，如果牛奶掺假，则流程从其产生的干粉数量就可以推断出来。

（5）产品检验。产品是否符合预先确定的标准，如何保证检验设备的精准度和检验流程的标准化。关于产品的检验标准有 ISO9000，ISO20000 等。

（6）生产环境因素。所谓环境，一般指生产现场的温度、湿度、噪音干扰、振动、照明、室内净化和现场污染程度等。以农产品为例，土壤环境对产品质量具有重要的影响，如果土壤中重金属超标，则产品中的药物残留也可能超标。关于农产品的环境标准有 ISO14000。

正是由于生产过程直接影响产品质量，因而对产品质量的管理也应运而生。历史上，产品质量管理主要经历了三个阶段：

（1）质量检验阶段，又叫 QE 阶段（1920—1940 年）。这是由美国的“管理学之父”泰勒提出的，他主张将产品质量管理的计划与执行分开，对计划的执行必须检查与控制，看看是否按照计划执行。“质量检验”就是在这样的前提下出现的，并设置机构、配备专人，成为独立的检验部门。虽然叫质量管理，但属“事后检验”，功能较差。于是，美国的统计学家休哈特提出了一个“预防缺陷”的概念，做到防患于未然，并发展成为“控制图法”，又叫“管理图法”。这就是统计质量管理的萌芽，质量管理进入第二阶段。

（2）统计质量管理阶段，又叫 SQC 阶段（1940—1950 年）。统计质量控制是在质量控制图的基础上，运用数理统计的方法使质量控制数量化和科学化，有效预防和控制工序质量。它的主要目标是保证所有工序生产出的产品质量特征值尽可能长地等于或接近期望值，提高生产过程的工序能力，因此通常也称为统计过程控制（SPC），它的主要特点就是充分体现了现代控制理论的过程预防原则。这一方法是美国国防部在二战期间对战略物资生产实施的“战时质量管理办法”演变而来。20 世纪 50 年代初，日本人从美国引进 SQC 方法，并将其发展为全面质量管理。这一方法不适合小批量多品种生产模式。

（3）全面质量管理阶段，也叫 TQC 阶段（1951 年到现在）。全面质量管理就是一个组织以质量为中心，以全员参与为基础，目的在于通过让顾客满意和本组织所有成员及社会受益而达到长期成功的管理途径。

全面质量管理阶段的理论和方法，继承了传统质量管理方法，并从深度和广度上向前发展。这个发展主要表现在一个“全”字上，故称全面质量管理。

3.2.3 进口国 SPS 措施等贸易政策

众多学者研究表明，贸易自由化政策提高了产品的质量水平，其运作的机制包括：一是通过竞争效应促使终端产品品种的多样化，促使产品质量水平的提高（Lacovone，2012；Ge and Zhu，2011；Bustos，2011；Teshima，2010；Lileeva and Trefler，2010）；二是通过贸易自由化进口高质量的中间投入品促使发达终端产品垂直质量的提高（Hummels and Klenow，2005；Schott，2004；Flam and Helpman，1987；Kugler and Verhoogen，2012）。殷德生（2011）等研究发现，贸易开放不仅通过贸易成本下降促进产品质量升级，而且给中间产品部门带来了显著的技术溢出效应和规模经济，进而激励着发展中国家的模仿活动和发达国家的创新活动。在此过程中，发展中国家的产品质量升级具有资本品（机器）偏向的特征，发达国家的产品质量升级具有创新（技术）偏向的特征。然而 Kwaramba（2013）针对南非贸易自由化的研究却表明，贸易自由化如关税削减并没有提高产品的质量水平。中间投入品影响促使产品质量升级的原理是通过学习效应完成的（Coe and Helpman，1995；Keller，2004；Mendoza，2010）。Curzi，Raimondi and Olper（2014）针对农产品质量升级的研究表明，贸易自由化促使发展中国家距离质量前沿较近的企业质量快速上升，而不利于距离质量前沿较远的企业质量升级，同时，欧盟自愿食品质量标准促进了农产品质量的升级。

SPS 措施也能促进质量的升级。SPS 措施是一种强制执行的贸易政策，其表现形式是产品标准、生产过程认证要求、产品检验检疫的方法改进以及有关产品的包装要求，这些都使产品的质量水平在原有水平上进一步提升，而 SPS 措施的无歧视原则要求，本国企业和进口产品都必须遵从 SPS 措施。SPS 措施通过进口门槛过滤或限制不合格产品，只有更高质量的产品才能获得消费者的认可和支付，因此，SPS 措施的推行提高了产品的质量水平。例如，SPS 措施要求各国遵从国际标准，如 CAC 的食品安全标准，而这些标准是经过科学家的大量研究以及科学数据支持的。董银果、黄俊闻（2018）对日本 SPS 措施与进口产品质量的研究发现，进口国针对产品的 SPS 门槛要求，客观上促进出口商改进产品的质量水平，SPS 措施的每一次提高，客观上都提高了出口产品的质量。

3.2.4 投资来源

生产企业的资本来源也影响企业的质量升级，李坤望和王有鑫（2013）探讨影响出口产品质量升级的因素，结果发现，FDI 稳健地提高了中国出口产品质量，而且外商投资对产品质量的提升作用要强于港澳台投资。进一步分组回归发现，资本密集型行业和高外资进入行业中 FDI 的存在有利于出口产品质量升级，而劳动密集型行业和低外资进入行业中 FDI 的存在不利于出口产品质量升级。冯晨（2017）研究发现，外商直接投资能够促进企业出口产品质量的提升，尤其是对以一般消费品和中间品为主的企业出口产品质量作用明显。中间投入品价值的提升也能提高企业出口产品的质量。葛文进、俞立平（2017）进一步研究发现，FDI 不仅可以促进中国出口产品质量的提升，且随着 FDI 的流入，出口产品质量呈“U”形变化趋势。

FDI 尤其是来自欧美地区的 FDI 影响质量升级的机理是这些资本在投资时为了产生更多的回报率，往往借助于先进的技术压低成本或者利用现有技术提高产品质量，以便生产的产品能够出口到发达国家市场，获得更高的回报率。

3.3 农产品质量升级影响因素的实证分析[①]

本节以中日农产品贸易为例，针对产品质量/质量升级的影响因素进行实证模拟。首先，采用嵌套 Logit 方法测度中国出口日本的农产品质量，在此基础上对质量的影响因素进行模拟。

① 本节内容来自董银果、濮丽娟，肯定列表制度促进中国农产品出口质量升级吗？文章仍在修改完善中。本节内容也是濮丽娟硕士学位论文中的部分内容。

3.3.1 研究假设

从需求端角度，主要是来自于进口国进口环境以及消费者生活水平变化对农产品质量的影响，如日本市场农产品质量安全检疫标准的提高（肯定列表制度的颁布），日本国内消费者收入水平的提升，都会对出口国农产品质量产生影响。

从进口需求角度，进口国人均收入水平也是重要的质量影响因素。人均收入水平反映了进口国消费者的消费需求，基于消费者行为假设，人均收入增加会促使消费者选择质量高的产品，从而促使企业进行质量提升。鲍晓华等（2013）基于异质性消费者的假设，得到消费者收入差距会影响企业产品质量的选择，从而促进产品质量升级。除此之外，不同的消费者会因为收入分配差异而对不同质量的产品有不同的偏好，通常情况下，消费者会对高质量产品有较强的偏好，自然愿意为这些产品支付更高的价格（Helble 和 Okubo，2008）。并且随着日本消费者人均收入水平提升、老龄化程度加深以及对农副产品安全问题重视程度的不断提高，日本对进口农产品质量的要求也会逐渐提高，因此国外农产品若想要进入日本市场并获得一定市场份额，则必须提高自身农产品质量。因此当进口国人均收入水平提高时，对进口农产品质量应有正向促进效应。

命题 1：进口国消费水平越高，对进口农产品质量要求越高。

日本作为进口国，随着生活水平的提高和质量安全意识的觉醒，对进口农产品质量安全的要求越来越高。但随着中日农产品贸易关系日渐密切，近年来的农产品质量安全问题也日益严重。肯定列表制度的正式颁布，显著提高了农产品进入日本市场的门槛，相较于其他发达国家，中国农产品因为质量低下问题受到的影响更是巨大。中国农产品质量标准远低于日本，并且肯定列表制度颁布后设限条目、检测项目大幅增加，企业为应对相关检疫，需要增加检疫设备与相关人员，显著增加了企业的成本（徐振宇等，2014）。因此为达到日本相关农产品标准，企业或通过引进技术，减少农产品中农药含量维持出口，或因生产成本提高导致企业利润降低，从而选择离开该市场。董银果等（2011）就通过对山东、浙江、福建、四川四省出口企业的问卷调查得到，中国企业为适应国外 SPS 标准需付出不同的遵从成本，从而维持其在出口市场上的市场份额。因此肯定列表制度的颁布在一定程度上激励出口国企业进行技术创新，提升产品质量，从而维持出口市场份额。董银果、黄俊闻（2018）基于前沿距离模型研究SPS措施对农产品质量升级的影响，也得到SPS措施的标准提高会促进各国出口农产品质量升级的结论。段辉娜（2010）通过局部均衡分析得到，SPS措施标准提升后，中国农产品出口需花费很高的遵从成本，但通过本国技术、管理革新等方式加以完善农业生产，中国农产品出口能力会大大提高。肯定列表制度颁布，对于出口产品中本身质量较高，出口量大的农产品，企业可以通过规模效应等措施及时改善生产模式，花费较少成本提升质量，维持农产品的出口。Thilmany和Barrett（1997）也指出，符合SPS措施要求的进口产品能通过广告宣传和信息披露方式扩大消费者需求，从而推动进口。而对于本身质量较低，出口量少的农产品而言，与同类外国农产品质量差距大，为达到质量标准，可能需要花费更高的成本。这就会使得相关企业选择放弃生产小众类农产品，改变企业生产活动，转而生产出口大类农产品，因此肯定列表制度对小众类农产品质量提升效果或劣于大类农产品，从而导致农产品质量差距变大，不利于整体农产品质量提升。从中国农产品质量整体情况而言，中国企业为维持对日本的出口，在肯定列表制度影响下，农产品质量会有所提升。但从与其他发达国家相比的角度，肯定列表制度或促进中国农产品质量在短期内有所提升，但从长期来看，当中国农产品出口适应肯定列表制度之后，由于本身资本要素和研发能力的制约，相比于其他发达国家，农产品质量提升或达到瓶颈阶段，由于利润空间的缩小而对本土企业质量提升产生抑制效果。因此从长期来看，相较于发达国家，肯定列表制度反而会对中国农产品质量提升起到抑制作用。

命题2：日本肯定列表制度这种贸易政策颁布提升了中国农产品质量，但相较于发达国家，长期来看，其反而会抑制农产品质量提升速度。

农产品质量影响因素从供给侧角度来看，主要还是行业企业内部自身因素，如生产要素投入，具体而言就是企业内的物质资本、人力资本以及本身的研发投入会对产品质量产生影响。

Falvey（1981）认为高质量的商品需要更高的资本密度，因此资本丰富的国家更有可能生产和出口高质量产品。祝树金等（2010）也认为，相比劳动力资源，资本要素更容易察觉到市场结构变化趋势，并能自由流动到对应行业企业从而提升产品质量。资本要素投入增加，有利于扩大产业规模，形成规模经济，提升农产品质量，促进农产品出口，从而改善出口结构；科研活动的开展、自主创新能力的提高以及对外资溢出效应的吸收能力都离不开大量的资本投入，因此资本投入的增加对质量应有正向促进效应。

人力资本投入是影响企业产品质量的另外一个重要因素。首先人力资本可以通过提高劳动力技能，提高企业生产效率，提升产品质量。Kremer（1993）认为在完全竞争市场条件下，工人的质量和产品质量正相关。Schott（2004）也认为产品质量会随着人力资本禀赋的增加而增加。李磊等（2012）基于 2002—2008 年省份分行业贸易数据也得到地区人力资本禀赋的提升有利于地区出口技术复杂度的提升。其次人力资本提高有助于企业提升自身的吸收能力，增强外资企业的技术扩散效应，进一步促进企业产品质量提升。

与人力资本投入类似，研发显然也能提升产品质量。研发投入增加，企业便能通过自主研发或者从国外吸收引进先进的技术设备来提高产品生产效率，提升产品质量。但不可否认，国外不可能将最新的技术转移给中国，长期以来仅依靠技术引进并不利于中国产品质量提升。

命题 3：行业企业资本密集度越高，人力资本水平越高、研发水平越高，出口农产品质量也就越高。

外国直接投资也会对农产品质量提升产生影响。现有文献表明，发展中国家很难在短时间内通过自身技术水平提升和要素积累来提高产品质量，外资投入对行业产品的影响更为快速，其主要通过技术溢出效应与竞争效应两方面对产品质量产生影响。从技术溢出角度，外资投入以及外资企业进入中国市场，有助于中国企业学习外国先进技术，通过吸收外资企业的技术来提升本土企业生产能力，从而提升产品质量。如 Anwar 和 Sun（2018）发现 FDI 能有效促使东道国行业出口质量的提升。

但是，从竞争效应角度，外资企业因本身在技术、规模经济和产品研发等方面的优势，农产品质量高于本土企业生产的产品，本土企业在与外资企业竞争时，需要花费更高的成本才能达到相似的质量水平，因此外资企业的进入相对提高了农产品生产的成本，抢占中国本土企业的农产品出口市场，会迫使本土企业从事生产质量低下的产品，不利于本国国内研发创新能力的提升，这样也会降低本土企业产品质量。因此外国直接投资对农产品质量的影响具有两面性。

命题 4：外国直接投资对中国农产品质量提升具有两面性，具体效果待定。

3.3.2　模型构建

本节借鉴 Khandelwal（2009）和 Fan 等（2012）的方法，计量模型如下：

$$Q_{cht} = Treatment_{cht} + X_{cht}\theta + \alpha_{ch} + year_t + \varepsilon_{cht} \quad (3-1)$$

上式中被解释变量Q_{cht}是在 t 年从 c 国出口的 HS9 位编码农产品 h 的质量[①]，X_{cht}是包含除贸易政策（这里特指肯定列表制度）外所有解释变量的向量，其中包括资本要素（K/L），人力资本（$Gniper$），外国直接投资（FDI），科研投入（RDP）以及日本人均 GDP（$Jgdpper$）。α_{ch} 和 $year_t$ 分别为产品和年固定效应。本模型选取双重差分法来探究日本肯定列表制度对中国农产品质量升级的影响，其他 6 个发达国家作为对照组。

双重差分法一般用于研究政策变化和外界冲击对被研究对象的影响作用。多用于相关国家政策和金融方面。比如为研究“一带一路”对沿线国家的影响，孙楚仁等（2017）基于双重差分模型对“一带一路”国家分别进行实证分析，得到“一带一路”倡议显著促进中国同这些国家间的贸易往来。周晶等（2015）通过双重差分模型估计了 2007 年以来“一揽子”补贴政策对生猪养殖规模化水平增长的影响。本研究也旨在基于双重差分法，重点探究肯定列表制度颁布相对于其他发达国家，对中国出口日本农产品质量的影响。

双重差分法应用需满足三个前提条件：①政策发布时间的随机性；②实验组与对照组选择的随机性；③平行趋势假定。肯定列表制度由日本政府颁布，类似制度颁布可以视为随机发生，但实验组与对照组选择在一般研究中很难保证随机性（孙楚仁等，2017），可以通过加入不同国家产品间农业层面数据控制产品固定效应以及时间效应。最后实验组与对照组要满足平行趋势假定。即在肯定列表发生之前，实验组和对照组随时间变化的

① 关于质量的具体度量将在 4.1 节详细陈述。

趋势大体相同。此处利用整理后质量数据，得到 2001—2016 年中国及对照组国家质量年平均增长率。如图 3-1 所示，2006 年以前，中国和对照组国家农产品质量年均增长率发展趋势大致相同，基本满足平行趋势检验。

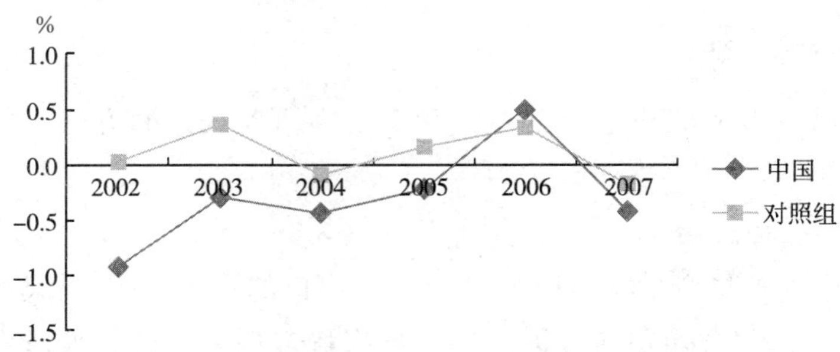

图 3-1　2001—2007 年中国及其对照组国家农产品质量年均增长率

3.3.3　数据描述

被解释变量 HS9 农产品质量 Q_{cht} 为嵌套 logit 模型的计算所得[①]。在探究中国出口农产品相对于其他发达国家受肯定列表制度影响时，所采用的样本为 2001—2016 年中国、法国、意大利、加拿大、美国、智利和澳大利亚 7 国出口日本 HS9 位编码农产品质量数据。此 7 国均为日本农产品主要的进口大国，且根据质量计算结果，其他 6 国农产品质量显著高于中国。本节原计划采取日本农产品市场上进口量前 10 大国家，但由于部分影响因素数据的不可获取，经整理得到以上除中国外的其他 6 国构成对照组。

需求端影响因素，进口国人均收入水平（$Jgdpper$）用日本人均 GDP 表示。预期符号为正。肯定列表制度颁布与否虚拟变量上文已经有所交代。供给侧角度，行业资本密集度（K/L）代表行业要素禀赋中资本变化，用行业固定资产年均余额占行业总产值的比重表示，预期符号为正，与农产品质量正相关。行业人力资本（$Gniper$）代表行业内人力要素的变化，由于数据的不可获得性，因此用从业人员人均 GNI 替代，预期符号为正，与产品质量正相关。另一个内部影响因素研发投入（$R\&D$）

① 详细计算过程参考本章 4.2 节。

用国内总农业研发投入占本国 GDP 比重代替，鉴于政府支持方式多种多样，其中多以科研投入作为行业支持方式，若再加入政府支持这一变量会引起共线性，因此本节只引入研发投入（*R&D*）这一因素，预计符号为正，与农产品质量正相关。国外对农业的直接投入（*FDI*）用国外总农业直接投资流入额代表，预期符号不定。

以上解释变量中从业人员人均 GNI 和日本人均收入数据来源于 World Bank①，其他解释变量数据来源于 FAO②。此外剔除相对质量为 0 和 1 的极端样本数据，最后剩余 37 936 个样本，样本的描述性统计见表 3-1。

表 3-1　相关变量统计性描述

	平均值	标准差	最小值	最大值	观测数
Quality	0.580 524	0.234 218	0.000 051	0.999 999	37 936
Treatment	0.150 2	0.357 272	0	1	37 936
Jgdpper（美元/人）	34 279.02	4 297.74	27 495.7	42 281.2	37 936
R&D（%）	1.240 404	0.477 673	0.097 59	1.974 93	37 936
FDI（万美元）	86 820.89	95 192.15	−28 294.7	465 765	37 936
Gniper（美元/人）	31 969.98	18 102.87	1 026.26	66 365.6	37 936
K/L	0.168 046	0.092 142	0.020 703	0.420 554	37 936

数据来源：根据 Stat14.

3.3.4　实证结果

本节选取 2001—2016 年中国出口日本农产品质量及其影响因素的数据作为研究样本。由于模型以农产品作为横截面，时间维度为 16 年，因此此部分的面板数据中 n 远大于时间维度，为短面板，可以不进行单位根检验。而在进行面板数据回归之前，仍需要对面板数据进行 Hausman 检验，以确定模型选用固定效应或是随机效应模型来回归。经过 Hausman 检验得到结果在 1%的显著性水平上拒绝原假设，因此选用固定效应方法来进行模型估计，并得到以下回归结果。

为深入分析中国出口日本农产品质量结构升级，根据中国出口农产品

① https://data.worldbank.org/indicator.

② http://www.fao.org/faostat/zh/#home.

质量测算的结果得到，中国出口日本农产品质量处于世界中等水平，但整体质量主要依靠出口蔬菜、水果、水产品、动物制品（HS05、HS07、HS16、HS20）四大类农产品拉动，其他小众类农产品仍质量低下。因此本部分将从中国出口日本农产品整体、出口四大类农产品和其他小众类农产品三部分进行分析。根据式（3－1）得到如下实证结果（表 3－2）。

表 3－2　样本回归结果

	（1）整体样本 ln*q*	（2）四大类产品 ln*q*	（3）小众产品 ln*q*
Treatment	13.25***	14.89*	11.94*
	(2.60)	(1.74)	(1.91)
ln*jgdpper*	9.677**	9.488	9.634*
	(2.26)	(1.32)	(1.83)
ln*kl*	1.761***	2.339**	1.341*
	(3.04)	(2.39)	(1.87)
ln*fdi*	−11.68***	−13.13*	−10.56**
	(−2.71)	(−1.81)	(−1.99)
ln*gniper*	4.086**	4.733	3.624
	(2.12)	(1.46)	(1.53)
ln*R&D*	−14.40**	−16.26	−12.94
	(−2.24)	(−1.50)	(−1.63)
_*cons*	−4.282	10.00	−13.43
	(−0.24)	(0.33)	(−0.61)
产品固定效应	已控制	已控制	已控制
时间固定效应	已控制	已控制	已控制
N	8 446	3 301	5 145

注：* $p<0.1$，** $p<0.05$，*** $p<0.01$。

在表 3－2 中，(1)（2）（3）列分别代表整体样本、四大类农产品和其他小众农产品的回归结果。从表中数据可见，农产品质量的决定因素对中国不同农产品分类的影响方向基本一致，由此可以判断，模型的回归结果比较稳健。下文以中国出口日本农产品整体为例分析各个影响因素对农产品质量的作用效果。

首先，肯定列表制度这种贸易政策（Treatment）的系数为 13.25，在1%的水平下显著，可以得到日本肯定列表制度对中国出口日本农产品质量有促进作用。此结果与董银果、黄俊闻（2018）和陈容、许和连（2018）的结论相符。中国是日本的近邻，在劳动密集型农产品上具有比较优势，一直都是日本市场上这类产品的主要提供者，但是农产品质量安全也一直伴随着中国出口农产品，甚至一度是中日农产品领域贸易摩擦的主因。肯定列表制度的实施限制了中国低质量农产品对日出口。中国出口企业为维持对日本的农产品出口，必将通过内部技术创新等措施来提升本身农产品质量，以维持其日本市场份额。肯定列表制度对中国出口四大类农产品质量升级有正向效应，且其系数高于对整体样本的系数。Mayer et al.（2011）曾提出当市场进入门槛提高时，企业面临更高的竞争压力，会选择缩减自身产品种类数，种类数较少的低生产率企业会被淘汰，而高生产率企业则会更专注于生产质量较高的产品。由此可见，肯定列表制度对此四大类农产品质量提升的作用更强，其原因可能是相较于其他小众类农产品生产，此类企业更容易形成规模效应，并且由于与发达国家之间技术差距较小而更容易获得技术溢出、外资投入的红利，因此质量提升更快，更能适应外部制度转变。而肯定列表制度对其他小众类农产品质量也产生正效应，但系数小于整体和四大类农产品的系数。此间原因可能是：其一，日本颁布肯定列表制度更关注于本国进口量大的农产品，小众类农产品质量提升受肯定列表制度这一外部政策影响小于进口量大的大类农产品。其二，对于小众类农产品，中国并没有较多的企业能形成规模经济，企业若为能顺利出口小众类农产品到日本，生产成本定会增加，企业利润减少会压迫相关企业选择退出小众类农产品市场，或转而生产其他农产品，中国2006年与2016年的数据显示，2016年小众类农产品出口数量较2006年减少了近35.7%。尹宗成、田甜（2013）从产品技术含量的角度研究了中国农产品比较优势变化，指出中国出口农产品技术含量较低，但中高技术含量的农产品出口份额逐渐增加。由此也说明了受外部因素的影响，中国农产品生产和出口结构也在逐渐转变。

进口国人均GDP（$Jgdpper$）的系数为9.677，在5%的水平上显著，进口国消费水平与农产品质量呈正相关，与预期相符。但值得探究的是，进口国消费水平在对大类农产品质量提升的效用并不显著，小众类农产品上，出口国人均GDP系数为正，并在10%的水平上显著。由此可以看出，进口国消费水平越高，消费者对产品的多样化需求增加，不仅增加对四大类农产品的进口需求，而且增加对小众类农产品的质量诉求。因此，消费者收入水平提高会促进供给企业提升质量，扩大生产种类的多样性，从而维持其在出口市场上的份额。

行业资本密集度（K/L）的系数为 1.761，在 1%的水平下显著，行业资本密集度与农产品出口质量呈正相关，与预期相符。资本投入越高，越能促进农业转型升级，促进出口产品质量提升。资本要素对四大类农产品质量提升效应高于其他小众类农产品，这也与现实相符。生产量高的农产品随着资本投入的增加更容易促进企业形成规模经济，规模化生产以及农业转型升级也将是提升农产品质量的重要手段。

外商直接投资（FDI）的系数为－11.68，在 1%的水平上显著，说明外商直接投资并不能提升中国农产品质量。正如理论分析中提出的外国直接投资存在竞争效应与技术外溢效应两方面，在本研究结果中，可能是竞争效应高于技术溢出效应。主要原因在于，中国农业更偏向小农经济（一家一户的小规模经营），主要出口劳动密集型产品，产品的同质性较强，差异性较小，与国外生产以机械化为主体的现代化农业差距较大。Khandelwal（2009）也曾提出技术水平相近的企业间技术外溢效果才更为明显，因此中国本土企业从外国企业学习的空间有限。在与外国企业竞争时中国企业因缺乏核心技术，加之近年来土壤、水质污染严重，等同质量的农产品中国企业或需花费更多成本，因此外资企业的存在可能迫使中国部分企业退出该产品市场的竞争，因此在外国直接投资增加时，不利于中国农产品质量提升。这也与李坤望、王有鑫（2013）得到的结果相符，他们提出对于劳动密集型行业和低外资进入行业中 FDI 的存在不利于出口产品质量升级。

人力资本（$Gniper$）变量的系数为 4.086，在 5%的统计水平下显著，说明人力资本投入与农产品质量呈正相关关系，与预期相符。人力资本在产业发展过程中的重要性毋庸置疑，人力资本增加，不仅能提高生产要素的生产率，企业的创新能力也能得到提升，有利于质量提升。在农产品中，人力资本对于产品质量升级的作用体现在新型技术或者产品检验方法的使用提高了产品的安全性能，甚至营养成分。

研发投入（RDP）的系数为－14.4，在 5%的统计水平下显著，说明研发投入与农产品质量有负相关关系，但从四大类农产品和小众类农产品的分类中可以看出，研发投入对中国出口农产品质量提升效果并不显著。因此虽然研发投入增加必定有利于企业创新，提高技术水平，但研发投入对出口产品质量的影响在不同的国家作用可能不同。汪琦（2016）通过构建分步滞后模型，发现短期的农业研发不能对农产品出口产生效应，但长期的农业研发投资有利于农产品出口绩效的改善。中国作为发展中国家，对农业研发的投入相对发达国家过少，也可能因为缺乏相关经济、政策配套，导致最后研发水平对产品质量作用不明显（李怀建、沈坤荣，2015）。另一个可能的原因是本研究采用的是国家层面数据，研发投入（即农业投入占 GDP 比重）是针对整体农产品的，而出口农产品占国内产量的比重较小（不足 10%），因此其效应不明显。

根据式（3－2）和式（3－3）进一步得到表 3－3 的回归结果。

表 3－3　样本回归结果

	(1) ln*q*	(2) ln*q*	(3) ln*q*	(4) ln*q*	(5) ln*q*	(6) ln*q*	(7) ln*q*
treatment	−0.059 6***	−0.071 9***	−0.068 5***	−0.077 6***	−0.060 9***	−0.060 9***	
	(−5.06)	(−6.06)	(−5.66)	(−6.30)	(−4.33)	(−4.33)	
ln*kl*		0.083 6***	0.082 1***	0.029 1*	0.026 9*	0.026 9*	0.056 6***
		(9.21)	(8.84)	(1.81)	(1.66)	(1.66)	(2.90)
ln*fdi*			−0.014 5***	−0.014 7***	−0.014 7***	−0.014 7***	−0.007 3*
			(−3.81)	(−3.86)	(−3.86)	(−3.86)	(−1.79)
ln*gniper*				0.051 4***	0.065 5***	0.065 5***	0.077 8***
				(4.02)	(4.68)	(4.68)	(5.01)
ln*rdp*					−0.058 5**	−0.058 5**	−0.030 6
					(−2.45)	(−2.45)	(−1.10)
ln*jgdpper*						−0.099 8***	−0.113***
						(−2.60)	(−2.75)
*year*_3							0.028 9
							(1.06)
*year*_2							0.025 5
							(0.89)
*year*_1							0.110***
							(3.72)

（续）

	(1) lnq	(2) lnq	(3) lnq	(4) lnq	(5) lnq	(6) lnq	(7) lnq
*year*0							0.080 8***
							(2.92)
*year*1							0.044 2
							(1.54)
*year*2							−0.033 3
							(−1.22)
*year*3							−0.070 1**
							(−2.50)
*year*4							−0.044 1
							(−1.53)
*year*5							−0.055 2*
							(−1.90)
*year*6							−0.131***
							(−4.07)
*year*7							−0.074 4**
							(−2.44)
*year*8							−0.110***
							(−3.55)
*year*9							−0.207***
							(−6.79)
*year*10							−0.180***
							(−5.73)
_ *cons*	−0.680***	−0.500***	−0.352***	−0.948***	−1.088***	−0.068 4	−0.060 7
	(−73.94)	(−23.10)	(−7.92)	(−6.13)	(−6.60)	(−0.19)	(−0.16)
产品固定效应	已控制	已控制	已控制	已控制	已控制	已控制	已控制
时间固定效应	已控制	已控制	已控制	已控制	已控制	已控制	已控制
N	37 936	37 936	36 657	36 657	36 657	36 657	36 657

注：* $p<0.1$，** $p<0.05$，*** $p<0.01$。

根据以上双向固定效应模型结果，得到以下分析：

通过引入其他控制变量，肯定列表制度颁布影响因素的系数始终为负，系数最终为−0.060 9，在1%的水平下显著，表明肯定列表制度颁布相对于对照组国家，对中国出口日本农产品质量提升有负面影响。从表3-3（7）回归结果中可以看出，在2005年以前，肯定列表制度系数不显著，说明在2005年前实验组与对照组之间发展趋势一致。由于日本早在2005年就开始实施相关举措，因此其在2005年就对农产品质量提升产生影响。而在2005年及以后，肯定列表制度对中国农产品质量提升有正面影响。在肯定列表制度颁布初期，其对中国农产品质量提升有直接的促进作用。中国农产品质量在2005—2006年间提升速度快于对照组国家，但是在2006年后，此核心变量系数逐渐不显著，甚至转为负面效应。许为、陆文聪（2016）的研究发现，在其他主要出口国农产品比较优势呈上升趋势时，中国大部分优势农产品的比较优势呈现下降趋势。动态实证结果也说明，中国出口农产品质量提升速度在后期减慢，低于对照组产品质量的提升速度，说明中国农产品质量提升后续能力不足。结合上部分析结果，其主要原因可能是因为其他发达国家本身在人力资源以及科研核心力量都优于中国，在后续发展中，中国在达到日本的要求后并没有激励进一步提升农产品质量，与发达国家间的资本技术差异增加了中国农产品质量提升成本，从而抑制了中国本土企业进一步提升的积极性，因而中国本土企业或选择生产出口量大的农产品，减少其他小众农产品生产，或选择转移部分农产品出口市场，而不是选择增加农产品出口种类多样性和高质性，从而导致了中国出口日本农产品数量和占比均波动下降。

3.3.5　结论与政策含义

借助于双重差分模型（DID），基于日本从世界各国进口农产品的HS9位编码数据，检验了中国出口农产品质量及质量升级的影响因素。研究发现，肯定列表制度这一贸易政策的颁布以及日本人均收入增加对中国出口农产品质量提升有正向作用，资本密集度越高，人力资本投入越高，越能促进中国农产品质量提升，但外资的溢出效应对中国农产品质量提升效应不足，导致外资投入高，反而对农产品质量有负面效应。进一步研究发现，肯定列表制度对出口四大类农产品质量提升效应高于小众类农产品。但相较于其他发达国家，肯定列表制度对中国农产品质量提升呈负面效应，虽然在制度颁布早期，中国农产品质量提升速度高于对照组的发达国家，但后期质量提升速度不足。其可能原因是由于发达国家本身具备的要素资本、研发技术以及规模化生产的长期比较优势，使得发达国家质量提升从长久看优势更大，而中国企业自主创新以及吸收外资技术能力低，导致后续质量提升能力不足。

基于以上研究，为提高中国出口农产品质量，应从以下几个方面入手：第一，完善农药监管制度，缩短监管体系差距。不断完善细化本国农产品农药含量等相关标准，从根本上控制农产品质量安全，并为其提供一个完善的监管体系，有助于缩短中国农产品与其他国家产品间的质量差距，并能与其他因素结合对提升农产品质量形成一个相互促进的结果。第二，加强人力资本投入，注重人力资本质量。结合中国农业现状，教育是一个良好的积累人力资本的途径，农药等的合理使用也需要农业从业人员具备相关知识，从根本上降低农产品中农药含量。第三，加大研发投入力度，促进产品质量提升。政府和企业可以加大科研投入，重点支持大类农产品生产企业的研发活动，从而保持中国大类农产品的出口优势。而对小众类农产品生产企业，政府应大力支持企业发展自主创新，通过积极研发形成核心竞争力。第四，合理利用外商投资，加强与外资企业的合作。中国应合理利用外国直接投资，积极利用外商直接投资带来的资金与先进技术水平，从溢出效应中获利，加强企业间的合作交流，从而在质量上与外国产品看齐。第五，积极应对质量标准提升，加强国际交流与合作。随着消费者收入水平的不断提高，国际上的相关农产品质量安全检疫标准必将越来越严格，积极学习外资企业的生产模式与技术，并结合自主创新，形成本国农产品核心竞争力，创建品牌效应，从而在国际市场上占据一定的市场份额。

第4章

中国农产品质量的测度与评价

本章主要采用实证方法对中国农产品质量展开研究。由于质量测度主要针对的是出口农产品，且基于数据可得性的考虑，我们主要测度对日出口、对美出口和对“一带一路”出口，在测算出口产品质量的基础上，探讨中国农产品出口动力的来源和动力转换问题。

4.1 中国出口农产品质量测度[①]

4.1.1 引言

农产品市场一直被传统经济学视作生产同质商品的完全竞争市场，但随着消费者收入增长，可持续发展理念深入人心，越来越多进入“中产阶层”的消费者开始关注产品的成分、安全性、制作流程与营养等问题，不同食品间的垂直差异与水平差异成为满足消费者需求偏好的必要条件（Grunert，2005）。Sexton（2013）认为，农产品不再是同质性产品，消费者对食品质量特性的需求已从口味、外观和便利性等扩展到食品生产过程及其对环境和食品安全的影响，以及饮食与健康之间的联系。在此压力之下，食用农产品的价格竞争力正在下降，而与质量安全相关的标准、生产过程控制和认证以及追溯性等成为农产品竞争力的重要来源（董银果、邱荷叶，2014）。

20 世纪 90 年代以来，随着农产品市场的开放，产品来源的全球化和农产品生产的复杂化以及检验力度的不足，陆续暴发的全球性食品安全危

① 本节选自：董银果、黄俊闻．中国出口农产品质量测度——基于嵌套 Logit 模型［J］．中国农村经济，2016（11）：30－43.

机直接或间接造成了相关国家经济损失，也暴露了各国农产品质量控制体系的缺陷。因此，近年来农产品国际市场的质量进入门槛不断加高，表现为各国以保护环境和国民健康为由设立各种技术性贸易措施（technical barrier of trade，TBT）和卫生与植物检疫措施（sanitary and phytosanitary，SPS）。

加入世贸组织以来，中国农产品出口频频遭遇以质量安全不合格为由的扣留、拒绝和退运，不仅严重损害了中国出口农产品的形象，更是让出口企业和广大农户遭遇损失。2002 年，中国加入世贸组织第一年，中国农产品出口因质量不合格导致的贸易损失达 100 亿美元；2008 年，中国 52.5%的农产品出口企业遭遇了国外 TBT/SPS 措施，直接和间接的贸易损失占到当年农产品出口额的 38.3%；2011 年，仍有 50.5%的农产品出口企业遭遇了 SPS 措施（国家质量监督检验检疫总局，2009，2012）。董银果、姜盼（2012）基于中国农产品出口企业调查数据的研究发现，中国企业出口受阻于国外 TBT/SPS 措施的主要原因在于国内外标准差异过大导致企业质量遵从成本过高。李坤望等（2014）指出，由传统的价格竞争向以品质提升为核心的非价格竞争转变，是加快中国外贸发展方式转型的必经之途。Khandelwal（2009）更是直言，产品质量升级是一国成功出口甚至经济发展的一大前提。提升中国农产品质量已是中国农业发展面临的重要课题。2014—2016 年，中央 1 号文件连续三年都明确要求提高农产品质量和食品安全水平，甚至将农产品质量与政府绩效考核挂钩。那么，中国农产品质量水平到底如何？和其他国家相比，中国农产品处于什么样的质量水平？

本节所要研究的质量，指的是同一产品不同种类间的（垂直）差异，比如，中国产的红苹果是否比他国产的红苹果更甜、更健康，更受消费者青睐。利用进口贸易数据从需求角度评估产品质量水平，首先需要选取具有代表性的农产品进口国。综合来看，一方面，日本曾是全球最大的农产品净进口国；另一方面，中国凭借传统劳动密集型产品的比较优势和近邻的地缘优势，长期成为日本第一大农产品进口来源国，主要供给蔬菜、水果、水产品、茶叶等农产品。因此，最终选择日本海关进口数据对中国出口农产品质量水平进行度量。

4.1.2　文献综述

关于产品质量的研究最早出现在 Linder（1961）的文章中。他指出，人均收入水平是决定贸易方向的主要变量，收入水平高的国家对产品质量要求也较高，因此，收入水平相似的国家，发生贸易的可能性越大。此后，产品质量的研究主要沿着理论研究和实证研究两个视角展开。

关于产品质量的理论研究，Flam and Helpman（1987）的南北差异模型将质量差异引入垂直产业贸易理论中，他们发现，收入差异导致北方国家生产相对高质量的产品并与南方国家生产的相对低质量产品进行交易；Berry（1994）的供需平衡模型则提供了度量质量水平的基本思路。20 世纪 90 年代以后，产品质量对经济增长影响的研究随着 Grossman and Helpman（1991）质量阶梯内生性增长模型的提出得以拓展。但直到 Melitz（2003）率先打破生产企业的"同质性"假设而开启新新贸易理论，学者们才开始真正考虑企业产品质量的差异性问题。异质性企业的主要观点在于，只有最有生产效率的企业才能出口，贸易自由化导致企业生产效率曲线的右移，因为生产率低的企业将被迫退出市场（Melitz and Trefler，2012）。Sutton（2007）的理论分析框架建立在企业"能力"的基础上，包括一个企业所能获得的质量的最高水平以及每条生产线的生产成本即生产率两个因素。基于沉没成本和市场结构理论，Sutton 认为，企业在研发上的固定支出可以通过革新生产过程提高生产效率来提高产品质量。从竞争的角度来说，企业提高它们的研发支出和其他企业支出例如广告支出，其结果是，为了在出口市场生存，企业的能力必须在一定的范围内，即让出口方获取市场竞争优势的最低边界。Verhoogen（2008）、Baldwin and Harrigan（2011）和 Kugler and Verhoogen（2012）将产品垂直差异引入迪克斯—斯特格力兹的垄断竞争模型，认为更有能力的公司在出口市场上表现更好，它们使用高质量的投入品进而以高价格出口高质量的产品。韩会朝、徐康宁（2014）讨论了最低出口产品质量限制对企业出口行为的影响，认为企业生产率过低将导致产品质量低于质量门槛而无法出口。

相比于理论研究，对产品质量的实证研究进度缓慢，其原因一是质量本身难以直接观测，二是微观数据的缺失。目前，测度产品质量的主要方法有：技术复杂度指标、产品单位价值法、直接估计法、质量调整价格指数法和反推法。技术复杂度指标 Michaely（1984）最早提出，并经 Hausman et al.（2006）完善。其基本思路为：产品质量可用出口产品的显性比较优势指数乘以该国人均 GDP 来近似表示[①]。姚洋、张晔（2008）运用该指标测算发现，1992—2002 年间，中国虽然出口更多高技术产品，但出口产品整体技术含量相对于世界先进水平并没有提高。该方法的重大缺陷就在于技术复杂度指标所刻画的是不同产品间技术含量的差异，显然，水产品的培养技术与农作物的培养技术不同，不可简单用技术含量差异来决定两者产品质量的高低。Schott（2004）开创了采用产品单位价值法研究质量的先河，即用产品单价代表其质量。李坤望等（2014）使用出口产品的相对单位价值来衡量其质量，分析发现大量中小民营企业加入出口大军是造成加入世贸组织后中国出口产品质量持续下滑的原因。Hummels and Klenow（2005）、Hallak（2006）基于产品单位价值构建价格指数来衡量产品质量。遗憾的是，产品单位价值法无法剔除生产成本（尤其是各国不同的工资水平）因素，高价格只是高质量的必要条件。此外，产品单位价值还受到要素价格扭曲、运输成本、贸易壁垒和政府补贴等影响，因此，该方法存在高估或低估质量的可能。直接估计法打破了“单位价值等于质量”的假设，用产品价格方程中剔除成本等非质量因素后的剩余部分衡量产品质量，Hallak and Schott（2011）、Feenstra and Romalis（2012）的质量调整价格指数法将价格指数分解为质量指数与质量调整价格指数的乘积，通过求解价格指数和质量调整价格指数便可得到质量指数。王明益（2013）运用函数链神经网络对该质量指数进行了修正并在实证中发现，随着内、外资企业间技术水平差距的下降，内资企业生产的产品质量升级将会加快，但当内、外资企业技术水平差距拉大至某界限时，内资企业生产的产品质量升级将会减缓。反推法同时利用产品价格和市场绩效信息度量产品质量。其内在逻辑是：产品市场绩效决定于价格

① Hausman et al.（2006）的原文公式为：$PRODY_k = \sum_j \frac{(x_{jk}/X_j)}{\sum_j (x_{jk}/X_j)} Y_j$。其中，$(x_{jk}/X_j)$ 代表 j 国出口 k 产品占 j 国总出口的价值份额，Y_j 代表 j 国人均 GDP，$PRODY_k$ 即为 k 产品的技术复杂度指标。

和质量，在价格相同的情况下，市场绩效越好，表明该产品质量越高，那么，剔除产品市场绩效中的价格因素后，剩余部分便是产品质量。Gervais（2015）基于产品价格和销售量反推质量，将产品出口量对其价格和其他控制变量进行回归，得到的残差就是质量。施炳展（2013）在前者[①]基础上运用反推法测算中国企业层面的出口产品质量，发现中国企业出口各贸易伙伴国的产品质量总体水平上升，但本土企业的出口产品质量水平有所下降，外资企业的出口产品质量水平在上升。Khandelwal（2009）在嵌套 Logit 模型下利用产品价格和市场份额反推产品质量，是目前最前沿的反推方法。施炳展等（2013）基于同一质量评估方法的计量分析发现，补贴能提升中国企业的出口产品质量水平。他们认为，中国对美国出口产品的质量水平整体呈下降趋势，导致出口质量水平下降的原因是加工贸易占比下降、外资企业竞争效应和资本劳动比例上升。此外，一些学者利用评级指标法衡量产品质量。例如，Crozet et al.（2012）利用葡萄酒质量评级指标衡量产品质量，Verhoogen（2008）以企业获得 ISO 国际质量体系认证作为产品质量高的象征。这些方法都要基于特定的样本数据，不具有普遍性（魏方，2015）。

遗憾的是，目前学者关于中国出口产品质量的研究都集中在制造业产品上。鉴于此，本研究期望在以下方面有所贡献：①研究对象。针对食用农产品行业，利用目前最前沿的嵌套 Logit 模型测度中国出口农产品质量，以补充现有研究的不足。②研究数据。有别于以往学者套用嵌套 Logit 模型时大多采用美国数据进行研究，本研究主要结合日本财贸省贸易数据库中的进口贸易数据和日本农林水产省统计数据中的行业数据进行分析，在满足嵌套 Logit 模型需要的基础上，探讨以日本为进口国基准的农产品质量水平。③研究结论。通过对主要出口国农产品质量的横向比较，探寻中国农产品质量水平与其他国家的差异，为中国农产品质量升级、构建质量与效益并重的农产品供给体系提供依据。

① 施炳展（2013）引用的是 Gervais 在 2009 年的会议论文，该文后来在 2015 年正式发表。Gervais 在 2009 年的会议论文来源为 http：//economics. yale. edu/sites/default/files/files/Workshops - Seminars/International - Trade/gervais - 110406. pdf.

4.1.3 模型和数据

1. 模型阐述

Helpman and Krugman（1985）在南北贸易模型中已经提出，不同地区间的技术对称性企业通过制造水平差异性产品和垂直差异性产品（Flam and Helpman，1987）相互竞争。当产品同时含有水平差异（例如种类）和垂直差异（例如质量）特征时，Schott（2004）的产品单位价值法（即当产品单位价值相同时，市场份额越高的产品质量水平也越高）失效，会出现“价低质优”现象。为此，Berry（1994）率先在理论上放宽了传统供求模型分析消费者行为时“质量等于价格”的强假设，将质量引入消费者离散选择模型，消费者的选择偏好被二分为水平差异偏好和垂直差异偏好。设定消费者 i 购买产品 j 的最大间接效用为：

$$u_{ij} = x_j\beta + \xi_j - ap_j + v_{ij} \tag{4-1}$$

式（4－1）中，解释变量 x_j 表示产品 j 的可观测特征，ξ_j 表示不可观测特征（垂直差异偏好，以质量为主要构成）[①]，p_j 表示价格，v_{ij} 表示消费者 i 对产品 j 的水平差异偏好。按照 Berry（1994）的消费者效用随机组成假设，消费者对产品 j 的水平差异偏好的均值为 0。由此，产品 j 的平均效用水平为：

$$\delta_j = x_j\beta - ap_j + \xi_j \tag{4-2}$$

假设水平差异偏好 v_{ij} 满足极值Ⅰ型分布，产品 j 的市场份额可写为人们熟知的 Logit 公式形式：

$$s_j \equiv \frac{e^{\delta_j}}{\sum_{k=0}^{N} e^{\delta_k}} \tag{4-3}$$

同时，以日本国内生产的同类产品作为基准商品，假设其效用 $\delta_0 = 0$，同理可得基准产品的市场份额（也可称“外部市场份额”）为：

$$s_0 \equiv \frac{1}{\sum_{k=0}^{N} e^{\delta_k}} \tag{4-4}$$

① 质量作为产品垂直差异的重要特征，反映的是在同一类产品内，不同差异化产品被消费者认可的程度。

式（4-3）、式（4-4）中k代表产品，式（4-3）和式（4-4）分别取对数后相减，可得 Berry（1994）建立的多项 Logit 模型：

$$\mathrm{Ln}(s_j)-\mathrm{Ln}(s_0)=\delta_j\equiv x_j\beta-\alpha p_j+\xi_j \qquad (4-5)$$

质量ξ_j即可由式（4-5）反推而出。然而，式（4-5）忽略了原本效用函数中的水平差异偏好v_{ij}对市场份额的影响。当市场中存在大量同类产品时，Logit 模型在剔除了产品的可观测特征和价格因素后反推得到的不可观测特性可能会高估产品质量，出现有偏估计①。Khandelwal（2009）为弥补该缺陷，将相似产品归组②，允许同组内的产品具有相关的性能与特征③，消费者从组内各产品中获得的效用相同，同组内产品的市场份额差异来自于消费者的水平差异偏好而非垂直差异偏好④，由此在模型中加入了嵌套市场份额。该指标数值表现为同组产品各国出口量在进口国进口总量中的占比，反映进口国消费者对于近似进口农产品的差异化需求，包括诸如双边关系等因素也会被消费者纳入考虑范围之内，它可以反映在一个更为细分的市场上各国农产品非质量层面的竞争力。同时，各出口国本身的市场规模也会影响出口产品的不可观测或隐含因素（Feenstra，1994）。举例来说，美国苹果在日本卖得比中国苹果好，市场份额更多，不一定是因为美国苹果质量更高，可能只是因为美国出口HS9位编码下的苹果种类相对于中国苹果更多，在 HS6 位编码层面归组后会推高美国苹果的嵌套市场份额。可见，出口国的经济、技术水平对于产品市场份额存在隐含因素影响。因此，在嵌套 Logit 模型中加入市场规模与嵌套市场份额后构建了可用于评估质量的嵌套 Logit 模型，通过该模型最终反推得到的质量参数就剔除了各类非质量因素的水平差异与隐含要素影响。

综上，利用嵌套 Logit 模型测算某国出口产品质量的基本思路经修正

① 假设一位日本消费者在中国洋葱和澳大利亚萝卜中选择。当美国洋葱进入日本市场后，传统 Logit 和 CES 框架预计中国洋葱和澳大利亚萝卜下降相同的市场份额，而事实上，中国洋葱作为美国洋葱的同一类产品将比澳大利亚萝卜下降更多的市场份额。这就可能高估中国洋葱的质量。

② 套用在农产品上，比如将“柠檬”（HS 080550010）和“青柠”（HS 080550090）归入“柠檬和青柠檬”（HS 080550）组。

③ 嵌套 Logit 模型通过将相似产品归组，打破了原先 Logit 模型对于产品间独立不相关（ⅡA）的条件限制，因为现实很难满足产品的相互独立性，比如经典的“红车蓝车问题”。

④ 即消费者在选择同质性较强的近似商品时，考虑更多的是除垂直差异以外的水平差异。

后可以归结为：某出口产品在目标市场的市场份额是该产品价格、目标市场的消费者水平差异偏好和产品质量（垂直差异偏好）等因素的函数（王明益，2014）。该模型思路在理论上讲适用于大多数有价的正常商品。该模型在剔除非垂直差异、隐含因素等影响后同样适用于农产品。

参考 Khandelwal（2009）的研究方法，本研究所采用的离散需求函数为：

$$\ln(s_{cht}) - \ln(s_{0t}) = \lambda_{1,ch} + \lambda_{2,t} + \alpha \ln p_{cht} + \sigma \ln(ns_{cht}) + \gamma \ln Market_{ct} + \lambda_{3,cht} \quad (4-6)$$

式（4-6）中，p_{cht} 表示日本在 t 时刻从 c 国进口农产品 h（以下简记为“农产品 ch”）的价格[①]；ns_{cht} 为该产品在其组内的市场份额，即嵌套市场份额，用 t 时刻 c 国向日本出口产品 h 的数量与日本从各国进口产品 h 总数量的比值表示；出口国人口数量（pop_{ct}）或人均 GDP（$agdp_{ct}$）代表各出口国市场规模（Khandelwal，2009；王明益，2014），两者均用 $Market_{ct}$ 表示。组内市场份额和出口国人口数量两个变量用来表示日本消费者对进口农产品 ch 的水平差异偏好。

式（4-6）中，s_{ot} 是基准产品 t 时刻的市场份额，又称外部市场份额，在无法获得进口国本国农产品在其农产品消费总量的占比时，考虑到本国农产品（基准产品）作为对进口农产品的替代，可沿用 Khandelwal（2009）的做法，用 1 减去行业进口渗透率反推外部市场份额。参照 Bernard et al.（2006）对行业进口渗透率的定义，可以得到外部市场份额为 $s_{ot} = 1 - M_{vt}/(M_{vt} + Q_{vt} - X_{vt})$，其中，$M_{vt}$、$Q_{vt}$、$X_{vt}$ 分别表示 v 行业在 t 时刻的进口价值、国内产品价值和出口价值。在此基础上，可求得农业总产值：$MKT_t = \sum_{ch \neq 0} q_{cht}/(1 - s_{ot})$，其中，$q_{cht}$ 代表进口国在 t 时刻从 c 国进口 h 农产品的数量。已知 MKT_t 和 q_{cht}，可推出 t 时刻进口农产品 ch 的市场份额：$s_{cht} = q_{cht}/MKT_t$。s_{cht} 与 s_{ot} 的对数之差 $\ln s$ 即为相对市场份额。

① 出于原始数据获得、处理与匹配性等方面的考虑，相关被解释变量与解释变量统一由名义指标计算。此外，因模型中的产品单位价值、人均 GDP 都经过对数化处理，汇率、价格水平对两者对数化后数值的影响极低，模型评估出的质量参数预期结果并无太大变化，即便对样本数据进行较大工作量的平减处理，预期结果依然稳健。因此，从成本效益角度考虑，并未对原始数据进行平减处理。

由于进出口数据本身并不记录产品特征的详细信息，所以，本研究采用面板数据进行分析。设定式（4-6）中的 $\lambda_{1,ch}$ 是不随时间变化的 c 国出口 h 产品的个体固定效应（可以剔除出口国出口产品所面临的非质量因素的影响，例如双边贸易关系、贸易壁垒等），$\lambda_{2,t}$ 为时间固定效应，$\lambda_{3,cht}$ 是不可观测的误差项。根据式（4-6）反推，农产品 ch 在 t 时刻的质量测度可由下式给出：

$$\lambda_{cht} \equiv \widehat{\lambda}_{1,ch} + \widehat{\lambda}_{2,t} + \widehat{\lambda}_{3,cht} \tag{4-7}$$

嵌套 Logit 模型中可能存在内生性问题：第一，厂商可能同时决定产品价格与特性，比如市场上瓜农商议好都以低价售卖注水西瓜，此时，随机误差项 $\lambda_{3,cht}$ 作为质量的组成部分，就与农产品价格 p_{cht} 相关。但是，没有直接的日本运输成本数据来充当产品价格的工具变量，且运输成本也可能无法完全保证与产品质量无关，比如 Hummels and Skiba（2002）提出的“华盛顿苹果”效应（质量越好，运输距离越远）。本研究采用进口产品价值量除以进口数量的产品单位价值来替代产品价格，有关产品价格的工具变量留待后续进一步研究。第二，组内市场份额（即嵌套市场份额）ns_{cht} 也可能与 $\lambda_{3,cht}$ 存在较强的内生关系，可利用农产品 ch 所在组内的种类数①和出口国家 c 出口的种类数作为工具变量。这 2 个工具变量与组内市场份额 ns_{cht} 相关而与 $\lambda_{3,cht}$ 无关。

2. 数据来源及说明

对产品质量的精确度量，需要产品种类具备较高的可分解程度，即高分位编码的产品贸易数据。目前多数贸易数据是 HS4 位或 HS6 位编码下的细分数据，而实证分析中适用于嵌套 Logit 模型的高分位编码贸易数据大多为美国 HS10 位编码进口数据，这仅反映了美国消费者的偏好。作为亚洲进出口贸易大国，日本的海关数据包含了 HS9 位编码进出口产品的价值量和数量，符合嵌套 Logit 模型的需要。本研究将日本财贸省贸易数据库②中的 HS9 位编码进口贸易数据应用于嵌套 Logit 模型。

---

① 按照日本输入产品统计目录，以 HS6 位编码项下农产品为一组，该组内日本进口的 HS9 位编码细分农产品种类数即为组内产品数。仍以柠檬为例，“柠檬和青柠檬”（HS 080550）即为一个产品数（一个组），“柠檬”（HS 080550010）和“青柠”（HS 080550090）即为两个不同的产品种类数。另外，日本海关编码自 2011 年起正式从 HS2002 过渡到 HS2007，本研究已作相应调整。

② 日本财贸省贸易数据库（http：//www.customs.go.jp/toukei/info/tsdl.htm）。

综合近年来中日农产品进出口报告及学术研究成果，中国出口日本的代表性农产品有以下七大类：HS02即肉类及肉制品，HS03即水产及水产制品，HS07即蔬菜，HS08即水果，HS09即咖啡茶叶及香料，HS10即谷物，HS12即杂食干果类。日本自2006年5月起正式实施了严苛的“肯定列表制度”。为衡量该制度对中国出口农产品质量的冲击，截取了2005—2012年日本从世界各国（共计137个国家）进口上述7类细分为HS9位编码的农产品进口金额和数量。该数据来自于日本财贸省贸易数据库（e-stat）。而受限于数据的可获得性，日本农林水产省统计数据①（MAFF）中只有农业给出了完整匹配的进出口及产出数据满足嵌套Logit模型所需，且日本标准产业分类（JSIC）下的农业涵盖了几乎除肉类及水产外所有上述代表性农产品，所以，模型中农产品所对应的行业限定为农业。同时，计算农产品的市场份额需要同行业内所有产品的数量单位一致。因此，最终选定的几大代表性农产品为：蔬菜（HS07）共750种、水果（HS08）共747种、咖啡茶叶及香料（HS09）共937种、杂食干果（HS12）共672种，合计3 106个品种HS9位编码的初级农产品。

市场规模的变量分别选取各出口国人口数量 pop_{ct} 和人均GDP（$agdp_{ct}$）来描述，数据来自于世界银行数据库②。为避免模型中变量取对数后出现错误数值，剔除数量为0及价值额为0的样本，最后剩余12 210个样本。变量的描述性统计见表4-1。

参照张一博、祝树金（2014）的分析，本节根据样本数据绘制了式（4-6）中解释变量与被解释变量的散点图（图4-1），包括中国对日本出口农产品的相对市场份额 $\ln s$ 与产品单位价值 $\ln p_{cht}$、嵌套市场份额 $\ln(ns_{cht})$、出口国人口数 $\ln pop_{ct}$ 关系的散点图。由图4-1可知，产品单位价值与相对市场份额明显呈负相关，而嵌套市场份额和出口国人口数均与相对市场份额呈正相关。根据散点图先验预期解释变量与被解释变量之间的相关性，也印证了嵌套Logit模型加入嵌套市场份额的合理性，以及用出口国人口数替代市场规模纳入模型考虑的必要性。

① 日本农林水产省统计数据（http：//www.maff.go.jp/j/tokei/kouhyou/kokusai/index.html）。
② 世界银行数据库（http：//wits.worldbank.org/）。

表 4-1　变量描述性统计

指标	市场份额（%）	外部市场份额（%）	产品单位价值（万日元）	嵌套市场份额（%）	人口数量（百万）	人均 GDP（万美元）
均值	0.025	60.829	0.928	17.264	266.000	1.584
中位数	1.900[a]	61.038	0.052	1.318	66.000	0.576
最大值	11.451	63.476	1 800.000	100	1 400.000	6.780
最小值	8.000[b]	57.754	0.001	1.570[c]	0.050	0.014
25%分位数	1.900[d]	59.098	0.024	0.114	21.000	0.194
75%分位数	0.002	63.383	0.134	17.249	240.000	3.401

注：a、b、c、d 采用科学计数法，设尾数为 m，a 表示 $m\times10^{-4}$，b 表示 $m\times10^{-9}$，c、d 表示 $m\times10^{-5}$。

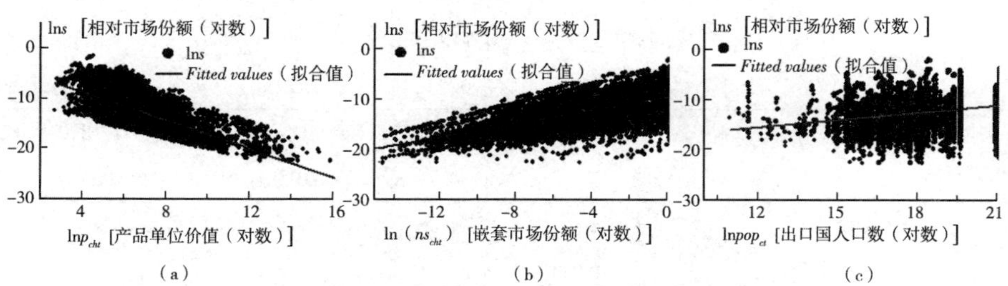

图 4-1　相对市场份额与各解释变量关系的散点图

4.1.4　实证结果分析

1. 回归结果

对于式（4-6）模型，本节分别采用 OLS 和 IV 方法对不同解释变量组合进行 4 组回归。由于采用的是面板数据①，首先要确定模型是选择固定效应模型还是随机效应模型，其次要对工具变量是否过度识别进行检验。模型检验结果如表 4-2 所示。回归（1）以人口数量衡量市场规模并使用 OLS 法进行固定效应估计，回归（2）以人口数量衡量市场规模并使用 OLS 法进行随机效应估计，回归（3）以人口数量衡量市场规模并使用

① 一年内，日本会从不同国家进口同一种农产品；同时，同一个国家会向日本出口不同的农产品。所以，本研究所用原始样本数据本身不满足面板数据要求，需要将出口国和其出口的一种农产品固定为一个独立个体，即 c 国出口的 h 产品 ch。

IV法进行固定效应估计，回归（4）以人口数量衡量市场规模并使用IV法进行随机效应估计。OLS和IV方法的Hausman检验都在1%的显著性水平上拒绝了原假设，所以，选择固定效应模型进行估计。在固定效应模型下，工具变量的Sargan统计量为1.808，所对应p值为0.179大于0.1，通过了过度识别检验，说明工具变量外生，与扰动项不相关。

表4-2　模型检验结果分析

	(1)	(2)	(3)	(4)
产品单位价值（对数）	−0.116***	−0.266***	−0.162**	−0.308***
	(0.011)	(0.010)	(0.071)	(0.051)
嵌套市场份额（对数）	0.900***	0.826***	0.849***	0.768***
	(0.005)	(0.005)	(0.077)	(0.057)
人口数量（对数）	0.693***	−0.119***	0.697***	−0.082**
	(0.149)	(0.022)	(0.150)	(0.040)
观测值数	12 210	12 210	11 157	12 210
R^2	0.81	0.81	0.81	0.80
Hausman检验				
χ^2	1 311.47		87.64	
$prob>\chi^2$	0.000 0		0.000 0	

注：*、**和***分别表示在10%、5%和1%的水平上显著。括号内数字为标准误。

此外，产品的个体固定效应只能消除截面数据中不随时间变动但随个体而异的遗漏变量问题，分析中还需加入时间固定效应以控制在某段时间内的事件对贸易的影响。因此，下文利用双向固定效应（two-way FE）模型，分别对应不同指标和方法，给出最终用来测度质量的回归方程结果（表4-3）。以式（4-6）为基础，回归（1）以人口数量衡量市场规模并使用OLS法进行双向固定效应估计，回归（2）以人均GDP衡量市场规模并使用OLS法进行双向固定估计，回归（3）以人口数量衡量市场规模并使用IV法进行双向固定估计，回归（4）以人均GDP衡量市场规模并使用IV法进行双向固定估计。

表4-3中估计结果显示，几乎所有解释变量均在1%的统计水平上显著。采用OLS法回归的各项解释变量系数除市场规模外均高于采用IV法的估计结果，可见，采用OLS法高估了各解释变量对因变量（农产品相

对市场份额）的影响。4 组回归结果均表明，出口国出口农产品的单位价格对出口农产品的相对市场份额产生了显著的负向影响。虽然许多农产品被定性为生活必需品，但产品细分也意味着其种类数的增加，消费者拥有足够多的替代品使得需求弹性变大，价格反向作用于市场份额。组内市场份额对相对市场份额则产生了显著的正向影响，意味着出口国出口某一产品的数量越多，或日本进口该类产品的数量越多，组内市场份额越大，则其占日本进口的相对市场份额也就越大。双向固定效应估计结果即表4－3（1）列与（3）列中，人口数量都正向作用于相对市场份额，且在 IV 法下显著性明显优于人均 GDP。综合以上分析，采用表 4－3 中（3）列估计结果。

表 4－3　模型回归结果

	(1)	(2)	(3)	(4)
产品单位价值（对数）	−0.155***	−0.152***	−0.274***	−0.248***
	(0.010 1)	(0.010 2)	(0.081 0)	(0.078 4)
嵌套市场份额（对数）	0.886***	0.888***	0.758***	0.786***
	(0.005)	(0.005)	(0.087)	(0.083)
人口数量（对数）	1.124***	—	1.499***	—
	(0.229)	—	(0.348)	—
人均 GDP（对数）	—	−0.150***	—	−0.090
	—	(0.053)	—	(0.072 6)
截距	−27.97***	−6.380***	−34.550***	−6.744***
	(4.137)	(0.458)	(6.186)	(0.554)
个体固定效应	已控制	已控制	已控制	已控制
时间固定效应	已控制	已控制	已控制	已控制
观测值数	12 210	12 210	12 210	12 210
R^2	0.83	0.83	0.82	0.83

注：*、** 和 *** 分别表示在 10%、5%和 1%的水平上显著。括号内数字为标准误。

2. 中国农产品质量评估结果

由式（4－7）所推算出来的质量水平是指中国产品相对于日本产品的质量水平，是未作任何调整的相对质量水平。在此另外引入施炳展等（2013）提出的标准化质量水平：

$$\lambda' = \frac{\lambda_{cht} - \min\lambda_{ht}}{\max\lambda_{ht} - \min\lambda_{ht}} \times 100 \qquad (4-8)$$

在表4-3中（3）列回归结果的基础上，采用式（4-8），整理得到中国整体农产品的质量表现（图4-2），并分析中国农产品质量在日本“肯定列表制度”冲击下的变化情况。

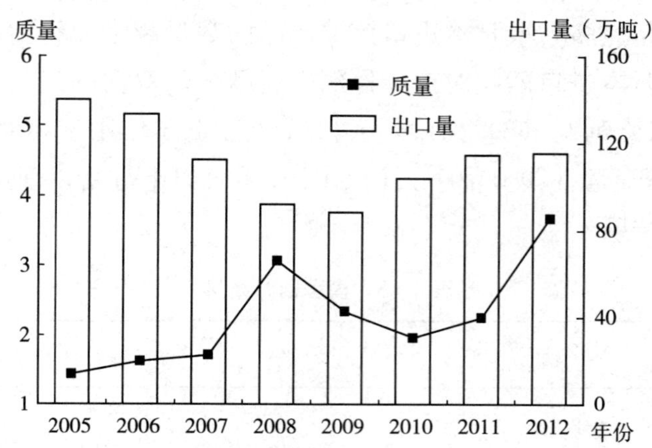

图4-2　2005—2012年中国对日出口农产品的质量水平与出口量变化

图4-2显示，2005年日本公布并于次年实施“肯定列表制度”后，本研究选取的4类农产品出口总量呈“U”形走势，并在2009年出口总量迅速降至88万吨的低谷，SPS措施等质量门槛的提高直接导致中国对日本农产品出口量的锐减。相对而言，中国对日本出口农产品的质量却出现了明显的滞后现象，2008年以前，中国出口到日本的农产品质量与出口量呈现出反向变动格局。出现这一现象的原因在于：第一，2005年日本公布“肯定列表制度”方案后，中国商务部会同中国质检总局及各分局对出口企业进行了多次培训，提高了中国农产品出口满足高质量标准的能力。第二，由于企业是异质性的，对于新的质量门槛，有些出口企业效率高，能够适应遵从新质量标准的固定成本，而有些效率低的企业则无法跨越这道门槛，这在出口企业间造成了“优胜劣汰”的市场选择结果（导致2008年比2007对日本食品出口降幅高达15.52%①），生产低质量商品的

① 数据来源：商务部：《2011年中国农产品进出口月度统计报告》，http：//wms.mofcom.gov.cn/article/ztxx/ncpmy/ncpydtj/200603/20060301783733.shtml.

企业因无法满足进口国要求而被淘汰，生产高质量商品的企业则提升了出口产品的整体质量水平。

2009—2010年中国对日出口农产品质量水平下滑的原因是：第一，随着“肯定列表制度”滞后的消极影响扩大（汪贵顺，2008），以及2008年全球金融危机后经济环境变化，消费者收入下降，进口国需求不足，经济萧条导致贸易保护主义抬头，贸易壁垒增多；第二，2008年“毒水饺”事件发生后，日本对中国农产品质量严重不信任，对进口的大多数中国农产品进行额外检验，致使农产品的通关时间大大延长。根据商务部对外贸易司、中国食品土畜进出口商会联合公布的《中国农产品出口分析报告》[①]，中国每批输日农产品的通关时间通常在4天左右，而被实施命令检查的农产品的通关时间则需10～20天。通关时间的延长不仅增加了仓储、检验等通关费用，而且大大降低了以新鲜为主要特征的农产品的质量水平，导致中国出口到日本的农产品质量在2009年和2010年连续两年下滑。

为此，中国在《食品卫生法》的基础上于2008年颁布了《食品安全法》并于2009年开始实施，严格要求食品生产实行审核登记和抽检制度。这为中国安全食品的生产和监管进一步提供了法律依据，也促进了中国食品安全水平的提高。在此基础上，经历了2009年与2010年两年调整后，中国对日本出口农产品质量在2011年开始出现回弹，实现了“N”形曲线右端的反转，并呈上升趋势。

3. 中国与其他出口国农产品质量的横向比较

为了深入了解样本中四大类农产品的质量水平，本节以日本为基准国家测度后用图4-3展示中国四大类农产品质量2005—2012年的变化，并与其他出口国进行横向比较。

图4-3显示，荷兰农产品出口质量水平高居各国之首。事实上，荷兰是自然资源不足、人均农业资源较少的国家。第二次世界大战后，荷兰依靠生产集约与机械化技术复合发展模式，凭借资金密集的先进技术实现了规模经济下的农业高额收益，2010年单个农场收入达到5.6万欧元[②]。横向比较显示，荷兰的四大类农产品质量都稳定在日本进口农产品质量阶

① 商务部对外贸易司、中国食品土畜进出口商会：《中国农产品出口分析报告》，http：//finance.sina.com.cn/roll/20111108/080610773162.shtml.

② 数据来源：http：//www.agri.ac.cn/news/ztqbfw/2014415/n793096815.html.

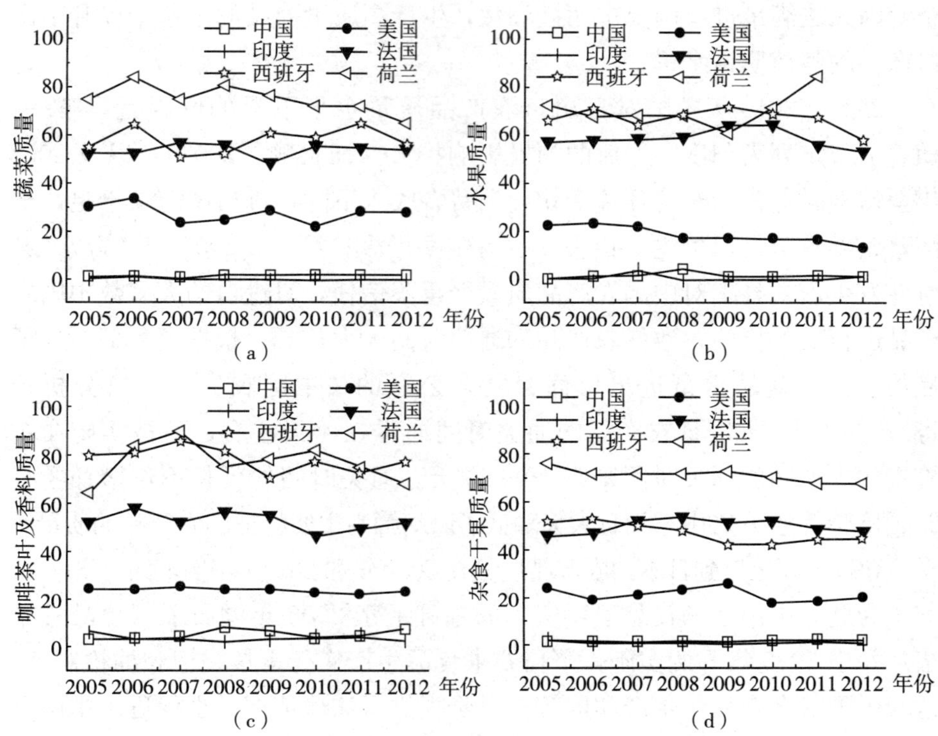

图 4-3 中国四大类农产品质量相对于世界主要农产品出口国的比较

梯的第一梯队。西班牙作为欧洲农产品出口大国，一半的国土面积都用于农牧业，在欧盟共同农业政策框架下，其水果蔬菜类产品出口更是占到欧盟出口贸易量的 30%，其质量水平在六国中仅次于荷兰。

本研究测算的美国农产品质量排名比较靠后，与传统印象中的美国农业高技术、高投入、高效率的形象不符。事实上，以牺牲可持续发展与环境为代价的现代化已经在美国逐渐暴露出高消耗、高污染、高风险的问题。美国农产品大多属于产量高、外形好、高能量的品种，外表光鲜亮丽、价格低廉，但品质、口味与健康则不被纳入生产者考虑范围（刘春燕，2014）。美国食品安全标准只是表明化学剂量上短期无危险，对累积性毒害的长期影响则缺乏检验。

中国出口的四大类农产品的质量水平与印度不相上下，但远远落后于其他出口国。可见，提升中国农产品质量已是中国扩大农产品出口面临的重要课题。目前，影响中国农产品出口质量水平的主要因素有：①农业生产环境恶化，农药残留超标。每年大量中国出口农产品在国外被通报、扣留或拒绝，主要原因是农药残留超标。另据中国农业农村部资料，中国是世界第一大农药使用国，每年约有 175 万吨农药使用于农牧林业生产，但农药施用量仅有约 30%作用于目标生物，其余的 70%进入环境。中国单位面积农药使用量已经达到世界平均水平的 3 倍①。②农产品质量安全管理的法规滞后，与世界水平仍存差异。2005 年制定的《食品中农药最大残留限量国家标准》仅涵盖了 136 种农药，而中国直至 2009 年才实施《食品安全法》。2014 年 3 月 28 日中国农业部与国家卫生计划生育委员会联合发布的《食品中农药最大残留限量》（GB 2763—2014）规定了 387 种农药在 284 种（类）食品中的 3 650 项限量标准，成为史上最严标准，但依然远远低于美国 1 万项、日本 5 万项、欧盟 14.5 万项的标准。③价格是出口企业的主要竞争手段。中国农产品出口长期依靠价格竞争，而随着出口成本的上升与主要进口国质量门槛的提高，中国农产品在主要出口市场的份额均出现下滑。黄祖辉等（2009）研究发现，中国水产、畜禽、果蔬等劳动密集型农产品出口正逐渐取代谷物、油料、糖料等土地密集型农产品出口，在出口市场上更具竞争优势，但未来随着国内劳动力成本的不断上升以及目标市场其他竞争者同质产品的进入，中国劳动密集型产品的比较优势将被抵消。另外，中国是一个人口大国，而农业资源禀赋并不丰裕，解决 13 亿人口的吃饭问题长期是政府政策的首要目标。因此，当人们最基本的农产品数量需求满足后，根据市场需求，应将政策目标调整为兼顾质量和效益，引导农产品供给结构转变，满足国内外消费者对农产品、食品的质量需求。2011 年中国商务部在“出口农产品质量提升经验交流会”上表示，中国已经成为世界第一外贸出口国，世界第五大农产品出口国，下一步就是要提高出口产品附加值、完善产品结构，基础工作是提高出口产品的质量②。

4.1.5　结论与政策启示

中国自改革开放以来就以低价出口创汇不断扩大贸易规模。随着国际

① 数据来源：张斌，尧水红．环境中的农药：中国典型集约化农区土壤、水体和大气农药残留状况调查［R］．绿色和平组织研究报告，2013 年 1 月。

② 资料来源：http：//news.xinhuanet.com/fortune/2011－06/17/c_121551163.htm。

市场对农产品质量门槛的提高，中国农产品出口遭遇了主要市场以质量不合格为由的通报、拒绝和扣留，造成了巨大的经济损失。本研究基于2005—2012年137个国家出口到日本的3 106种HS9位编码细分农产品贸易数据，采用最新的嵌套Logit模型测度了中国出口农产品的质量水平。结果显示，中国农产品质量经历了"上升、下降、再上升"的"N"形演变，日本"肯定列表制度"等质量门槛的提高对中国出口农产品质量升级的影响存在2年的滞后期。从水果、蔬菜、咖啡茶叶、香料与杂食干果这四大类农产品来看，中国出口农产品质量基本与印度相当，但距离世界先进水平仍有较大差距。

农产品质量不仅关系着中国农产品竞争力，更关系到消费者健康和7亿农民的收益，因此，提升中国农产品质量已是中国迫切需要解决的问题。首先，针对影响中国农产品质量的农药残留问题，从源头上严格控制农药的使用量和喷洒次数，提高出口农产品满足国际市场质量需求的能力，推动中国农业的可持续发展；通过农业生物技术创新，减少农药的使用总量，同时，加快替代农药和农药降解技术的研发，减少毒性和污染较大农药的使用。其次，严格农产品质量管理法规的执行。2015年中国修订的《食品安全法》以历史最严格的标准标志着中国政府努力改善食品安全的决心，这些标准若在实践中得到有效实施，将大大提高今后中国农产品的质量水平。最后，加强农产品供给创新。农业生产的适度规模不仅是技术创新的前提，也可以降低技术升级的边际成本。通过农业生产企业间的兼并和供应链管理，提高产品质量，让质量成为企业的竞争优势。

4.2 中国对日本出口农产品质量测评[①]

日本是中国的紧邻，是农产品出口最重要的市场之一，又属于发达国家，对农产品进口的标准相对较高。本节在4.1节基础上继续将考察的农产品种类扩大，不仅考察几大类农产品，而且考察了众多小众类农产品。

① 来自：董银果、濮丽娟，中国对日出口农产品质量测度. 工作论文.

4.2.1　引言

加入 WTO 以来，中国农产品出口快速增长，出口额从 2001 年的 166.26 亿美元增长到 2017 年的 759.81 亿美元，年均递增 9.96%。日本作为中国农产品出口的第一大市场，对日出口却呈现相对萎缩的状况。就农产品总量而言，对日出口从 2001 年的 56.54 亿美元仅增长到 2017 年的 101.03 亿美元，增长 0.84 倍，远低于同期中国农产品出口增长 3.57 倍的增幅；就市场占比而言，对日出口在中国农产品出口中的份额从 2001 年的 33.96%下降到 2017 年的 13.28%，对日出口在日本农产品进口中的市场份额也从 2006 年的 16.01%下降至 2017 年的 12.69%[①]；就出口品种而言，HS9 位编码层面中国对日出口农产品种类从 2006 年 895 种下降至 2017 年的 794 种[②]。国家质量检验检疫总局的数据显示，2017 年共有 1 581 批次中国农产品、食品出口遇阻，总数较 2016 年有所减少，但其中被日本扣留或召回的不合格农产品、食品较 2016 年却增加 50 批次[③]。可见，中国农产品对日出口遭遇质量安全障碍，亟须解决。

而在日本市场，随着社会老龄化程度的增加，消费者越来越注重食品安全。日本政府于 2006 年实施了全世界最严格的《肯定列表制度》，全面提高农产品、食品中的农药残留限量标准，加强对进口农产品质量安全的监管。2008 年“毒饺子”事件之后，日本针对中国农产品更是实施强制性命令检查，大大延长了中国农产品的通关时间，影响出口商的可变成本和利润边际，增加了出口贸易的不确定性，因而中国农产品出口日本难度加大。可见，只有提升农产品质量，满足进口市场对农产品的质量需求，才是中国农产品出口可持续增长的源泉。2017 年中央经济工作会议强调，中国经济发展进入了新时代，在国际贸易领域集中反映在出口产品质量上，中国的贸易增长模式也迫切需要重点以提升出口产品质量进行转型。

那么，中国农产品在日本市场的质量水平到底如何？与其他竞争者相比处于什么地位？质量问题是中国农产品逐渐退出日本市场的主因吗？基于以上问题，本节选取日本海关进口农产品 HS9 位编码数据，测度各国

① 数据来源：WTO 数据库和 wind 数据库。

② 数据来源：根据日本财贸省数据库作者计算所得。

③ 数据来源：中国技术贸易措施网（http：//www.tbtsps.cn/page/tradez/IndexTrade.action）。

对日出口农产品质量水平，试图揭示中国对日出口农产品质量的时空演变，为提升农产品质量水平和国际竞争力、构建质量和效益兼备的农产品供给体系提供理论和现实依据。

4.2.2 文献综述

产品质量是影响消费者效用福利、企业利润以及市场均衡价格等重要经济变量的核心因素，一直以来备受学者关注（王纪元、肖海峰，2018）。关于产品质量的研究最早出现在 Linder（1961）的论文，他提出的重叠需求理论认为，需求由消费者收入水平决定，收入不同的消费者偏好不同，因此随着消费者收入水平提高，消费层次会随之提升，他们会追求更高质量的产品，放弃对低质量产品的消费，这对出口国产业结构形成一定的导向作用。Falvey 和 Kierzkowski（1987）提出垂直型产业内贸易模型，他们假定两国间消费者具有相同的偏好，那么在相对价格不变的情况下，消费者会根据自身收入来选择不同质量的产品，以满足自己的消费需求，即收入越高，越倾向于消费更高质量的产品。Flam 和 Helpman（1987）通过将产品质量差异引入垂直产业内贸易理论，证明收入水平导致同一产业内不同质量水平的产品间贸易，Grossman 和 Helpman（1991）进一步提出了质量升级内生增长理论。Francois 和 Kaplan（1996）通过分析 15 个发展中国家的国内人均收入水平和收入分配差异对不同质量产品需求的影响，发现在同一人均收入水平前提下，收入分配差异越大，居民对高质量产品的需求比重就越高。随着 Melitz（2003）开创新新贸易理论，开始强调企业间生产效率异质性，探究企业产品质量异质性逐渐成为国内外研究的热点问题。

早期关于产品质量的研究多为理论分析，而随着微观数据的逐渐公开，关于产品质量的实证研究才随之得到发展，各类测度产品质量的方法也日益成熟。质量测度的主要方法有技术复杂度法、产品单位价值法、反推法和评级指标法等。技术复杂度方法建立在比较优势理论基础上，最早由 Michaely（1984）提出，Hausmann（2003）采用复杂度方法测度产品的技术含量，并指出产品技术复杂度在一定程度上反映了一国的产业在国际分工中的地位。但 Hausmann（2005）也认为，出口产品的复杂度与出口国经济发展水平正相关，因此单纯考虑产品技术复杂度会低估出口小国的影响。在此之后，Hausman et al.（2006）构建了新的产品技术复杂度指标——显示性比较优势指数（Revealed Comparative Advantage Index，RCA指数），用来判断一国的哪些产业更具出口竞争力。但质量和技术复杂度是有差异的，质量重在强调产品内的垂直差异，而不是产品间的水平差异。简单来说，Garvin（1984）认为在同等产品数量条件下，所有引起消费者效用水平提升的特征都可以归结为产品质量。因此产品技术复杂度并不能很好地代表质量。单位价值方法由Schott（2004）提出，通过计算出口产品价值除以出口数量得到出口产品的单位价值，该方法简单易行，被Hummels and Skiba（2004）、Hummels and Klenow（2005）、Hallak（2006）等人广泛应用。李坤望、王有鑫（2013）在研究国外直接投资（Foreign Direct Investment，FDI）对中国出口产品质量升级影响时，也采用产品的单位价值来计算质量。然而，单位产品的出口价格中不仅包含了产品质量的信息，而且也包括了成本波动和需求冲击的信息（张杰等，2014），因此，该方法并不完全可靠。由于以上两种质量测度方法都存在着不足，Khandelwal（2009）基于Berry（1994）提出的离散选择模型，采用嵌套logit模型测算各国对美国出口产品的质量，通过回归分析以及反推法测算细分产品质量，打破了产品单位价格等同于质量的假设。反推法的内在逻辑是，产品价格和市场绩效信息度量了产品质量，如果价格相同，市场绩效越好，产品质量就越高，那么剔除产品市场绩效中的价格因素后就能得到产品质量。Gervais（2011）基于产品价格和销售量的相关数据，将产品出口量作为被解释变量对其价格和其他控制变量进行回归，通过反推法测算质量。施炳展等（2013）也是基于相同的测算方法，测算了中国出口产品质量，并与技术复杂度和产品单位价值法的结果进行比较，得到中国出口产品质量与其人均收入水平相符的结论。以上嵌套Logit模型以及进一步简化的反推法是当前测算质量的较为前沿的方法。此外，还有一些学者采用评级指标法衡量产品质量，如Crozet et al.（2012）利用葡萄酒质量评级指标衡量产品质量，但这多用于一些特定产品。

关于中国农产品的质量研究，国内也出现了少量文献。尹宗成、田甜（2013）基于产品技术复杂度方法的研究认为，中国农产品总体不具备竞争优势，但劳动密集型农产品相对出口技术复杂度较高，极具国际竞争力。李丽玲、王曦（2015）用单位产品价格作为衡量质量的指标，认为进口国卫生和植物检疫（Sanitary and Phytosanitary，SPS）措施的提高对出口产品质量有显著的正向影响。随着直接度量质量方法的出现，董银果、黄俊闻（2016）基于2005—2012年日本进口农产品HS9分位数据、采用嵌套Logit方法研究产品质量，发现中国对日本出口农产品质量自2005年以来呈现先上升后下降再上升的“N”形变动。陈容、许和连（2018）基于中国海关贸易数据库2000—2013年数据和需求框架法，发现中国对日本出口农产品质量总体呈上升趋势，在2007—2012年间出现明显“U”形变化。王纪元、肖海峰（2018）基于2005—2014年美国从世界进口农产品的HS10位编码数据，采用嵌套logit模型测度质量，发现中国对美出口农产品质量随质量阶梯的波动延长呈现先降后增的波动态势，且质量水平在样本期内高于日本与欧盟，但低于巴西和东盟。董银果、刘雪梅（2019）采用需求结构模型测度了2000—2017年世界对美出口农产品质量，发现中国农产品质量呈现波动上升趋势，消费者导向农产品与整体农产品趋势一致。但以上文献各有不足，需求结构法并未考虑嵌套市场份额对产品市场份额的影响，并且人为设定了产品替代弹性数据，这有可能与中国农产品市场现实有偏差。而在采用嵌套Logit模型的研究中并未考虑单位产品价格可能与农产品质量之间存在的内生性问题，故可能高估了质量水平。

本节在已有研究的基础上，研究中国对日农产品出口质量演变，比较与贸易伙伴在细分产品上的质量差异，主要边际贡献包括：①基于2001—2017年日本从世界进口农产品HS9位编码数据，采用嵌套Logit方法，完整考虑加入WTO以来中国对日出口农产品质量演变，探寻中国农产品逐渐退出日本市场的背后原因；②为解决单位价格与质量之间的内生性问题，本节选取各出口国到日本的距离和油价的乘积作为工具变量，使质量的测度更为精准；③不仅考察四大类主要出口农产品质量，更是深入考察了小众类特色农产品的质量水平，揭示了中国对日出口农产品质量的全貌。

4.2.3 模型与数据

1. 模型阐述

Khandelwal（2009）提出的嵌套logit方法，假设消费者的选择偏好可以分为水平差异偏好和垂直差异偏好。价格反映消费者的水平差异偏好，质量反映消费者的垂直差异偏好。在相同的价格水平，高质量的农产品将获得更高的市场份额。因此，消费者的效用函数可以表示为：

$$V_{ncht} = \lambda_{1,ch} + \lambda_{2,t} + \lambda_{3,cht} - \alpha p_{cht} + \sum_{h=1}^{H} \mu_{nht} d_{ch} + (1-\sigma) \varepsilon_{ncht} \tag{4-9}$$

式（4－9）表示日本消费者 n 在 t 年对从 c 国进口的农产品 h（以下称为农产品 ch）有偏好，并通过购买农产品 ch 得到的最大间接效用函数①。$\lambda_{1,ch}$ 反映了农产品 ch 的个体固定效应，$\lambda_{2,t}$ 用来控制所有农产品的时间趋势，$\lambda_{3,cht}$ 反映了某些与时间固定效应和产品固定效应有所偏差的部分，p_{cht} 代表产品单位价格。而在（$\sum_{h=1}^{H} \mu_{nht} d_{ch} + \varepsilon_{ncht}$）中，假定 ε_{ncht} 服从极值Ⅰ型分布，用于解释若一个低质量产品仍会以高价格出口的极端情况，$\sum_{h=1}^{H} \mu_{nht} d_{ch}$ 为此嵌套模型的重点部分。μ_{nht} 反映了消费者在农产品 h 内部的一致性偏好。比如消费者喜欢中国苹果，那么消费者也会愿意选择从其他国家进口的苹果而不是中国的梨，嵌套 logit 就是用来捕捉这部分的偏好结构。d_{ch} 为虚拟变量，当日本进口农产品 h 是由国家 c 出口时取值1。

除此之外，日本消费者还可以通过购买本国农产品作为购买进口农产品的替代。如果日本消费者通过购买本国的农产品得到比购买外国农产品更大的效用，那么他们会选择购买本国农产品。而通过购买本国农产品得到的效用采用如下函数表示：

$$u_{n0t} = \lambda_{1,0} + \lambda_{2,t} + \lambda_{3,0t} - \alpha p_{0t} + u_{n0t} + (1-\sigma)\varepsilon_{n0t} \tag{4-10}$$

其中，若将整个农产品市场份额视为1，则进口农产品的市场份额为（1－外部市场份额），其中外部市场份额即为日本消费者消费本国农产品所占份额。因此一旦外部市场份额 S_{0t} 已知，则子行业规模可通过如下公式求得：

① 本节借鉴了日本财贸省数据库和董银果等（2016）的子行业分类，将每个HS9位编码作为一个产品，HS6位编码作为一个子行业。如HS070490010是西兰花，HS070490030是中国卷心菜，日本进口的所有HS070490010和HS070490030均归入到HS070490中去，并将它看作为一个子行业。可见，嵌套Logit方法更强调产品垂直差异，而非产品间的差异。

$$MKT_t = \frac{\sum_{ch \neq 0} q_{cht}}{1 - S_{0t}} \tag{4-11}$$

其中，q_{cht}表示农产品 ch 的进口数量，故进口农产品的市场份额可由以下公式求得：

$$S_{cht} = \frac{q_{cht}}{MKT_t} \tag{4-12}$$

消费者会选择使本身效用最大的农产品。因此，基于消费者效用水平差异偏好满足极值Ⅰ型分布，Berry（1994）得出如下需求曲线：

$$\ln(S_{cht}) - \ln(S_{0t}) = \lambda_{1,ch} + \lambda_{2,t} + \lambda_{3,cht} - \alpha p_{cht} + \sigma \ln(vS_{cht}) \tag{4-13}$$

其中，vS_{cht}表示 t 时产品 ch 在产品 h 里的嵌套市场份额。相对市场份额的差异在控制产品质量、价格后，也可能由消费者在子行业内的水平差异引起，如果不控制这一变量就可能高估产品质量。因此，Khandelwal（2009）引入嵌套市场份额概念，将相似产品归在同一子行业内，允许同子行业内的产品具有相似的性能与特征，消费者从同一子行业内得到的效用相同。而同子行业内产品的市场份额差异来自于消费者水平差异偏好，而不是垂直差异偏好。由于$\lambda_{3,cht}$和农产品类单位产品价格潜在相关，因此需要引入工具变量来重新定义并替换产品价格。包含运输成本的价格可能与质量有关，因为可能存在企业为减少单位产品运输成本而选择出口高质量的产品（Hummels and Skiba，2004），但只要运输成本与$\lambda_{3,cht}$不相关，则不存在内生性问题。因此，将各出口国到日本的距离和油价的乘积作为工具变量。

另外，式（4-13）还存在另一个问题。根据 Krugman（1980）的标准模型理论，产品种类会随一国人口的增加而增加。为控制产品的水平差异，模型引入了出口国经济规模变量，一般用出口国人口数或人均 GDP 表示。在公式中暂用人口数表示经济规模。控制了隐藏种类问题的需求公式如下：

$$\ln(S_{cht}) - \ln(S_{0t}) = \lambda_{1,ch} + \lambda_{2,t} + \lambda_{3,cht} - \alpha \ln p_{cht} + \sigma \ln(vS_{cht}) + \gamma \ln pop_{ct} \tag{4-14}$$

其中pop_{ct}为 t 时出口国人口。而被估计的参数和回归得到的残差值构成了产品类 ch 在 t 时的质量，具体形式如下：

$$\lambda_{cht} \equiv \widehat{\lambda}_{1,ch} + \widehat{\lambda}_{2,t} + \widehat{\lambda}_{3,cht} \tag{4-15}$$

此模型中另一个需要关注的问题是，许多与质量无关的因素也会影响市场份额，从而对质量的估计产生影响。但在模型控制价格因素之后，这些因素对于质量产生的影响已经很小。如出口国距离进口国较近，市场份额可能较大，但由于价格中已包含运输成本，因此质量估算中并不考虑像类似距离的纯引力效应。

基于数据的可获得性，本节参照施炳展（2013）将上式进行简化变形得到：

$$\ln \frac{S_{cht}}{1-S_{0t}} = \lambda_{1,ch} + \lambda_{2,t} + \lambda_{3,cht} - \alpha \ln p_{cht} + \sigma \ln\left(\frac{ns_{cht}}{1-S_{0t}}\right) + \gamma \ln pop_{ct} \tag{4-16}$$

其中相对市场份额由某 HS9 位编码农产品占日本总进口的份额表示，嵌套市场份额由日本进口的该 HS9 位编码农产品占对应 HS6 位农产品的份额表示。此外，$\lambda'_{2,t} = \lambda_{2,t} + \ln S_{0t} + (\sigma - 1)\ln(1 - S_{0t})$ 是仅随时间变化的固定效应。故质量结果应为：

$$\begin{aligned} \lambda_{cht} &= \widehat{\lambda}_{1,ch} + \widehat{\lambda'}_{2,t} + \widehat{\lambda}_{3,cht} \\ &= \widehat{\lambda}_{1,ch} + \widehat{\lambda}_{2,t} + \widehat{\lambda}_{3,cht} + \ln S_{0t} + (\sigma - 1)\ln(1 - S_{0t}) \end{aligned} \tag{4-17}$$

式（4－17）中 $\ln S_{0t} + (\sigma - 1)\ln(1 - S_{0t})$ 并不是产品质量组成部分，但对于给定产品和给定年份，它是常数，为了剔除它的影响，本节引入标准化公式：

$$\lambda'_{cht} = \frac{\lambda_{cht} - \min \lambda_{ht}}{\max \lambda_{ht} - \min \lambda_{ht}} \tag{4-18}$$

2. 数据描述

本节选取日本财贸省数据库中 2001—2017 年日本从世界各国（共计 158 个国家）进口的 HS9 位编码农产品数据，合计 2 298 个品种。每条数据中包含进口产品的价值量、进口数量以及产品的 HS9 位编码。国家层面代表经济规模的数据为国家人口数量和人均 GDP，数据来自 World Bank，其中人均 GDP 由现价美元表示。而作为价格工具变量的世界布鲁特原油价格来自 IMF。基于计算嵌套市场份额的需要，产品数量单位需要保持一致，本研究选取计量单位为千克的农产品作为研究对象。另外，剔除单位产品价格两端各 5％的极端值样本，并剔除数量小于等于 1 的样本。为保证工具变量回归和普通最小二乘法回归的可比性，剔除没有工具变量数据的样本，最终剩余151 717个样本。变量的描述性统计结果见表4-4。

表4-4 变量描述性统计

指标	相对市场份额	嵌套市场份额	人口（百万）	人均GDP（万美元）	单位价值（千日元/千克）	油价（美元/桶）	距离（千米）
均值	8.92E-5	0.669	188.347	2.569	4.529	66.164	8 504.914
最小值	5.69E-11	9.73E-08	0.099 5	0.049 8	0.040 6	24.412	1 156.57
最大值	7.61E-2	1	1 386.395	13.774	761.543	111.959	18 587.08
25%分位数	1.43E-07	0.171	16.865	1.033 5	2.78E-01	44.047 3	5 329.095
75%分位数	1.45E-5	1	113.662	3.813	1.409	97.66	10 777.42
预期符号	−	+	+	+	−	−	−

数据来源：根据Stata14计算所得。

此外参照以上模型分析以及为避免模型异方差和数据残差非正态分布问题，在实证中将相对市场份额（S）、嵌套市场份额（ns）、人口（pop）、人均GDP（$gdpper$）、单位价值（$price$）、油价与距离乘积（dcr）取对数进行分析讨论。

4.2.4 实证结果分析

1. 回归结果

首先对面板数据进行Hausman检验，以确定模型是选择固定效应还是随机效应来回归。本节分别采用人口数和人均GDP衡量市场规模，进行了以下4组回归，其结果如表4-5所示。其中，(1)(3)采用固定效应模型，(2)(4)采用随机效应模型。根据检验结果，无论是人口数还是人均GDP作为市场规模，Hausman检验均在1%的显著性水平上拒绝原假设，因此选择固定效应方法进行模型估计。

另外，为解决内生性问题，参照Khandelwal（2009）、Pula and Santabarbara（2011）的方法，采用两国间的地理距离和原油价格乘积作为单位产品价值的工具变量。由于内生性会使得OLS估计结果产生偏误，引入工具变量法（IV估计）对模型进行进一步检验，且采用双向固定效应方法，控制产品的个体固定效应及时间固定效应，得到表4-6的结果。

由 Durbin－Wu－Hausman 检验结果可知 OLS 回归确实存在内生性问题，故采用工具变量进行估计是非常必要的。

表 4－5　固定效应和随机效应回归结果

	(1) *FE*	(2) *RE*	(3) *FE*	(4) *RE*
ln*pop*	0.505***	0.390***		
	(64.55)	(67.48)		
ln*ns*	0.532***	0.455***	0.507***	0.426***
	(156.75)	(149.22)	(147.47)	(138.99)
ln*price*	−0.943***	−1.037***	−0.978***	−1.082***
	(−172.50)	(−215.02)	(−172.25)	(−218.54)
ln*gdpper*			0.023 8**	0.110***
			(2.26)	(12.45)
_cons	−22.03***	−21.01***	−13.37***	−15.30***
	(−159.82)	(−207.09)	(−128.43)	(−175.11)
N	151 717	151 717	150 861	150 861
Hausman 检验				
χ^2	3 390.41		3 138.15	
$Prob>\chi^2$	0.000 0		0.000 0	

注：* $p<0.1$，** $p<0.05$，*** $p<0.01$。

结果显示，所有解释变量均在1%的统计水平上显著。并且除工具变量外，采用OLS回归得到的解释变量系数几乎均高于采用IV估计得到的结果，由此可见，采用OLS估计会高估部分解释变量对被解释变量相对市场份额的影响。单位产品价格无论是否采用工具变量，其系数均为负，说明消费者效用会随着支付价格的增加而减少，因此相对市场份额也会减少。上述回归中嵌套市场份额的系数均为正，说明一国农产品出口的品种越多，在组内的份额越大，占日本农产品的相对市场份额也就越高。而用于衡量市场规模的人口数在（1）（2）中均对相对市场份额产生正向影响，用之代表市场规模的效果明显优于人均GDP的效果。综上分析，将采用表4－6中（1）的估计结果计算质量。

表4-6 IV和OLS回归结果比较

	(1) IV	(2) OLS	(3) IV	(4) OLS
ln*price*		−0.994***		−1.025***
		(−176.15)		(−179.42)
ln*pop*	0.128***	0.482***		
	(6.97)	(61.53)		
ln*ns*	0.275***	0.526***	0.187***	0.504***
	(24.27)	(155.47)	(17.51)	(148.00)
ln*dcr*	−3.113***		−3.825***	
	(−35.91)		(−47.81)	
ln*gdpper*			0.433***	−0.278***
			(13.76)	(−19.64)
_*cons*	−16.93***	−21.72***	−19.26***	−10.63***
	(−60.51)	(−157.44)	(−57.34)	(−78.65)
个体固定效应	已控制	已控制	已控制	已控制
时间固定效应	已控制	已控制	已控制	已控制
Durbin-Wu-Hausman-*p*值	0.000 0		0.000 0	
N	151 717	151 717	150 861	150 861

注：* $p<0.1$，** $p<0.05$，*** $p<0.01$。

为保证结论的稳健性，本研究采用不同回归方法重新测度中国对日出口农产品质量水平。根据之前的实证分析结果，我们以人口数代表经济规模，采用OLS估计方法，对出口农产品质量进行重新估计。OLS回归结果与IV估计结果相近①，两结果均显示，中国出口农产品质量呈现波动下降趋势，虽然OLS估计结果偏高，但在质量绝对值上基本保持在0.6～0.7之间，波动态势相似。因此，中国出口日本农产品质量下降这一结论在不同计量方法下是稳健的。

2. 中国农产品质量水平的动态演变

基于表4-6中（1）列的结果和公式（4-18）计算中国及各国对日出口农产品的质量水平，并加总计算其变化趋势。结果如图4-4显示，

① 2017年两者差异较大可能和国际油价的大波动有关。

加入WTO以来中国对日出口农产品质量在整体上波动下降，在金融危机后的2008—2016年间平均质量水平有所好转，基本保持在0.65左右，但在2017年又出现明显下跌的态势，原因在于2017年出口大类食用蔬菜类农产品质量显著下跌，因而拉低了整体农产品质量。就出口农产品数量与质量的关系而言，在2005年以前，中国对日出口农产品数量与质量呈现反向变动态势，出口产品质量低，数量却高。存在这种现象的原因可能是在中国加入WTO早期，基于中日间地缘相近，日本对农产品进口需求大，且早期日本对进口农产品要求相对宽松，着重食品卫生而不是质量，中国出口农产品质量虽然不高，但仍能出口较多的农产品到日本。但自2006年以后，这种反向关系减弱，更多的是出口产品质量高（低），出口数量也高（低）的情况。这与日本2006年实施的肯定列表制度有关。肯定列表制度全面限定农产品的农药含量，提高了日本对进口农产品质量的要求，致使中国质量低的农产品无法出口到日本。翟印礼、庞辉（2011）针对肯定列表制度对中日蔬菜贸易影响的研究也支持了以上观点，他们发现，肯定列表制度主要针对农药残留问题，而中国蔬菜农药残留比较严重，因此，在短期内严重影响了中国对日本的蔬菜出口，甚至导致部分蔬菜退出日本市场，但长期看这种影响不明显。然而，本研究显示，在2009—2010年间中国农产品质量明显上升，但出口量仅小幅上升。2006年，肯定列表制度实施后，中国企业若想继续出口农产品到日本市场，需要进行技术更新，这本身需要一定时间来提升质量，但显而易见，进口国严格的SPS措施已经倒逼了中国出口农产品的质量升级（董银果，黄俊闻，2018；陈容、许和连，2018）。但2008年的“毒水饺”事件，严重影响了日本消费者对中国农产品质量安全的信任程度。日本颁布命令检查制度，延长了中国农产品的通关时间，这对鲜活农产品是致命打击，大大提高了中国企业对日出口农产品的成本，使得在这一阶段中国农产品在质量提升较大的情况下，出口数量上升幅度却并不大的反常情况。

2005—2013年，本研究质量测算结果与董银果、黄俊闻（2016）中国出口日本农产品质量呈“N”形变化的结果相近，但整体趋势相对滞后。原因可能在于选取的样本不同，中国主要出口的四大类农产品由于生产规模大，企业能够及时对日本的肯定列表制度做出反应，若考虑到全体农产品的情况，其他小众特色农产品因出口环境改变做出生产技术调整的节奏相对较慢，因此从总体来看，整体质量趋势相似，但滞后于董银果等（2016）的结果。而从2001—2017整个时间阶段来看，本研究所得结果完全不同于陈容、许和连（2018）中国农产品出口日本质量逐年上升的结论，而是更倾向于中国对日出口农产品呈现波动下降态势，农产品质量在金融危机后虽有提升，但总体趋势波动下滑。另外，中国对日出口农产品的数量整体上也波动下降，靠数量增长拉动出口增长的优势已经有所削弱。并且在日本2006年实施肯定列表制度之后，中国对日出口农产品在数量上锐减，至2009年达到最低值。

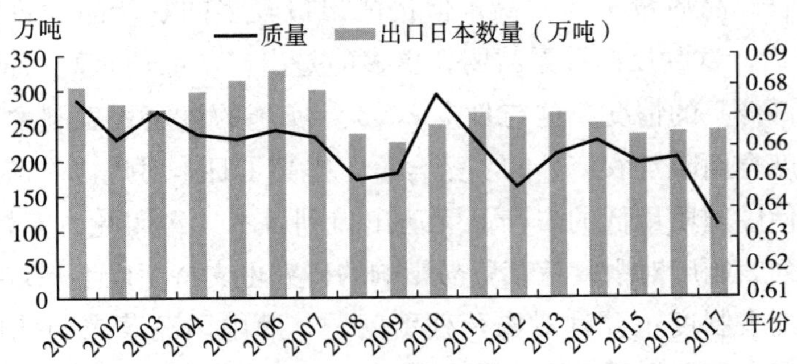

图4-4　2001—2017年中国对日出口农产品质量水平与出口量变化

3. 农产品质量的国际比较

首先选取日本进口农产品的前10大来源国（中国、美国、巴西、智利、澳大利亚、加拿大、泰国、意大利、法国、韩国）进行质量比较。结果显示，中国农产品总体质量基本保持在0.6～0.7之间[①]，仅高于韩国，处于倒数第二的位置。韩国农产品整体质量呈上升趋势，但数值上仅介于0.4～0.5之间，这或与韩国政府长期保护国内市场和保护小农的政策有关。在面对农产品国际竞争压力时，韩国政府仓促调整策略，实行抛弃小农、培养规模化经营的专业农和企业农，但韩国国内农业并未形成中坚力量，仅靠政府扶持的专业农也很难在国际市场上占据优势，因此丧失了一定的农产品国际竞争力（周娟，2015）。其他8个国家的出口农产品质量基本保持在0.8以上（法国农产品质量在2011—2014年间波动较大）。美国、欧盟等发达国家及地区，农产品监管体系完善，追溯机制成熟，且农

① 本节测度的质量是相对质量，即相对日本的质量水平的值。

业现代化程度高，因此其农产品质量普遍高于中国农产品质量（图4-5）。而同处亚洲的泰国作为传统农业大国，在农业生产上具有丰富的自然资源和廉价的劳动力资源，这使得泰国的土地密集型产品和一些劳动密集型产品具有较强的市场竞争能力（孙立芳、陈昭，2018）。

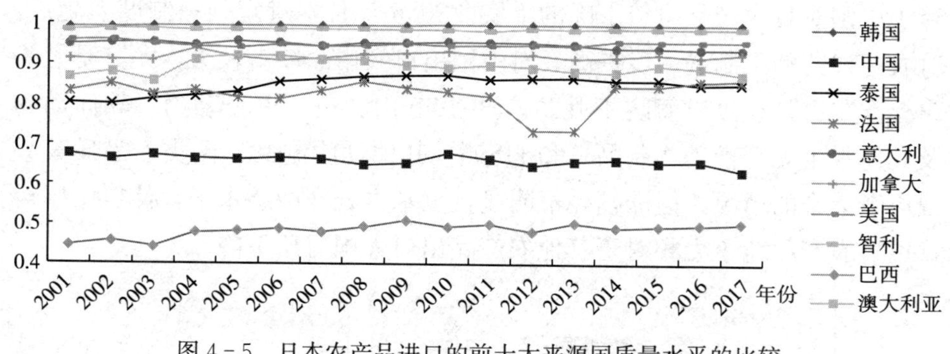

图4-5　日本农产品进口的前十大来源国质量水平的比较

不同于以往刻板印象的是，处于南美的巴西、智利等农业大国，农产品质量高于欧美发达国家①，主要原因有以下两点：一是这些国家有着丰富的农业自然资源和劳动力资源，有机农产品生产供应量大，出口量位居世界前列（苟建华，2014），而日本由于老龄化严重，消费者对有机产品需求旺盛。美国农产品大多属于产量高、外形好、高能量的品种，外表光鲜亮丽、价格低廉，但品质、口味与健康则不被纳入生产者考虑范围（刘春燕，2014）；二是外部因素增加了农产品的国际竞争力。巴西政府为农业发展提供了农业信贷等支持政策，形成巴西农业良好的发展态势（兰昌贤、张波，2017）。而欧盟农产品在共同农业政策的高保护下，国际竞争力受到影响。

通过对所得相对质量数据的加权平均，得到HS2位产品层面上的质量数据。在HS2位产品层面上，中国对日出口农产品额最大的四类农产品相对质量如图4-6所示。这4类农产品出口额占中国对日农产品出口总额的66.32%，是中国对日出口的主要产品，基本为劳动密集型产品。其平均质量基本都在0.5以上，趋势上各有不同。如HS07（食用蔬菜、根茎及块茎）和HS20（蔬菜、水果、坚果或植物其他部分的制品）两类

① 欧美农产品质量虽高，但价格也高，故扣除价格因素后，其相对市场份额并未增长。

农产品质量波动下跌。HS07类在2001年质量水平与泰国水平相近，但此后逐年下降，与泰国同类农产品差距加大。这两类产品质量的下降使得中国农产品在日本市场上的竞争力下降，在基本出口农产品结构没有显著变化的情况下，主要出口农产品质量未能提升甚至持续下降，这也部分解释了中国对日农产品出口下降的事实。2006年日本肯定列表制度实施后，对农药残留的限制进一步提高，对中国出口农产品冲击较大，尤其是“一律标准”更是让出口商防不胜防。HS16（肉、鱼、甲壳动物、软体动物及其他水生无脊椎动物制品）和HS05（其他动物制品）两类产品质量呈现逐渐上升的情况，但涨幅并不明显，也基本处在中游水平，使得中国对日出口农产品竞争力相对于其他农产品出口大国有所下降。

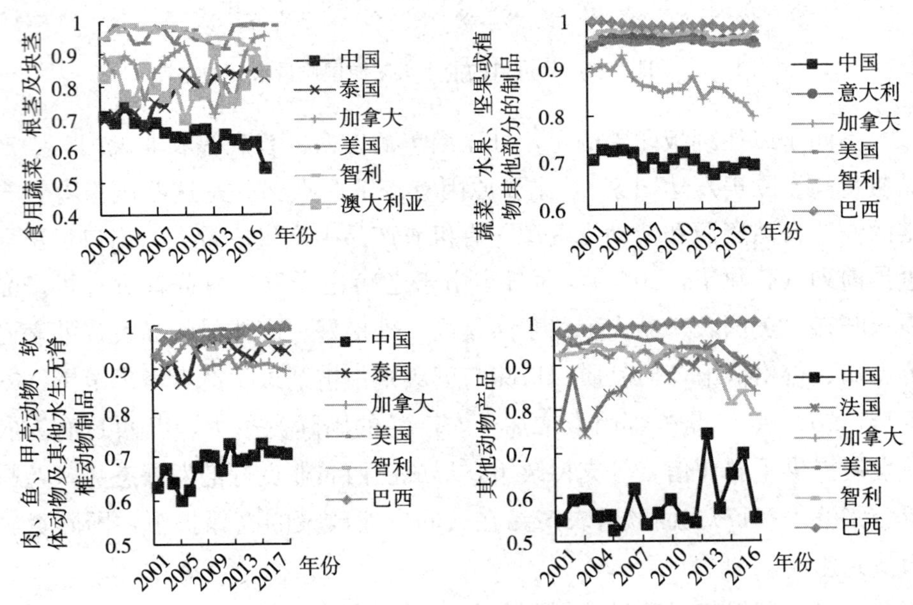

图4-6　中国四大类农产品质量与世界主要农产品出口国比较

其次，比较中国与世界各国[①]的农产品质量水平。根据式（4-18）可知，在每个农产品子行业中计算相对质量时，均会有一个最小值，设为0，最大值设为1。因此本节将世界各国出口到日本的HS9分位农产品质量分成11个质量层级（包括相对质量为0的一类），发现中国对日出口所

① 向日本出口农产品的国家。

有HS9位农产品种类中，72.37%的农产品质量水平低于0.5，其中有25.18%的农产品种类质量低于0.1（表4-7），而只有7.54%的农产品质量高于0.7。由此可见，较少数高质量的农产品拉高了中国出口日本整体农产品的质量水平，但是深入分析可以看出中国对日出口农产品质量普遍较低的现状并没有改变。横向来看，中国HS9位编码农产品种类中，质量相对水平在0、0～0.1和0.1～0.2区间的农产品分别占世界同期向日本出口的同类产品的24.76%、5.91%和19.59%。而相对质量水平在0.9～1之间的农产品仅占世界的1.59%①。在世界水平上中国农产品质量并不具有显著的竞争优势，甚至可以说处于劣势。从动态角度来看，2001—2017年处于农产品质量区间中间部分的产品种类在减少，两端的种类在增加。如质量水平处于0.2～0.8的产品种类从2001年458种降到2017年的401种，而质量水平在0～0.1的种类从165种增加到207种，质量水平在0.8～1的种类从21种增加到31种，说明加入WTO后中国出口农产品质量的异质性增加，质量下降的趋势明显，部分解释了中国加入WTO后对日农产品出口下降和市场份额相对萎缩的现实。

表4-7　中国HS9位编码农产品在不同质量水平的种类数量及年度变化

年份	0	0～0.1	0.1～0.2	0.2～0.3	0.3～0.4	0.4～0.5	0.5～0.6	0.6～0.7	0.7～0.8	0.8～0.9	0.9～1
2001	118	47	61	98	102	90	88	54	26	12	13
2002	122	44	83	80	109	99	84	54	30	14	18
2003	135	49	79	77	95	96	101	48	24	9	17
2004	142	51	71	75	100	99	98	63	23	11	17
2005	132	56	60	88	98	91	107	60	28	11	18
2006	145	45	62	80	97	108	91	70	30	10	15
2007	141	55	61	91	101	109	82	54	33	12	14
2008	121	41	62	83	105	97	79	53	26	8	13
2009	127	46	64	78	81	103	85	57	25	8	12
2010	133	30	54	84	76	104	93	53	26	13	13

① 此处占比为17年间每年占比平均值。

（续）

年份	0	0～0.1	0.1～0.2	0.2～0.3	0.3～0.4	0.4～0.5	0.5～0.6	0.6～0.7	0.7～0.8	0.8～0.9	0.9～1
2011	130	31	56	82	102	85	91	47	34	7	12
2012	143	49	66	83	88	97	82	54	28	8	18
2013	127	39	72	83	60	114	88	54	29	14	17
2014	127	31	66	70	97	99	79	57	25	12	16
2015	135	42	64	75	81	99	80	41	25	11	20
2016	146	50	49	75	78	101	80	58	20	7	23
2017	147	60	58	77	77	86	91	48	22	10	21
占中国农产品比重均值（%）	18.85	6.33	9.02	11.44	12.81	13.92	12.43	7.66	3.77	1.47	2.30
占同类农产品世界均值（%）	24.76	5.91	19.59	16.14	12.32	9.67	6.98	4.06	2.19	1.17	1.59

数据来源：根据作者计算。

结合整体、HS2位编码、HS9位编码的质量水平的国际比较，可以看出中国对日出口农产品质量与发达国家和传统农业大国存在明显差距。导致中国农产品质量水平低下的原因主要有以下几点：①中国人口众多而农业资源相对短缺，长期以来农业生产的主要目标是增加产量。为增加农产品产量，农业生产仍存在农药施用过量问题，导致农产品出口中残留限量超标。据联合国粮农组织的统计数据显示，2016年中国农药施用量位居世界首位，远远超出世界各国农药施用量的平均水平。每年中国农药施用量高达175万吨，是发达国家平均农药施用量的3.42倍（Richardson et al.，2014）。农药过量使用使农药残留限量超过日本肯定列表制度要求的准入标准，农产品不得不逐渐退出日本市场。②中国缺乏完善的农药监管政策。与发达国家相比，中国农药相关制度建立较晚，监管范围小，实践经验少。中国2008年实施的《农药登记资料》仅初步规定了登记程序和所需材料，2017年才有较为完善的《农药管理条例》出台。中国农药残留的相关规定也出台较晚，虽然残留标准在不断更新，但与欧盟制定的500多种农药，超过14 000多项农药残留标准的差距仍然较大，与日本肯定列表制度下的50 000多条农残标准更是相距甚远。③在中国农产品出口创汇中占据重要地位的特色农产品多由特定区域生产，这些特色农产品生产规模小，标准化程度低，产品质量水平较低。

4.2.5　结论与建议

加入 WTO 以来，中国农产品对日出口面临日本质量安全措施的限制，导致出口量下降、市场份额和出口品种下滑。本研究基于日本财贸省数据库 2001—2017 年 HS9 位编码农产品进口数据，采用嵌套 Logit 模型，考察中国对日出口农产品质量水平的时空演变。研究发现，中国对日出口农产品质量水平在 2001—2017 年间呈现波动下降趋势，质量水平基本处于世界中下游水平；与其他发达国家和传统农业大国相比，中国农产品质量水平普遍低下，在世界出口日本的低质量农产品品种中占比大，而高质量农产品品种占比较少。因此在对日出口农产品结构没有显著变化的情况下，质量水平并未得到提升，使得中国农产品缺乏质量竞争力。

基于以上研究，我们认为提升中国出口农产品质量才是促进中国农产品贸易持续发展的根本性措施。第一，积极完善农药监管、农药登记、农药残留管理等监管制度，加快制定农产品残留标准，从生产源头上控制农药的使用和残留控制，实施从田头到餐桌的农产品管理体系，为优质农产品生产提供一个完善的监管体系。第二，对于大类农产品，农业企业间应实行强强联合，形成规模化生产降低成本，通过增加科技投入，引进高技术人才，提升农产品质量，发展农产品深加工技术，注重品牌等非价格竞争优势。第三，对于特色农产品，2017 年 11 月国家发改委、农业部、国家林业局联合印发了《特色农产品优势区建设规划纲要》，提出到 2020 年创建 300 个左右国家级特优区，打造一批“中国第一、世界有名”的特色农产品优势区。我们建议在特色农产品优势区的建设中，重点实施特色农产品的标准化生产，提高其品质，这样才能把资源优势持续转化为现实的出口竞争优势。

4.3　中国对美出口农产品质量测评①

美国是全球最发达的国家，也是中国最重要的贸易伙伴之一，本节主

① 来自董银果，刘雪梅．不稳定环境下中国出口农产品的质量演变［J］．华南农业大学，2019（6）：84－95.

要采用需求结构模型对出口美国的农产品质量展开测度。

4.3.1 引言

随着 Melitz（2003）将“企业生产效率差异化”引入到 Krugman（1979）“同质性企业”的研究框架，国际贸易研究进入到新新贸易理论时代。之后，为解决 Melitz（2003）理论推论与贸易事实之间的矛盾（如出口生产率悖论），众多学者开始将产品质量内生化于 MO 模型（Antoniades，2015；Manova &Yu，2017），针对产品质量的探索因而成为新新贸易理论的前沿分支（施炳展，2013）。与此同时，关于农产品的研究，学界也跨越了传统经济学对农产品的同质性假设，认为农产品、食品质量特性在营养价值、消费者满意度和安全性方面均存在差异（Vadivambal & Jayas，2007），而好品质涉及新鲜度、预期外观、味道和质地等多种因素。消费者对农产品质量特性的需求也已从口感、外观和便利性等扩展到食品生产流程、环保安全方面（Sexton，2013），高品质、高性价比农产品更能获得消费者的认可。《对外贸易“十三五”规划》明确指出：要加快提高出口质量，加强出口食品、农产品质量提升工作，加大对外技术质量磋商谈判力度。因此，关于出口农产品质量及质量升级的研究不仅具有重要的理论意义，而且是国际市场农产品竞争从“价格驱动”向“质量驱动”模式转变的现实要求。

新世纪以来，中国农产品出口增长已取得显著成就①。主要表现在：农产品出口规模不断扩大，2017 年中国农产品出口额达 753.4 亿美元，占世界总出口的 5.28%，较 2000 年的 3.14%上升了 2 个百分点，现已成为世界第五大农产品出口国；出口地区集中度较低，前 10 大出口市场占总出口的 66.27%，美国、法国、巴西这一指标则分别为 68.7%，69.53%，57.4%，相比较而言，中国对固有出口路径的依赖程度适中；贸易广度较大，在 HS 六分位产品层面上，贸易广度为 582，美国、法国、巴西这一指标分别为 655、644、491，表明中国出口农产品多元化结构日趋合理；出口产品集中度较低，前 10 种出口价值最大的农产品占总出口的 29.47%，美国、法国、巴西的这一指标分别为 40.29%、39.06%、

① 数据来源：http：//wits. worldbank. org/WITS/WITS/Default - A. aspx? Page=Default.

80.70%；出口具有较强稳定性，如2008—2009年全球贸易量大减，中国农产品出口仅减少了2.65%，而美国、法国、巴西则分别减少了14.44%、16.11%、6.18%。

然而，中国农产品却面临着质量安全的严重冲击。从国内看，农产品领域频繁发生的“三聚氰胺奶粉”“瘦肉精猪肉”“苏丹红鸭蛋”等事件大大降低了消费者对国产农产品质量安全的信心。随着越来越多消费者愿意为国际市场高质量农产品支付溢价（Dickinson & Von，2005；全世文等，2017），中国现已成为世界最大的农产品进口国，而国内农产品则出现了“阶段性供过于求”和“供给不足”并存的现象；从国际看，农产品出口贸易中相继发生“氯霉素”“毒水饺”“宠物饲料”等事件，引发了国际市场对中国出口食品、农产品的信任危机，因质量安全问题遭受的扣留、拒绝和通报也导致了巨大的直接和间接贸易损失（董银果和黄俊闻，2016）；2009—2017年中国农产品出口年均增长率明显放缓，年均增长速度仅维持在6.29%左右，远远落后于2000—2008年的20.56%，这不仅仅是受全球总需求下降和贸易保护主义势力的影响①，更是中国农产品出口贸易增长动力不足的体现。因此，质量升级无疑是中国农产品出口贸易重回增长的新动力。那么，中国出口农产品总体质量如何？演变趋势及发展前景又如何？影响总体质量波动的关键是什么？与其他国家相比中国农产品质量优/劣势何在？

为回答上述问题，科学测度质量是关键，而不同目标市场由于贸易壁垒、消费收入等因素差异巨大，只有面对同一社会偏好、国民收入、消费习惯、市场规则，不同出口国的同类产品质量才具有可比性（李小平等，2015）。因此，本节选用2000—2017年美国HS10分位农产品进口贸易数据，详细考察中国农产品出口质量的纵向演变，并与世界主要农产品出口国进行横向比较。源自以下三方面考虑：其一，美国作为世界第二大农产品进口国和中国第三大农产品目的国（图4-7），2017年中国对美出口贸易额达到77.45亿美元，占中国出口市场的10.28%，占美国进口市场的4.77%，市场地位日益上升；其二，中国对美贸易种类多、规模大、数据充分，包含HS10分位下的运输成本，满足高精度产品层面的内生性处理

① 资料来源：https：//wallstreetcn.com/articles/3017783.

需要，质量测度结果偏差小；其三，美国质量安全标准具有全面、严格和时效强等优点，对中国出口农产品质量变动的边际影响作用较大。因此，研究中国对美出口农产品质量演变的典型化事实，更能准确回答中国出口农产品质量是否得到有效而显著的提升。

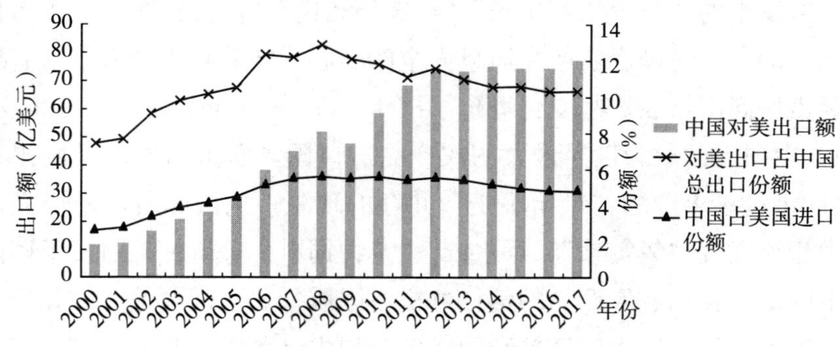

图 4-7　中国对美农产品出口表现（2000—2017 年）

4.3.2　文献综述

关于产品质量的实证研究，学者们主要从质量代理变量、测度方法和质量的影响因素视角进行了较为广泛的探索。关于产品质量的代理变量，Sutton（1997）、Kulger & Verhoogen（2012）将产业研发密度和广告密度作为质量的代理变量，程虹（2014）将工业企业数据库中“优等品率”作为质量参数，但这一方法不能实现非同类产品之间的比较；Schott（2004）、Hallak（2006）选用产品单位价值作为质量的代理变量，但不能完全剥离生产成本和价格策略等非质量因素可能造成的单位价值变动（张杰等，2014）；关于质量的测度方法，Hallak & Schott（2011）采用最大似然估计方法，引入了行业非纯净价格指数方法，但这一方法数据指标要求高、计算过程复杂；Amit & Khandelwal（2010）、施炳展等（2013）采用嵌套 logit 方法测算产品质量，假设价格一致时质量越高产品的市场份额越大，并得出与 Schott（2004）单位价值法一致的结果，具有较强的创新性；而张杰等（2014）和 Piveteau & Smagghue（2015）利用 Khandelwal et al.（2013）DSM 模型测度产品质量时，更进一步地将汇率作为工具变量克服国家层面的内生性问题，测度方法更精确。而针对质量影响因素的研究视角差别较大，如程虹和陈川

(2013）和李方静（2016）认为生产要素是影响技术落后企业（缺乏先进科技和大量技术人才类）产品质量的投入因素；施炳展等（2013）认为出口企业要素密集度以及所有制性质是影响质量变化的重要供给因素；鲍晓华和金毓（2013）和李景睿（2017）从需求角度出发，重点强调贸易伙伴国消费者的质量需求偏好强度的作用。另外，出口国竞争强度（Fan et al.，2015)，贸易补贴（张洋，2017)，贸易政策（Khandelwal et al.，2013；刘晓宁和刘磊，2015）等贸易因素对产品质量的影响作用也不容小觑。

遗憾的是，以上研究都集中在制造业产品领域。近些年才出现少量将产品质量引入农产品领域的研究，如 Olper et al.（2014）采用嵌套 logit 方法测度质量，指出欧盟食品标准对质量升级具有正向作用，且对初级食品和加工食品、ISO 食品和非 ISO 食品的质量升级存在显著差异；Curzi & Pacca（2015）在分析贸易成本对食品价格和质量的影响作用时，突出强调 DSM 模型测度质量的准确性要远高于其他测度方法；Jan et al.（2016）采用 DSM 模型测度欧盟进口农产品的质量水平后，指出技术升级（质量提高）与国家制度的完善程度以及农产品初始投入品的技术替代程度存在显著的正相关关系。然而，针对中国出口农产品质量的相关研究则乏善可陈。蔡振军（2014）采用非纯净价格指数法测度五分位行业层面的质量得出 1995—2010 年间总体质量较低的结论；董银果和黄俊闻（2016）采用嵌套 logit 测度四大类农产品质量，发现中国对日出口农产品质量在 2005—2012 年间呈现“N”形变动趋势；而王纪元和肖海峰（2018）采用同样的测度方法概括出 2005—2014 年中国对美出口农产品质量随着质量阶梯的波动延长呈现先降后增的变动规律。总体来看，有关中国出口农产品质量的研究，要么是关于行业层面的测度，未能深度考察高分位产品间的质量差异，测量误差较大；要么是忽略了出口价格和质量间的内生性问题，会高估或低估出口质量水平。基于以上不足，本节可能的边际贡献主要有：①在研究方法上，采用 DSM 模型测度质量，首次将 HS10 分位运输成本作为出口价格的工具变量，有效解决国家—产品层面的内生性问题；②在研究内容上，首次从农产品的不同层次（即大宗农产品、中间农产品和消费者导向农产品）探究影响农产品总体质量提升的关键部分；③从时间跨度看，样本期间涵盖加入 WTO、金融危机、经济新常态等不同阶段，并首次尝试采用美国 FAPRI[①]（Food and Agricultural Policy Research Institute）预测系统，绘制2018—2025年间质量演变趋势图。

4.3.3 出口农产品质量测度与有效性检验

1. 计量模型

本节采用 Khandelwal et al.（2013）DSM 质量测度模型，该模型被 Jan et al.（2016）首次应用到测度国家层面食品行业的质量水平，其前提假设为产品价格一致时，市场份额越高的产品代表其质量越高。假设消费者的 CES 效用函数为：

$$U = \left[\int_{h\in H}\left[\varphi(h)q(h)\right]^{(\sigma-1)/\sigma}\mathrm{d}_h\right]^{\sigma/(\sigma-1)} \tag{4-19}$$

式中，$q(h)$ 和 $\varphi(h)$ 分别表示 h 产品数量和质量，σ 代表同一大类下不同品种产品间的替代弹性。c 国消费者购买 h 产品的预算约束函数如下：

$$q_{ocht} = (\varphi_{ocht})^{\sigma-1}(p_{ocht})^{-\sigma}P_{ct}^{-1}Y_{ct} \tag{4-20}$$

式中，q_{ocht}、p_{ocht} 和 φ_{ocht} 分别表示 t 期 c 国消费者 n 消费 o 国 h 产品的数量、价格和质量水平；P_{ct} 表示 t 期进口国的价格指数；Y_{ct} 表示 t 期进口国的收入水平。对式（4－20）取自然对数，进行简单整理后得到如下回归方程，即测度质量的核心公式：

$$\ln q_{ocht} + \sigma\ln p_{ocht} = \alpha_h + \alpha_{ct} + e_{ocht} \tag{4-21}$$

式中，α_h 表示产品固定效应，可以有效控制产品类别对产品质量的影响，α_{ct} 表示国家—时间两维虚拟变量，可以有效控制地理距离等随出口国家以及汇率、制度等随时间变化的变量，也可以控制出口国家国内生产总值等随出口国家和时间同时变化的变量，e_{ocht} 表示包含产品质量的残差项。可以通过回归估计得出每一个产品层面 $\hat{e}_{ocht}$，进一步测度出质量，其计算公式如下：

$$quality_{ocht} = \ln(\hat{\varphi}_{ocht}) = \frac{\hat{e}_{ocht}}{\hat{\sigma}-1} \tag{4-22}$$

为方便比较不同国家不同种类农产品质量水平，获得整体质量水平，

---

① 1984年由美国国会拨款成立的食品和农业政策研究所，使用全面的数据和计算机模拟系统分析复杂的农产品和农业产业的经济关系，尤其在评估和涉及宏观经济、政策、天气和技术变量情境下，长期为美国农业和国际大宗商品市场编制每年的基准预测报告。

对质量进行了如下标准化处理①：

$$\widehat{quality} = \frac{quality_{ocht} - quality_{\min}}{quality_{\max} - quality_{\min}} \qquad (4-23)$$

式中，$quality_{\min}$、$quality_{\max}$分别代表某一 HS10 分位农产品某一年度在所有出口国层面的最小值和最大值，$\widehat{quality}$介于［0，1］。

2. 数据来源

本节研究的农产品涵盖商品分类中 HS01 - 24 章全部以及 HS29 - 53 章的部分农副产品，涉及农业、林业和水产业等；选用美国人口普查局以及 Schott 个人网站公布的 2000—2017 年世界各国对美出口的 HS10 分位编码数据，并将数据与 ISO3 位国家缩写进行匹配，涉及出口来源国名称、年份、农产品价值、数量和运输成本等；除此之外，删除了贸易量为零的样本值，并进行了上下 1%分位数的删除处理；根据 USDA 全球农业贸易系统（Global Agricultural Trade System Online）对农产品的 BICO 分类标准②，农产品可以分为：Bulk Agri - Product（大宗农产品）、Intermediate Agri - Product（中间农产品）、Consumer Oriented Agri - Product（消费者导向农产品）和 Other Agricultural Related Product（其他相关农产品，主要涵盖水产品）。通过以上数据整合，最终得到 18 年间 233 个国家（地区）对美出口农产品的 467 950 个样本值，数据的描述性统计详见表 4 - 8。

表 4 - 8　描述性统计

variable	变量含义	均值	标准差	最小值	25%	中位数	75%	最大值
ln*qch*	数量对数值	10.18	3.020	0	8.110	10.02	12.14	22.01
ln*pch*	价格对数值	1.420	1.430	−1.590	0.490	1.250	2.080	7.530
ln*ucha*	运输成本对数值	−1.520	1.720	−17.75	−2.190	−1.580	−0.850	8.800
ln*ucha* _ 1	运输成本滞后一期对数值	−1.560	1.590	−17.20	−2.190	−1.610	−0.940	8.330
*s*2	HS2 分位	13.95	7.580	1	7	15	20	33
c	国家	85.25	55.70	1	44	75	135	233
h	产品种类	2 795	1 150	1	1 938	2 983	3 733	4 617

数据来源：stata14.

① 需要特别说明的是，式（4 - 23）的标准化质量不具有经济学意义。

② 资料来源：https：//apps. fas. usda. gov/gats/default. aspx.

3. 内生性处理和有效性检验

公式（4－21）中产品价格不能直接获取，需将出口产品的FOB价作为价格的代理变量。鉴于农产品质量主要受自然条件、技术水平以及贸易距离的影响（如冷链运输在确保货物新鲜、完好以及满足远途贸易中的重要性），本节采用HS10分位产品的运输成本及滞后一期运输成本作为工具变量，以解决农产品价格和质量之间的内生性问题①。在估计产品替代弹性前，本节首先对内生性以及工具变量的有效性进行检验。内生性问题检验结果显示，在固定效应模型下，Davidson－Mackinnon检验结果在1%的显著性水平上高度拒绝了内生性不存在的原假设，说明采用工具变量法估计替代弹性系数的必要性；其次，针对工具变量的有效性检验显示，运输成本和滞后一期运输成本作为工具变量高度拒绝了Anderson canon. corr. LR statistic的原假设，即在1%的显著性水平上拒绝了存在识别不足问题，不能拒绝Cragg－Donald F statistic原假设的结果说明工具变量与内生变量有较强的相关性；最后，在Sargen－Hansen statistic检验中，不能拒绝原假设，即工具变量与内生变量相关，且与干扰项不相关，满足工具变量的相关性和排他性特征②。表4－9报告了使用OLS和2SLS估计方法对中国输美主要农产品③替代弹性的估计结果，主要变量的回归均在1%的统计水平上显著。通过比较发现，无论固定效应控制与否，使用2SLS估计方法测算的替代弹性在1.2左右，较OLS估计方法的稳定性更强。

然而，考虑到不同国家不同种类产品替代弹性的差异，为更精确测算质量，需要针对国家—产品种类层面数据单独进行估算。表4－10分别报告了不同种类层面替代弹性的估计结果，OLS和2SLS方法中ln*pch*系数（$-\sigma$）均在1%的水平上显著为负，满足需求定律；2SLS方法测算的中国输美主要农产品替代弹性介于0.652～1.517之间，需求价格弹性数值

① 从供给角度分析，生产商对固定资产、技术创新等的投入有利于产品质量的提升，同时也伴随着产品成本的增加，在保证企业利润的情况下，生产商会提高销售价格，即价格和质量之间存在着同步变动的内生性问题。除此之外，出口价格信息不仅包含产品质量信息，同时也包含了产品成本、需求层次差异、需求冲击等信息（张杰等，2014）。

② 涉及233个国家33种HS2分位商品的回归检验，为避免冗长，结果不做陈述。

③ 2017年这些主要产品占到中国对美出口农产品总额的66%以上，具有较强的代表性。

（1－σ的绝对值）均小于1，符合食品、农产品作为生活必需品缺乏弹性的特性。除此之外，以上结果与既有文献①的测算结果和理论假设相一致，由此验证了计量模型的有效性。

表4-9 不同估计方法的估计结果

	OLS-1	OLS-2	OLS-3	2SLS-1	2SLS-2
	$\ln q_{ch}$	$\ln q_{ch}$	$\ln q_{ch}$	$\ln q_{ch}$	$\ln q_{ch}$
$\ln p_{ch}$（$-\sigma$）	－1.019***	－0.875***	－1.032***	－1.145***	－1.232***
	（－0.015）	（0.020）	（0.030）	（0.024）	（0.032）
ln*ucha*		－0.220***	－0.142***		
		（0.022）	（0.021）		
截距项	12.510***	12.005***	11.135***	13.145***	11.678***
	（－0.025）	（0.057）	（0.077）	（0.034）	（0.721）
产品固定效应	不控制	不控制	控制	不控制	控制
国家时间固定效应	不控制	不控制	控制	不控制	控制
观测值	19 424	19 394	19 394	14 951	14 951

注：2SLS-1和2SLS-2选用运输成本及运输成本滞后一期作为工具变量，括号内为标准差，***、**、*分别表示1%、5%、10%的统计水平上显著。

表4-10 产品种类层面的估计结果

商品编码	产品名称	2017年占中国对美出口农产品比重（%）	OLS ln*pch*（$-\sigma$）	*t*值	2SLS ln*pch*（$-\sigma$）	*z*值
HS03	水产品	27.04	－0.857***	－8.58	－1.210***	－4.55
HS07	蔬菜类	6.17	－1.242***	－11.66	－0.652***	－6.71
HS09	咖啡、茶叶及香料	3.91	－0.850***	－6.80	－1.517***	－13.30
HS12	子仁果实	3.67	－0.791***	－7.68	－1.148***	－19.33
HS16	水产制成品	10.20	－1.070***	－6.82	－1.104***	－5.32
HS20	果蔬制成品	15.77	－1.032***	－12.42	－1.485***	－11.62

注：括号内为标准差，***、**、*分别表示1%、5%、10%的统计水平上显著。

① Piveteau & Smagghue（2013）估计的农产品的替代弹性在1.3～2.7之间。张杰（2014）测算出的20类产品的替代弹性差别很大，其中01-24章涉及到的农产品的替代弹性介于0.118～2.24之间。

4.3.4 中国对美出口农产品质量的演变趋势

1. 总体演变事实

基于 233 个国家的数据，本节进行了 5 088 次回归估计，最终获得 2000—2017 年中国对美出口农产品质量（图 4-8），比较发现：①从总体-2sls 的变化趋势[①]来看，中国对美出口农产品质量呈现出“持续平稳上升、下降、再上升”的波动爬升趋势，与王纪元和肖海峰（2018）针对 2005—2014 年中国对美出口农产品的质量波动趋势基本一致，但总体水平要高于后者，说明采用 2SLS 方法克服了出口商“低价竞争策略”所造成的质量低估问题。②从总体-2sls 阶段性的走势来看，2000—2001 年出现急速下滑，可能是因为我国刚加入 WTO，农产品进入国际市场的门槛降低所导致的出口产品良莠不齐；之后，出口质量保持着较快的上升趋势，2007 年（0.74）较 2001 年（0.71）上升了 4 个百分点；2008—2012 年不仅生产商受金融危机影响进行质量创新动力不足（杨汝岱，2015），而且消费者收入减少会同步降低对高质量产品的支付意愿，所以中国农产品质量呈现平稳下滑趋势；2013 年短暂回升至 0.74 的水平后又出现下滑，这是世界经济摆脱金融危机影响的调整期体现。由此说明，在样本观察期内，中国对美出口农产品质量总体呈平缓上升趋势。

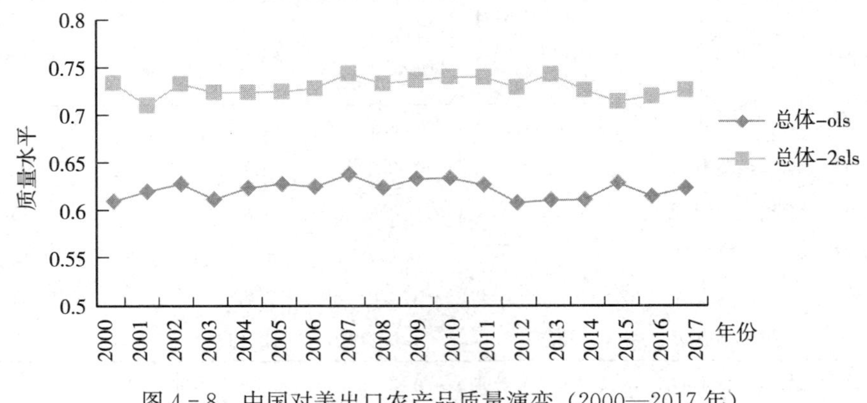

图 4-8 中国对美出口农产品质量演变（2000—2017 年）

① 总体-ols 与总体-2sls 测度质量走势结果存在很大出入，表明设计工具变量的必要性以及需求框架理论模型测度结果的准确性。

2. 不同层次农产品质量的演变事实

图 4-9 描述了中国出口大宗农产品、中间农产品、消费者导向农产品的质量演变[①]，比较发现：①中间农产品质量（0.89）最高，其次是消费者导向农产品（0.73），大宗农产品质量（0.47）最低。相比大宗农产品的动态波动，中间农产品和消费者导向农产品质量的演变更平缓；②大宗农产品出口质量呈波动下滑趋势明显，2017 年（0.46）较 2000 年（0.52）下降了 11.5%；③中间农产品质量从 2000 年的 0.89 平稳下滑至 2007 年的 0.87 后，从 2008 年开始，总体呈波动上升趋势，在 2017 年又缓慢回落至 0.89 的初始水平，样本期间基本不存在明显的质量升级，但始终保持着较高的质量水准；④消费者导向农产品质量均值大致保持在 0.71 左右，但分别在 2010 年和 2013 年达到了一个质量高峰期，呈现“上升、下降、回升、再下降”的平稳波动趋势，与中国总体质量波动相吻合。然而，总体质量演变既可能受出口产品质量波动的影响，也可能受产品出口结构变化的影响，图 4-8 是“纯粹”的质量变化（即深度），忽略了不同层次农产品的结构变化（即广度）。而中国不同层次农产品的出口在美国市场占有率低下且结构不平衡确是不争的事实（表 4-11），大宗农产品、中间农产品和消费者导向农产品的市场占有率分别为 1.03%、4.74%、3.77%，三者占中国对美出口市场份额分别为 1.79%、13.98%、42.11%，凸显出消费者导向农产品（一般为高附加值产品）的

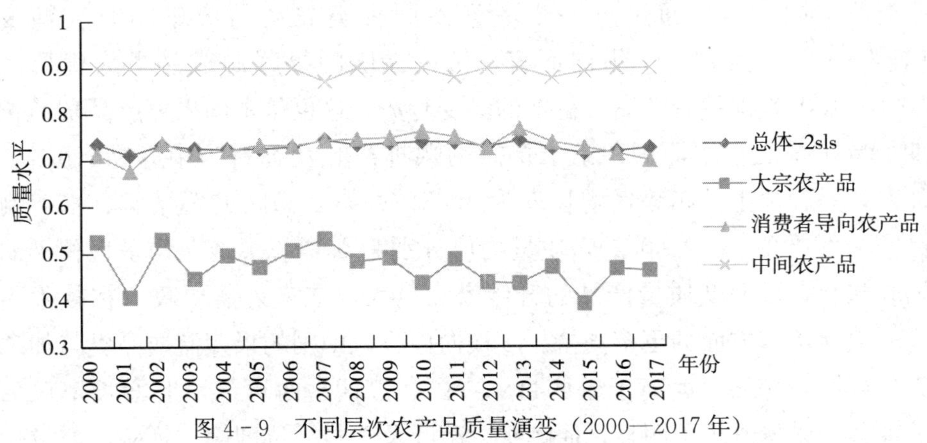

图 4-9　不同层次农产品质量演变（2000—2017 年）

① 这不仅考虑到不同层次替代弹性的异质性，而且是对不同层次农产品出口贡献差异的合理探究。

出口占比较低问题。综上分析可归纳得出，中国占世界对美出口市场份额相对较低的消费者导向农产品是造成中国对美出口农产品总体波动趋势的关键部分。

表 4-11 不同层次农产品的出口份额（2017 年）

BICO	产品分类	HS2 分位	美国进口市场份额	中国对美出口市场份额	中国占世界对美出口比重
Bulk Agri-product	大宗散装农产品	HS10/HS12/HS13 等	8.25%	1.79%	1.03%
Intermediate Agri-product	中间农产品	HS01/HS05/HS09/HS10/HS11/HS12/HS14/HS15/HS17 等	14.07%	13.98%	4.74%
Consumer Oriented Agri-product	消费者导向农产品	HS02/HS04/HS05/HS06/HS07/HS08/HS09/HS16/HS17/HS18/HS19/HS20/HS21/HS22/HS23 等	53.24%	42.11%	3.77%

3. 不同种类农产品质量的演变事实

消费者导向农产品既包括新鲜的蔬菜、水果、水产品和肉类产品，也有经过加工的水产制品、畜禽产品、果蔬制品，其特性千差万别，质量水平迥然不同。本节通过进一步考察不同种类农产品质量的时空演变（表 4-12）后发现：①纵向而言，第一梯队的果蔬制成品类为优质品（0.8～1.0），保持着“高且稳”的演变趋势，这也是中国果蔬产品贸易长期保持顺差的根本原因；第二梯队的咖啡茶叶及香料为中等品（0.4～0.8），呈轻微上升趋势，增长率为 8.88%；第三梯队的蔬菜类、水产制品类为低质品（0.0～0.4），质量均值分别为 0.34、0.06，均呈现积极的增长趋势，说明低质量产品的升级潜力巨大，在未来需要政府在技术引进、人才培养方面的更多支持。②横向而言，中国的果蔬制成品类与加拿大位列第一梯队，远高于墨西哥、泰国、巴西、西班牙，但增长率仅为 0.03%，质量升级不明显；而咖啡、茶叶及香料类位列第二梯队，质量略高于越南和印度尼西亚等国，但面对越南、哥伦比亚等国的激烈竞争时，增长缓慢；各国蔬菜类产品质量均呈现出积极的增长趋势，中国与墨西哥的契合度较高，但市场占比（4.61%）较墨西哥（61.73%）相差甚远，凸显蔬菜贸易更多受地理距离的引力效应影响。值得注意的是，中国水产制品类质量远远落后于加拿大、越南、泰国、印度尼西亚等，说明中国虽然作为美国水产制品的第三大来源国，但主要依靠低价竞争优势。长此以往，水产制品类“以量取胜”的出口模式不仅会面临严峻的同质性竞争，也更容易会遭遇美国市场贸易壁垒（如2018年9月美国对中国水产品及其制品加征10%的关税）。通过以上不同种类农产品的纵横比较发现，不同种类农产品所在质量梯队差别较大，面对的国际竞争压力也不同，但主要种类的质量水平多位于二、三梯队，远低于中国总体农产品0.7的平均水平，说明针对中国出口农产品质量水平的讨论中，需综合考虑不同农产品的种类属性、质量梯队、竞争压力和升级潜力，这也是本研究较以往学者研究的更深层次意义。

表4-12 不同种类农产品的质量演变（2000—2017年）

果蔬制成品	2017年对美出口占比	2000年	2004年	2008年	2012年	2017年	均值	增长率
加拿大	18.24%	0.97	0.97	0.98	0.99	0.98	0.97	1.56%
墨西哥	17.25%	0.16	0.19	0.20	0.18	0.21	0.20	16.87%
中国	14.14%	0.97	0.99	0.99	0.97	0.99	0.98	0.03%
泰国	6.24%	0.73	0.56	0.58	0.59	0.59	0.60	−8.10%
巴西	4.72%	0.63	0.44	0.45	0.39	0.36	0.45	−27.21%
西班牙	4.47%	0.15	0.12	0.14	0.15	0.18	0.15	6.19%
咖啡茶叶及香料	2017年对美出口占比	2000年	2004年	2008年	2012年	2017年	均值	增长率
哥伦比亚	15.36%	0.35	0.41	0.39	0.46	0.46	0.40	25.88%
巴西	13.50%	0.60	0.84	0.72	0.89	0.85	0.77	18.23%
越南	9.34%	0.15	0.04	0.07	0.13	0.23	0.12	147.92%
加拿大	6.94%	0.49	0.58	0.54	0.61	0.53	0.50	7.75%
印度尼西亚	6.66%	0.33	0.25	0.31	0.31	0.40	0.34	25.25%
中国	3.33%	0.60	0.53	0.57	0.58	0.64	0.59	8.88%

（续）

蔬菜	2017 年对美出口占比	2000 年	2004 年	2008 年	2012 年	2017 年	均值	增长率
墨西哥	61.73%	0.24	0.27	0.23	0.25	0.22	0.25	−8.78%
加拿大	18.38%	0.99	1.00	0.99	0.99	0.98	0.98	−0.21%
中国	4.61%	0.33	0.34	0.34	0.33	0.26	0.34	1.54%
秘鲁	3.82%	0.74	0.71	0.76	0.75	0.80	0.73	6.01%
危地马拉	1.86%	0.09	0.05	0.08	0.07	0.06	0.06	−16.14%
荷兰	1.02%	0.27	0.20	0.20	0.26	0.17	0.21	−16.34%
水产制品	2017 年对美出口占比	2000 年	2004 年	2008 年	2012 年	2017 年	均值	增长率
泰国	17.80%	0.60	0.64	0.68	0.63	0.61	0.63	−1.84%
加拿大	14.21%	0.98	0.97	0.99	0.99	0.98	0.98	−0.13%
中国	13.90%	0.01	0.05	0.06	0.04	0.07	0.06	30.45%
印度尼西亚	11.58%	0.39	0.40	0.41	0.42	0.39	0.39	9.49%
越南	9.56%	1.00	1.00	1.00	1.00	1.00	1.00	0.01%
印度	4.70%	0.48	0.40	0.44	0.47	0.45	0.45	−0.11%

注：增长率由 2009—2017 年均值与 2000—2008 年均值比较计算而得。

综上针对消费者导向农产品质量波动、出口结构以及不同种类农产品纵横分析，需重点强调，未来提升中国出口农产品总体质量水平时，不仅要实现消费者导向农产品出口占比的横向扩张，更要针对种类间质量升级动力的异质性做纵向挖掘，如产品多样化水平、出口目的国个数、“双重异质性”的 SPS 措施等。此外，企业作为市场经济主体，企业—产品层面的质量测度及相关考察（企业属性、贸易方式、生产率水平等）可作为下一步的研究方向。

4. 中国出口农产品质量的演变预测

上文分析发现，中国农产品质量演变表现出较明显的周期性，大致以 2007 年和 2012 年为阶段分界点，波动周期约为 6 年。而美国密苏里大学 FAPRI 预测系统①的专业团队，综合考虑影响农产品贸易的周期性因素

① 资料来源：https：//www.fapri.missouri.edu/，数据有版权限制。

（以气候条件、技术水平为主），结合当前地缘政治形势和宏观政策，对未来国际农产品贸易进行预测和判断。

本节先根据 FAPRI 预测方法对 2018—2025 年中国对美出口农产品质量演变趋势进行模拟，又基于 6 年理论值调整质量波动延展趋势①后发现（图 4-10）：短期内不考虑突发性政策因素，中国出口农产品的总体质量不存在十分显著的升级变化，该变化自进入经济新常态后越发平稳，且依旧与消费者导向农产品保持高度一致；从不同种类农产品质量演变趋势来看，随着咖啡、茶叶及香料类农产品进入第二质量梯队，质量两极分化的情况凸显，水产制品、蔬菜类农产品的质量依旧处于低位徘徊且升级趋势不显著，而果蔬制品类、咖啡茶叶及香料类农产品发展前景良好。以上演变趋势预测具有一定警示意义，即供给侧结构性改革下中国农产品出口增长需要对速度保持平常心，但该结论还应与国家的出口结构调整战略相结合。事实上，中国质量水平较高、出口占比大的多为劳动密集型产品（果蔬制成品和水产品），比较优势主要体现在廉价劳动力上。面对人口红利逐渐消失、耕地资源日益受限、增长驱动濒临换挡以及国际农产品竞争市场对技术、组织、资本等要素提出的新要求，中国农产品存在巨大的质量升级压力。而中国作为农业落后国，质量升级又受到进口国 SPS 措施、

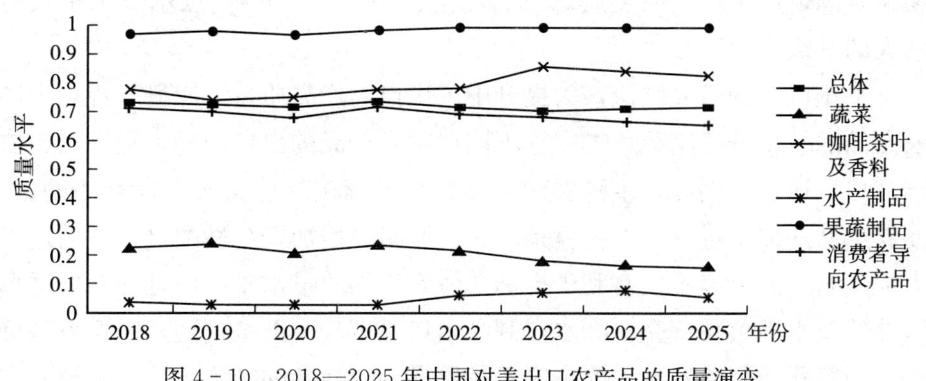

图 4-10　2018—2025 年中国对美出口农产品的质量演变

数据来源：美国农业部、FAPRI 研究所数据计算所得。

① 具体步骤为：第一，梳理 FAPRI 预测的 2018—2025 年中国对美出口的 HS2 分位农产品的贸易数据，主要涵盖种类、年份、价格、数量、成本等，测度出口额的年均增长率；第二，依据农产品的贸易额的变动趋势，对 2010—2017 年出口农产品质量趋势作延展调整，预测质量演变趋势。

竞争对手质量、国内农产品质量安全控制水平、生产技术、政府农业支持以及监督政策等一系列变量的影响，具体作用大小还需做更深层次的研究。

4.3.5 结论与政策含义

随着消费者对农产品质量安全关注的加强以及国际农产品市场进口门槛的提高，农产品质量升级是中国农产品出口贸易亟待解决的重点问题。本节在DSM模型的基础上有效解决了价格和质量间的内生性问题，利用2000—2017年间233个国家（地区）对美出口农产品的46万个样本值，测算中国对美出口农产品质量，并探究不同层次和不同种类农产品质量的演变趋势。研究发现：①2000—2017年中国对美出口农产品质量在总体上呈波动爬升趋势，预测该波动趋势在2018—2025年将会趋于平稳；②不同层次农产品质量存在较大差异，中间农产品质量（0.89）高于消费者导向农产品（0.73）和大宗农产品（0.47），而消费者导向农产品质量演变趋势是造成总体波动趋势的关键部分；③不同种类农产品中，质量水平处于世界前沿的果蔬制成品类呈现“高且稳”的演变趋势，质量水平较低的蔬菜类质量与墨西哥质量水平保持着较高的契合度，但远远落后于加拿大、秘鲁等国，而水产制品类质量较高的增长率（30.45%）预示着未来具有较大的升级潜力。

基于以上的研究结论，为提升中国出口农产品质量，应科学规划中国农产品的转型升级路径：①完善不同层次农产品的出口结构，提高加工农产品出口比重。例如，生鲜农产品出口易受到国外质量安全标准的冲击，而农产品的加工过程，本身就是去除病原菌、增加安全性的过程，通过扩大加工农产品出口不仅有利于提高总体农产品质量水平，而且能有效抵御国外的技术性贸易壁垒。②水产制品出口具有较大升级空间，需重点做好农药、兽药残留的控制，严格农产品质量安全标准的实施，从源头控制农产品质量安全。③针对高质量农产品应积极引导进行品种改良、开发新品种或衍生品，如将果蔬制品类农产品从维持基本的营养需求，向保健、美容、工艺等高级加工产品升级，打造特色农产品品牌。除此之外，提高农产品质量水平，还需要从根本上优化生产要素分配，提高土地流转，并保护农民承包权益；完善农村互联网信贷，提高资本流动率；加大技术和人才的投入，控制农业转移人口，培养新一代技术农民等。

4.4　中国对“一带一路”国家出口农产品质量测评[①]

利用 4.3 节的需求结构模型对中国农产品出口“一带一路”（B&R）国家的质量进行测度，以便呈现除美国、日本之外的其他市场的出口质量水平。

“一带一路”是一个开放型的国际经济合作区域，目前还没有明确划定的空间范围，广义的“一带一路”沿线国家（以下简称 B&R 国家）可以扩展到全球范围内的绝大多数国家。本研究以中国“一带一路”网[②]发布的《“一带一路”贸易合作大数据报告（2018）》中所列 71 国（不包含中国）作为研究对象，并参照《“一带一路”贸易合作大数据报告（2018）》，将不含中国在内的这 71 个国家按区域划分为 6 大区域，详见表 4-13。

表 4-13　“一带一路”沿线六大区域及所包含的国家

沿线六大区域	具体包含国家
亚洲大洋洲（14 国）	蒙古国、韩国、新西兰、东帝汶和东盟 10 国③
中亚（5 国）	哈萨克斯坦、乌兹别克斯坦、土库曼斯坦、塔吉克斯坦和吉尔吉斯斯坦
西亚（18 国）	格鲁吉亚、阿塞拜疆、亚美尼亚、伊朗、伊拉克、土耳其、叙利亚、约旦、黎巴嫩、以色列、巴勒斯坦、沙特阿拉伯、也门、阿曼、阿联酋、卡塔尔、科威特和巴林
南亚（8 国）	印度、巴基斯坦、孟加拉、阿富汗、斯里兰卡、马尔代夫、尼泊尔和不丹
东欧（20 国）	俄罗斯、乌克兰、白俄罗斯、摩尔多瓦、波兰、立陶宛、爱沙尼亚、拉脱维亚、捷克、斯洛伐克、匈牙利、斯洛文尼亚、克罗地亚、波黑、黑山、塞尔维亚、阿尔巴尼亚、罗马尼亚、保加利亚和马其顿
非洲及拉美（6 国）	南非、摩洛哥、埃塞俄比亚、马达加斯加、巴拿马和埃及

资料来源：中国“一带一路”网 . https：//www. yidaiyilu. gov. cn/mydsjbg. htm＃p=2.

① 本节内容来自：李慧娟、董银果，中国对“一带一路”沿线国家出口农产品质量，该文正在修改完善中。

② https：//www. yidaiyilu. gov. cn/mydsjbg. htm＃p=2.

③ 东盟 10 国包括：泰国、越南、印度尼西亚、马来西亚、菲律宾、新加坡、文莱、老挝、柬埔寨和缅甸。

4.4.1 问题提出

如果一国出口增长贸易模式是动态演进的，在出口边际上体现的必然是出口增长不仅仅来自于数量边际，更多来自于扩展边际和质量边际（周晔，2015）。作者根据三元边际方法计算了中国对B&R国家农产品出口的扩展边际增长、价格边际增长和数量边际增长，虽然考察期间中国对B&R国家农产品出口的价格边际呈现出显著增长态势，并且价格边际对中国农产品出口增长贡献逐渐增强，但我们不能就此认定中国对B&R国家农产品出口的质量边际呈现出较为明显的上升趋势，并对中国农产品出口增长贡献增强。即使有些学者选用产品单位价值作为质量的代理变量（Schott，2004；Hallak，2006；李坤望，2014），但是产品价格并不是一个很好的质量代理变量。因为，将价格变化归因于产品质量，会忽视生产成本等其他非质量因素影响，导致分析结果有误。尤其是随着中国经济逐步进入新常态，生产成本的大幅攀升也会造成出口农产品价格的提升，但质量未必得到提升。据商务部调查，每年中国农产品出口因质量问题损失约40亿～90亿美元（杨路等，2016）。随着农产品出口规模的不断扩大，中国对B&R国家农产品出口结构虽有所改善，但目前仍以低附加值的初级农产品出口为主，初级农产品出口占比依然维持在60%以上。李谷成等（2019）以出口技术复杂度作为农产品出口竞争力衡量标准，对2007—2016年中国农产品出口B&R国家的技术复杂度进行测度，结果发现中国农产品出口技术复杂度虽有提升，但在B&R国家中处于中等偏下水平，依然处于全球农产品价值链“微笑曲线”的底部，反映出中国农产品出口质量和出口竞争力在B&R国家并不具有竞争优势。随着中国与B&R国家农产品贸易合作的不断加深，农产品市场竞争愈加激烈，农产品出口质量竞争力成为判定中国对B&R国家农产品出口是否具有可持续性的关键因素。考虑到中国农业进入发展新阶段所面临的一系列问题，尤其是“人口红利”逐渐消失（李谷成等，2019）、农产品生产成本的快速提升（程国强，2015），以及农业资源短缺，开发过度、污染加重、生态环境约束趋紧等问题，中国农产品出口所依托的“以量取胜”的粗放式增长模式已不具备发展的可持续性，容易造成“悲惨增长”（施炳展，2010），调整和优化农产品出口贸易结构、转变农产品出口增长方式、提升出口农产品质量迫在眉睫。Amiti 和 Khandelwal（2009）指出质量升级是一国产品成功出口，甚至经济发展的重要前提。近4年来中央1号文件都明确提出要“全面提升农产品质量和食品安全水平”。因此，在全面提升中国农产品质量的背景下，我们需要关注中国对 B&R 国家出口的农产品质量是否伴随着农产品出口规模的大幅增加而得到相应提升？对于不同农产品，出口质量演变是否存在差异？

4.4.2　测度方法述评

关于中国出口产品质量的实证研究由于受到研究数据和质量测度方法的限制，一直进展缓慢（施炳展，2013）。目前关于出口产品质量的测度，还没有规范且被广泛认可的估计方法（Hallak and Schon，2008）。现有文献采用的主要方法可归纳为：单位价值法、特定产品特征法、价格指数法、供给导向法和需求导向法。

单位产品价值法在早期研究中得到广泛应用（Hummels & Skiba，2004；Schott，2004；Hummels & Klenow，2005；Hallak，2006）。其逻辑思想为：高质量的产品一般单价也较高。该方法的优点体现在数据可获性高且简单易行，因此，在许多国内实证研究中，也普遍采用了这一方法测度贸易产品质量（施炳展，2010；武敬云，2012；龚向明，2012；李坤望，2014）。但由于产品单位价值同时包含了质量信息和非质量信息，因此直接使用单位产品价值衡量产品质量，显得有些粗糙，不够准确。特定产品特征法采用间接指标直接衡量产品质量，例如 Goldberg 和 Verboven（2001）利用汽车发动机马力、车身大小等指标作为汽车质量的代理变量，这种方法对质量的量化更科学准确，但不具有普适性，很难拓展到其他行业。还有一些学者采用出口产品技术含量或复杂度作为出口产品质量的衡量指标（Rodrik，2006；姚洋和张晔，2008），但产品技术含量或复杂度和产品质量并不等同，因为技术含量或复杂度强调的是不同产品间（across - product）的技术含量或复杂度差异，而产品质量则关注产品内（within - product）的垂直差异，反映的是在同一类产品内，不同差异化产品之间被消费者认可的程度（李坤望等，2014）。

价格指数法是单位价值法的延伸，即从产品价格出发，将其分解为3个部分，分别为经质量调整后的纯净价格指数、质量指数以及供应指数，并将出口产品质量表示为贸易净额关于纯净价格指数的方程的残差（徐美娜等，2014）。但该方法成立的重要假设之一是：当消费者面临两种等价产品时，会更青睐于来自贸易顺差国的产品。此假设还有待进一步检验，因此采用这种方法所测度的出口产品质量也有待考究（王纪元和肖海峰，2018）。供给导向法则利用出口产品生产方面信息推断产品质量。新新贸易理论认为企业的生产效率是决定企业进出口行为的重要因素，也是导致企业间产品质量差异的原因。因此，产品质量不再是外生变量，而是企业追求自身利润最大化的均衡结果。基于此，Kuglerry et al.（2012）、Feenstra 和 Romalis（2014）采用供给导向法，考虑了需求和供给两方面因素，将企业出口质量决策内生化，提供了测算出口质量的另一种分析框架，并得出生产效率越高，则产品质量越高的结论。供给导向法虽然全面考虑了需求和供给对于产品质量的影响，使得对于质量的测算更加稳健，但它是通过测度影响产品生产过程的因素来推测产品质量，而农产品的生产过程恰恰存在着诸多不可控因素，因此不适宜采用这种方法进行质量测算（王纪元和肖海峰，2018）。需求导向法是利用出口产品需求信息推断产品质量。这一方法的核心思想是，消费者的效用水平取决于消费产品的数量和质量，在价格给定的条件下，产品质量越高，消费者消费数量就越多，该种产品的市场份额就越大。该方法以 Khandelwal（2010）建立的嵌套 Logit 模型和 Khandelwal 等（2013）建立的需求结构函数模型为代表。国内诸多学者，如施炳展等（2013）和孙林等（2014）也采用这种方法对不同阶段或不同类别的中国出口产品质量进行了测度。该方法既保留了供给导向法的部分优点，又弥补了单位价值法和价格指数法的不足，因此，目前使用较为广泛。

4.4.3 模型和数据

参考 Khandelwal 等（2013）的需求残差法，测算 2000—2017 年中国对 B&R 国家农产品出口质量，以反映近年来中国对 B&R 国家农产品出口质量变动特征。

1. 产品质量模型构建

Khandelwal 等（2013）模型逻辑思想为：如果两国出口同类产品的价格相同，但市场份额不同，那么这两种产品必然存在质量差异，市场份额高的产品具有更高质量。本研究参考 Khandelwal 等（2013）模型假设消费者具有常数替代弹性：

$$U_j = \left\{ \int_{\omega \in \Omega_j} [q_{ij}(\omega) x_{ij}(\omega)]^{\frac{\sigma-1}{\sigma}} d\omega \right\}^{\frac{\sigma-1}{\sigma}} \tag{4-24}$$

式中，i 表示出口国，j 表示进口国，Ω_j 表示 j 国消费者可购买的农产品集合，q_{ij}（ω）表示 i 国对 j 国出口农产品 ω 的质量，$x_{ij}(\omega)$ 表示 j 国对 i 国农产品 ω 的需求量，σ 表示农产品的替代弹性。

通过消费者效用最大化求解，得到消费者对农产品 ω 的需求满足：

$$x_{ij}(\omega) = [q_{ij}(\omega)]^{\sigma-1} \frac{[p_{ij}(\omega)]^{-\sigma}}{P_j^{1-\sigma}} Y_j \tag{4-25}$$

$$P_j = \left\{ \int_{\omega \in \Omega_j} [p_{ij}(\omega) / q_{ij}(\omega)]^{1-\sigma} d\omega \right\}^{\frac{1}{1-\sigma}} \tag{4-26}$$

式中，P_j 表示加总农产品价格指数，$p_{ij}(\omega)$ 表示农产品 ω 的价格，Y_j 表示 j 国农产品总支出。整理式（4-25）可得：

$$x_{\omega jt} = q_{\omega jt}^{\sigma-1} \frac{p_{\omega jt}^{-\sigma}}{P_{jt}^{1-\sigma}} Y_{jt} \tag{4-27}$$

式中，$x_{\omega jt}$ 表示 t 年出口到 j 国 HS6 位码农产品 ω 的数量，$q_{\omega jt}$ 表示 t 年 HS6 位码农产品 ω 出口到 j 国的质量。按照 Khandelwal 等（2013）做法，根据式（4-27）构建计量模型，两边取对数，整理后得到：

$$\ln x_{\omega jt} + \sigma \ln p_{\omega jt} = (\sigma - 1) \ln P_{jt} + \ln Y_{jt} + (\sigma - 1) \ln q_{\omega jt} \tag{4-28}$$

进一步得到计量回归方程式：

$$\ln x_{\omega jt} = \varphi_{jt} + \varphi_{\omega} - \sigma \ln p_{\omega jt} + \varepsilon_{\omega jt} \tag{4-29}$$

由于无法获取进口国加总农产品价格指数和农产品总支出，我们使用进口国—时间二维虚拟变量 φ_{jt}，不仅可以控制仅随进口国变化的变量如地理距离和仅随时间变化的变量如汇率制度变革，同时也控制了同时随时间和进口国变化的变量，如 P_{jt} 和 Y_{jt}；φ_{ω} 表示产品固定效应，可以有效控制产品类别对产品质量的影响；$\varepsilon_{\omega jt} = (\sigma - 1) \ln q_{\omega jt}$，为包含质量数据信息的残差项；$\ln p_{\omega jt}$ 为出口农产品 ω 的价格。由此可得农产品 ω 的质量：

$$\ln \hat{q}_{\omega jt} = \frac{\hat{\varepsilon}_{\omega jt}}{\hat{\sigma} - 1} \tag{4-30}$$

考虑到不同农产品的质量水平加总经济学意义不明显，我们对式

（4-30）进行标准化处理：

$$stdq_{\omega jt}=\frac{\ln\widehat{q_{\omega jt}}-\min\ln q_{\omega jt}}{\max\ln q_{\omega jt}-\min\ln q_{\omega jt}}\times 100 \qquad (4-31)$$

式中，$\min\ln q_{\omega jt}$ 和 $\max\ln q_{\omega jt}$ 分别表示同一 HS6 位码农产品 ω 在所有进口国、所有年份质量的最小值和最大值。标准化质量指标取值范围位于0～1之间，不具有经济学意义，因而，可以在不同层面进行加总，获得整体质量，从而进行跨期、跨界面的各种比较。整体指标表示为：

$$TQ=\frac{v_{ij\omega t}}{\sum v_{ij\omega t}}stdq_{\omega jt} \qquad (4-32)$$

式中，TQ 表示总体质量，$v_{ij\omega t}$ 贸易价值量。

2. 数据来源及处理

中国对 B&R 国家农产品出口质量测度数据来源于 CEPII-BACI 数据库。分析时间跨度为 2000—2017 年，农产品研究范围为 HS01-HS24 章。因此，去掉 HS6 位编码大于等于 250000 的产品，剔除极端值（数量小于 1 的样本和出口额小于 50 美元），得到 2000—2017 年中国对“一带一路”沿线 69 个国家出口 696 种农产品的数据，数据样本总量为 143 020 个观测值。

3. 内生性处理和有效性检验

由于式（4-28）中产品价格不能直接获取，需要将出口产品的出口值除以出口量获取。考虑到价格和质量之间可能存在内生性问题，将运输成本和运输成本滞后一期作为出口农产品价格的工具变量。因为运输费用与产品价格相关但不直接影响消费者购买数量，这样做既能克服内生性问题，又能避免样本大量损失，从而保证测算结果的准确性。考虑到产品运输成本与质量之间可能相关，即可能存在“华盛顿苹果效应”，我们采用魏浩和林薛栋（2017）的做法，将各国首都到北京的距离与国际原油价格相乘作为各国产品到中国的运输成本。用于计算运输成本的首都间距离数据源于 CEPII，国际原油价格数据来自美国能源信息管理局。

在估计产品替代弹性前，对工具变量的有效性进行检验。首先运用杜宾—吴—豪斯曼检验（DWH），检验变量的内生性问题。DWH 检验结果在 1%的显著性水平上高度拒绝了内生性不存在的原假设，说明采用工具变量法估计替代弹性系数的必要性；其次，进行弱工具变量检验。运输成本和滞后一期运输成本作为工具变量，在1%的显著性水平上拒绝了Kleibergen－Paaprk LM Statistic原假设，同时不能拒绝Cragg－Donald F Statistic原假设，表明工具变量与内生变量有较强的相关性；最后，进行过度识别检验。Hansen J Statistic检验结果不能拒绝原假设，表明工具变量具有外生性。

4.4.4 出口质量的结果报告

1. 总体质量演变事实及特征

从图4－11中可以发现，中国对B&R国家农产品出口质量并没有随着出口规模的扩大而显著提升，与2000年相比，2017年出口质量仅有小幅提升，该结论与大多研究中国农产品出口质量的结论相一致（董银果和刘雪梅，2019；陈容和许和连，2018）。耿献辉和江妮（2017）同样发现，2003—2013年中国农产品出口质量水平并未随着出口额的增长而增长。中国对B&R国家农产品出口质量的演变事实与本节贸易竞争性和互补性分析所得结果基本一致。在贸易竞争性和互补性分析时发现，虽然2000—2017年中国在水产类、蔬果类、咖啡类和动植物原料出口上始终具有比较优势，但是这四种产品的比较优势都出现了不同程度的下降。这可能主要源于中国对B&R国家农产品出口质量水平不高，且提高程度不明显所致。

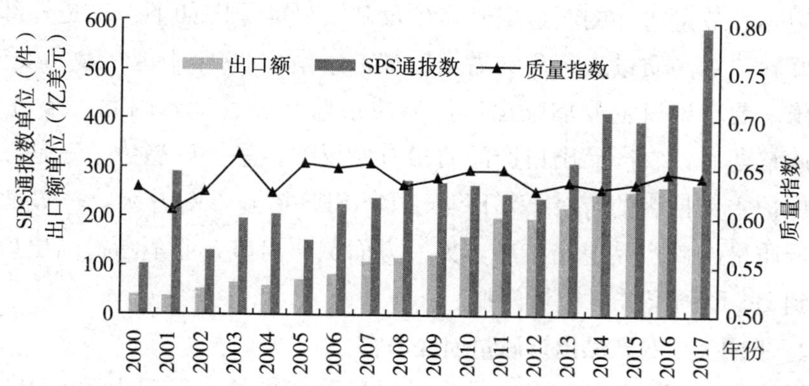

图4－11　2000—2017年中国对B&R国家农产品出口质量演变

资料来源：CEIIP－BACI数据库和WTO/SPS管理信息系统网站。

根据图4－11出口质量指数阶段性走势可知，中国农产品出口质量经历了先降后升，存在两个较为明显的演变阶段：一是2000—2012年，该阶段中国对B&R国家农产品出口质量呈现出波动中下降态势，尤其是2001年、2004年和2008年出口质量处于较低水平；二是2012—2017年，中国对B&R国家农产品出口质量表现出上升趋势。2001年和2004年中国对B&R国家出口质量显著下降，可能是由于中国刚加入WTO，农产品进入国外市场门槛降低，导致出口产品良莠不齐（董银果和刘雪梅，2019）。根据前文分析，2001—2004年中国出口扩展边际增长明显上升，以及价格边际增长显著下降，表明国际市场进入门槛的降低，导致一些低质产品加入出口行列，造成中国对B&R国家农产品出口质量的下降。2008年中国对B&R国家农产品出口质量有所下滑，原因主要基于以下两点：①由于受全球金融危机影响，国际市场需求低迷，对于农产品出口企业而言，产品市场和资本市场都面临外部冲击，盈利能力下降，资金短缺，在提高出口农产品质量方面创新动力不足（陈容和许和连，2018；杨汝岱，2015）；②金融危机的暴发，造成主要农产品进口国家经济发展缓慢，居民收入水平下降，对高质量农产品的需求减少。与2005年和2007年相比，2008年中国对B&R国家出口扩展边际、价格边际和数量边际增长均明显下降，也能反映出金融危机对中国对B&R国家农产品出口质量和数量的影响。之后，出口农产品质量在2012年之后得到小幅提升，这种演变也可以从2012—2017年中国对B&R国家农产品出口价格边际、扩展边际和数量边际的明显提升得到反映。可能原因如下：一是外部需求形势好转，对高质量农产品的需求增加。二是2009年中国《食品安全法》的实施，要求出口企业加强出口产品质量监督和管理，因此，经过2～3年的调整期后，农产品出口产品质量有所反弹，呈上升趋势。三是在全球贸易保护主义抬头的背景下，B&R国家SPS措施不断升级，一方面迫使中国低质量出口产品退出市场，另一方面倒逼出口企业不断提高出口质量以达到B&R国家进口质量门槛。

2. 不同类型农产品出口质量演变事实

根据表4-14各种类农产品出口质量演变指数，发现中国对B&R国家农产品出口质量比较稳定，波动幅度不大。因此，基于表中出口质量指数均值，结合董银果和刘雪梅（2019）质量指数分类方法，将出口农产品质量分成三个等级：第一类是优质产品，该类产品出口质量安全水平较高，出口产品质量指数均值大于 0.8；第二类是中等品，该类产品出口质量安全水平居中，出口产品质量指数均值位于 0.4～0.8；第三类是低质品，该类产品出口质量安全水平较低，出口产品质量指数均值小于 0.4。总体而言，中国对 B&R 国家出口谷物（HS10）和饲料（HS23）为优质品，出口质量保持着“高且稳”的演变趋势；中国对 B&R 国家出口的大多类农产品属于中等质量级别，其中包括中国对 B&R 国家出口的主要农产品类别，如蔬果类、水产类和油籽类；中国对 B&R 国家出口的低质产品主要包括 HS09 咖啡类（0.355）、HS18 可可类（0.326）、HS13 乳胶、树胶类（0.395），以及 HS11 制粉工业产品类（0.014），除了咖啡类，考察期内，其他三种产品出口质量均出现不同幅度下滑。

表 4-14　2000—2017 年中国对 B&R 国家农产品出口质量演变

产品类别	农产品出口质量指数							均值	年均增长率（%）
	2000 年	2003 年	2006 年	2009 年	2012 年	2015 年	2017 年		
HS01	0.575	0.593	0.594	0.593	0.594	0.594	0.594	0.593	0.190
HS02	0.614	0.612	0.616	0.613	0.613	0.615	0.619	0.613	0.045
HS03	0.668	0.7	0.699	0.695	0.697	0.699	0.702	0.694	0.292
HS04	0.701	0.705	0.705	0.703	0.704	0.704	0.706	0.703	0.041
HS05	0.519	0.534	0.536	0.535	0.535	0.535	0.535	0.534	0.177
HS06	0.529	0.525	0.527	0.526	0.527	0.526	0.526	0.526	−0.040
HS07	0.701	0.717	0.721	0.718	0.718	0.720	0.724	0.718	0.188
HS08	0.601	0.617	0.622	0.618	0.618	0.620	0.624	0.618	0.218
HS09	0.344	0.352	0.355	0.356	0.355	0.354	0.351	0.355	0.107
HS10	0.958	0.994	0.992	0.988	0.990	0.992	0.997	0.988	0.235
HS11	0.014	0.006	0.013	0.016	0.013	0.011	0.004	0.014	−6.461
HS12	0.760	0.788	0.787	0.785	0.787	0.787	0.788	0.785	0.213
HS13	0.402	0.392	0.395	0.396	0.395	0.394	0.392	0.395	−0.147
HS14	0.559	0.578	0.579	0.578	0.579	0.578	0.577	0.577	0.183
HS15	0.601	0.600	0.601	0.600	0.601	0.600	0.599	0.601	−0.015
HS16	0.646	0.668	0.668	0.666	0.667	0.668	0.669	0.666	0.202
HS17	0.619	0.636	0.639	0.636	0.637	0.638	0.642	0.636	0.220
HS18	0.336	0.322	0.326	0.327	0.326	0.324	0.321	0.326	−0.264
HS19	0.679	0.702	0.702	0.701	0.702	0.702	0.702	0.700	0.203

（续）

产品类别	农产品出口质量指数							均值	年均增长率（%）
	2000年	2003年	2006年	2009年	2012年	2015年	2017年		
HS20	0.551	0.569	0.570	0.569	0.569	0.569	0.569	0.568	0.185
HS21	0.709	0.734	0.734	0.732	0.733	0.734	0.735	0.732	0.206
HS22	0.475	0.488	0.490	0.490	0.490	0.489	0.488	0.489	0.166
HS23	0.807	0.837	0.835	0.832	0.834	0.835	0.837	0.832	0.217
HS24	0.454	0.469	0.470	0.471	0.470	0.469	0.467	0.469	0.158
质量阶梯	0.944	0.988	0.979	0.972	0.977	0.981	0.992	0.974	

资料来源：作者基于CEIIP-BACI数据库数据，参考Khandelwal等（2013）需求残差法，整理计算所得。

从中国对B&R国家农产品出口的质量阶梯变动演变，以及出口质量年均增速来看，考察期间，中国对B&R国家各类农产品出口质量虽有波动，但波动幅度较小，整体上保持着稳定的态势。具体而言，对于大多种类农产品而言，出口质量均有小幅提升，但均未改变产品质量所属等级。相对而言，出口质量提升速度最大的是水产品（HS03），年均增速为0.292%，其次为HS10谷物类（0.235%）、HS17糖类（0.22%），HS08水果类（0.218%），以及HS12油籽类（0.213%）。中国出口农产品质量下降最为明显的是HS11制粉工业产品类（−6.461%）和HS18可可类产品（0.264%），其中HS11考察期内质量波动较为频繁，尤其是2016—2017年出口质量急速下滑（表4-14）。

针对中国对B&R国家出口的主要产品蔬果类（HS07、HS08和HS20）、水产类（HS03）和油籽类（HS12）进行分析，发现2003年之后，中国对这几类产品的出口质量整体比较平稳，2011年之后水产品、蔬菜、水果和油籽类产品出口质量有小幅提升，而果蔬制品出口质量出现小幅下滑（图4-12）。与2000年相比，2017年中国水产品（HS03）出口质量上升幅度最大，为5.08%，而蔬菜（HS07）、水果（HS08）和油籽类（HS12）出口质量增幅比较接近，分别为3.78%、3.61%和3.69%，蔬果制成品（HS20）增幅最小，为3.19%。

3. 中国对不同出口市场质量演变事实

根据中国对B&R国家农产品出口质量指数，中国出口到不同B&R

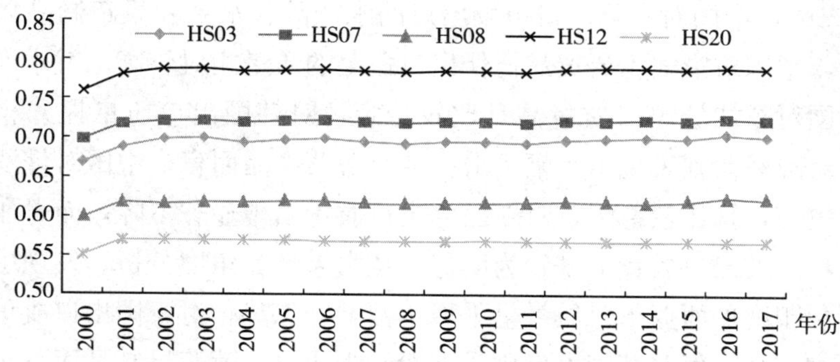

图 4-12　2000—2017 年中国对 B&R 国家主要出口产品质量演变

资料来源：作者基于 CEIIP-BACI 数据库数据整理计算所得。

国家的农产品质量存在差异。我们从最近几年中国对 B&R 国家农产品出口额排名前 15 的国家中选取 10 个主要国家进行研究。从表 4-15 可以看出，考察期间中国对主要贸易伙伴农产品出口质量均有提升（马来西亚除外），其中，对俄罗斯、菲律宾和韩国出口质量提升幅度较大，接近 6%，而对新西兰和阿联酋农产品出口质量提升幅度最小，增长率仅为 1%左右。从对各国农产品出口质量指数来看，中国对俄罗斯、越南和泰国出口的质量水平最高，对新西兰和阿联酋农产品出口质量相对较低，而对菲律宾、新加坡、马来西亚、印度尼西亚，以及韩国农产品出口质量水平较高。

表 4-15　2000—2017 年中国对 B&R 主要出口国家农产品出口质量演变

国家	2000	2003	2006	2009	2012	2015	2017	均值	增长率（%）
韩国	0.669	0.705	0.704	0.701	0.702	0.703	0.707	0.701	5.61
印度尼西亚	0.683	0.719	0.718	0.715	0.716	0.718	0.722	0.715	5.70
菲律宾	0.716	0.729	0.727	0.724	0.726	0.734	0.730	0.726	2.00
新加坡	0.709	0.723	0.721	0.718	0.719	0.721	0.725	0.720	2.36
越南	0.910	0.936	0.932	0.927	0.929	0.932	0.941	0.930	3.39
泰国	0.901	0.925	0.911	0.916	0.918	0.921	0.930	0.918	3.23
马来西亚	0.728	0.723	0.726	0.727	0.721	0.715	0.710	0.720	−1.04
新西兰	0.526	0.532	0.532	0.530	0.530	0.531	0.532	0.530	1.10
俄罗斯	0.937	0.987	0.984	0.979	0.981	0.984	0.992	0.980	5.82
阿联酋	0.579	0.589	0.587	0.585	0.586	0.586	0.586	0.585	1.32

资料来源：作者基于 CEIIP-BACI 数据库数据整理计算所得。

就中国对沿线主要农产品出口国出口的主要农产品质量演变来看

（表4-16），中国对主要出口市场出口的水产品、水果和果蔬制品质量比较接近，中国对沿线主要贸易伙伴出口蔬菜的质量相对较高。就水产品而言，中国对新加坡出口质量高且比较稳定，对韩国出口质量提升相对较大，但对阿联酋则表现出小幅下滑。针对蔬菜产品而言，中国对俄罗斯出口质量较高，且比较稳定，对新西兰出口质量出现显著下降，而对印度尼西亚和新加坡出口质量上升较为明显。从水果产品角度分析，发现中国对俄罗斯和印度尼西亚出口质量呈平稳小幅上升态势，对泰国出口质量波动幅度相对较高，而对韩国出口质量下滑较为明显；就蔬果制品而言，中国对印度尼西亚、韩国、马来西亚、俄罗斯和阿联酋出口质量下滑趋势明显，对泰国、越南和新加坡出口质量最为稳定，而对菲律宾出口质量提升幅度最大。

表4-16　2000—2017年中国对沿线主要贸易伙伴出口的主要农产品质量演变

国家	水产			蔬菜			水果			蔬果制品		
	2000	2017	均值	2000	2017	均值	2000	2017	均值	2000	2017	均值
印度尼西亚	0.555	0.550	0.539	0.647	0.654	0.651	0.503	0.528	0.528	0.550	0.510	0.518
韩国	0.491	0.551	0.546	0.657	0.652	0.591	0.597	0.477	0.515	0.550	0.509	0.513
马来西亚	0.551	0.549	0.549	0.655	0.645	0.650	0.597	0.547	0.521	0.550	0.509	0.512
新西兰	0.547	0.509	0.515	0.651	0.498	0.579	0.594	0.516	0.520	0.558	0.510	0.513
菲律宾	0.546	0.554	0.540	0.654	0.651	0.650	0.539	0.514	0.523	0.510	0.587	0.522
俄罗斯	0.546	0.549	0.540	0.656	0.651	0.652	0.498	0.530	0.531	0.551	0.508	0.514
新加坡	0.550	0.548	0.550	0.654	0.661	0.650	0.597	0.542	0.523	0.510	0.509	0.514
越南	0.550	0.548	0.545	0.655	0.649	0.649	0.539	0.526	0.528	0.508	0.510	0.512
泰国	0.548	0.550	0.546	0.652	0.667	0.649	0.539	0.553	0.513	0.510	0.510	0.509
阿联酋	0.548	0.494	0.522	0.646	0.653	0.646	0.516	0.498	0.527	0.550	0.510	0.508

资料来源：作者基于CEIIP-BACI数据库数据整理计算所得。

总之，中国对B&R国家农产品出口质量总体呈上小幅上升态势，但针对不同产品、不同出口市场存在一定差异性。从主要出口产品种类视角分析，发现中国出口水产品、蔬菜和水果质量演变趋势基本一致，总体呈上升态势，尤其是2011年之后，上升趋势比较明显，其中，中国对B&R国家油籽类和蔬菜类出口质量较高。对于水产品而言，中国对新加坡出口质量高且比较稳定；就蔬菜类而言，中国对俄罗斯出口质量比较高，而对新西兰出口质量明显下滑；对于水果类，中国对俄罗斯出口质量高，且稳中有升，对韩国出口质量出现小幅下滑，而对泰国出口质量波动较为明显。就蔬果制品而言，中国对泰国、越南和新加坡出口的质量最为稳定，而对菲律宾出口质量提升幅度最大，但是由于中国对印度尼西亚、韩国、马来西亚、俄罗斯和阿联酋品出口质量下滑趋势明显，导致 2011 年之后，中国对 B&R 国家蔬果类制品出口质量有所下降。

4.4.5　结论与政策含义

本节采用 Khandelwal 等（2013）需求残差法，测算 2000—2017 年中国对 B&R 国家农产品出口质量，并分析中国对 B&R 国家农产品出口质量变动典型事实，结果发现中国对 B&R 国家农产品出口质量表现为先降后升的特征，并且针对不同产品、不同出口市场存在一定差异性。从主要出口产品种类视角分析，发现中国出口的水产品、蔬菜和水果质量演变趋势基本一致，总体呈上升态势，尤其 2011 年之后，提升趋势比较明显，而中国对 B&R 国家蔬果类制品出口质量总体比较稳定，但由于中国对印度尼西亚、韩国、马来西亚、俄罗斯和阿联酋品出口质量下滑趋势明显，导致 2011 年之后，中国对 B&R 国家蔬果类制品出口质量有所下降。

基于以上的研究结论，本研究认为中国应通过加大科研创新投入，在“干中学”和技术创新作用下，不断提升出口产品质量水平，提高农产品生产过程的规范化管理和生产过程透明度，增强出口产品在 B&R 国家市场上的竞争力，并且通过技术溢出效应带动整个农业产业链的质量升级。对于出口质量相对落后的产品而言，应在遵从能力和遵从资源允许的情况下，要敢想敢干、勇于创新，全力推进出口产品质量提升。对于出口处于质量前沿的农产品而言，要有危机意识，在遵从 B&R 国家 SPS 措施前提下，强化技术创新，以更高层次的企业标准、行业标准、国家标准和国际标准要求自己，维护其在农产品贸易中的竞争优势。

4.5　中国农产品出口增长的动力来源与转换①

农产品出口是中国农业发展的重要引擎，而保持农产品出口的可持续

① 来自：刘雪梅、董银果．“数量”、“质量”抑或“性价比”：中国农产品出口增长动力探究[J]．国际贸易问题，2019（11）：100－115.

增长则必须根据国际、国内环境的变化调整出口驱动力。本节将采用2000—2017年中国对美国农产品出口HS十分位数据，探讨中国农产品的出口动力源泉。从静态和动态的三元边际视角出发，采用核密度估计方法探讨中国农产品出口到底是受数量边际的驱动还是价格边际、扩展边际的驱动？到底什么才是中国农产品出口增长的动力源泉？

4.5.1 引言

中国是世界第一大农产品生产国，也是重要的出口国。农产品出口增长对解决农民就业与增收、调整贸易结构、优化农业资源配置发挥着巨大作用，在中国经济发展中具有不可替代的战略地位（程国强，2004）。考察2000年以来中国农产品的出口现状，一方面体现为规模的扩大化、多元化和平稳化。如2017年中国农产品出口占世界农产品出口的比重较2000年提高近2个百分点，现已跃居世界第五大农产品出口国；HS六分位产品层面的贸易广度较大（582），出口地区集中度（66.27%）和出口产品集中度（29.47%）较低，2008—2009年国际金融危机期间，出口增长仅减少了2.65%[①]，表现出较强的稳定性。另一方面则体现为出口频频因为质量问题遭遇进口国的通报、扣留和拒绝，出口增速放缓。加入WTO以来，中国农产品出口在发达国家的通报、扣留和拒绝名单中常年位居榜首，以欧盟为例，2014—2016年中国遭遇欧盟食品和饲料类快速预警系统（RASFF）[②] 的通报数分别为417、394、254，远高于其他国家；2017年中国农产品因标准与合格评定程序等技术性贸易措施受阻批次分别占总批次的32.24%和31.01%；自2004年中国农产品贸易进入逆差常态化以来，中国农产品的进口增速不断提高，而2009—2017年间的出口增速较2000—2008年间下降近9个百分点，出口增长放缓明显。因此，探究中国农产品出口的增长动力，一方面，可根据动力之源，因势利导，发挥比较优势，提高出口创汇并增加农民收益；另一方面，需依据国际、国内贸易环境的变化，创造比较优势，促进农产品出口的持续稳定增长。这一问题的研究在当前环境下更具重要意义，一是WTO成立以来的首轮

---

① 根据UNcomtrade数据计算。

② https：//ec. europa. eu/food/safety/rasff _ en.

谈判——多哈回合中途流产，农产品领域的贸易开放裹足不前，而且金融危机以来，尤其是近3年来，国际上出现新的贸易保护思潮，这为农产品出口增长带来新挑战；二是中国人口近14亿，农业资源相对稀缺，农产品出口经历了十余年的数量扩张，可持续发展面临资源、环境的限制性约束，必须寻找新的出口动力、转变增长模式。

以往学者关于产品出口增长动力的研究主要分为两类。第一类从宏观层面出发，主要基于恒定市场模型（Constant Market Share，CMS）（Tyszynsk，1951）和改进的恒定市场模型（Jepma，1988），探讨产品出口增长的影响因素。采用这一方法的研究显示，中国农产品出口主要受市场需求效应和出口竞争力效应的影响（耿晔强，2010；赵亮和穆月英，2012），即国际农产品不断扩大的市场需求和中国农产品生产过程中相对低廉的投入要素价格共同促进了中国农产品的出口增长。这类研究大多存在的缺陷是忽略了微观产品层面或企业层面某些特定因素的影响，尤其是不能评估产品质量升级对出口增长的贡献。另一类研究主要从微观层面出发，就理论而言，古典和新古典贸易理论认为，产品是不存在水平差异和垂直差异的同质产品，出口增长动力主要源自数量扩展，这对农产品出口增长来说亦是如此。以Krugman（1979）为代表的水平产业内贸易理论学者强调贸易广度对出口增长的作用，且该结论在国家、企业和产品层面均成立（Melitz，2003；Helpmanetal，2008；Bernard，2009）；以Armington（1969）、Flam和Helpman（1987）为代表的垂直产业内贸易理论学者则讨论了出口产品质量间的差异问题，采用价格指数[①]衡量出口产品的质量变化，并论证了产品质量与一国出口增长间的相关关系；而随着新新贸易理论的兴起，Feenstra（2018）将贸易增长动力概括为产品种类的扩张、竞争导致的产品价格加成下降（即专业化生产）以及自选择导致产品或企业的优胜劣汰，且它们在促进出口增长中的贡献各有千秋。具体来说，当一国出口产品日益多样化时，世界对该国产品的需求曲线向外移动（耿献辉等，2014），该国贸易条件改善，出口价值量上升；当一国出口增长过度依赖于专业化生产时，长期低价位的出口增长容易遭受进口

① 在出口产品质量不能直接测度的情况下，学者们将价格作为质量的代理变量，并将价格所驱动的出口增长定义为质量边际。

国贸易壁垒，诱发该国国内环境资源枯竭等一系列问题，造成“悲惨增长”（施炳展，2010）；而当一国出口质量不能及时提升时，随着生产要素价格的上涨和生态环境的制约，出口贸易将有下降趋势（李小平等，2015）。就方法论而言，基于新贸易理论和新新贸易理论对出口增长动力的探讨主要基于出口边际方法展开（Hummels and Klenow，2005）。针对中国农产品出口增长动力的三元边际分析发现，数量边际作用要大于质量边际和广延边际，如针对分类农产品（成敦杰，2014），或针对中国出口至特定区域或国家农产品（杨逢珉和李文霞，2015）的出口增长研究；张玉娥和朱晶（2015）从三元差额视角解释中国对日农产品贸易顺差现象，同样指出数量边际的作用最大，以上研究均从不同视角指出中国农产品的出口增长动力主要来自数量边际。而颜小挺和祁春节（2016）的研究发现，中国农产品的增长讨论是质量边际驱动型还是数量边际驱动型取决于出口对象国，说明选取合理有效的目的国，对科学研究出口增长动力、设定出口增长模式存在显著的必要性。另外，近些年，受贸易保护主义思潮的影响，虽然贸易便利化（孙林和倪卡卡，2013）、贸易制度（鲍晓华和严晓杰，2014）、贸易伙伴国生产效率（耿献辉等，2014）、收入差距（谭晶荣等，2015）以及SPS措施（董银果和黄俊闻，2018）等贸易层面因素的影响作用日益突出，但尚不构成一国农产品出口增长的根本动力。

以上文献从静态视角对中国农产品出口进行了较广泛的探索，却忽略了对不同阶段出口动力的准确评判，而且针对出口顺差国三元边际的研究，并不太符合中国农产品出口的整体现状。本节将中国农产品贸易的主要逆差国——美国①作为对象国，以美国从世界各国进口的高分位农产品贸易数据为基础展开研究。首先，考虑到美国作为世界农产品消费大国，需求旺盛，农产品对外开放度较大，2016年农产品进口的简单平均最惠国税率为6.8%，低于欧盟（7.8%）和日本（11.7%）等国；其次，随着美国市场对中国产品的开放，2000—2017年中国农产品对美出口提高了3个百分点，而对日出口却下降了20个百分点，美国现已成为继日本、中国香港之后的中国农产品第三大出口目的地；再次，如表4-17所示，观察期内，中国对美农产品出口总额和种类的增速实现“双增长”，均高

① 2017年逆差达131亿美元，占中国农产品逆差的近1/3。

于世界总体水平，但出口种类的低增速（3.50%）与出口额的高增速（10.04%）形成鲜明对比；最后，中国水产品[①]出口价格仅为世界平均水平的 1/2，贸易条件不断恶化。诸多经验事实不仅表明中国农产品粗放型的出口增长模式，也为进一步探究中国农产品出口动力提供了丰富素材。

表 4-17 2000—2017 年对美农产品的出口增长

年份	全部农产品				HS03 水产品			
	中国总额（万美元）	世界总额（万美元）	中国种类（个）	世界种类（个）	总额（万美元）	数量（万）	单价（美元）	单价比（中国/世界）
2000	141 842	824	2.66%	3.65%	51 954	16 448	3.16	0.52
2001	151 809	833	2.83%	3.63%	54 888	16 332	3.36	0.59
2002	191 917	937	3.38%	3.85%	67 875	22 007	3.08	0.57
2003	246 324	972	3.94%	3.89%	89 422	28 277	3.16	0.57
2004	289 863	1 023	4.19%	4.08%	95 687	31 487	3.04	0.55
2005	336 587	1 091	4.44%	4.33%	108 798	34 449	3.16	0.56
2006	433 250	1 121	5.11%	4.43%	142 506	41 189	3.46	0.58
2007	498 748	1 174	5.44%	4.54%	154 980	43 280	3.58	0.59
2008	565 218	1 092	5.59%	4.33%	170 271	42 731	3.98	0.63
2009	490 537	1 089	5.45%	4.39%	156 331	42 107	3.71	0.63
2010	573 620	1 120	5.60%	4.41%	180 838	45 837	3.95	0.61
2011	662 893	1 138	5.38%	4.38%	202 887	44 965	4.51	0.62
2012	718 712	1 206	5.58%	4.43%	195 365	43 810	4.46	0.64
2013	710 424	1 175	5.42%	4.29%	195 742	44 952	4.35	0.57
2014	713 941	1 186	5.10%	4.30%	210 115	45 103	4.66	0.56
2015	692 106	1 187	4.94%	4.16%	190 136	43 055	4.42	0.59
2016	684 910	1 224	4.82%	4.17%	184 092	42 679	4.31	0.57
2017	721 627	1 283	4.77%	4.25%	195 191	42 543	4.59	0.55
年均增速	10.04%	2.64%	3.50%	0.89%	8.10%	5.75%	2.22%	0.33%

数据来源：美国人口普查局以及 Schott 个人网站公布的美国进出口贸易数据。

基于以上现状和文献的思考，本节试图进一步探究以下问题：在数量扩大、价格低廉、质量改善中，中国农产品出口增长动力究竟是什么？存

① 中国对美出口的第一大农产品。

在阶段性变化吗？什么样的模式才是中国农产品可持续出口增长的最佳选择？可能在以下方面有所贡献：①采用三元边际方法从静态和动态视角系统分析中国农产品出口增长的动力来源，从经验层面探讨加入WTO以来中国农产品出口增长动力的贡献变化；②考虑到出口农产品存在的多种竞争模式，以及价格指数诠释产品质量存在的诸多缺陷，本节首次将性价比指数引入农产品出口增长领域；③选用HS十分位商品编码贸易数据，可大大弥补单类—低分位农产品商品编码弱化广延边际作用的弊端。

4.5.2 中国农产品出口增长动力的静态分析

出口增长动力的边际分析，最初从广延边际和集约边际二维角度展开（Hummels and Klenow，2005），计算框架为：

$$S_{Jt}=\frac{M_{ct}}{M_{rt}}=\frac{\sum_{j\in N_{ct}}M_{cjt}}{\sum_{j\in N_{rt}}M_{rjt}}=\frac{\sum_{j\in N_{ct}}M_{rjt}}{\sum_{j\in N_{rt}}M_{rjt}}\times\frac{\sum_{j\in N_{ct}}M_{cjt}}{\sum_{j\in N_{ct}}M_{rjt}}=E_{Jt}\times I_{Jt} \tag{4-33}$$

其中，S_{Jt}代表t期J大类农产品总的出口占比，c和r分别代表对象国和参考国，本节将参考国定义为整个世界，M_{ct}和M_{rt}分别代表c国和世界向同一国家（美国）出口商品的贸易额，即$M_{cjt}=p_{cjt}\times x_{cjt}$，$M_{rjt}=p_{rjt}\times x_{rjt}$，$N_{ct}$和$N_{rt}$分别代表$c$国和世界向同一国家出口商品的集合。广延边际（$E_{Jt}$）测度的是$c$国出口重叠产品贸易额占世界总贸易额的比重，该指标越大，说明c国和世界出口产品种类的重叠程度越高，即产品广度越大；集约边际（I_{Jt}）测度的是在重叠产品中，c国出口占世界出口到同一国家的比重，该指标越大，说明c国在同类产品中实现了更多的出口，即产品深度越大。

三元边际在二元边际的基础上进一步将出口增长分解成产品广度、产品质量（价格）以及产品数量三个维度：

$$S_{Jt}=E_{Jt}\times I_{Jt}=E_{Jt}\times P_{Jt}\times X_{Jt} \tag{4-34}$$

其中，$P_{Jt}=\prod_{j\in N_{ct}}\left(\frac{p_{cjt}}{p_{rjt}}\right)^{\omega_{jt}}$和$X_{Jt}=\prod_{j\in N_{ct}}\left(\frac{x_{cjt}}{x_{rjt}}\right)^{\omega_{jt}}$分别代表产品质量（价格）指数和产品数量指数，而权重变量ω_{jt}可通过下式计算获得：

$$\omega_{jt}=\frac{\left(\frac{\phi_{cjt}-\phi_{rjt}}{\ln\phi_{cjt}-\ln\phi_{rjt}}\right)}{\sum_{j\in N_{ct}}\frac{\phi_{cjt}-\phi_{rjt}}{\ln\phi_{cjt}-\ln\phi_{rjt}}} \tag{4-35}$$

其中，$\phi_{cjt}=\frac{p_{cjt}\times x_{cjt}}{\sum_{j\in N_{ct}}p_{cjt}\times x_{cjt}}$，$\phi_{rjt}=\frac{p_{rjt}\times x_{rjt}}{\sum_{j\in N_{ct}}p_{rjt}\times x_{rjt}}$ 分别代表 t 期 c 国和世界出口 j 产品占 J 类农产品的比重。

为进行以国家为单位的出口整体分析，需要将不同产品进行加总，具体步骤如下：

$$E_t=\prod_{J\in\Omega}(E_{Jt})^{\alpha_J},I_t=\prod_{J\in\Omega}(I_{Jt})^{\alpha_J},P_t=\prod_{J\in\Omega}(P_{Jt})^{\alpha_J},X_t=\prod_{J\in\Omega}(X_{Jt})^{\alpha_J} \tag{4-36}$$

其中，α_J 表示一国 J 类产品的出口比重。

为进行以时间为单位的跨期核密度估计，又将公式（4－36）进行如下变形：

$$S_{t+s}=S_t\times\frac{E_{t+s}}{E_t}\times\frac{P_{t+s}}{P_t}\times\frac{X_{t+s}}{X_t} \tag{4-37}$$

1. 总体分析

表4－18从静态角度汇总了2000—2017年中国对美农产品出口的三元边际。总体来看，2017年的广延边际为0.736，集约边际为0.121（其中，质量边际为1.005，数量边际为0.120），意味着世界各国进入美国市场的产品中有近74%面临中国产品种类的竞争，近12%的竞争是来自同一类别产品的质量或数量竞争；广延边际以0.84%的年均增速波动上升，而集约边际从2000年的0.086增至2017年的0.121，年均增速为1.98%，表明中国对美农产品出口增长主要来自集约边际贡献。进一步来说，总体观察期内质量边际呈现微弱的上升趋势，但基本保持在1左右，说明中国农产品出口质量处于世界平均水平；数量边际呈现“先上升、再下降”的波动趋势，以2008年为分界线，2000—2008年间实现了1.96倍的急剧增长，而经过金融危机的重新洗牌，2009年以来世界经济增长进入放缓期，中国出口贸易数量边际增速也出现急速下滑，降幅达25%。总体而言，观察期间，中国对美农产品出口增长集约边际增速远大于广延边际增速，尤其是数量边际增速最快。

表 4-18　中国对美农产品出口的广度、质量和数量

年份	E_t	I_t		
		$p_t \cdot x_t$	p_t	x_t
2000	0.638	0.086	0.974	0.089
2001	0.615	0.092	0.989	0.093
2002	0.633	0.104	0.978	0.106
2003	0.675	0.116	0.944	0.123
2004	0.662	0.125	0.947	0.132
2005	0.661	0.134	0.984	0.136
2006	0.696	0.134	0.966	0.139
2007	0.683	0.156	0.969	0.161
2008	0.653	0.171	0.984	0.174
2009	0.688	0.157	0.981	0.160
2010	0.681	0.165	0.992	0.166
2011	0.686	0.160	1.003	0.160
2012	0.677	0.168	1.028	0.163
2013	0.686	0.154	1.006	0.153
2014	0.642	0.150	1.009	0.148
2015	0.689	0.136	1.018	0.134
2016	0.678	0.132	1.010	0.131
2017	0.736	0.121	1.005	0.120
均值	0.671	0.137	0.988	0.138
年均增速	0.84%	1.98%	0.18%	1.80%

注：E_t、I_t、p_t、x_t 分别代表着出口的广延边际、集约边际、质量边际和数量边际。

2. 出口增长贡献的因素模拟

本节采用核密度估计方法，通过公式（4-37），绘制并分析了种类、数量和质量对于出口增长的贡献：①单因素模拟结果显示，2000—2017年间，广延边际、质量边际、数量边际模拟分布图与实际分布图均存在较大差异①，其中，质量边际虽可以在5%的显著性水平下接受原假设，但却无法通过稳健性检验，说明任何单一因素都不能解释中国农产品的出口

① 限于篇幅，单因素模拟试验结果不再赘述，备索。

增长变化；②双因素模拟结果显示，2000—2017 年间，广延—质量边际［图 4-13（a)］、广延—数量边际［图 4-13（b)］的 K-S 检验在 5%的置信度下均拒绝了原假设，说明以上两种因素的组合均不能解释中国农产品的出口增长变化；而质量—数量边际［图 4-13（c)］在 89.3%的概率上接受原假设，模拟分布图与实际分布图具有较高的拟合度，说明加入 WTO 以来中国农产品的出口增长通过质量—数量边际作用，诠释了 2017 年 89.3%的增长现实，而广延边际作用微乎其微。该结果与施炳展（2010）所指出的 1995—2004 年间中国出口增长主要是广延—数量边际共同作用的结果有出入，原因在于农产品出口广延边际受自然要素禀赋的影响较大，同时，在考察期内（2000—2017 年间），中国农产品的出口种类日渐完善，广延边际贡献逐渐弱化符合中国农产品的贸易现状。核密度估计方法的因素模拟结果显示，中国整体农产品出口增长是质量—数量边际共同作用的结果。

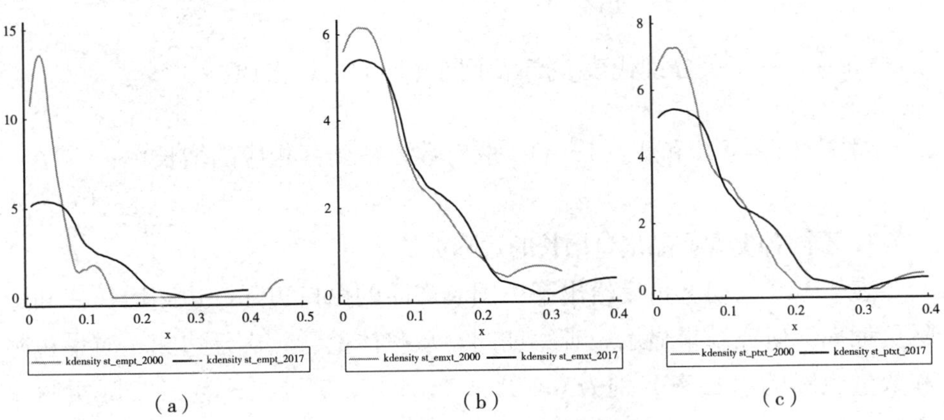

图 4-13　出口贸易增长分阶段的双因素模拟图

4.5.3　中国农产品出口增长动力的动态分析

考虑到国内外环境的变化，农产品在不同阶段出口增长有起有落，同样，不同阶段的增长动力也存在波动和转换现象。本节借鉴 Shi（2011）和 Gao（2014）从动态角度将出口增长率分解为产品的广延边际、质量边际和数量边际，并测算三元边际对中国出口增长的贡献率，计算公式如下：

$$S=\frac{\sum_{j\in\Omega_{t+s}}M_{jt+s}}{\sum_{j\in\Omega_t}M_{jt}}=\left(\frac{\sum_{j\in\Omega_{t+s}}M_{jt+s}}{\sum_{j\in\Omega_c}M_{jt+s}}\middle/\frac{\sum_{j\in\Omega_t}M_{jt}}{\sum_{j\in\Omega_c}M_{jt}}\right)\times\frac{\sum_{j\in\Omega_c}M_{jt+s}}{\sum_{j\in\Omega_c}M_{jt}}=E\times I \tag{4-38}$$

其中，$\Omega_c=\Omega_t\cap\Omega_{t+s}$，$E$ 代表广延边际，I 代表集约边际，且 I 进一步可分解为质量边际和数量边际，如下式所示：

$$I=\frac{\sum_{j\in\Omega_c}M_{jt+s}}{\sum_{j\in\Omega_c}M_{jt}}=\frac{\sum_{j\in\Omega_c}p_{jt+s}\times x_{jt+s}}{\sum_{j\in\Omega_c}p_{jt}\times x_{jt}}=\prod_{j\in\Omega_c}\left(\frac{p_{jt+s}}{p_{jt}}\right)^{\omega_j}\times\prod_{j\in\Omega_c}\left(\frac{x_{jt+s}}{x_{jt}}\right)^{\omega_j} \tag{4-39}$$

其中，$\omega_{j\in\Omega_c}=\frac{\left(\frac{\phi_{jt+s}-\phi_{jt}}{\ln\phi_{jt+s}-\ln\phi_{jt}}\right)}{\sum_{j\in N_{ct}}\frac{\phi_{jt+s}-\phi_{jt}}{\ln\phi_{jt+s}-\ln\phi_{jt}}}$，而 $\phi_{jt+s}=\frac{p_{jt+s}\times x_{jt+s}}{\sum_{j\in J}p_{jt+s}\times x_{jt+s}}$，$\phi_{jt}=\frac{p_{jt}\times x_{jt}}{\sum_{j\in J}p_{jt}\times x_{jt}}$ 分别代表 j 产品不同时期的出口占比。

对式（4－38）和式（4－39）取对数，得到其相应的增长率：

$$g_S=g_E+g_{pt}+g_{xt} \tag{4-40}$$

1. 不同种类农产品出口增长的边际贡献

表 4－19 从动态角度给出了中国农产品的出口边际、边际增长率和边际贡献率。研究结果显示，观察期间，从整体上看，广延边际、质量边际和数量边际的增长率分别为 0.42%、3.19%、5.96%；数量边际贡献率最高（62.29%），其次是质量边际（33.30%），广延边际最低（4.40%），故从动态角度看，中国整体农产品印证了静态分析的结论，中国农产品的出口增长动力主要源自数量边际贡献。从产品角度看，考虑到不同加工程度、不同要素禀赋农产品出口边际的作用不同，本节针对 HS 二分位商品编码的分析发现：中国对美出口的八类农产品[①]中，消费者导向型农产品[②]和

① 该八类农产品占 2017 年中国对美农产品出口占比的 70.54%，具有很强的代表性。

② 根据 USDA 全球农业贸易系统（Global Agricultural Trade System Online）对农产品的 BICO 分类标准，农产品可以分为：大宗农产品、中间农产品、消费者导向农产品和其他相关农产品（主要涵盖水产品）。

大宗农产品出口增长的贡献主要来自数量边际，如HS07蔬菜类、HS12子仁及果实、HS16水产制品类、HS20果蔬制品类、HS21杂项食品类、HS23工业食品类，它们的数量边际贡献率分别为94.05%、64.06%、52.25%、63.05%、80.27%、75.67%；而中间农产品出口增长的贡献主要来自广延边际，如HS09咖啡、茶叶及香料类的广延边际贡献率为50.64%，质量边际为44.00%，数量边际为5.37%。除此之外，中国出口的相关类农产品中，HS03水产品作为劳动密集型产品的出口增长主要源于质量边际（132.50%）贡献，数量边际和质量边际的贡献作用可以忽略不计，甚至出现了抑制作用，具体分析可见后文。综上所述，不论是占比较高的消费者导向型农产品还是大宗农产品，均表明中国分类农产品的出口增长动力主要来自数量边际。

表4-19 2000—2017年不同种类农产品出口增长的边际贡献

产品类别	S	E	p_t	x_t	g_S	g_E	g_{pt}	g_{xt}	r_E	r_{pt}	r_{xt}
HS03	3.41	0.86	5.08	0.78	7.21	−0.92	9.56	−1.43	−12.77	132.59	−19.82
HS07	10.13	0.92	1.24	8.83	13.62	−0.47	1.28	12.81	−3.46	9.41	94.05
HS09	6.16	2.51	2.23	1.10	10.70	5.42	4.71	0.57	50.64	44.00	5.37
HS12	3.76	1.14	1.41	2.33	7.79	0.76	2.04	4.99	9.76	26.18	64.06
HS16	12.42	2.05	1.63	3.73	14.82	4.21	2.87	7.74	28.41	19.34	52.25
HS20	7.64	1.30	1.64	3.60	11.96	1.53	2.89	7.54	12.76	24.19	63.05
HS21	8.32	0.80	1.90	5.48	12.46	−1.33	3.79	10.00	−10.67	30.40	80.27
HS23	12.93	1.01	1.84	6.94	15.06	0.07	3.59	11.39	0.49	23.84	75.67
整体	5.09	1.07	1.72	2.75	9.57	0.42	3.19	5.96	4.40	33.30	62.29

注：g_S、g_E、g_{pt}、g_{xt}分别代表出口占比、广延边际、质量边际和数量边际的增长率；r_E、r_{pt}、r_{xt}则分别代表着广延边际、质量边际和数量边际的贡献率。

2. 不同阶段出口增长的边际贡献

上述分析只是截取了2000年和2017年数据，鉴于经济数据的非稳定性，以及样本期内不同阶段的贡献来源可能存在差异性，本节参考表4-17中国对美农产品出口总额的波动变化，将观察期大致划分为五个阶段：2000—2004年、2004—2008年、2008—2011年、2011—2014年、2014—2017年，并分别计算出各阶段的三元边际、边际增长率和边际贡献率（表4-20）。

表 4-20　不同阶段出口增长的边际贡献

阶段	S	E	p_t	x_t	g_S	g_E	g_{pt}	g_{xt}	r_E	r_{pt}	r_{xt}
2000—2004 年	2.04	1.01	0.98	2.07	17.87	0.34	−0.61	18.13	1.93	−3.40	101.47
2004—2008 年	1.95	1.03	1.34	1.41	16.70	0.69	7.35	8.66	4.11	44.00	51.89
2008—2011 年	1.17	0.99	1.19	1.00	5.31	−0.26	5.72	−0.15	−4.93	107.72	−2.79
2011—2014 年	1.08	1.03	1.07	0.98	2.47	0.95	2.12	−0.59	38.42	85.56	−23.98
2014—2017 年	1.01	1.03	0.92	1.07	0.36	1.01	−2.82	2.17	282.01	−790.75	608.77

注：g_S、g_E、g_{pt}、g_{xt}分别代表出口占比、广延边际、质量边际和数量边际的增长率；r_E、r_{pt}、r_{xt}则分别代表着广延边际、质量边际和数量边际的贡献率。

比较发现：第一阶段（2000—2004 年），中国对美农产品出口增长中，数量边际的贡献率高达 101.47%，质量边际和广延边际的贡献率分别为−3.40%和 1.93%。可能是受加入 WTO 后美国对中国开放市场的影响，中国充分利用自身的农业资源禀赋，调整农产品生产规模和贸易结构，出口增长迅速，但中国农业生产资源匮乏、人均土地水资源较少、农业科技水平低下、政府农业支持力度相对较小和户均农业国内支持水平较低等基础条件，决定了出口农产品国际竞争力较弱的现实（孙致陆和李先德，2015），该阶段中国农产品出口增长主要“以量取胜”。第二阶段（2004—2008 年），质量边际贡献（44.00%）有了大幅度提升，广延边际（4.11%）也出现小幅度增长，而数量边际（51.89%）较之前下降了 50 个百分点，呈现出质量边际贡献逐渐凸显的趋势。第三阶段（2008—2011 年），受金融危机的影响，中国对美农产品出口总额首次出现下滑，出口增长贡献主要来自质量边际（107.72%），而数量边际（−2.79%）和广延边际（−4.93%）开始在出口增长中发挥抑制作用，说明中国出口农产品的出口量和种类出现阶段性下滑。第四阶段（2011—2014 年），随着世界经济复苏和 2011 年美国《食品药品管理局食品安全现代法案》的实施，中国对美农产品出口恢复到金融危机以前的增长趋势，其恢复增长动力的 85.56%来自于质量边际，远高于广延边际 38.42%，而数量边际的抑制作用不断加剧。第五阶段（2014—2017 年），中国经济进入增速回落的新常态阶段，对美农产品出口不仅表现出增速下降，而且出现了负增长现象。该阶段，广延边际、质量边际和数量边际的贡献分别为 282.01%、−790.01%、608.77%，说明出口增速与数量边际呈负相关关系，与质量边际呈正相关关系，要保持持续稳定增长，质量边际的贡献作用有待进一步稳定。简言之，从动态角度分析，数量边际和广延边际的贡献率在不断下降，而质量边际的贡献率在波动上升，中国农产品出口增长动力呈现出由数量边际驱动型向质量边际驱动型转变的趋势。

3. 以水产品为例的稳健性检验

为了验证上述结论的稳健性，本节再次以水产品为例，采用隔年数据进行分析，结果如表 4 - 21 所示。通过水产品不同年份贡献率的分析发现，2000—2017 年间，数量边际不断下降，质量边际日渐升高，中国对美水产品的出口增长动力呈现出数量边际向质量边际转变的明显迹象。2000—2007 年间，数量边际虽呈现下降趋势，但依旧大于质量边际贡献率，说明出口增长动力主要来自数量边际；而以 2008 年为分界点，质量边际（114.06%）首次超越数量边际（−17.23%），之后，质量边际和数量边际不断呈现相反的波动方向，说明该阶段中国农产品出口增长贡献呈现数量边际向质量边际变化的趋势，但就出口增长动力转变阶段的波动幅度来看，质量边际作为主要动力来源的地位还不稳定。

表 4 - 21　不同年份水产品出口增长的边际贡献

HS03	S	E	p_t	x_t	g_S	g_E	g_{pt}	g_{xt}	r_E	r_{pt}	r_{xt}
2000—2001	1.06	1.00	0.94	1.12	5.49	−0.34	−5.87	11.70	−6.17	−106.76	212.928
2001—2002	1.24	1.00	0.95	1.30	21.24	0.35	−5.62	26.51	1.64	−26.47	124.83
2002—2003	1.32	1.00	0.98	1.34	27.57	−0.09	−1.71	29.37	−0.31	−6.20	106.52
2003—2004	1.07	1.01	1.02	1.04	6.77	0.51	1.99	4.27	7.55	29.42	63.03
2004—2005	1.14	0.99	1.10	1.04	12.84	−0.87	9.53	4.18	−6.74	74.22	32.52
2005—2006	1.31	1.00	1.06	1.24	26.99	0.13	5.54	21.32	0.48	20.53	78.99
2006—2007	1.09	1.21	0.98	0.92	8.39	19.38	−2.46	−8.53	230.96	−29.28	−101.69
2007—2008	1.10	1.00	1.11	0.98	9.41	0.31	10.73	−1.63	3.26	114.06	−17.33
2008—2009	0.92	1.00	0.96	0.96	−8.54	−0.40	−4.38	−3.76	4.69	51.23	44.08
2009—2010	1.16	1.00	1.04	1.12	14.56	−0.24	3.66	11.14	−1.62	25.13	76.50
2010—2011	1.12	1.00	1.16	0.97	11.50	0.02	14.63	−3.15	0.17	127.17	−27.34
2011—2012	0.96	1.11	1.06	0.82	−3.78	10.36	5.82	−19.96	−274.21	−154.08	528.29
2012—2013	1.00	1.00	0.97	1.03	0.19	−0.21	−2.69	3.09	−110.53	−1 393.17	1 603.68
2013—2014	1.07	1.00	1.06	1.02	7.09	−0.33	5.73	1.69	−4.66	80.87	23.79
2014—2015	0.90	1.00	0.96	0.95	−9.99	0.06	−4.47	−5.58	−0.55	44.75	55.81
2015—2016	0.97	1.00	0.95	1.01	−3.23	0.21	−4.72	1.28	−6.42	146.20	−39.78
2016—2017	1.06	0.99	1.02	1.04	5.85	−0.58	2.26	4.18	−9.89	38.53	71.36

注：g_S、g_E、g_{pt}、g_{xt}分别代表出口占比、广延边际、质量边际和数量边际的增长率；r_E、r_{pt}、r_{xt}则分别代表着广延边际、质量边际和数量边际的贡献率。

4.5.4 “性价比”与出口转型升级

在上文分析中，均以价格作为质量的代理变量。然而，有研究指出，在考察一国出口增长动力时，价格指数并不是质量边际的完美体现（Hallak& Schott，2011），应合理剥离贸易策略和企业生产率对产品价格的影响，且出口产品存在价格型和质量型两种不同竞争模式（Runch，1999）。为了克服以上缺陷，本节将目标市场竞争度和出口国人均耕地面积作为控制变量应用到基础引力模型，通过回归估计产品价格与地理距离的相关系数发现，美国进口农产品市场既有价格型竞争（系数为负），也有质量型竞争（系数为正），且以质量型竞争农产品（688）为主，以价格型竞争农产品（322）为辅。就中国而言，质量型竞争出口占比为55.8%，但中国农产品在国际比较中依旧位于中低梯队，质量竞争力较弱且升级缓慢（董银果和黄俊闻，2016）；而价格型竞争农产品出口占比为44.19%，虽低于质量型竞争农产品的出口占比，但出口规模依旧较大。因此，在进行出口转型升级过程中不能盲目整齐划一，否则，会忽视价格型竞争农产品在质量升级过程中（提高科技水平、改善基础设施、培训劳动力技能等多方面）所面临的成本压力。鉴于以上不同竞争模式的分析，需要认真思考：为实现农产品出口的持续稳定增长，出口动力在由数量边际向质量边际转型过程中，又该如何实现平稳过渡呢？廖涵和谢靖（2018）认为既然出口增长动力包含价格和质量两方面，从“性价比”视角出发的解释更贴合中国实际。

1. 性价比指数的测度

首先，借鉴 Khandelwal et al.（2013）需求框架模型测度质量，测算 HS 十分位编码产品质量[①]，并采用如下的质量标准化处理。

$$\widehat{quality}_{cht} = \frac{quality_{ocht} - quality_{\min}}{quality_{\max} - quality_{\min}} \qquad (4-41)$$

$quality_{\min}$、$quality_{\max}$分别代表 t 年世界出口 h 产品质量的最小值和最大值，$\widehat{quality}$介于［0，1］之间，可进行跨国和跨期比较。需要特别说

① 关于产品层面质量水平的测度，选取 HS 十分位编码的运输成本及滞后一期运输成本作为价格的工具变量，采用 2SLS 估计方法对中国输美主要农产品替代弹性的估计结果。关于数据处理和指标选取，限于篇幅有限，备索。

明的是，式（4－41）的标准化质量不具有经济学意义。

其次，对商品价格进行标准化处理，将性价比概念引入到农产品研究领域，并测算 HS 十分位下农产品性价比指数①，表示消费者支付单位价格后所获得的效用水平。计算公式如下：

$$\widehat{\chi_{st}}=\frac{\sum_{cht\in\Omega}\widehat{quality_{cht}}}{\sum_{cht\in\Omega}\widehat{p_{cht}}} \tag{4-42}$$

其中，$\widehat{p_{cht}}=\frac{p_{cht}-p_{\min}}{p_{\max}-p_{\min}}$，$p_{\min}$、$p_{\max}$分别代表 t 年世界出口 h 产品单位价格②的最小值和最大值。

2. 性价比指数的比较分析

本节选取美国农产品进口前六大来源国，图 4－13（a）、（b）、（c）分别分析了 2000—2017 年国家整体的性价比指数、中国六类农产品的性价比指数和质量水平。从图 4－14（a）的比较分析可以看出：中国农产品出口的性价比指数与法国、意大利等国保持着较相似的水平，高于印度尼西亚、墨西哥和加拿大等国。各国均呈现出上升趋势，上升速度有快有慢，实质上反映出不同国家农产品出口增长路径差异：①发达国家为“高质高价”出口模式，该模式根据性价比高低又分为两类：一类是高质量、高价格、高性价比，如法国、意大利，质量升级会伴随着同等程度的价格上升，为了提高产品的国际市场竞争力，价格上升速度会小于质量升级速度；而另一类以加拿大为例，则是高质量、高价格、低性价比，加拿大不仅把握着先进生产技术和管理运营方式，且作为美国农产品第一大来源国，掌握一定的市场定价权，为获得更多租金，产品价格上升速度一般会大于质量升级速度。②发展中国家多为“低质低价”的出口模式，即低质量、低价格、较低的性价比，多为处于质量低梯队的国家，如墨西哥、印度尼西亚等国。其出口的农产品多为劳动密集型，竞争对手较多，易被替代且不具有市场定价权，产品质量较小的升级会带来固定成本和可变成本的大幅提升，导致出口价格上升速度大于质量升级速度。③中国作为从“以量取胜”向“以质取胜”的转变过程中，中低水平的产品质量、较低

① 商品编码越高，性价比测度结果越精准。

② 因为考察性价比指数，涉及的是消费者市场产品价格，因此，该单位价格是产品层面的 CIF 价。

的价格以及较高的性价比指数，反映了中国正处于由“低质低价”向“优质优价”出口模式攀升的转换期，该转换既符合美国市场对农产品的“高门槛”质量要求，也是中国出口转型升级周期长的必然结果，更有利于保持原有的市场占有率，提高贸易收益，促进出口增长。

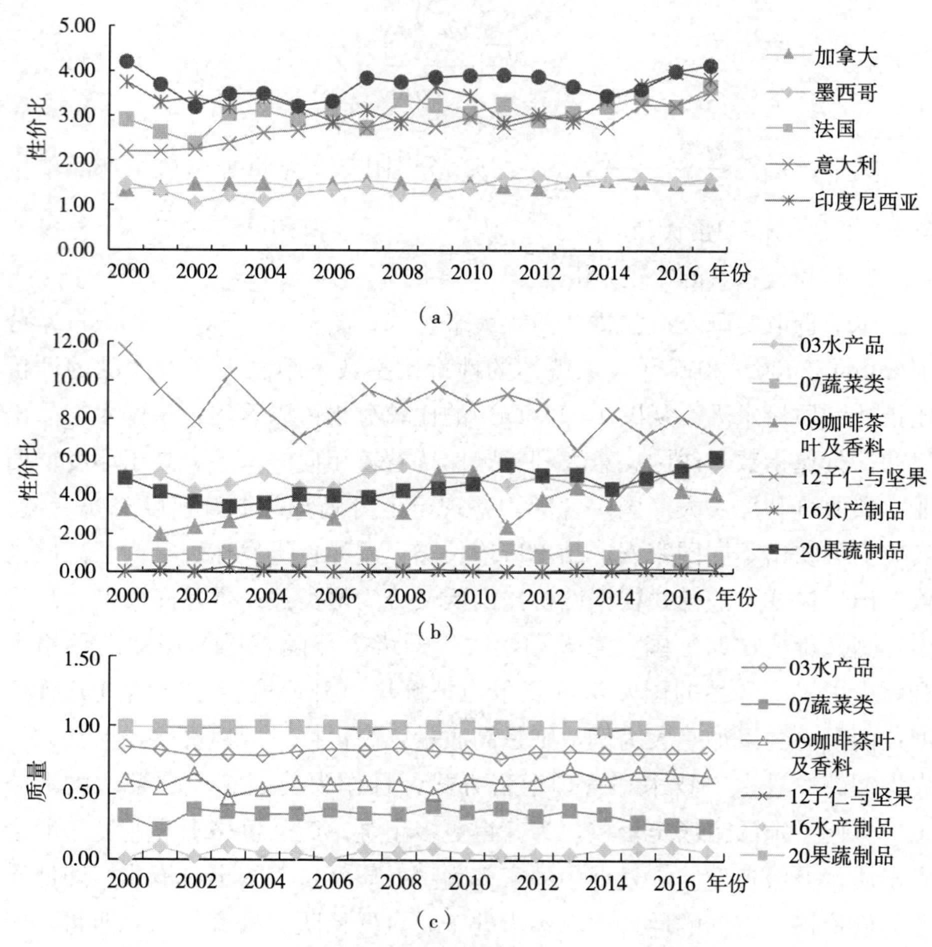

图 4-14　2000—2017 年间的质量与性价比指数

图 4-14（b）为中国不同细分种类农产品的性价比指数，纵横比较分析发现，性价比最高的农产品为 HS12 子仁及坚果类（8.12）[①]，呈下降趋势但波动较大；其次是 HS20 果蔬制成品类（4.29）、HS03 水产品类

① 2000—2017 年间的性价比指数均值。

(4.59）及HS09咖啡茶叶及香料类（3.46)，呈上升趋势且波动相对较小；而HS07蔬菜类（0.83）和HS16水产制成品类（0.11）的性价比较低，波动走势变化不显著。结合图4-13（c）中国六大类农产品质量水平的归纳分析发现：一方面，第一质量梯队的HS12类农产品的性价比指数出现下降趋势，反映出其质量升级导致了产品价格更快速地上升，这可能是因为中国作为美国子仁及果实第二大进口来源国，市场地位具有一定的定价权；另一方面，其他各类农产品出口性价比指数均呈现不同程度的上升趋势，但波动走势有快有慢，如第二质量梯队的HS20、HS09、HS03类农产品的性价比指数上升较快，增长率分别为37.85%、72.10%和5.22%，而第一梯队的HS12类和第三梯队的HS16类农产品的性价比指数出现下滑，增长率分别为－15.30%和－12.36%，反映了相比低质量和高质量农产品[①]，中等质量农产品能够更好地弥补质量升级所造成的成本压力，质量升级速度大于价格提升速度，更能维持性价比指数的快速上升。

综合本节研究发现，就中国农产品而言，存在三种出口模式：第一类是当产品质量较低，且质量升级速度小于价格提升速度时，导致的“低质低价”出口增长模式，如低梯队农产品（HS07、HS16)，出口动力来自于数量边际；第二类是当产品质量较高且质量升级速度大于价格提升速度，质量升级收益远高于成本投入时，表现为“高质高价”的出口增长模式，如高质量梯队产品（HS12)，出口增长动力为质量边际驱动型。然而，以上两种出口模式会导致低性价比的消费感受，不利于出口的可持续性增长。而第三类为“优质优价”的出口增长模式，能够合理兼顾质量升级速度和价格上升速度，保持较高的性价比指数。该出口模式下的产品质量一般位于中高梯队，且质量提升速度大于价格上升速度，如中国总体出口趋势及HS20、HS03、HS09类农产品。鉴于中国农产品出口增长动力转型升级过程中性价比指数显著的爬升表现，本节认为，保持较高的性价比指数，努力向“优质优价”出口增长模式攀升，是实现出口动力转型升级、保持出口稳定增长的关键。

① 质量升级速度低于价格提升速度。

4.5.5 结论与政策含义

在中国农产品出口不断遭遇世界各国的通报、扣留和拒绝，出口增长出现明显放缓的背景下，为实现农产品出口的可持续发展，需要制定正确的发展战略并采取切实可行的具体措施，前提是弄清中国农产品出口增长动力并选择可持续的出口增长模式。本节选用2000—2017年中国农产品对美出口的46万多条贸易数据，分别将出口占比和出口增长率作为出口增长的考察对象，并采用核密度估计和贡献率测度方法，从静态和动态角度系统分析数量边际和质量边际的贡献作用，最后又从性价比角度探讨了中国农产品的出口增长模式。主要发现可归纳为如下三个方面：①从静态角度看，样本期间，中国对美农产品出口三元边际中，数量边际增速（1.80%）最快，广延边际增速（0.84%）次之，质量边际（0.18%）变化不明显。说明中国对美农产品出口增长动力主要来自集约边际，尤其以数量边际为主。针对单因素和双因素模拟试验的结果表明，任何单一因素都不能满足出口增长的需求，中国农产品89.3%的出口增长是质量—数量边际共同作用的结果。②从动态角度看，不同种类农产品的出口增长动力各异，消费者导向农产品和大宗农产品的数量边际贡献率最高，如HS07蔬菜类、HS16水产制品类等；以金融危机为转折点，中国农产品的出口增长动力开始由数量边际驱动型向质量边际驱动型转变，这一结论对于分阶段、分产品数据同样稳健。③通过不同竞争模式农产品出口增长路径的分析发现，中国农产品质量竞争力较弱以及高达44.91%的价格型竞争农产品的占比事实，说明中国农产品出口增长在实现从数量边际驱动向质量边际驱动转变的过程还比较漫长；将“性价比”概念引入出口转型升级过程的研究中发现，应兼顾质量升级速度和价格提升速度，走“优质优价”出口增长模式，才有利于保持出口增长的可持续性。

本研究具有以下政策含义：①面对国际农产品安全高标准，中国大量出口农产品遭遇限制、扣留或拒绝，出口增长出现显著放缓，粗放型的出口增长进入瓶颈期，因此，促进农产品供给侧改革，实现质量升级，提高出口农产品附加值，完成增长动力由数量边际向质量边际转变，是维持中国农产品出口可持续发展的根本。②深刻认识中国农产品出口增长动力处于数量边际向质量边际转变过程中存在的问题，如质量升级对提升农产品生产技术、完善农业基础设施、注重农民专业技能培训等的成本要求，应兼顾质量升级速度和价格提升速度，保持出口产品性价比指数的平稳上升。将性价比指数作为中国农产品出口转型升级的新动力，逐步实现农产品从“低质低价”向“优质优价”的转变。③注重“高质高价”农产品在国际市场上的定价权，合理提升出口质量和出口价格，保持质量前沿地位，并提升出口收益，促进出口增长。

第5章

SPS措施对农产品质量升级的影响

本章在第四章测度中国出口各主要市场农产品质量的基础上，进一步探讨进口国实施的 SPS 措施对中国农产品质量升级的影响，以及其背后的作用机制。这是本章的核心内容之一。本章的出发点是异质性企业理论，并将从技术水平异质性、产品种类异质性和出口市场异质性视角分析进口国 SPS 措施对于异质性企业农产品质量升级的影响。

5.1 SPS 措施对农产品质量升级的影响机制

本节主要从理论层面分析 SPS 措施的本质、为什么 SPS 措施会对农产品质量产生影响以及 SPS 措施如何影响农产品的质量升级。

5.1.1 SPS 措施的内涵与本质

就内涵而言，卫生和植物检疫（SPS）措施是为了保护食品安全、动物和植物生命健康而对进口商品设立的强制性法规、标准、检验和检疫规则和程序性要求（WTO，1995）。SPS 措施设定的内容包括与所有动植物产品及加工食品、环境等有关的法律、法令、规定、要求和程序。包括最终产品标准、加工和生产方法；产品或食品检测、检验、出证和批准程序；动植物检疫处理（与动植物运输有关的或在运输期间维持动植物存活所需物质要求在内的检疫处理）；卫生和植物检疫的统计学方法、取样程序和风险评估方法；以及与食品安全直接相关的包装和标签要求（董银果，2005）。

从外延上考察，WTO 在 SPS 协议中对 SPS 措施的应用范围进行了规范（WTO，1995）：一是保护成员境内动物或植物生命和健康免受病虫害、带病有机体或致病有机体传入、定殖或扩散所产生的风险；二是保护成员境内的国民或动物生命和健康免受食品、饮料或饲料中添加剂、污染物、毒素或致病有机体所产生的风险；三是保护成员境内的人类生命和健康免受动物、植物及其产品携带的病害或虫害传入、定殖和扩散所产生的风险；四是防止或限制成员境内因有害生物传入、定殖和扩散所产生的其他危害。上述所列污染物包括农药、兽药和外来物残留[①]。

从SPS措施的内涵可以推演SPS措施的下列特征和本质。

首先，SPS措施是强制性的。国内生产商或者国外的出口商只有遵从了SPS措施，他们才被允许进入市场销售，国内产品主要由市场监督执行，而国外出口商则面临多重监管者。一是进口国政府的注册许可。一般进口国都要求出口国的企业满足一定注册要求，只有注册并通过进口国政府许可的企业才可以出口。二是进口国海关的检验检疫。进口国在海关设立检验检疫，对进口产品进行抽样检查，只有满足了检验检疫标准的产品才能进入，否则产品就可能被退回或者就地销毁。三是进口商在收到货物后还可能检验检疫，若发现质量与合同不符，仍可能拒付或者退回。因此，从这个过程来看，产品若是不符合SPS的强制标准，就可能遭遇退货。

第二，SPS措施与农产品的质量安全直接相关，更严格的SPS措施意味着更高质量、更为安全的产品。SPS措施体现为标准、法规、程序和要求等，其标准众多，要求越来越高，且常处在变动中。SPS措施体现为具体的一些要求和措施，比如农药残留标准（如许可量必须低于一定的标准），取样方法和检验要求（比如对茶叶的取样方法从茶水改为茶叶本身）、规定（如肉类产品不能来自口蹄疫疫区）、产品认证要求（如加工企业必须通过HACCP认证）。所有这些要求和标准都是在提高产品的质量水平和安全要求，是对消费者的保护，也是对本国动植物群体和生态环境安全的保护。

第三，SPS措施的变更意味着对产品质量升级的强制要求。随着消费者收入的提高以及对食品质量安全更高的需求，政府的SPS措施也随之发生变动，这种变动可能表现为食品标准的调整、法规的变动、某些检验

---

① WTO. Agreement On The Application Of Sanitary And Phytosanitary Measures.

检疫手段的变动等，一般而言，SPS 措施基本每隔 4 年左右就会变更一次。这种变动是对产品质量升级的强制性要求，对所有供应商来说都是一次大考，只有强制地进行了质量升级，才能不被淘汰，可见每一次变更都是对市场供应者的一次洗牌。只有不断进行质量升级的企业才可能继续留在市场，否则其出口可能中断。有些企业具有质量升级的能力和成本优势，则继续出口，否则必须退出市场。

第四，不同进口国的 SPS 措施要求不同，这意味着不同国家的进入门槛不同。由于各国对 SPS 措施的要求反映了该国的保护水平，反映了该国对生活质量的追求。这种追求与该国的经济发展水平密切相关。因此，就本质而言，SPS 措施是为实现食品质量的最低标准要求，也是要求生产商和出口商必须达到的“市场质量进入门槛”。不同经济发展程度的国家基于其不同的保护水平目标和技术能力，制定异质性的 SPS 措施，表现为发达国家的 SPS 措施普遍高于发展中国家。因此，我们有理由认为，发达国家的“市场进入门槛”要高于发展中国家。这反映在现实中，发展中国家的出口企业往往面临发达国家 SPS 措施的限制，两个国家的发展程度差异越大，其 SPS 措施较低者要遵从其贸易伙伴的 SPS 措施，将面临更大的难度和更高的遵从成本。

5.1.2　SPS 措施对产品质量的影响表现

SPS 措施作为强制性的法规、标准、检疫检疫方法和程序要求，对产品的质量产生直接的影响。主要体现在以下方面：

第一，SPS 措施中关于疫病、虫害的规定降低了产品的毒性和有害性，保证了贸易产品的质量安全水平。重大动物疫情，是指高致病性禽流感等发病率或者死亡率高的动物疫病突然发生，迅速传播，给养殖业生产安全造成严重威胁、危害，以及可能对公众身体健康与生命安全造成危害的情形，包括特别重大动物疫情。植物传染性病害，是指由病原真菌、细菌、类菌原体、螺旋体、类细菌、病毒、类病毒、线虫和寄生性种子植物等病原生物所引致的病害。由于传染性病害具有传染性，能造成流行性危害，引致大面积植物生长发育不良，产量降低，品质变劣，甚至死亡，造成严重经济损失。同样，如果一国暴发严重虫害（松树线虫、黄蜂虫害等），其植物产品的出口也会受到进口国 SPS 措施的限制。在各国的 SPS

措施中都有关于动物疫病、植物虫害的相关规定。例如，如果一国暴发 A 类传染性疫病（包括但不限于疯牛病、口蹄疫、禽流感、古典猪瘟、非洲猪瘟），则进口国拒绝进口其活动物及其产品，国际动物卫生组织（OIE）和植物保护公约（IPPC）强调“区域化”原则，即进口国应该只限制发生疫病和虫害的特定地区的产品，而不是整个国家的产品，但是各国在执行 SPS 措施中都趋于严厉化，宁可“错杀一千，也不放过一个”。

第二，SPS 措施的各种标准确保了贸易产品中生物性病菌、化学品残留和物理性污染的数量，保证了产品不对消费者健康造成损害。各国的标准千差万别，但大概可以归为三类，一是生物性病菌的要求，历史上最著名的生物性病菌是鼠疫—天花—霍乱和新冠病毒，这些病毒对人体都是致命的，贸易产品中是绝对不可有的。但这些发生的概率比较低，最常见的影响贸易的病菌包括黄曲霉素、沙门氏菌、李斯特杆菌，O157 大肠杆菌，有些国家要求不能检查出，有些国家要求低于某个标准。二是化学品残留，这是 SPS 措施标准中的主要组成部分。近年来化学品的泛滥成灾以及化学品在动物饲养（治疗或者预防疫病）和植物生产（防虫害）中的广泛使用，化学品的残留导致人体的抗药性，因此各国 SPS 措施中都对化学品的残留制定标准。例如日本的肯定列表制度中，化学品的残留达 50 000多条。一般而言，各国对动物的不同部分（头、躯干、内脏）和植物的不同部位（根、径、叶）都有不同的规定。三是物理性污染的规定，比如不得掺杂、不得检出旋毛虫、不得有针头、重金属等。

第三，SPS 措施中关于 TTA（追溯、透明和质量保证）的规定提高了产品的透明度和安全水平。追溯意味着产品在发生质量安全问题时能迅速追到污染源头，避免更大的损失。透明就是生产的各个环节的信息必须公开，比如植物何时下种、何时施肥、何时用药，何时停药等，对于动物产品而言，就是胚胎从何而来，饲料组成，生产环境等都要有详细记录。据调查，在中日菠菜贸易摩擦后，中国向日本出口一个集装箱的蔬菜，其伴随的档案材料可能达 4 千克左右。追溯和透明保重了产品的溯源体系，这使得生产商必须建立相应的档案体系，保留产品的源头信息和中间环节的过程信息，必须重视中间环节的检验以确保厘清质量责任。溯源体系也让生产商必须选择优质供应商合作，这也意味着产品的原材料的高质量。保证体系就是各种权威的认证机构办理的证明材料，其实就是独立的第三方对产品质量的检验和背书。这种独立的第三方为了自己的声誉，一般能做到真实可信。例如出口欧盟的农产品需要有 EurepGAP 认证、GMP 认证、BRC 认证，甚至加工产品需要有 HACCP 认证。

第四，SPS 措施中检验检疫方法的变动意味着更高的精度和更安全的产品。对于残留限量而言，采用不同的方法，其结果可能大相径庭。例如茶叶，如果以汤茶法检验，则化学品被稀释，而若采用干茶法检验，则检出概率大增，也意味着产品的安全程度大增。因此，随着进口国对检验方法的改进，出口产品必须遵从这种改变，降低产品的残留量，故其产品质量得到提升。

5.1.3 SPS 措施对异质性企业质量升级的影响

当进口国实施某项 SPS 措施时，对于出口商而言，面临两项选择，是进行相关的质量升级从而遵从新的“进入门槛”，还是不进行质量升级，退出该市场（或者转向其他市场）。作为一个理性的经济人，企业是选择前者还是选择后者取决于增量成本和增量收益的权衡。增量收益就是遵从新的 SPS 措施可能给企业带来的新增收益，是遵从前后企业出口单位价格变动。增量成本则是企业为了将产品质量的现有水平提高到 SPS 措施要求的质量水平所增加的质量升级成本。增量成本小于增量收益，企业选择质量升级遵从进口国新的 SPS 措施，否则，企业选择退出该出口市场。

遵从成本（Cost of Compliance）是指出口国为达到进口国 SPS 措施要求产生的最低成本，包括满足供应链要求的各项支出，行政管理成本、检验、测试和认证成本（Xing and Kolstad，2002）；或者出口企业为符合国外 SPS 措施付出的额外支出（Henson and Heasman，1998）。遵从成本虽与进出口双方相关，但主要由出口国/商承担（Shafaeddin，2007）。若遵从成本过高，超越了遵从收益，则出口下降；若遵从成本高到出口国/商无法逾越，如缺乏遵从的设施、人力等，则达到贸易限制甚至禁止作用（Wilson and Otsuki，2004）。遵从成本细分为技术改造成本、注册认证成本、检验检测成本和其他成本（董银果、张洁，2010）。出口国的遵从成本取决于自身的发展程度、出口目的地、出口产品的类型等多种因素（Jayasuriya et al.，2006）。

企业是异质性的，这种异质性可能表现为技术水平、生产效率、股权结构、所有制等。根据企业技术水平的差异，可以将企业分为技术前沿企业和技术落后企业。技术前沿企业是指企业产品的质量水平距离世界该类产品的质量前沿较近，或者说，企业产品质量占世界该类产品最高质量的比值（份额）较大，越趋近于 1，则质量越高，反之则为技术落后企业。技术前沿企业可能由于其技术水平高，R&D 投资大，企业生产的产品质量本身就比较高，因而很容易满足进口国的 SPS 措施要求，因此，这类企业受 SPS 措施的影响相对较小，贸易的增量成本不高，增量收益随着进口国竞争压力的放缓（如果 SPS 措施提高，能够满足的企业数量减少，则意味着竞争放缓）而提高，他们一般会遵从进口国的 SPS 措施；对于技术落后企业而言，他们情况会不同，如果这些企业中个别企业能够进行技术革新，并且能够消化技术革新的成本，则他们在 SPS 措施实施后的质量升级幅度要大于技术前沿企业，否则他们是无法满足进口国要求的。那些不具备质量升级条件的技术落后企业，在进口国实施新的 SPS 措施后，他们的命运就是退出进口国市场或者转战其他 SPS 措施要求较低的市场。

董银果、黄俊闻（2018）认为，SPS 措施对于农产品质量升级通过三种机制产生影响。一是强制遵从效应。每一次 SPS 标准的提升，对于出口产品而言，意味着进入门槛的提高，出口产品只有满足了新标准的要求才能进入进口国市场。为了满足进口国新标准的要求，出口商必须对产品的原料进行筛选，对生产流程进行改造，引进更为标准化的质量安全控制方法，加强从原料到成品之间的检测检验力度，甚至引进产品的追溯、透明和质量安全认证体系，这自然就提高了农产品的质量安全水平（Cruzi et al.，2014）。故 SPS 措施的每一次提高，对于出口产品都是质量升级的压力和动力。二是信息传导效应。规定细致的标准可以削减信息不对称的影响，遵从新标准可以向消费者传递代表产品质量信息的“绿色标签”，消费者对于更为安全农产品的支付意愿也促使企业进行技术创新，提高农产品的质量安全水平。因而，质量安全标准首先诞生于个别技术前沿的企业，这些企业通过设立自己的质量安全标准（即私营标准），向市场证明它们生产的产品有别于其他产品，从而在市场获取消费者的额外支付，也引领产品质量安全水平的提升。当私营标准逐渐得到认可，有可能被政府接受而成为市场准入的基本条件，则成为官方标准或官方 SPS 措施（董银果、严京，2010）。如 HACCP 体系首先诞生于私营企业，现在是欧盟、美国等发达国家对食品生产企业的基本要求，是官方标准的重要组成部分。三是学习辐射效应。SPS 措施可能通过产业链的辐射影响出口产品和相关产品的质量提升，如出口商在“干中学”，获得提升产品质量的方法，将其应用于供应国内市场的产品，以便获得较高的消费者支付。出口产品的中间供应商也可能通过供应链的学习效应，主动提高原料的质量水平，以便在市场竞争中获胜。

5.1.4 SPS 措施对多产品出口企业质量升级的影响

当企业出口多种产品到某一市场时，其面临着不同的质量升级成本和收益，企业会在多种产品中比较其质量升级的收益和成本，进而选择对其来说收益最高的产品进行质量升级，而放弃质量升级后收益比较小的产品（或者将这种产品转移市场），这样 SPS 措施对出口多样化产品企业贸易量的影响要小于出口单一产品的企业。Manova &Yu（2017）将产品质量内生化模型和多产品出口企业模型结合起来，指出多产品出口企业可以通过放弃低质量梯度产品的生产，实现核心产品的质量升级。这说明在面对进口国 SPS 措施时，企业可以通过内生的出口结构调整来实现贸易收益的最大化（董银果、刘雪梅，2019）。其具体的过程是，若某企业向日本出口 A、B、C 三种不同产品，当日本 SPS 措施调整后，企业就会比较这三种产品的 SPS 措施要求，企业的遵从成本和遵从能力，比较三种产品的遵从收益和遵从成本，假设三种产品的遵从利得排列为 A＞B＞C，则企业就会选择集中升级 A 产品和 B 产品（可能产生规模化效应），可能会放弃 C 产品，因此，当企业出口多产品时，即使国外颁布了新的 SPS 措施，企业将仍继续出口，只是出口产品品种变少。

当企业只出口一种产品时，企业只有两项选择，如果遵从成本超越遵从收益，企业可能就会退出出口市场，或者转移到别的市场，只有当遵从成本小于遵从收益时，企业才会进行质量升级。因此，企业产品质量升级的概率较低。SPS 措施对出口单一产品企业的贸易影响要大于出口多样化产品的企业。

董银果、刘雪梅（2019）认为，在面对进口国 SPS 措施质量门槛提高时，出口企业为最优化资源配置和最大化利润，并非就产品内升级和产品间重构路径取其一，而是将两条路径下质量的垂直升级和资产的水平重组相融合，以期实现“技术外溢”“干中学”“进入驱动”和“退出驱动”下合力效应最佳。它们将不同合力效应下企业的质量升级幅度分为四档：第一档即质量升级幅度最大的为出口多产品的落后企业，这些企业主要受“技术溢出”“退出驱动”和“干中学”三重合力效应影响。第二档为出口多产品的前沿企业质量升级较快，这些企业主要受“技术溢出”和“进入驱动”双重合力效应影响。因为当一国出口产品与国外产品技术差距较小时，质量升级的边际效应会逐渐递减（负向逃离竞争效应），但水平多样性的边际效应（技术溢出效应）会上升，并可以推动前沿企业积极参与原始自主创新，所创“新产品”质量相对较高，故其升级较快。第三档为出口单一产品的落后企业，这些企业主要受“干中学”单边效应影响。但因为该类企业生产成品集中于某一类，多样化不能达到预期水平，在应对质量门槛抬升时，缺乏充足的流动资金和丰富的技术经验，导致“干中学”后发优势的发挥受限（Sutton & Trefler，2016），故其升级较慢。第四档为出口单一产品的先进企业，该类企业虽具有“进入驱动”，但受前沿距离的影响，缺乏创新动力，故其升级最慢。

5.1.5　SPS 措施对多目的国出口企业质量升级的影响

当企业出口市场多元化时，SPS 措施对企业出口额的影响不会太大，这是因为当 A 市场执行严格 SPS 措施时，企业可能将出口主力转移到 B 市场或者 C 市场，只要 B 和 C 的 SPS 措施要求低于 A 市场就行，这样企业就免于产品的质量升级。当然，既然 A 市场的 SPS 措施严格，也意味着 A 市场的售价较高，是农产品的高端市场，而 B 和 C 则不同，如果企业基于遵从成本的考虑，将产品转移到要求更低的市场，则意味从此可能失去高端市场，一旦退出，再次进入将会很困难。如果企业能够承受质量升级的成本，或者说如果 A 市场的利润大于 B、C，则企业应积极进行质量升级，而无需逃避。但是，对于具有“惰性”的企业而言，或者技术水平不高，质量升级有困难的企业可能会放弃质量升级，而进行市场转移。

对于出口单一市场的企业而言，则面临着较大风险。如果进口国实施新的 SPS 措施，而企业可能因为遵从成本或者遵从能力的问题而无法进行质量升级，它们的命运可能就是退出市场。虽然该企业也可能转移市场，但是转移市场并不是没有成本的，企业同样面临比较大的风险，甚至面临较高的进入成本等，这对企业都带来较大的挑战。当然，如果企业能够“孤注一掷”，进行质量升级，企业可能会在激烈的竞争中生存下去，甚至更好。

我们认为，在多目的国出口模型下，影响出口企业质量升级的主要是“遵从成本”和“转移成本”。遵从成本是将出口产品的现有质量提升到进口国新的 SPS 措施要求的质量水平所必须花费的成本，而转移成本是指将产品从一个市场转移到另一个市场的市场进入成本。出口目的国异质性 SPS 标准会扭曲出口产品的质量升级，质量升级的遵从成本会负向作用于质量升级。而转移成本会正向作用于质量升级。当短期内出口数量为考察目标时，出口企业为维持“外延式增长”，会拒绝质量升级，而将产品出口转移，这将造成出口产品质量水平未能提高，长期内会陷入质量升级陷阱，不利于“内涵式增长”。对于技术前沿的企业而言，质量升级的遵从成本相对较低，企业会遵循原有出口路径进行质量升级。而对于技术落后企业而言，质量升级的遵从成本相对较高，这会迫使企业做出市场转移行为，而逃避质量升级。

5.2 SPS 措施、企业技术水平与质量升级①

本节从异质性企业出发，采用前沿距离模型，依据企业距离世界质量前沿的距离（即技术水平的异质性），来分析 SPS 措施对不同质量层级农产品出口企业质量升级的影响。

5.2.1 引言

随着 WTO 乌拉圭回合农业谈判对于农产品税种及税率的全面削减，非关税壁垒已经取代关税成为影响国际农产品贸易的主要措施。而其中，作为全球使用最频繁、覆盖面最广的技术性贸易措施又因其合法性、合理性、有效性和隐蔽性而迅速成为各国贸易政策的重要工具。隶属于技术性

① 来自：董银果、黄俊闻，SPS 措施对农产品质量升级的影响——基于前沿距离模型的分析［J］. 国际贸易问题，2018（10）：45－57.

贸易措施家族而与农产品质量安全密切相关的卫生与植物检疫（Sanitary and Phytosanitary，SPS）措施已成为农产品贸易中的焦点问题，尤其对发展中国家农产品出口发达国家影响深远（Otsuki et al.，2001；Maskus et al.，2005）。

作为一个发展中国家，SPS 措施也对中国出口农产品造成严重冲击，表现为产品质量“不合格”导致的通报、扣留或拒绝增多。国家质量监督检验检疫总局的数据显示，每年 50%以上出口企业受到 SPS 措施的直接和间接影响，贸易损失额占当年农产品出口额的 1/3 左右（国家质量监督检验检疫总局，2009—2014）。宋海英等（2009）对农产品出口地区的调研发现，出口企业遭遇 SPS 措施的根本原因在于企业的科技水平不高、产品质量不过关。为适应进口国更高的标准，出口企业必须在产品质量层面尽快做出反应。有学者认为，质量升级是一国产品成功出口，甚至经济发展的重要前提（Amiti and Khandelwal，2009）。目前，中国出口贸易正处于从追求“量”的出口向追求“质”的升级的转型期。本节关注的问题是，国外的 SPS 等技术性贸易措施是否真的提升了出口农产品的质量水平？

理论上，SPS 等技术性贸易措施以产品标准、生产过程控制、质量安全认证、检验检疫方法等增加生产供应链的透明度和产品的质量安全水平，引领农产品向质量阶梯的更高阶段上升。SPS 措施每一次严格化都可以看作市场进入门槛的一次提升，能够满足的产品继续生产和贸易，不能达标的产品被挤出市场，SPS 措施成为产品质量优胜劣汰的过滤器。因此，SPS 措施作为产品卫生检疫的进入门槛，与产品质量直接挂钩，通过市场选择效应传导进而影响贸易流量。遵从国外 SPS 等技术性贸易措施意味着满足进口国的质量安全标准和检疫要求，提升出口产品的质量安全水平。如果 SPS 措施倒逼了出口企业提升质量，那么通过产业链的辐射和传递，与出口产品相关的产业链产品质量水平也得到提升，进而通过溢出效应，就会逐步带动农产品整体质量的提升，这无疑助推了中国农产品的供给侧改革。

测度出口农产品质量和检验 SPS 措施对农产品质量升级的影响，需要选择一个主要农产品进口国。选择标准是该国为发达国家，进口大多数农产品，有高分位的农产品贸易数据，且有非常严密的 SPS 管理和高标准的SPS措施。日本是一个农产品净进口国，且为发达国家，满足数据要求，故本节选取日本从世界各国进口的农产品数据进行研究。

5.2.2 文献综述

产品质量的差异性在微观层面源于生产企业的异质性，而异质性又与企业生产效率的差异有关。Melitz（2003）和 Helpman et al.（2004）认为异质性企业生产效率的差异，表现为市场甄别优质企业的自我选择效应（self-selection effect）：由于企业生产成本不同，生产效率低的企业只能在国内生产，生产率高的部分企业选择FDI，而生产率较高的企业则开拓国外市场。那么质量差异是否也影响了企业的出口行为？有研究指出，质量提升对中国出口增长的贡献显著存在，且明显带动技术含量高的产品出口（刘慧，2013）。事实上，高质量企业更容易进入并持续活跃于出口市场，且出口持续时间越长，产品质量越高（施炳展，2013）。即，选择出口的企业首先具有技术、资本优势，具有更高的生产率，能够克服进入成本，在出口市场有利可图。再者，出口企业也需要通过创新进一步提高生产率和产品质量以应对不断加剧的市场竞争（Bernard et al.，2007；World Bank，2007），这一现象可归纳为企业的出口"干中学"效应（learning by exporting effect）。

正因为产品质量差异的存在以及市场对不同质量产品的需求，进一步导致了企业出口策略、技术研发和质量升级等行为的改变。Dulleck et al.（2005）的质量升级多维模型从产业层面将质量升级分为：产业间质量升级（低技术产业向高技术产业转移）、产业内质量升级（产业内低质量产品向高质量产品转移）和产业区间内质量升级（同产业同质量区间产品的质量提高）。刘伟丽等（2015）基于质量升级多维模型的研究发现，中国、美国和欧盟制造业在产业间、产业内、产业区间内的产品都实现了不同程度的质量升级，同时也存在不同程度的低质量陷阱问题。

随着质量的量化研究逐步深入，有关质量升级的影响因素研究也逐步展开。对于加入WTO以来中国出口产品质量快速提升的现象，殷德生（2011）认为单位贸易成本的下降、出口规模的增加以及贸易伙伴国经济规模的扩大起到了决定作用。贸易开放不仅通过贸易成本下降促进产品质量升级，而且给中间产品部门带来了显著的技术溢出效应和规模经济，进而激励着发展中国家的模仿活动和发达国家的创新活动。在此过程中，发展中国家的产品质量升级具有资本品（机器）偏向的特征，发达国家的产品质量升级具有创新（技术）偏向的特征。深入至企业微观层面，随着内外资技术差距的下降，内资企业生产的产品质量升级将会加快，但当内外资技术差距拉大至某界限时，内资企业产品的质量升级将会减缓（王明益，2013）。然而，我们不能简单将技术差异等同于质量差异[①]。此外，在宏观贸易政策层面，FDI 可以稳健提高中国出口产品的质量，而且来自发达国家的外商投资对质量的提升作用大于港澳台投资（李坤望和王有鑫，2013）。关税则在不同质量层级的产品间，存在非单调的影响作用（Amiti and Khandelwal，2009；Curzi et al.，2014；汪建新，2014）。

现有的文献关于农产品质量尤其是农产品质量升级的研究尚未深入。翁鸣（2003）强调加入 WTO 后中国农产品的贸易环境发生变化，质量成为农产品竞争力的主要表现。董银果和邱荷叶（2014）将追溯、透明和质量安全保障体系（即 TTA）作为农产品质量安全竞争力的重要元素，以中国猪肉出口为样本的研究认为，中国猪肉 TTA 水平与出口绩效显著正相关。董银果和黄俊闻（2016）对中国出口农产品质量进行了测度，他们发现，2004 年以来中国出口农产品质量经历了“上升、下降、再上升”的“N”形变动，与发达国家相比，还存在较大的质量差距。

文献对于 SPS 措施的研究，主要集中于 SPS 措施对于贸易流量以及贸易增长的影响（Otsuki et al.，2001；鲍晓华和严晓杰，2014）。部分文献认为，SPS 措施促进农产品贸易，如美国和欧盟的 HACCP 认证（Anders and Caswell，2009；Liu and Yue，2012）。然而，文献中缺乏对于以 SPS 措施为代表的非关税措施和农产品质量升级关系的研究。本节的边际贡献包括，采用 2005—2012 年日本进口 HS9 位编码农产品贸易的面板数据，基于嵌套 Logit 模型度量出口农产品质量，结合前沿距离模型，计算农产品的前沿技术距离，探讨 SPS 措施与农产品质量升级之间是否存在非单调关系。本节旨在揭示 SPS 措施对技术前沿农产品和技术落后农产品质量升级的影响，回答自 2006 年实施肯定列表制度（PLS）

---

① 如水产品的培养技术与农作物的培养技术不同，不可简单用技术含量差异来决定两者产品质量的高低。

以来，日本的高标准是否真的倒逼了发展中国家（包括中国）农产品出口企业进行技术创新，或者说，SPS 措施是否促进了出口农产品的质量升级。

5.2.3 模型和数据

1. 模型阐述

在 Aghion et al.（2005）“前沿距离”理论框架基础上，Aghion et al.（2009）建立“前沿距离模型”（又称 ABGHP 模型）得出，竞争与创新的关系取决于在位企业相对世界技术前沿的距离。具体表现为，随着进入威胁上升、竞争加剧，在位领导型企业会通过创新避免潜在进入者的进入，即逃离竞争效应（escape - competition effect）；而在位落后型企业因其不能通过研发投入获得超额利润而失去创新动力，即负向激励效应（discouragement effect）。

企业的创新行为包括更新生产技术、开发新产品以及现有产品质量的提升，但要同时度量这几个不同属性的要素过于复杂且各国间可能缺乏可比数据。由此，Amiti 和 Khandelwal（2009）将突破口放在创新中的质量升级层面，他们将 ABGHP（2009）模型中潜在进入者的进入成本（代表竞争环境）内生化，衡量了关税水平对于不同工业产品质量升级的作用。为了说明竞争与创新之间的非单调关系取决于农产品的前沿距离，模型结果可以简化为：创新是关于竞争和前沿距离的函数，即 $innovation = f(competition, proximity\ to\ the\ frontier)$。

SPS 措施的使用也加剧了企业间的竞争和创新，进而提高了食品的安全程度和农产品的质量水平。首先，SPS 措施通过促进农产品生产的规范化提高农产品质量水平。当发达国家提高 SPS 措施时，迫使出口企业加强从原料到产品各个环节的风险甄别，提高了产品的安全度，如 GAP、HACCP 以及 ISO9000 等认证系统的引入以及冷链系统的建立，都大大提升了农产品的质量安全水平。其次，SPS 措施通过促进新型农药研发和流程改造提高产品质量。农产品生产中普遍使用农兽药控制病虫害，当国外限制某些药物时，就会激励企业开发新型药性更强、毒性更小的安全药物。最后，SPS 措施通过信息化服务提高产品的质量。出口商为了应对国外的竞争和满足进口市场要求，对农产品生产和加工过程的每一个环节进行档案化管理，为消费者提供信息化服务，解决农产品生产中的信息不对称问题。

本节将 ABGHP 模型引入到 SPS 措施与质量升级的研究，用 SPS 措施衡量竞争，用质量升级（t 期与 $t-5$ 期间的质量差异）衡量创新。具体而言，自 2006 年实施“肯定列表制度”以来，日本 SPS 措施数量增多，标准趋严，根据前沿距离理论，当 c 国出口的农产品 h 质量水平领先于其他出口日本的同类产品时，即使日本 SPS 措施严厉程度上升导致日本市场的进入成本上升，c 国农产品 h 遵从日本 SPS 措施的成本即遵从成本较低，即便同类商品其他出口国通过创新完成质量升级或是新的出口对手进入，也不会对 c 国 h 产品出口造成太大冲击，最终导致处于技术前沿的 c 国农产品 h 的创新力度不足，表现为“逃离竞争效应”的反面情况。当 c 国出口农产品 h 的质量水平相对落后于其他出口日本的同类产品时，随着日本 SPS 措施严厉程度上升，推高了日本市场的进入成本和进入障碍，该出口产品必须经过较大的质量升级才能满足日本市场的 SPS 标准。对于出口企业而言，一种可能的结果是，遵从日本 SPS 措施的遵从收益无法覆盖较大的遵从成本，或者技术、人力资本等限制他们遵从进口国 SPS 措施，这些因素都迫使部分出口企业选择退出①；但如果技术水平相对落后的 c 国农产品 h 通过技术创新能够跟上技术前沿，新增市场的收益（遵从收益）超过研发成本等遵从成本，即能够获取暂时性的经济租金的话，技术落后的 c 国农产品 h 就有动力创新进行质量升级，表现为“负向激励效应”的反面情况。

综上，这两种效应如何发挥作用取决于 c 国农产品 h 与其他出口国同类产品间的质量差距，或者说取决于 c 国农产品 h 相对世界技术前沿的距离。故而，SPS 措施影响质量升级的计量模型表现如下：

$$\Delta \ln \lambda_{cht}^{F} = \alpha_{ch} + \alpha_{ht} + \alpha_{ct} + \beta_1 PF_{cht-5} + \beta_2 SPS_{ch,t-5} + \beta_3 (PF_{cht-5} \times SPS_{ch,t-5}) + \varepsilon_{cht} \quad (5-1)$$

式中，$\ln \lambda_{cht}^{F}$ 代表 c 国出口的农产品 h 在 t 期与 $t-5$ 期间的质量差异，

① 缺乏出口国企业层面数据，暂不能度量 SPS 措施对企业出口选择行为的影响。2001 年以来，中国出口农产品在日本的市场份额大幅下降，这表明随着日本 SPS 措施的提升，很多企业和产品已经退出了日本市场。

代表质量升级。参考 Amit 和 Khandelwal（2009）的做法，对农产品 ch 在 t 期质量 λ_{cht} 取正值 $\lambda_{cht}=\exp[\lambda_{cht}]$，$\alpha_{ch}$ 代表个体固定效应，α_{ht} 和 α_{ct} 分别代表产品—年份固定效应和国家—年份固定效应。PF_{cht-5} 表示滞后 5 期的前沿技术距离，前沿技术距离被定义为 c 国农产品 h 在 t 期的质量占 h 产品在 t 期最高质量的比重，即 $PF_{cht}=\lambda_{cht}^F/\max_{c\in ht}(\lambda_{cht}^F)$，$PF_{cht}$ 趋于 1，则技术越前沿；反之，趋于 0，则技术落后。$SPS_{ch,t-5}$ 表示滞后 5 期的日本对 WTO 的 SPS 措施通报数[①]，用来代表 SPS 措施。$PF_{cht-5}\times SPS_{ch,t-5}$ 为交互项，ε_{cht} 为残差项。根据 ABGHP 模型，预期 β_1 为负，表示远离技术前沿（PF_{cht-5} 趋于 0）的产品可能实现更大的质量升级；预期 β_2 符号为正，表明 SPS 措施是产品质量门槛，遵从 SPS 措施的过程，产品质量水平得到提升；β_3 符号为负，表示 SPS 措施严格程度上升，基于“逃离竞争效应”的反面情况，会降低技术前沿农产品的创新力度，而基于“负向激励效应”的反面情况，会提高技术落后农产品的创新动力，使其完成质量升级。对不同技术水平的农产品来说，β_2 和 β_3 综合反映了 SPS 措施与质量升级之间的非单调关系。

2. 质量测度

为适用公式（5－1）还需测度关键的农产品质量。为此，本节采用 Khandelwal（2009）发展的嵌套 Logit 方法。该方法的内在逻辑是：产品市场绩效取决于价格和质量，在价格相同的情况下，市场绩效越好，表明该产品质量越高，那么，剔除产品市场绩效中的价格因素后，剩余部分便是产品质量。具体公式如下：

$$\ln(S_{cht})-\ln(S_{0t})=\lambda_{1,ch}+\lambda_{2,t}+\alpha p_{cht}+\sigma\ln(ns_{cht})+\gamma\ln POP_{ct}+\lambda_{3,cht} \quad (5-2)$$

式中，S_{cht} 代表 t 期日本从 c 国进口的农产品 h（以下简记为“农产品 ch”）的市场份额，S_{0t} 代表日本国产农产品的市场份额；p_{cht} 代表 t 期农产品 ch 的价格[②]；ns_{cht} 为农产品 ch 在其组内[③]的市场份额，即嵌套市场份

① 根据 WTO 的透明度原则，各国 SPS 措施的颁布或者修订必须向 SPS 委员会通报。通报数量反映一国 SPS 措施的变动和升级，通报数量越多，SPS 措施越严厉。

② 本节采用进口产品价值量除以进口数量的产品单位价值来替代产品价格。

③ 以 HS6 位编码项下农产品为一组，该组内日本进口的 HS9 位编码细分农产品种类数即为组内产品数。

额，用 t 期 c 国向日本出口产品 h 的数量与日本从各国进口产品 h 总数量的比值表示①；POP_{ct} 为出口国人口数量，代表各出口国市场规模；$\lambda_{1,ch}$ 是不随时间变化的 c 国出口 h 产品的个体固定效应，$\lambda_{2,t}$ 为时间固定效应，$\lambda_{3,cht}$ 是不可观测的误差项。根据式（5－2）反推，农产品 ch 在 t 期的质量水平可由下式给出：

$$\lambda_{cht} \equiv \hat{\lambda}_{1,ch} + \hat{\lambda}_{2,t} + \hat{\lambda}_{3,cht} \qquad (5-3)$$

3. 数据来源及说明

对于质量的度量，高分位数据更能控制产品水平差异，即精准度量产品的垂直差异代表质量②。目前 UN Comtrade 数据库只有 HS6 位编码数据，而日本财贸省贸易数据库（e－stat）提供 HS9 位编码，因此，选取了 2005—2012 年日本从世界 137 个国家进口 7 类细分为 HS9 位编码的农产品进口金额和数量③。另外，日本农林水产省统计数据④（MAFF）中给出了完整匹配的农业进出口及产出数据满足公式（5－2）所需，且日本标准产业分类（JSIC）下的农业涵盖了几乎除肉类及水产外所有代表性农产品，所以，模型中农产品所对应的行业限定为农业。同时，计算农产品的市场份额需要同行业内所有产品的数量单位一致。因此，最终选定的几大代表性农产品为：蔬菜（HS07）共 750 种、水果（HS08）共 747 种、咖啡茶叶及香料（HS09）共 937 种、杂食干果（HS12）共 672 种，合计 3 106 个品种 HS9 位编码的初级农产品。市场规模的变量用各出口国人口数量 pop_{ct} 来描述，数据来自于世界银行数据库。SPS 措施选取样本期间，日本针对四大类农产品的通报数⑤，数据来自于 WTO－SPS 信息管理系统。为避免模型中变量取对数后出现错误数值，剔除数量为 0 及价值额为 0 的样本，最后剩余 12 210 个样本。变量的描述性统计见表 5－1。

① 采用农产品 ch 所在组内的种类数和出口国家出口的种类数作为嵌套市场份额的工具变量。

② 日本财贸省统计的 HS9 位编码系由日本海关在 6 位 HS 国际通用商品编码的基础上进一步细分制定。选择高分位数据有利于消除目标市场存在大量同类产品时导致的有偏估计，如出口日本的美国苹果市场份额高于中国苹果，可能是美国出口日本的苹果种类数更多而非质量更好。

③ 中国出口日本的代表性农产品有以下七大类：HS02 即肉类及肉制品，HS03 即水产及水产制品，HS07 即蔬菜，HS08 即水果，HS09 即咖啡茶叶及香料，HS10 即谷物，HS12 即杂食干果类。

④ 日本农林水产省统计数据．http：//www. maff. go. jp/j/tokei/kouhyou/kokusai/index. html.

⑤ 严格意义上，采用每一种农产品的具体标准更为合适，但是要获取 3 106 种农产品的具体标准还不具有可行性。因此，用 SPS 措施通报近似代替 SPS 措施，SPS 措施通报越多，也意味着标准不断上升。

表 5-1　变量描述性统计

变量	均值	中位数	最大值	最小值	25%分位数	75%分位数
市场份额（%）	0.025	1.900E-4	11.451	8.000E-9	1.900E-5	0.002
外部市场份额（%）	60.829	61.038	63.476	57.754	59.098	63.383
产品单位价值（万日元）	0.928	0.052	1 800	0.001	0.024	0.134
嵌套市场份额（%）	17.264	1.318	100	1.570E-5	0.114	17.249
人口数量（百万）	266	66	1 400	0.05	21	240
人均 GDP（万美元）	1.584	0.576	6.78	0.014	0.194	3.401
SPS 通报数（个）	4.508 763	5	12	0	1	7

5.2.4　实证结果

回归（1）到（4）分别给出了是否控制个体固定效应、产品—年份固定效应、国家—年份固定效应的回归结果（表 5-2）。对比回归（1）与（2）结果可知，在没有考虑任何固定效应的情况下，SPS 措施对于质量升级的影响被扭曲，回归（1）无法衡量不同年份产品层面受到的需求冲击或技术冲击，而在加入产品—年份固定效应后，即考虑了产品层面如 2006 年日本开始肯定列表制度实施的政策影响，SPS 措施的系数由负转正，模型的拟合优度也得到提高。此外，模型（3）通过加入国家—年份固定效应，考虑了国家层面如 2008 年宏观环境变化以及国家要素禀赋冲击的影响，进一步印证了 SPS 措施对于出口农产品质量升级的正向影响。模型（4）进一步加入个体固定效应，考虑产品自身非质量因素的影响，结果显示，所有变量的符号与预期相符，并在 1%～5%的统计水平显著，下文重点分析回归（4）的结果。

回归结果显示，前沿距离（滞后 5 期）的系数为－0.299，表明（5 年前）处于技术前沿的产品较处于技术落后的产品质量升级幅度小 0.299。即前沿距离负向作用于质量升级，越处于技术前沿的农产品质量升级的幅度越小，而远离技术前沿的农产品则质量升级的幅度越大。日本提高进口产品标准和要求后，对于已经处于技术前沿的产品而言，或者已经达到了日本的进口标准要求，或者即使没有达到也只需要微小的努力就可达到，因而这类产品大幅提升质量的空间有限。而远离技术前沿（PF_{cht-5} 趋于 0）的农产品质量水平距离日本进口标准要求的质量门槛有较大差距，必须经历较大幅度的质量升级才能达到进口标准要求，因此，这类产品如果具备遵从日本 SPS 措施标准的条件和能力（如掌握新标准的检测检验人员和投资较大规模的供应链改造，且遵从标准的成本小于或等于遵从收益），在技术溢出与后发优势（"干中学"效应）的作用下，他们较技术前沿（PF_{cht-5} 趋于 1）的农产品能实现更大幅度的质量升级。当然，质量升级的幅度越大，意味着质量升级的成本也越高。

表 5－2　模型回归结果

变量	（1）	（2）	（3）	（4）
前沿距离（滞后 5 期）	−0.177*** （0.046 7）	−0.082 1*** （0.029 4）	−0.181*** （0.038 9）	−0.299*** （0.060 0）
SPS 措施（滞后 5 期）	−0.012 7*** （0.003 85）	0.076 9** （0.031 1）	1.380*** （0.079 8）	0.240*** （0.038 2）
SPS 措施×前沿距离（滞后 5 期）	0.030 1*** （0.008 89）	−0.010 4* （0.005 47）	−0.008 05 （0.005 57）	−0.016 7** （0.006 46）
截距	0.047 4** （0.021 3）	−0.704*** （0.267）	−4.632*** （0.299）	−0.859*** （0.144）
产品—年份固定效应	未控制	已控制	已控制	已控制
国家—年份固定效应	未控制	未控制	已控制	已控制
个体固定效应	未控制	未控制	未控制	已控制
观测值数	2 987	2 987	2 987	2 987
R^2	0.01	0.84	0.84	0.85

注：*、** 和 *** 分别表示在 10%、5%和 1%的水平上显著。括号内数字为标准误；后表同。

回归结果显示，日本 SPS 措施的通报增加 1 项，（5 年后）出口到日本市场的农产品质量水平则会提高 0.24，SPS 措施能显著提升农产品的质量水平。例如，2005 年日本向 WTO 通报，自 2006 年 5 月起，茶叶的农药残留控制标准从原来的 83 项增加到 144 项，残留限量为 0.01 毫克/千克。事实上，满足新标准的茶叶比以前更为安全，其质量水平也得到提高。基于 SPS 措施的特征及在农产品贸易中的作用，本节认为，SPS 措施对于农产品质量升级通过三种机制产生影响。一是强制遵从效应。每一次 SPS 标准的提升，对于出口产品而言，意味着进入门槛的提高，出口产品只有满足了新标准的要求才能进入进口国市场。为了满足进口国新标准的要求，出口商必须对产品的原料进行筛选，对生产流程进行改造，引进更为标准化的质量安全控制方法，加强从原料到成品之间的检测检验力度，甚至引进产品的追溯、透明和质量安全认证体系，这自然就提高了农产品的质量安全水平（Cruzi et al.，2014）。故 SPS 措施的每一次提高，对于出口产品都是质量升级的压力和动力。二是信息传导效应。规定细致的标准可以削减信息不对称的影响，遵从新标准可以向消费者传递代表产品质量信息的“绿色标签”，消费者对于更为安全农产品的支付意愿也促使企业进行技术创新，提高农产品的质量安全水平。因而，质量安全标准首先诞生于个别技术前沿的企业，这些企业通过设立自己的质量安全标准（即私营标准），向市场证明他们生产的产品有别于其他产品，从而在市场获取消费者的额外支付，也引领产品质量安全水平的提升。当私营标准逐渐得到认可，有可能被政府接受而成为市场准入的基本条件，则成为官方标准或官方 SPS 措施（董银果、严京，2010）。三是学习辐射效应。SPS 措施可能通过产业链的辐射影响于出口产品相关产品的质量提升，如出口商在“干中学”，获得提升产品质量的方法，将其应用于供应国内市场的产品，以便获得较高的消费者支付。出口产品的中间供应商也可能通过供应链的学习效应，主动提高原料的质量水平，以便在市场竞争中获胜。

结合 SPS 措施与前沿距离的交互项系数为负来看，SPS 措施通报每增加 1 项，技术落后的农产品质量升级 0.24，技术前沿的农产品质量升级 0.223。当 SPS 措施标准提高时，技术前沿（PF_{cht-5}趋于 1）的农产品因其自身标准较高，遵从成本较低，导致前沿产品的创新下降（基于“逃离竞争效应”的反面情况）。相反，技术落后（PF_{cht-5}趋于 0）的农产品因存在赚取“熊彼特租金”的激励，这将促使远离前沿的产品加速创新（基于“负向激励效应”的反面情况）。可见，受负向的“逃离竞争效应”影响，技术前沿农产品的质量升级要小于技术落后农产品，这与 Olper et al.（2014）和 Curzi et al.（2014）的结论一致。对于农产品而言，在相同贸易政策及竞争环境下，技术落后农产品的质量升级较技术前沿农产品的质量升级高 10%，或者说技术落后农产品必须以更大幅度提升质量才能满足进口国新标准的要求。

综合 SPS 措施的影响机制来看，SPS 措施显著且正向作用于出口农产品的质量升级，而 SPS 措施与前沿距离的交互项则显著负向作用于出口农产品的质量升级。同时，那些技术落后的农产品在面对 SPS 措施提升时没有进行质量升级或者不具备质量升级的条件，其结局就是退出市场。正是由于 SPS 措施对于不同质量层级的农产品影响不同，导致 SPS 措施的相关研究出现较大分歧。大部分学者认为，SPS 措施是贸易壁垒，阻碍了农产品贸易的发展（Olper and Raimondi，2008；Li and Beghin，2012），尤其是对于发展中国家而言，遵从发达国家的 SPS 措施意味着巨大的遵从成本和贸易损失（Maskus et al.，2005）。而部分学者认为，SPS 措施是贸易催化剂，让那些通过创新完成质量升级的农产品得以出口并获益，促进食品供应链的现代化（Porter and Claas，1995；Maertens and Swinnen，2009）。董银果和李圳（2015）的研究则认为各国采取的 SPS 措施对农产品进口短期内表现为贸易限制作用，但在实施 2 年后转化为贸易促进作用。出现以上分歧的重要原因是前述研究忽略了产品前沿距离的重要影响。对于技术落后的发展中国家出口企业而言，国外的 SPS 措施虽然能促使他们实现更大的质量升级，然而质量升级的成本也是极高的，大多数企业不能承受而只能退出市场，那么 SPS 措施对于他们而言就是客观上的贸易壁垒，而对于那些实现了质量升级的企业而言，SPS 措施则成为他们扩大贸易的催化剂。

5.2.5　SPS 措施对发达国家和发展中国家质量升级的比较

既然不同出口国家的发展程度对于各国产品的质量升级存在重要影响，各国的市场化水平也影响出口企业的质量升级行为。国家技术发展的快慢决定了 SPS 措施影响机制中“逃离竞争效应”和“负向激励效应”哪一个占主导地位，并最终表现为各国农产品质量升级的程度，因此，有必要对样本国区分为 OECD 国家和非 OECD 国家进行深入研究。对比表 5-3 中回归（2）和（3）的结果，可以明显发现两大不同点：①面对日本市场相同的贸易政策和竞争环境，非 OECD 国家的质量升级比 OECD 国家幅度大且在统计上显著。②在 OECD 国家，尽管存在“逃离竞争效应”的反面情况，SPS 措施仍总体上提升了农产品的质量水平。

回归结果显示，前沿距离变量在 OECD 国家和非 OECD 国家分别为 −0.282 和 −0.194，表明前沿距离负向作用于农产品质量升级，且在

OECD 国家表现更为明显。当 SPS 措施通报增加 1 项，SPS 措施促进 OECD 国家的产品质量提升 0.172，但技术前沿产品的质量升级较技术落后产品慢 0.022。SPS 措施之所以对 OECD 国家技术前沿产品产生"负向激励效应"，原因在于发达经济体的农产品依靠食品化学、生物技术等高新技术的发展，其产品本身就在树立新的标准。相对而言，SPS 措施在非 OECD 国家对于整体农产品呈正向作用，世界银行就曾在 2005 年的报告中指出，SPS 标准的提高并不一定抑制发展中国家的贸易，对于那些在新标准实施前，就已经主动采取应对措施的国家或企业，新标准实施却是抢占市场份额的良好机遇（World Bank，2005）。但在非 OECD 国家没有表现出显著的"逃离竞争效应"或是"负向激励效应"。这是因为，在市场化程度较低的国家，企业选择是否出口和产品创新并非完全属于市场化行为。Acemoglu et al.（2006）认为，在相对落后地区，政府对经济干预过多，比如以投资补贴来鼓励企业采用更先进的技术。本节的实证也显示，在严苛的出口市场上，一方面现有成熟的技术降低了发达国家的创新激励；另一方面，发展中国家通过对发达国家技术的模仿与再创新，结合技术溢出效应与后发优势，其质量升级速度将紧跟发达国家步伐。

表 5-3 分国家的回归结果

变量	(1)	(2)	(3)
	所有国家	OECD 国家	非 OECD 国家
前沿距离（滞后 5 期）	−0.299***	−0.282***	−0.194**
	(0.060 0)	(0.103)	(0.038 9)
SPS 措施（滞后 5 期）	0.240***	0.172***	0.233***
	(0.038 2)	(0.053)	(0.079 8)
SPS 措施×前沿距离（滞后 5 期）	−0.016 7**	−0.022**	−0.016
	(0.006 46)	(0.009)	(0.011)
截距	−0.859***	−0.545***	−0.505***
	(0.144)	(0.176)	(0.174)
产品-年份固定效应	已控制	已控制	已控制
国家-年份固定效应	已控制	已控制	已控制

（续）

变量	(1)	(2)	(3)
	所有国家	OECD 国家	非 OECD 国家
个体固定效应	已控制	已控制	已控制
观测值数	2 987	1 404	1 583
R^2	0.85	0.87	0.86

注：同表 5-2。

5.2.6　结论与启示

当前中国经济从中高速增长转向高质量增长，提升产品质量是保持和提高贸易竞争力的关键。本节采用日本进口农产品高分位产品层面数据，采用嵌套 Logit 模型度量出口农产品的质量水平，使用前沿距离模型度量 SPS 措施对农产品质量升级的影响。研究发现，SPS 措施对农产品质量升级产生正向促进作用，SPS 措施通过强制遵从效应、信息传导效应和学习辐射效应提高农产品质量水平；SPS 对于不同质量层级的农产品产生不同的影响，对于技术前沿的农产品而言，SPS 措施对其质量升级产生部分抑制作用，而对于技术落后的农产品而言，“熊彼特租金”的激励促使他们加速创新，较技术前沿的农产品完成更大幅度的质量升级；SPS 措施对非 OECD 国家质量升级的影响大于 OECD 国家。

基于 SPS 措施对于农产品质量升级的正向影响，出口企业应以遵从进口国 SPS 措施为契机，通过产业链的前向辐射和后向带动促进整个产业链产品的质量提升。由于 SPS 措施对于质量升级的直接影响还取决于产品与世界技术前沿的距离，对于技术落后的产品而言，应在遵从成本可控的情况下，大胆创新，提升产品的技术层级和质量水平，促进产品出口。中国出口农产品目前整体而言还属于技术落后产品，因此，应通过遵从国外 SPS 措施，夯实科研基础，增强创新驱动，提升农产品生产过程的规范化管理，积极申请产品和生产过程认证，提高农产品生产过程的透明度，方能获得国外消费者的认可，也重塑国内消费者对农产品的信心；而对于处于技术前沿的农产品而言，在遵从国外 SPS 措施条件下，还应积极探索更高层次的企业标准，以更高的 SPS 标准维护其在农产品贸易中的先导权。从国家层面而言，在面对技术性贸易壁垒时，中国等发展中国家通过对发达国家技术的模仿与再创新，结合技术溢出效应与后发优势，其质量升级速度也将紧跟发达国家步伐。因而，政府一方面要引导企业对于进入壁垒的提高做出更积极的反应，鼓励具有遵从能力的企业和产品积极创新；另一方面政府要在信息服务、技术培训等方面做企业的坚强后盾。

5.3 SPS 措施、出口产品多样化与质量升级[①]

本节从异质性企业的另一个视角出发，依据企业出口产品的种类将企业分为出口多样化产品企业和出口单一产品企业，探讨进口国 SPS 措施对出口农产品质量升级的影响。

5.3.1 引言

在国内进入全面建成小康社会决胜期的背景下，深化农业供给侧改革，运用现代技术改造传统农业，提升农产品的精深加工和质量安全，是打赢脱贫攻坚战、拓宽农民增收渠道的有力助推。加入 WTO 以来，中国农业一方面积极探索实施“走出去”战略，但总体上仍以直接出口贸易模式为主，没有在战略布局上建立农业投资、贸易等互为一体化的全球农产品供应链；另一方面传统优势农产品受到东南亚发展中国家的竞争压力，劳动密集型农产品出口增长乏力，中国农产品面临“内外夹击”的出口贸易困境。由于劳动力成本高企，土地、生态和质量安全成本的日益显性化，中国农产品企业[②]的成本费用利润率增长明显放缓（图 5-1），而农产品出口额的增长率也由 2001 年的 12.16%降至 2017 年的 3.58%。

与此同时，随着国际商品和服务进入后关税时代，关税等值高达 87%的非关税贸易措施（Looi et al.，2008）兼具隐蔽性和保护性。卫生与植物检疫（Sanitary and Phytosanitary，SPS）措施在农产品国际贸易中一方面旨在确保农产品、食品的质量安全，进一步满足消费者对农产品

① 本节来自：董银果、刘雪梅 . SPS 措施、产品多样化与农产品质量升级［J］. 世界经济研究，2019（12）：62-76，132. 文献综述与第一章综述有交叉。

② 以农副食品加工业、食品制造业、酒、饮料和精制茶制造业等农产品加工企业为例，鉴于工业企业库 2000—2003 年主营业务成本的缺失值较多，计算精确度不高，故舍弃。

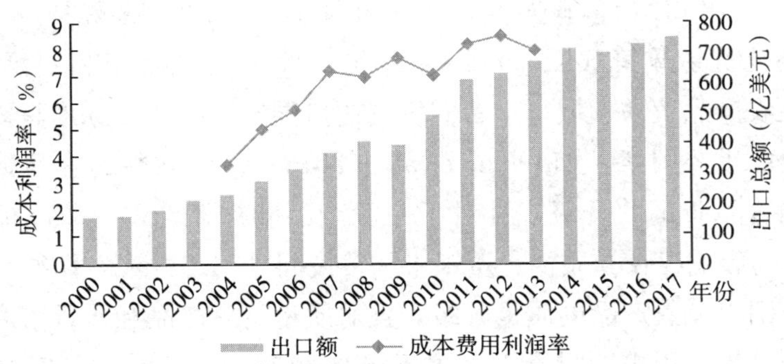

图 5-1　中国农产品出口额和企业利润率走势比较（2000—2017 年）

注：根据工业企业数据库（2000—2013 年）和 UNComtrade（2000—2017 年）整理计算。

的质量偏好；另一方面也潜藏着进口国以健康和安全为由保护国内生产商逃离开放市场竞争的风险（Crielli & Grosch，2012），现已成为影响农产品贸易和质量安全的最重要因素。WTO 数据显示，世界各国针对 SPS 措施的通报从 2000 年的 404 项上升至 2018 年的 1 318 项，累计通报达 18 047 项；通报涉及 HS 二分位的全部产品种类，尤以活动物和蔬菜类产品的通报标准最高。世界各国 SPS 措施的制定和频繁更替一方面提高了出口国农产品进入国际市场的遵从成本（UNCTAD，2013），抑制了农产品出口数量的增长和品种的扩展（El - Enbaby et al.，2016）；另一方面也提高了农产品、食品的质量安全门槛（通过进口许可、检疫要求、认证标准、商标与包装、检疫和隔离等方面标准），增加了生产过程的透明度，客观上改善了出口农产品的质量水平。因此，SPS 措施对农产品出口贸易的影响不仅体现在贸易流量，也表现在对出口企业的品种调整和质量升级方面（Fontagné et al.，2016）。值得注意的是，即使各国在执行 SPS 措施时坚持“非歧视性原则”，SPS 措施对农产品质量落后国家的“门槛效应”依旧不可忽视，尤其是对发展中国家（如中国）出口到发达国家的影响最为突出（Murina & Nicita，2017）。

学界针对 SPS 措施对农产品出口贸易影响的研究主要从贸易流量视角展开，集中在出口额、出口数量以及出口二元边际等方面。随着 HS 高分位编码数据的开放和产品质量测度方法的推广，首先在制造业产品领域涌现出从不同视角研究产品质量的探索类文献，如出口产品的要素密集度（施炳展，2013）、消费者的质量偏好强度（鲍晓华和金毓，2013；李景睿，2017）、出口国竞争强度（Fan et al.，2015）、贸易补贴（张洋，2017）以及贸易政策（Khandelwal et al.，2013；刘晓宁和刘磊，2015）等；而在农产品贸易领域，学者们发现进口国农产品质量标准是影响出口质量升级的重要因素，如Olper et al.（2013）认为欧盟的食品标准促进了出口国食品质量的升级，且对于一般产品和加工产品，ISO标准和非ISO标准的影响存在异质性；董银果和黄俊闻（2018）认为日本SPS措施促进了各国出口农产品的质量升级，且对质量落后产品和质量落后国家出口产品的升级作用更明显。以上关于SPS与农产品贸易的研究都是从产品层面展开，忽视了企业作为贸易的主体地位，具有一定的局限性。

Melitz & Ottaviano（2008）建立的异质性企业贸易理论模型（简称MO模型）作为新新贸易理论的基础，对于企业层面的异质性研究发展具有开拓性意义。Antoniades（2015）在其基础上构建了产品质量内生化的异质性企业出口模型，极大地释放了MO模型对贸易实践的解释力，并成为新新贸易理论的重要分支之一；Bernard et al.（2011）和Mayers et al.（2014）利用核心能力概念模型化多产品出口企业的思想是新新贸易理论的另一个重要分支，弥补了单产品出口企业模型的缺陷①，充分认识到了产品多样化在扩大消费者选择集和提高效用中的作用；韩剑（2009）也分析了产品的垂直多样化与水平多样化之间的关系，指出质量在扩大出口品种②时发挥基础性作用，出口品种可以为质量提供更广泛的升级空间；Manova & Yu（2017）将产品质量内生化模型和多产品出口企业模型结合起来，指出多产品出口企业可以通过放弃低质量梯度产品的生产，实现核心产品的质量升级，进一步印证了产品多样化生产企业产品质量升级更显著的思想。综上所述，令人遗憾的是，无论是理论层面还是实证层面，鲜有学者运用多产品出口企业模型展开对中国农产品出口贸易的研究，更少涉及从多产品出口企业视角探讨SPS措施对农产品质量升级的影响。

基于此，本节研究的边际贡献主要体现在以下三方面：第一，突破已

① 例如，不符合贸易现实、低估贸易扩展边际的规模、忽略企业内扩展边际的贡献以及固化扩展边际与集约边际间单调关系等（钱学锋等，2013）。

② 出口品种范围的扩大（水平多样化）和出口商品质量、技术的提高（垂直多样化）是一国出口结构升级的两个不同阶段。

有关于农产品企业出口单一产品的暗含假设，将符合中国农产品出口现实的多产品模型应用于出口农产品质量升级的研究，强调农产品结构调整中企业内扩展边际的贡献；第二，将产品质量内生化于多产品出口企业模型中，首次从理论层面诠释产品多样化程度不同的出口企业在质量升级过程中的规律性；第三，基于中国海关的出口农产品企业层面数据，采用前沿距离模型实证检验在 SPS 措施作用下单产品出口企业和多产品出口企业质量升级的异质性，对理论模型的结果进行实证检验。

5.3.2　出口农产品多样化的典型事实

1. 出口农产品多样化的分布情况

2000—2015 年间中国企业出口农产品呈现多样化（表 5-4），出口农产品品种①的平均值为 4.41，最小值为 1，最大值为 121.90，而中位数为 2.5。深入分析发现，中国企业出口的农产品个数分布呈现明显的偏态特征，其中大多数企业的个数较少，而出口额却主要集中在个数占比较少的多品种出口企业。具体而言，只出口一种农产品的企业占企业总数的 38.73%，而其出口额占比仅为 8.91%；反观出口品种超过 5 种的企业占比和出口额占比分别为 14.69%和 42.74%。事实上，农产品的多样化生产在世界范围内比较普遍，Alexander et al.（2001）在针对美国艾奥瓦州农场生产实践的调查中发现，有 94%的被调查农场同时生产大豆和玉米，近 50%的农场还生产其他农作物，还有 60%的农场会同时饲养牲畜；USDA/ERS（Family Farm Report，2010）也指出，经济上成功的小型农场往往生产的产品更多样化。也有学者强调，出口多样化对农业出口增长影响较大，这是因为在需求千差万别的现代社会，贸易结构单一的国家难以获得市场定价权，且容易被其他竞争者所取代（叶初升和邹欣，2018）。

表 5-4　中国企业出口农产品多样化（2000—2015 年平均值）

出口产品数	所有企业	剔除贸易中介商
平均值	4.41	3.72
最小值	1	1

① 采用的中国海关出口的 HS 八分位编码，商品编码分位越高，产品质量和多样化分析就越科学。

（续）

出口产品数	所有企业	剔除贸易中介商
中位数	2.50	2.25
最大值	121.90	121.2
出口产品个数	企业个数占比	出口额占比
出口 1 种产品	38.73%	8.91%
出口 1～2 种产品	23.89%	15.99%
出口 2～3 种产品	11.67%	12.79%
出口 3～5 种产品	11.00%	19.56%
出口 5～10 种产品	8.88%	21.39%
出口 10～20 种产品	4.09%	12.32%
出口 20 种以上产品	1.72%	9.03%

注：根据 2000—2015 年中国海关数据库整理计算。

2. 出口农产品多样化的动态变化

出口产品的品种转换和组合调整对一国出口应对贸易政策、金融危机以及汇率变动等外部冲击具有重要的调节作用（Bernard et al.，2011；Mayers et al.，2014；吴小康和于津平，2018）。表 5－5 矩阵刻画了中国企业出口农产品品种在相邻两个时段的转换。该矩阵是对角占优矩阵，即前后两年出口农产品品种数保持不变的企业比重（对角线上的数值）明显高于出口品种数发生变化的企业比重（非对角线上的数值）。然而，企业的出口品种数在前后两期保持不变并不一定意味着贸易关系的稳定，其背后仍可能隐藏着企业出口行为的动态变化，即新产品的进入和老产品的退出，只是这种进入和退出行为同时发生且涉及的出口品种数相同。因此，该矩阵中非对角线上的数值不仅明确指出了企业出口行为的动态变化，对角线上的数值也可能暗含着企业不断变化的贸易关系。该矩阵主要传达了两个重要信息：其一，中国企业的出口农产品品种转换行为十分频繁、普遍和显著，具体表现为转换矩阵中几乎所有数据都显著大于 0；其二，出口企业减少农产品品种数的行为较增加出口品种数的行为更加明显，具体表现为主对角线以上的数字一般要大于主对角线以下的数值（陈勇兵等，2015）。因此，我们认为中国企业出口农产品多样化的动态调整具有普遍性。

表 5-5　中国企业出口农产品多样化转换矩阵（2000—2015 年）

单位：%

		第 $t-1$ 年出口产品个数（n）						
	$(t-1)/t$	1 种	1～2 种	2～3 种	3～5 种	5～10 种	10～20 种	20 种以上
第 t 年出口产品个数（N）	1 种	64.71	31.37	15.85	8.39	3.79	2.62	2.16
	1～2 种	15.40	44.92	26.59	13.45	4.40	1.93	1.42
	2～3 种	6.51	13.56	31.34	19.20	6.65	2.22	0.84
	3～5 种	5.67	7.05	19.52	39.00	22.75	4.98	1.69
	5～10 种	4.39	2.51	5.73	17.93	51.57	28.40	5.11
	10～20 种	2.20	0.40	0.77	1.65	10.07	52.46	21.72
	20 种以上	1.12	0.19	0.20	0.38	0.78	7.39	67.05
第 $t-1$ 年出口 n 种产品的企业占当年全部出口企业的比重		69.27	15.37	9.28	10.61	10.11	4.52	2.03

注：各数值为年平均值。具体含义是假设第 $t-1$ 年出口 n 种农产品的企业总计有 a 家，其中 b 家企业第 t 年变化出口至 N 种农产品，那么矩阵中出口品种从 n 变化至 N 个的转换率就等于 b/a，因此，矩阵中每列数值相加之和等于 1。

3. 多样化企业出口农产品质量的核密度分布

图 5-2（a）展示了单产品出口企业和多产品出口企业质量水平的核密度分布（2000—2015 年质量均值），而图 5-2（b）和（c）分别描绘了 2000—2015 年间单产品和多产品出口企业质量水平分布的动态演变。从图 5-2 可见：第一，从总体分布来看，虽然单产品和多产品出口企业的质量水平主要集中在 0.5～0.6 之间，但二者分布密度趋势线差异较大，多产品企业为“尖峰”型，整体分布相对偏右，而单产品出口企业为明显的“宽峰”型，且整体分布较集中偏左。这暗示着单产品出口企业的质量水平趋同性较强，而多产品出口企业则趋异，大多聚拢在中高水平，低质量区间的分布密度较低。第二，相比较而言，在 0.4 以下的低质量区间，单产品企业的分布密度要明显大于多产品企业，而在高质量区间，多产品企业的密度则高于单产品出口企业，尤其在 0.4～0.7 之间最明显。第三，从密度分布曲线位置的平移来看，样本期间单产品和多产品出口企业的密度分布曲线均表现出向下平移的趋势。第四，从密度分布曲线峰度变化来看，单产品和多产品出口企业的质量水平在 2000—2015 年间呈现由尖峰向宽峰的变化趋势，这意味着中国出口农产品质量的异质性减弱。综上所

述，多产品出口企业的质量水平不仅高于单产品出口企业，而且二者质量升级过程存在异质性。

鉴于中国企业出口农产品多样化的典型事实，将出口企业产品的多样化应用于探讨SPS措施与农产品质量升级的研究，具有充分的事实依据。

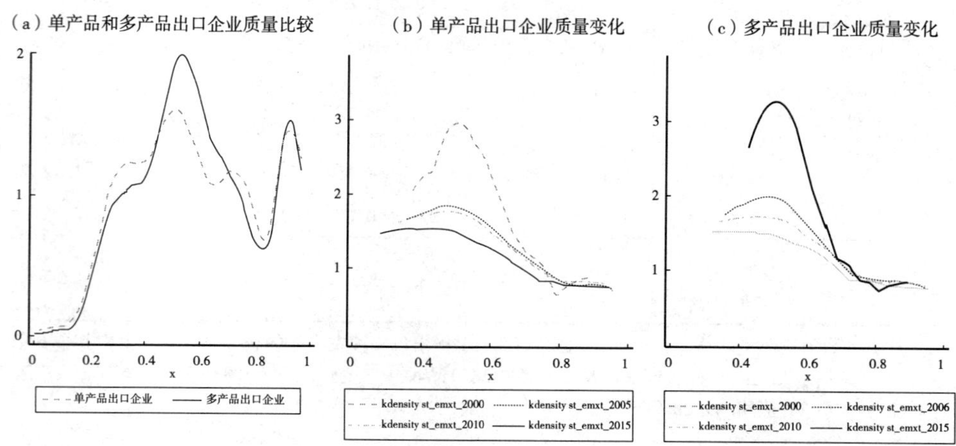

图5-2　单产品和多产品出口企业的核密度分布图

5.3.3　理论模型

1. 封闭经济

本节借鉴 Antoniades（2015）的方法，在多产品企业框架下，将产品质量内生化，假设消费者的拟线性效用函数为：

$$U=q_0^c+\alpha\int_{i\in \mathrm{I}}q_i^c\,d_i+\beta\int_{i\in \mathrm{I}}z_iq_i^cd_i-\frac{1}{2}\gamma\int_{i\in \mathrm{I}}(q_i^c)^2d_i-\frac{1}{2}\eta\left\{\int_{i\in \mathrm{I}}q_i^cd_i\right\}^2 \tag{5-4}$$

式（5-4）中的q_0^c和q_i^c分别代表消费者对标准化商品和差异化商品的需求（均大于零），z_i代表着i类产品的质量水平；需求参数均为正值，其中α和η分别代表差异化商品和标准化商品的替代特征，γ代表着产品间的差异程度，β代表不同国家或行业的质量偏好系数；产品品种之间是完全替代的，当消费者增加品种间的消费分布权重时，产品间的差异随γ的增加而增加。给定消费者对不同品种的反需求函数为：

$$p_i = \alpha - \gamma q_i^c + \beta z_i - \eta Q^c \tag{5-5}$$

其中，$q_i^c > 0$，将$Q^c = \frac{\alpha M + \beta M \bar{z} - M \bar{p}}{\eta M + \gamma}$①带入公式（5-5）可得：

$$q_i \equiv L q_i^c = \frac{\alpha L}{\eta M + \gamma} - \frac{L}{\gamma} p_i + \frac{L\beta}{\gamma} z_i + \frac{\eta M L}{(\eta M + \gamma)\gamma} \bar{p} + \frac{\eta M L \beta}{(\eta M + \gamma)\gamma} \bar{z} \tag{5-6}$$

其中，M 代表可选择消费商品品种数，L 代表国家规模，$\bar{p} = (1/M)\int_{i \in I^*} p_i d_i$，$\bar{z} = (1/M)\int_{i \in I^*} z_i d_i$，$I^* \subset I$ 是消费商品品种的子集。当$q_i = 0$ 时，则需要满足以下条件：

$$p_i \leqslant \frac{\alpha\gamma}{\eta M + \gamma} + \frac{\eta M}{\eta M + \gamma} \bar{p} + \frac{\eta M \beta}{\eta M + \gamma} \bar{z} \equiv p_{\max} = v_D \tag{5-7}$$

借鉴 Mayers et al.（2014）将产品品种内生化的思路，假设企业边际成本为 $v(m, c) = \omega^{-m} c$。其中，$\omega \in (0, 1)$；c 代表企业的核心边际成本；m 代表非核心产品品种数，当 $m = 0$ 时，表示企业为了提高核心产品质量，而放弃其他品种的生产。上述边际成本函数说明企业的“竞争梯队”随消费成本呈几何式增长，因此，企业的生产成本函数为：

$$TC_i(v, z) = q_i v_i + q_i \delta v_i + \theta (v_i)^2 \tag{5-8}$$

将 $v(m, c) = \omega^{-m} c$ 带入公式（5-8），得到企业利润最大化情况下数量和质量最优解：$q(v,z) = \frac{L}{\gamma}[p(v) - v - \delta z(v)]$，$z^* = \lambda(v_D - v)$。相应地可进一步得出由成本 v、边际成本临界值v_D和质量 z 表示的需求函数和反需求函数：

$$p(v) = \frac{1}{2}(v_D + v) + \frac{1}{2}(\beta + \delta)\lambda(v_D - v) \tag{5-9a}$$

$$q(v) = \frac{L}{2\gamma}(v_D - v) + \frac{L}{2\gamma}(\beta - \delta)\lambda(v_D - v) \tag{5-9b}$$

其中，v_D测度的是在激烈的竞争环境下，市场的边际成本临界值，

① 为求出不含Q^c的需求函数，将公式（5-5）两边分别积分：$\int_0^M p_i d_i = \int_0^M \alpha d_i - \gamma \int_0^M q_i^c d_i + \beta \int_0^M z_i d_i - \eta \int_0^M Q^c d_i$。令 $P \equiv \int_0^M p_i d_i$ 进一步简化得：$P = \alpha M - \gamma Q^c + \beta M \bar{z} - M\eta Q^c$，即$Q^c = \frac{\alpha M + \beta M \bar{z} - M \bar{p}}{\eta M + \gamma}$。

$c_D = v_D$是企业生存和界定市场竞争强度的临界值。如果企业核心竞争（core competency）产品的 $c > v_D$，则企业生产核心产品将无利可图，从而退出市场；如果企业核心产品的成本 $c \leqslant v_D$，将在生产核心产品时获取正的市场利润，并在市场中生存；如果企业的核心产品成本 c 满足 v（m，c）$\leqslant v_D \Leftrightarrow c \leqslant \omega^m c_D$，企业在生产第 m 种非核心产品时，可以获取积极的利润，企业可以生产更多的产品品种，即共生产（$m+1$）种产品，因此：

$$M(c) = \begin{cases} 0 & \text{if } c \geqslant v_D \\ \max\{m \mid c \leqslant \omega^m c_D\} + 1 & \text{if } c \leqslant v_D \end{cases} \tag{5-10}$$

其中，产品品种数为正整数。当 $c \in [o, v_M]$时，企业生产的产品品种是关于 c 的负相关函数，与企业生产率呈正相关的阶梯式函数。

2. 开放经济

开放经济下的均衡点处应满足企业新品种进入零预期收益的假定，因此：

$$\begin{aligned} f_E &= \int_0^{v_{ll}^l} \prod\nolimits_{ll}^l (v) \mathrm{d}G(c) + \int_0^{v_{lh}^l} \prod\nolimits_{lh}^l (v) \mathrm{d}G(c) \\ &= \sum_0^{\omega^m v_{ll}} \pi_{ll}^l (\omega^{-m} c) \mathrm{d}G(c) + \sum_{h \neq l} \sum_0^{\omega^m v_{ll}} \pi_{ll}^l (\omega^{-m} c) \mathrm{d}G(c) \\ &= \frac{1}{2\gamma(k+1)(k+2)c_M^k} \Big\{ L^l [1 + (\beta^l - \delta^l) \lambda_{ll}^l] \Omega c_{ll}^{k+2} + \\ &\qquad \sum_{h \neq l} L^h [1 + (\beta^h - \delta^l) \lambda_{lh}^l] \Omega \tau_{lh}^2 c_{lh}^{k+2} \Big\} \\ &= \frac{\Omega}{2\gamma(k+1)(k+2)c_M^k} \Big\{ L^l [1 + (\beta^l - \delta^l) \lambda_{ll}^l] c_{ll}^{k+2} + \\ &\quad \sum_{h \neq l} L^h [1 + (\beta^h - \delta^l) \lambda_{lh}^l] \tau_{lh}^{-k} c_{lh}^{k+2} \Big\} \end{aligned} \tag{5-11}$$

其中，$\Omega = M/N > 1$，是多产品组合的灵活性参数。若成本服从帕累托分布，在给定帕累托分布函数、国内市场利润函数、出口市场利润函数，且$v_{lh}^l = v_D^h / \tau_{lh}$的情况下，企业产品品种自由进入条件变为：

$$L^l [1 + (\beta^l - \delta^l) \lambda_{ll}^l] (v_D^l)^{k+2} + L^h [1 + (\beta^h - \delta^l) \lambda_{lh}^l] (v_D^h)^{k+2} \rho^l = \frac{\gamma \phi}{\Omega} \tag{5-12}$$

其中，$\phi(M) \equiv 2(k+1)(k+2)(v_M)^k f_E$ 为技术指数[①]（同封闭经济环境下），$\rho^l=(\tau^{lh})^{-k}<1$ 是自由贸易化程度指数，产品质量以 λ_{ll}^l 和 λ_{lh}^l 质量差异的形式存在。因此，得到开放经济条件下的成本临界值 v_D^h：

$$v_D^h = \left\{\frac{\gamma\phi}{\Omega L^l}\left[[1+(\beta^h-\delta^h)\lambda_D^h]-\rho^h[1+(\beta^h-\delta^l)\lambda_{lh}^l]/[1+(\beta^l-\delta^l)\lambda_D^l][1+(\beta^h-\delta^h)\lambda_D^l]-\rho^l\rho^h[1+(\beta^h-\delta^l)\lambda_{lh}^l][1+(\beta^l-\delta^h)\lambda_{lh}^h]\right]\right\}^{1/(k+2)} \tag{5-13}$$

显然，进出口国的成本临界值是由双边贸易国所决定的。通过 v_D^h 我们可以进一步测度 l 国出口企业质量，具体如下式所示：

$$\bar{z}_{lh}^l = \lambda_{lh}^l\left[\frac{1}{k+1}\right]v_D^h \tag{5-14}$$

3. SPS 措施、出口产品多样化和质量升级

为考察企业产品质量与出口产品多样化之间的关系，结合公式（5-13）和（5-14）得：

$$\bar{z}_{lh}^l = \lambda_{lh}^l\left[\frac{1}{k+1}\right]\left\{\frac{\gamma\phi}{\Omega L^l}\left[[1+(\beta^h-\delta^h)\lambda_D^h]-\rho^h[1+(\beta^h-\delta^l)\lambda_{lh}^l]/[1+(\beta^l-\delta^l)\lambda_D^l][1+(\beta^h-\delta^h)\lambda_D^l]-\rho^l\rho^h[1+(\beta^h-\delta^l)\lambda_{lh}^l][1+(\beta^l-\delta^h)\lambda_{lh}^h]\right]\right\}^{1/(k+2)} \tag{5-15}$$

从式（5-15）可以看出，二者之间的关系主要通过进口国边际成本临界值 v_D^h 起作用，存在技术指数［$\phi(M)$］和企业出口品种数（$M=\Omega\times N$）两种传导路径，据此可将每年出口企业—产品层面的质量升级分解为产品内升级和产品间重构两部分，这与 Khandelwal et al.（2013）将国家—企业—产品层面的质量变化分解为深化边际和广化边际的本质相一致。进一步针对产品内升级和产品间重构的深入考察如下：

路径一：产品内升级是指 SPS 措施倒逼既有产品质量的“内在驱动”。其主要依靠技术指数［$\phi(M)$］上升促进质量的纯粹性升级，受内外两方面因素影响。一方面，多产品生产企业在相邻部门产品间“技术外溢”效应

① 核心技术指数 $\phi(M)$ 是良好的成本分布（更低的 v_M）和更低的进入成本 f_E 构成（Mayers et al.，2014）。

的作用下，M越多，ϕ（M）越高，而技术升级v_M却越低，故$\frac{\partial v_D^h}{\partial \phi}\frac{\partial \phi}{\partial M_{lh}^l}>0$成立；另一方面，单产品生产企业中，距离前沿较远的技术落后企业也会进行质量升级，此时在出口“干中学”效应下，受赚取“熊彼特租金”的激励，ϕ的升级幅度较大（董银果和黄俊闻，2018），即ϕ和z_{lh}^l较大的提升仅仅带来v_D^h较小的上升，故$\frac{\partial v_D^h}{\partial \phi}>0$成立。除此之外，在$SPS$措施倒逼质量标准的提高会带来$v_D^h$和$\bar{z}_{lh}^l$的同时上升，故$\frac{\partial \bar{z}_{lh}^l}{\partial v_D^h}>0$恒成立。在其他条件不变的情况下，公式（5－15）求偏导始终满足：$\frac{\partial \bar{z}_{lh}^l}{\partial M_{lh}^l}=\frac{\partial \bar{z}_{lh}^l}{\partial v_D^h}\frac{\partial v_D^h}{\partial \phi}\frac{\partial \phi}{\partial M_{lh}^l}>0$。因此，可概括得出本节的命题一：在SPS质量门槛的倒逼作用下，沿产品内升级路径的企业受“技术外溢”和“干中学”效应的激励，多产品出口企业质量升级优于单一产品出口企业，而技术落后企业优于前沿企业。

路径二：产品间重构则可进一步分解为新品种“进入驱动”和既有低质量品种“退出驱动”。其主要受品种的结构性变动影响，$\partial \bar{z}_{lh}^l / \partial M_{lh}^l$的符号具有一定的复杂性，要具体问题具体分析。当“进入驱动”占主导时，企业通过新品种的专利型创新占领消费市场上的垄断地位，新产品质量与进口国的边际成本临界值v_D^h无关，并直接作用于出口企业的整体质量升级，故$\frac{\partial \bar{z}_{lh}^l}{\partial M_{lh}^l}>0$成立，该驱动主要作用于多产品出口的技术前沿企业；当“退出驱动”占主导时，企业通过既有低质量产品退出市场促进整体质量升级。假设企业生产两种产品m和m'[①]，两类产品的产出比为$\frac{q\left[v(m,c)\right]}{q\left[v(m',c)\right]}=\frac{v_D^h-\tau_{lh}\,\omega^{-m_c}}{v_D^h-\tau_{lh}\,\omega^{-m'_c}}$，$v_D^h$抬高会降低出口企业的竞争程度，并促使企业内价格分布更陡峭[②]。企业为应对较高的出口质量门槛，减少低质量产品的生产有利于企业集中资

① $m<m'$表示m产品为SPS措施质量门槛影响的产品品种。

② 随着SPS措施的实施，固定资本提高，市场竞争减少（c_D上升），所有产品的价格弹性下降。Mayers et al.（2014）中曾指出，在相对产品价格不变的情况下，相对需求$\frac{q\left[v\ (m,\ c)\right]}{q\left[v\ (m',\ c)\right]}$和质量$\frac{z\left[v\ (m,\ c)\right]}{z\left[v\ (m',\ c)\right]}$下降，核心产品生产率下降，核心产品价格上升，不利于企业资源再分配，即出口企业针对核心产品的劳动力投入、生产销售相对减少。如果将核心产品概念应用于SPS措施所涉及的产品，亦是如此。

本、技术和劳动力对高质量产品升级（Manova & Yu，2017），故$\frac{\partial \bar{z}_{lh}^{l}}{\partial M_{lh}^{l}}=\frac{\partial \bar{z}_{lh}^{l}}{\partial \vartheta_{D}^{h}}\frac{\partial \vartheta_{D}^{h}}{\partial M_{lh}^{l}}<0$成立，该驱动主要作用于多产品出口的技术落后企业。因此，可概括得出本节的命题二：沿着产品间重构路径的企业中，不论在“进入驱动”还是“退出驱动”作用下，多产品出口企业在应对 SPS 质量门槛抬高时，质量升级幅度都更快。

结合命题一和命题二，本节认为在面对 SPS 措施质量门槛提高时，出口企业为最优化资源配置和最大化利润，并非就产品内升级和产品间重构路径取其一，而是将两条路径下质量的垂直升级和资产的水平重组相融合，以期实现“技术外溢”“干中学”“进入驱动”和“退出驱动”下合力效应最佳。除此之外，考虑四种效应对质量升级效率的异质性，进一步在以上垂直—水平二维分析的基础上加入时间维度，假设企业质量升级过程中“合作创新（技术溢出）大于模仿创新（干中学）”“资产重组（退出效应）快于自主创新（进入驱动）”。

进一步通过结合前沿距离模型[①]和多产品出口企业模型，本节认为不同合力效应下企业的质量升级幅度分为四档：第一档为出口多产品的落后企业，主要受“技术溢出”“退出驱动”“干中学”三重合力效应影响。即多产品生产企业不仅具有多样化产品间的技术外溢作用，也可通过将低质量产品生产资料转投至中高质量产品的质量升级中，还可以在了解外国消费者对产品样式、质量和交付条件后，发挥新产品出口的“成本发现”和“需求发现”功能，实现非专利性创新（陈蓉和许培源，2014），故其质量升级动力最大，速度最快。第二档为出口多产品的前沿企业质量升级较快，主要受“技术溢出”和“进入驱动”双重合力效应影响。因为当一国出口产品与国外产品技术差距较小时，质量升级的边际效应会逐渐递减（负向逃离竞争效应），但水平多样性的边际效应（技术溢出效应）会上升，并可以推动前沿企业积极参与原始自主创新，所创“新产品”质量相对较高，故其升级较快。第三档为出口单产品的落后企业，主要受“干中

① 董银果和黄俊闻（2018）运用该模型主要从产品层面指出，面对 SPS 措施“质量门槛”的抬高，受“正向激励效应”和“负向逃避竞争效应”的共同作用，落后产品的质量升级快于前沿产品。具体到企业层面作用机制相似。

学”单边效应影响。但因为该类企业生产成品集中于某一类，多样化不能达到预期水平，在应对质量门槛抬升时，缺乏充足的流动资金和丰富的技术经验，导致“干中学”后发优势的发挥受限（Sutton & Trefler, 2016），故其升级较慢。第四档为出口单产品的先进企业，该类企业虽具有“进入驱动”，但受前沿距离的影响，缺乏创新动力，故其升级最慢。综上所述，鉴于企业在产品内升级和产品间重构两条路径下的合力效应差异，归纳出不同出口企业质量升级路径图（图 5－3）。综上得出不同企业质量升级效率的规律性（即命题三），即“多产品落后企业＞多产品前沿企业＞单产品落后企业＞单产品前沿企业”。

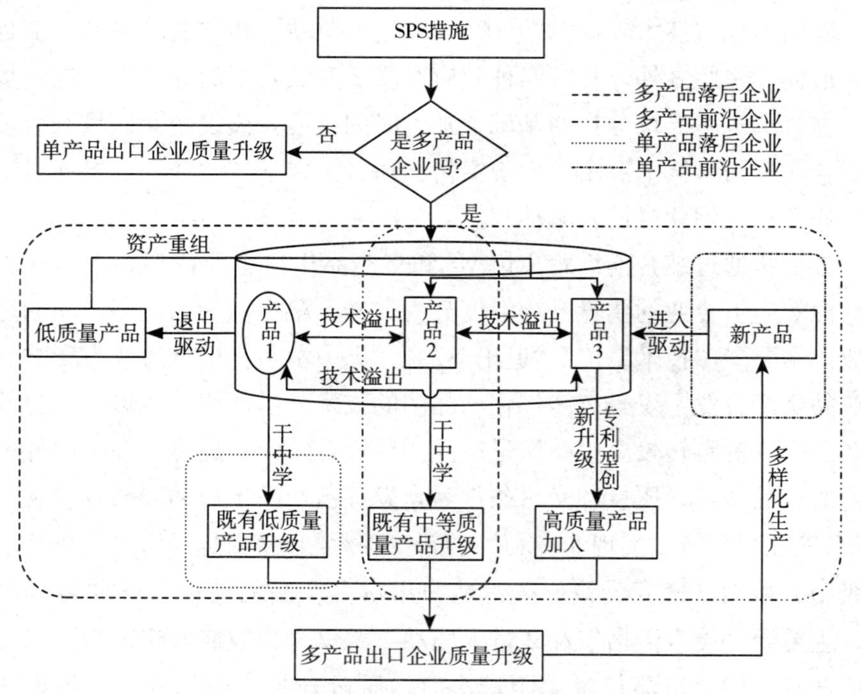

图 5－3　SPS 措施倒逼出口企业质量升级的传导路径

5.3.4　经验研究

1. 计量模型

本节在多产品出口企业模型下，引入 Aghion et al.（2005）的前沿距离模型，添加企业—产品层面的控制变量，得出简化后的实证模型，具体如下式所示：

$$delt\_quality_{eht} = \alpha_e + \alpha_h + \alpha_t + \beta_1 SPS_{eht-1} + \beta_2 quality_{eht-1} + \beta_3 SPS_{eht-1} \times quality_{eht-1} + \beta_4 adjusted_{price_{eht}} + \beta_5 tariff_{eht} + \varepsilon_{eht} \tag{5-16}$$

式（5-16）中，$delt_quality_{eht}$代表的是企业层面的质量升级，主要对t期c国e企业出口h农产品较$t-1$期的质量差来获得；α_e、α_h、α_t分别代表企业层面、HS二分位产品层面和时间的固定效应；SPS_{eht-1}代表的是$t-1$期美国对HS二分位农产品层面的通报数，通报数包含来自WTO的SPS措施通报系统；$quality_{eht-1}$代表的是滞后一期的质量水平，用于衡量企业质量所处梯队，越趋于1，该企业产品质量越靠近世界质量前沿，反之，越趋于0，则该企业质量越落后；$SPS_{eht-1} \times quality_{eht-1}$作为交互项，代表的是SPS措施影响不同质量梯队农产品质量升级的差异程度；$adjusted_price_{eht}$作为控制变量代表的是不同企业产品的质量调整后价格①，主要用于捕捉价格所涵盖的营销策略和企业定价策略信息；$tariff_{eht}$作为控制变量代表的是关税壁垒②对质量升级的影响作用；ε_{eht}代表扰动项，包含所有其他未被观测到但会影响出口产品质量的因素。为考察SPS措施对多样化出口企业质量升级的异质性影响，本节运用公式（5-16）对单产品和多产品出口企业分别做回归分析。

2. 数据和变量说明

本节选用2000—2015年美国进口的HS十分位编码数据③，借鉴Khandelwal et al.（2013）需求框架模型测度质量，测算高分位产品质量④；并将汇总出来的HS八分位产品质量数据与中国进出口海关数据相匹配，涉及年份、农产品价值、数量和运输成本、质量、企业编码、企业所有制类型、贸易方式等；数据库中将企业所有制属性分为国有企业（国有和集体企业）、外资企业（外商独资、中外合资、中外合作）和私营企

① 质量调整价格反映了企业去除质量因素后的边际生产成本，随生产率的提高而降低。

② https：//wits. worldbank. org/datadownload. aspx? lang=en.

③ 来自于美国人口普查局以及Schott个人网站公布的美国进出口贸易数据，为比较不同经济阶段的质量走势，以及本研究与以往学者研究的一致性，选择保留了2000—2015年的数据走势。

④ 关于产品层面质量水平的测度，选取HS十分位编码的运输成本及滞后一期运输成本作为价格的工具变量，采用2SLS估计方法对中国输美主要农产品替代弹性的估计结果。

业（私营和个体经济）；贸易方式分为一般贸易（一般贸易、边境小额贸易、对外承包工程出口货物、寄售、代销贸易等）和加工贸易（出口加工区贸易、出料加工贸易、进料加工、来料加工等）；所研究的农产品主要涵盖代表性较强[①]的 HS03（水产品）、HS07（蔬菜类）、HS09（咖啡、茶叶及香料）、HS12（子仁及果实）、HS16（水产制成品）、HS20（果蔬制成品）。除此之外，删除了贸易量为零和企业编码不详的样本值，并进行了上下 1%分位数的异常值删除处理。对于贸易中介商的界定，采用识别法，将出口主体的名称中含有“贸易公司”“进出口”“商贸”等字样的企业定义为贸易中介商（Ahn et al.，2011）。关于单产品和多产品出口企业的划分，鉴于 HS 八分位海关数据细化出口产品的多样化，为避免多产品出口企业数据的过度统计，按照品种的百分位分布情况，将出口 HS 八分位产品大于 4 种的出口企业定义为多产品出口企业，其他定义为单产品出口企业。通过以上数据整合，最终得到 16 年间中国农产品生产企业对美出口的 79 080 个样本值，变量的描述性统计详见表 5－6。

表 5－6　描述性统计

variable	mean	sd	min	p25	p50	p75	max
delt _ quality	0	0.370	−8.860	0	0	0	8.780
SPS	4.140	4.980	0	0	2	8	24
multi	6.590	8.450	1	2	4	7	88
quality 1	6.270	2.420	0.090	4.390	5.910	8.300	10
uval	680.8	36 547	0.010	0.980	2.020	4.670	4.700e+06
adjusted _ price	0.750	1.770	0	0.180	0.490	0.950	116.4
tariff	6.460	4.260	0.260	0.700	8.360	9.910	12.85
e	4 604	2 715	1	2 096	4 631	7 055	9 204
h2	11.24	6.180	3	7	9	16	20
t	2 008	4.500	2 000	2 004	2 007	2 012	2 015
eh	28 615	16 443	1	14 334	28 582	42 938	56 991

3. 总体样本回归

本节采用普通最小二乘法（OLS）和 Tobit 回归分别针对总体样本数

① 2017 年这些主要产品占到中国对美出口农产品总额的 66%以上，具有较强的代表性。

据中的单产品和多产品出口企业进行回归估计①。表5-7结果显示：

表5-7 总体样本回归结果

	单产品出口企业				多产品出口企业			
	OLS-1	OLS-2	OLS-3	Tobit	OLS-1	OLS-2	OLS-3	Tobit
SPS_1	−0.004	0.013	0.018*	0.003	−0.004	0.056***	0.061***	0.035***
	(0.003)	(0.008)	(0.008)	(0.005)	(0.004)	(0.012)	(0.013)	(0.006)
quality_1	−1.174***	−1.167***	−1.154***	−0.080***	−1.194***	−1.170***	−1.175***	−0.054***
	(0.032)	(0.033)	(0.028)	(0.004)	(0.029)	(0.030)	(0.029)	(0.005)
*SPS_1*quality_1*		−0.003*	−0.004***	−0.001		−0.009***	−0.011***	−0.006***
		(0.001)	(0.001)	(0.001)		(0.002)	(0.002)	(0.001)
adjusted_price			−0.052	−0.143***			−0.036	−0.127***
			(0.031)	(0.012)			(0.020)	(0.011)
tariff			−1.065***	0.025***			−1.817***	0.001
			(0.218)	(0.002)			(0.238)	(0.002)
截距项	7.541***	7.496***	13.722***	0.494***	7.486***	7.320***	19.632***	0.437***
	(0.208)	(0.211)	(1.235)	(0.028)	(0.184)	(0.192)	(1.577)	(0.037)
观察值	9 668	9 668	9 668	9 668	7 969	7 969	7 969	7 969
R^2	0.626	0.013	0.642		0.624	0.628	0.652	

注：括号内为标准差，***、**、*分别表示1%、5%、10%的统计水平上显著。

（1）SPS措施（滞后一期）的系数为正，且单产品和多产品出口企业分别为0.003（不显著）和0.035（显著），表明SPS措施倒逼机制促进了多产品出口企业的质量升级，而单产品出口企业则不明显。该结果印证了命题一和命题二，即考虑产品内升级和产品间重构的作用下，多产品企业在“技术溢出”、“进入驱动”和“退出驱动”的作用下质量升级速度要优于单产品企业。如进口国提高SPS措施的质量标准，一般会在6～9个月后实施，单产品出口企业受生产资源、技术创新、安全标准实施的时滞性约束，仅依赖“干中学”效应实现的低质量产品升级，而多产品出口企业不仅可以通过产品内“干中学”效应和产品间的“技术溢出”效应促进低端产品质量升级，也可以实现产品间的重组，或将低端产品退出市场，由

① 以上回归分析中多产品出口企业的核心解释变量的实证结果均在1%的统计水平上显著，因此，下文将重点分析Tobit的回归结果。

此产生充足的资金促进高质量产品的技术创新，或在良好的技术创新孵化环境下促进新产品进入市场，并位列质量顶端。

（2）前沿距离系数显著为负，这符合前沿距离模型的预期结果，即越是靠近质量前沿的企业，质量升级越慢。具体来说，SPS措施标准的抬升提高了出口商的“质量门槛”，减少了同类产品间的市场竞争程度，越是技术前沿企业的质量升级动力越小，而越是技术落后企业，在“干中学”和“熊彼特租金”的驱动下，SPS措施的正向倒逼作用越明显，但该作用在单产品（−0.080）和多产品出口企业（−0.054）中存在2.6个百分点的差距。该结果从前沿距离角度再次印证了本节的命题一，即仅考虑产品内升级作用，落后企业在“干中学”效应下的质量升级速度要优于前沿企业。

（3）SPS措施与前沿距离交互项估计系数为负，且在单产品和多产品出口企业中，质量前沿企业质量升级幅度均低于落后企业。即在交互项作用下，相较于质量落后企业，前沿企业由于自身质量标准较高，即使在进口国提高SPS标准后仍能满足要求，其质量升级幅度较小，同样因出口企业品种的多样化，在单产品和多产品出口企业中前沿企业较落后企业升级分别会有−0.001和−0.006的差距。换句话来说，这也是产品内升级和产品间重构对出口企业质量升级影响的比较分析，如单品种落后企业仅依靠产品内升级的“干中学”单边效应，虽优于单产品前沿企业的“进入驱动”，但是却滞后于多产品前沿企业“技术溢出”和“进入驱动”的双重合力效应，更滞后于多产品落后企业“干中学”、“技术溢出”和“退出驱动”的三重合力效应，因为产品间重构有助于优化企业内部的资源配置，进一步反作用于企业并激发产品内升级。以上前沿距离和产品多样化水平的具体实证分析印证了命题三：即在SPS措施倒逼机制作用下，考虑产品内升级和产品间重构路径的不同选择，四种效应在垂直—水平—时间维度下组合的不同效率，各企业质量升级幅度的异质性较大且呈现以下规律性：“多产品落后企业（0.035）＞多产品前沿企业（0.029）＞单产品落后企业（0.003）＞单产品前沿企业（0.002）”。

此外，质量调整后价格的系数为负，表明产品价格越高，即企业生产率越低（Antoniades，2015），越不利于该类产品质量升级；关税作为贸易壁垒，对多产品出口企业的质量升级显著为正，而对单产品出口企业的影响不显著。这在一定程度说明后关税时代关税措施对农产品质量升级的影响作用较小或不显著。

4. 稳健性检验

贸易中介商作为一种经济代理人，主要通过提供社会商业网络降低信息搜寻成本，在逆向选择市场上提供专业知识和质量保证，在面临贸易壁垒、政府管制等市场进入成本的敏感度远远低于直接出口商①。在农产品贸易领域，贸易中介商更有可能通过调整组合来应对SPS措施的调整，从而其出口产品的质量较少发生调整与升级。除此之外，劳动密集型农产品②（HS03水产品类、HS07蔬菜类、HS09咖啡茶叶类、HS16水产制品类）现已成为中国主要的出口农产品种类；而较Tobit回归方法而言，使用PPML（Possion Pseudo - Maximum - Likelihood）回归可以有效规避异方差问题（Silva & Tenreyro，2006）。鉴于此，本节采用不同企业层面样本、不同产品层面样本和不同回归估计方法，分别针对SPS措施对质量升级的影响作用进行稳健性检验。

如表5-8所示，在剔除了贸易中介商、选取劳动密集型产品和PPML回归估计的结果显示，SPS措施对多产品出口企业质量升级幅度依旧显著为正，而前沿距离对质量升级的影响依旧显著为负，在SPS措施与前沿距离交互项的共同作用下，多产品落后企业升级最快，而单产品前沿企业最慢，而多产品前沿企业和单产品落后企业介于二者之间，与前文结论基本一致。

表5-8　稳健性检验的回归结果

	剔除中介贸易商		劳动密集型产品		PPML	
	单产品出口企业	多产品出口企业	单产品出口企业	多产品出口企业	单产品出口企业	多产品出口企业
*SPS*_1	−0.004	0.025***	0.007	0.023**	2.662***	5.902***
	(0.005)	(0.007)	(0.006)	(0.009)	(0.790)	(0.882)

① 与直接出口商相比，贸易中介通常会出口更多的产品，具有明显的范围经济特征，还可以通过分销技术参与到全部或部分产品的出口贸易，并在固定成本与边际成本的相互影响中实现权衡（綦建红和李丽，2016）。换言之，直接出口商通常出口某一部门内的某些产品，而贸易中介商出口的产品往往横跨若干部门中的若干产品，且这些产品甚至是完全不相关的。

② 《中国农产品贸易发展报告2017》指出，2017年中国劳动密集型农产品出口比重高达67%，较2001年上升了近5个百分点。

（续）

	剔除中介贸易商		劳动密集型产品		PPML	
	单产品出口企业	多产品出口企业	单产品出口企业	多产品出口企业	单产品出口企业	多产品出口企业
quality _ 1	−0.083***	−0.061***	−0.099***	−0.140***	−0.182***	−0.163***
	(0.005)	(0.006)	(0.006)	(0.009)	(0.010)	(0.010)
SPS _ 1 _ *quality* _ 1	−0.001	−0.005***	0.001	−0.004*	−0.890***	−1.471***
	(0.001)	(0.001)	(0.001)	(0.002)	(0.139)	(0.175)
adjusted _ *price*	−0.145***	−0.127***	−0.143***	−0.224***	−25.666***	−30.715***
	(0.013)	(0.012)	(0.013)	(0.017)	(2.251)	(2.165)
tariff	0.026***	0.002	0.002	−0.011**	0.043***	0.003
	(0.002)	(0.003)	(0.003)	(0.004)	(0.005)	(0.005)
截距项	0.515***	0.480***	0.597***	0.729***	−0.299***	−0.045
	(0.030)	(0.039)	(0.008)	(0.011)	(0.060)	(0.066)
观察值	8 767	6 834	6 468	4 730	9 668	7 969

注：同表5-7。

5. 进一步控制企业所有制属性的比较分析

表5-9汇报了分企业所有制属性的回归结果，比较分析发现：①总体上，SPS措施（正）、前沿距离（负）和交互项（负）的估计系数均与基准回归一致，SPS措施倒逼作用下依旧是多产品企业的质量升级幅度大于单产品企业，满足命题一、二、三；②在单产品出口企业中，SPS措施明显促进了私营企业的质量升级，而对国有企业和外资企业的倒逼机制不明显；③在多产品出口企业中，国有企业出口质量升级幅度均远高于私营企业和外资企业，且SPS措施对单产品外资企业出口质量升级的作用不显著。

以上结论可以从贸易现状角度解释。农业作为中国的弱势产业，在国际化市场进程中依旧需要适度的贸易保护。国有企业在应对外部冲击时，不仅具有资本、技术和管理等综合能力，而且其多产品的出口结构，可以充分发挥“技术溢出”、“退出驱动”和“进入驱动”的合力效应，出口调节更加灵活；外资企业在国际生产网络中主要通过在国外完成加工贸易后，再销往其所在国，仅仅具有明显的“技术溢出”效应，故SPS措施对外资企业质量升级的影响最小或不显著；而私营企业[①]在国家保护和技术支持方面介于两者之间，其主要受融资渠道、出口经验等多方面因素的限制，出口企业规模较小，应对国际质量标准提升的策略主要是依靠自身的"干中学"效应，产品内升级有限且产品间重构受阻。综上所述，在单产品和多产品出口企业中，SPS措施对不同所有制企业的质量升级均有促进作用，而且对多产品国有企业的倒逼机制要远远大于非国有制出口企业。

表5-9　分企业所有制属性的回归结果

	单产品出口企业			多产品出口企业		
	国有企业	外资企业	私营企业	国有企业	外资企业	私营企业
SPS_1	0.012	−0.015	0.016**	0.063***	0.025	0.032***
	(0.022)	(0.008)	(0.006)	(0.016)	(0.015)	(0.008)
quality_1	−0.067***	−0.096***	−0.071***	−0.038***	−0.083***	−0.057***
	(0.012)	(0.007)	(0.007)	(0.008)	(0.012)	(0.009)
*SPS_1** quality_1	0.000	0.002	−0.004***	−0.011***	−0.003	−0.005***
	(0.003)	(0.001)	(0.001)	(0.002)	(0.003)	(0.001)
sdjusted_price	−0.116***	−0.148***	−0.149***	−0.104***	−0.154***	−0.162***
	(0.030)	(0.018)	(0.017)	(0.015)	(0.025)	(0.024)
tariff	0.015**	0.033***	0.019***	−0.003	−0.002	0.009*
	(0.005)	(0.003)	(0.003)	(0.004)	(0.005)	(0.004)
截距项	0.691***	0.624***	0.571***	0.745***	0.766***	0.694***
	(0.016)	(0.010)	(0.010)	(0.013)	(0.019)	(0.016)
观察值	1 987	4 086	3 595	3 729	1 968	2 272

注：同表5-7。

6. 进一步控制企业贸易方式的比较分析

表5-10给出了分企业贸易方式的回归结果，分析发现：①SPS措施（正）、前沿距离（负）和交互项（负）的估计系数均与基准回归一致，SPS措施倒逼作用下依旧是多产品企业的质量升级幅度大于单产品企业，满足命题一、二、三；②SPS措施对一般贸易产品质量升级的促进作用显

① 单产品出口企业数量占总体私营企业数量的一半以上。

著高于加工贸易，如多产品一般贸易企业的质量升级幅度（0.122）高于多产品加工贸易企业（0.032）近 9 个百分点；③不论是一般贸易还是加工贸易，SPS 措施对多产品出口企业的质量升级均显著大于单产品出口企业，与预期结果一致。

表 5-10　分企业贸易方式的回归结果

	单产品出口企业		多产品出口企业	
	一般贸易	加工贸易	一般贸易	加工贸易
SPS _ 1	−0.021	0.007	0.122***	0.032***
	(0.015)	(0.005)	(0.018)	(0.006)
quality _ 1	−0.085***	−0.085***	−0.039***	−0.044***
	(0.007)	(0.007)	(0.008)	(0.008)
SPS _ 1 _ quality _ 1	0.004*	−0.002**	−0.016***	−0.005***
	(0.002)	(0.001)	(0.002)	(0.001)
adjusted _ price	−0.138***	−0.153***	−0.128***	−0.147***
	(0.016)	(0.016)	(0.014)	(0.021)
tariff	0.013***	0.035***	−0.010**	0.010**
	(0.003)	(0.003)	(0.003)	(0.004)
截距项	0.671***	0.527***	0.790***	0.587***
	(0.009)	(0.009)	(0.011)	(0.013)
观察值	5 713	3 955	5 769	2 200

注：同表 5-7。

至于一般贸易企业出口农产品质量升级幅度大于加工贸易企业，可以从国际贸易中的角色来解释：中国企业作为农产品“原料供应者”，基于多样化的地形和气候条件，一般贸易的产品差异主要体现在中国特色农产品品种多样化上。因此，为满足外国消费者对质量的交付条件，可以在“干中学”效应下，积极改进生产和管理，升级效果明显；然而，作为“生产加工者”，主要以粗加工方式参与国际农产品生产，缺少深精加工，企业生产、管理技术一般仅满足出口目的国的基本要求，并不能充分利用 SPS 措施“质量门槛”的倒逼机制实现质量水平的快速升级，说明中国农产品的出口加工类企业缺乏“技术溢出”、“退出驱动”和“进入驱动”的产品间重构能力，发掘垂直—水平—时间维度的合力效应有望成为未来促进出口加工农产品质量升级的有效途径。综上所述，在单产品和多产品出口企业中，SPS 措施在不同贸易方式企业质量升级均有促进作用，而且对多产品一般贸易企业的倒逼机制要大于其他类出口企业。

5.3.5　结论

随着农产品市场 SPS 措施准入条件的提升，出口企业在优化资源配置过程中始终深陷于一个左右为难的困境，即如何权衡质量升级提高产品附加值与多样化生产分担外部冲击风险之间的关系，而实现不同垂直差异和水平差异的产品生产布局是关键。本节基于 2000—2015 年中国对美农产品出口的企业—产品微观贸易数据，将产品质量和出口品种内生于 MO 模型，结合产品内升级和产品间重构的“合力效应”，探讨 SPS 措施倒逼不同农产品出口企业的质量升级路径。研究发现：①从垂直一维分析来看，沿产品内升级路径的出口企业主要受“干中学”效应的影响，在前沿距离模型的作用机制下，落后企业的质量升级幅度要大于前沿企业；从垂直—水平二维分析来看，产品多样化会扩宽产品间重构路径，多产品出口企业还受“技术溢出”、“进入驱动”和“退出驱动”效应的影响。②更进一步扩展至垂直—水平—时间三维分析来看，发现不同类型企业质量升级幅度呈现“多产品落后企业＞多产品前沿企业＞单产品落后企业＞单产品前沿企业”的规律性，即企业质量升级过程中的“合力效应”最为关键。以上结果在剔除贸易中介商影响、选取劳动密集型农产品和 PPML 估计方法等场景下依然稳健。③深入分析来看，以多产品生产为主的国有企业因在资本、技术和管理等方面更具升级优势，单产品生产为主的私营企业主要以产品内升级路径为主；而具体到不同贸易方式，加工贸易在产品间重构作用仍有待发掘。

根据以上结论，提出以下相关建议：第一，充分认识到多样化生产和质量升级同等重要。企业在把握产品质量基础性地位的同时，要意识到多样化生产不仅有效规避了外部冲击的脆弱性，还对出口产品的质量升级产生积极的外部效应。第二，尊重农业跨国公司的专利知识产权，合理利用外资企业技术溢出效应，拓宽农业技术溢出和资本流入的垂直路径，将有助于缩小不同所有制企业出口农产品质量升级的差异幅度。第三，实施农业产业链升级的长远战略。实现精深加工贸易，提高附加值，主动实施农业供给侧结构性改革。

5.4 SPS措施、出口多目的国与质量升级[①]

本节继续从异质性企业理论出发，以企业产品出口目的地的多寡将其划分为单一目的国和多目的国，进一步探讨进口国SPS措施对异质性企业农产品质量升级的影响。

5.4.1 引言

以技术性贸易壁垒为代表的非关税壁垒虽可以有效克服市场失灵问题，但其产生的市场准入成本已严重限制了全球贸易的自由发展（鲍晓华和朱达明，2015）。技术性贸易壁垒的相关国际贸易争端频率高达30次/月，现已超越关税壁垒成为各出口国的主要障碍。以中国为首的发展中国家出口企业遭遇的损失巨大，如2013年近38%[②]的中国企业因技术壁垒遭遇扣留、销毁、退货，造成直接贸易损失662亿美元，技术改造和检验检疫等间接新增成本242.5亿美元。由于发展中国家在技术标准、法律法规、公共设施等多方面发展不充分，技术性贸易壁垒在规范贸易产品技术标准的同时常具有贸易保护主义倾向，尤其是在逆全球化浪潮涌现、自由化贸易局势不明朗的背景下。近年来猪流感、禽流感、疯牛病、瘦肉精等动物疾病或食品安全事件的频发，SPS标准作为国际农产品贸易市场使用最频繁、覆盖面最广的技术性贸易壁垒，涵盖全球230多个国家中117个市场所有HS二分位产品分类。同时，涉及SPS的特别贸易关注案例达434批次[③]，“高通报—低增长—高申诉”现象[④]使SPS在保障食品、农产品质量安全中的作用饱受争议。事实上，进口国基于不同贸易保护目标所制定的异质性SPS标准[⑤]对各国（尤其是发展中国家）的出口扩张存在普

① 选择刘雪梅、董银果，异质性SPS措施与农产品质量升级的陷阱，该文正在修改完善中。

② 据《中国技术性贸易措施年度报告（2014）》通报的2013年遭遇技术性贸易壁垒情况。

③ 数据来源自WTO I-TIP数据库，1995—2017年统计数据。

④ 既是STCs高申报对象国（地区）又是SPS标准高通报国（地区），如美国、欧盟、加拿大、巴西、中国。

⑤ 就MRLs（农药残留标准，Minimum and Maximum Residue Level）而言，美国、日本、欧盟和澳大利亚等发达国家（地区）均高于新西兰和加拿大，而大米和葡萄酒等品种要远高于柑橘、苹果。

遍限制效应（董银果，2014）。如图 5 - 4 所示，随着 1995—2016 年平均各国 SPS 通报量的逐渐提升，中国出口农产品的国际市场份额却在 3.5% 水平裹足不前。然而，由于贸易争端解决的时间成本，各国面临 SPS 的选择有两个，要么承受遵从成本、创新升级产品质量，要么选择出口目的市场转移以规避技术壁垒。那么，中国农产品出口企业能够有效利用 SPS 的"门槛效应"顺利实现质量升级吗？

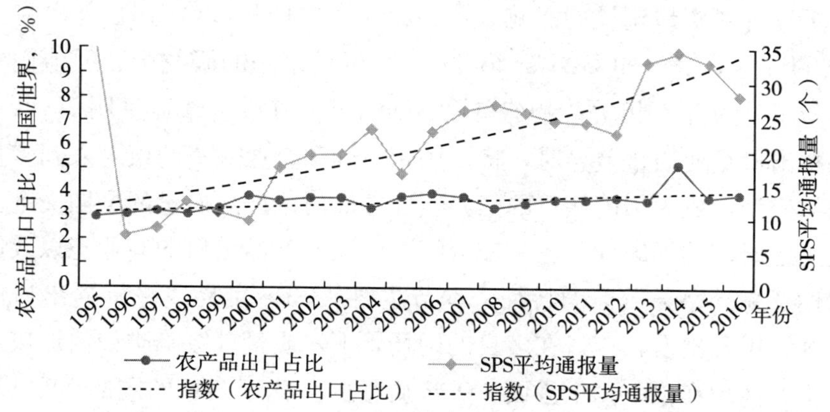

图 5 - 4　中国农产品出口占比和全球 SPS 平均通报量（1995—2016 年）

数据来源：中国海关。

有关"质量陷阱"的概念最早可以追溯到 Stephen（1996）针对人力资本和技术研发的互补性策略研究中的"低技术—低质量陷阱"（Low - Skill Low - Quality Trap）概念，在此基础上可认为"质量升级陷阱"主要存在于发展中国家的经济结构转型升级过程中，其质量升级因面临要素禀赋的重重阻力，在实现高速增长以后有可能失去发展动力而锁定低质量发展困境。经济新常态背景下，中国农产品出口增长动力迈进"价格驱动型"向"质量驱动型"的过渡期（刘雪梅、董银果，2019），受产品技术附加值小、农业资本投资回报率低、耕地分散和机械化水平落后等一系列现实约束。一个重要且敏感的问题随之被提出：中国农产品出口企业在应对 SPS 时，会不会因为要规避壁垒而使中国农产品遭遇质量升级陷阱？目的国 SPS 标准作为技术性贸易壁垒，既对出口国农产品贸易构成障碍，也是出口企业产品质量升级的外在动力，其对中国出口农产品质量升级的利弊影响亟待深入研究。

学界对于异质性 SPS 或 TBT 等技术性贸易壁垒的研究仅停留在对农产品贸易流量和质量升级的差异化作用层面，虽然承认了消费者对质量的不同偏好强度，并将人均收入作为质量的影响因素（Crino & Epifani，2012），但这对解释技术性贸易壁垒（尤其是 SPS）影响质量升级的倒逼作用还远远不够，尤其忽视了多目的国进入壁垒的异质性特征。而对于多目的国贸易模型的研究与应用，国内外学者多停留在企业生产率、路径依赖、汇率等对贸易流量的影响，Fontagne & Orefice（2016）首次将其应用于 TBT（Technical Barrier to Trade）贸易壁垒的研究中，但他们的研究与质量升级并不相关；綦建红和冯晓洁（2014）、谭赛月明等（2017）在解释出口企业质量差异时，将市场相似度和企业融资约束融入到多目的国贸易模型，成为国内从目的国异质性方面讨论产品质量的早期文献。

上述研究的局限性在于未充分结合中国农产品出口的新业态以及国际技术性贸易壁垒异质性的特征，本节主要从 SPS 贸易壁垒倒逼出口产品质量升级视角出发，探讨在多目的国场景下，质量升级陷阱如何形成，创新点主要体现在以下两个方面：①将质量内生化于多目的国的 MO 模型，引入贸易壁垒遵从成本和转移成本的概念，探索不同进口市场异质性 SPS 的倒逼作用，寻求中国农产品出口质量升级不显著的成因；②将质量升级和出口增长作为分析对象，全面考察 SPS 的动态、静态表现以及 SPS 措施影响贸易的长期、短期效应，并从目的国标准严厉程度和出口企业技术水平角度诠释质量升级陷阱的形成机理。

5.4.2 理论框架

1. 开放经济

本节借鉴 Antoniades（2015）的方法，在异质性企业贸易理论框架下，将产品质量内生化于两国贸易模型，假设消费者的拟线性效用函数为：

$$U = q_0^c + \alpha\int_{i\in I} q_i^c \, d_i + \beta\int_{i\in I} z_i q_i^c \, di - \frac{1}{2}\gamma\int_{i\in I} (q_i^c)^2 d_i - \frac{1}{2}\eta\left\{\int_{i\in I} q_i^c d_i\right\}^2 \tag{5-17}$$

式（5 - 17）中的 q_0^c 和 q_i^c、α 和 η 分别代表消费者对标准化商品和差异化商品的需求（均大于零）以及两类产品的替代特征，z_i 代表 i 类产品的质量水平，γ 代表产品间的差异程度，β 代表不同国家或行业的质量偏好系数；且产品品种之间是完全替代的，当消费者增加品种间的消费分布权重时，产品间的差异随 γ 的增加而增加。假设 l 国消费者的反需求函数为：

$$p_i = \alpha - \gamma q_i^c + \beta z_i - \eta Q^c \qquad (5-18)$$

其中，$q_i^c > 0$，$Q^c = \dfrac{\alpha N + \beta N \bar{z} - N \bar{p}}{\eta N + \gamma}$①。

将劳动力作为影响生产的唯一变量，企业进入市场需支付成本费 f_e，边际生产成本 c 由企业劳动生产率（含质量因素）决定，在 $[0, c_m]$ 内服从 $G(c)$ 分布。企业在面对较高的边际成本时会选择退出市场，剩余 N 家企业可以实现利润最大化下的市场均衡（$\bar{p}^l, \bar{z}^l$）。假设企业的生产成本函数为：

$$TC_i(c, z) = q_i c_i + q_i \delta v_i + \theta (z_i)^2 \qquad (5-19)$$

其中，θ 作为关键参数，代表不同国家/行业技术创新能力，δ 代表生产过程中质量升级的成本参数。因为在开放经济条件下出口（至 f 国）需要承担正的出口成本 $\tau^f c$，为追求国内外市场利润最大化，企业会作出出口与否的决策，并设定异质性价格和质量的出口策略，得出企业出口数量和质量的最优解②。因此，进一步得出成本 c、边际成本临界值 c_D 和质量 z 所表示国内（D）、国外（X）市场的反需求函数（q）和利润函数（π）：

① 为求出不含 Q^c 的需求函数，考虑将公式（5-18）两边分别积分：$\int_0^N p_i \, d_i = \int_0^N \alpha \, d_i - \gamma \int_0^N q_i^c \, d_i + \beta \int_0^N z_i \, d_i - \eta \int_0^N Q^c \, d_i$。令 $P \equiv \int_0^N p_i \, d_i$ 进一步简化得：$P = \alpha N - \gamma Q^c + \beta N \bar{z} - N \eta Q^c$，即 $Q^c = \dfrac{\alpha N + \beta N \bar{z} - N \bar{p}}{\eta N + \gamma}$。带入公式（5-18）可得 $q_i^l \equiv L^l q_i^c = \dfrac{\alpha L^l}{\eta N^l + \gamma} - \dfrac{L^l}{\gamma} p_i^l + \dfrac{L^l \beta}{\gamma} z_i + \dfrac{\eta N L^l}{(\eta N^l + \gamma)\gamma} \bar{p}^l + \dfrac{\eta N L^l \beta}{(\eta N^l + \gamma)\gamma} \bar{z}^l$，其中，$N$ 代表商品品种数，L 代表国家规模，$\bar{p} = (1/N) \int_{i \in I^*} p_i \, d_i$，$\bar{z} = (1/N) \int_{i \in I^*} z_i \, d_i$，$I^* \subset I$ 是消费商品品种的子集。当 $q_i = 0$ 时，则需要满足：$p_i^l \leqslant \dfrac{\alpha \gamma}{\eta N^l + \gamma} + \dfrac{\eta N^l}{\eta N^l + \gamma} \bar{p}^l + \dfrac{\eta N^l \beta}{\eta N^l + \gamma} \bar{z}^l \equiv p_{\max} = c_D$

② 最优解可表示为：$q_D^l(c, z) = \dfrac{L^l}{\gamma} [p_D^l(c) - c - \delta^l z_D^l]$，$q_X^l(c, z) = \dfrac{L^f}{\gamma} [p_X^l(c) - \tau^f c - \delta^l z_X^l]$，$z_D^{*l} = \lambda_D^l (c_D^l - c)$，$z_X^{*l} = \tau^f \lambda_X^l (c_X^l - c)$。

$$q_D^l(c) = \frac{L^l}{2\gamma}[1+(\beta^l-\delta^l)\lambda_D^l](c_D^l-c) \quad (5-20a)$$

$$q_X^l(c) = \frac{L^l}{2\gamma}\tau^f[1+(\beta^f-\delta^l)\lambda_X^l](c_X^l-c) \quad (5-20b)$$

$$\pi_D^l(c) = \frac{L^l}{4\gamma}[1+(\beta^l-\delta^l)\lambda_D^l](c_D^l-c)^2 \quad (5-21a)$$

$$\pi_X^l(c) = \frac{L^f}{4\gamma}(\tau^f)^2[1+(\beta^f-\delta^l)\lambda_X^l](c_X^l-c)^2 \quad (5-21b)$$

2. 企业自由进入市场

开放经济下的均衡点满足新企业进入零预期收益假定，即：

$$f_E = \int_0^{c_D^l}\Pi_D^l(c)\mathrm{d}G(c)+\int_0^{c_X^l}\Pi_X^l(c)\mathrm{d}G(c) \quad (5-22)$$

若成本服从帕累托分布，在给定帕累托分布函数、国内市场利润函数、出口市场利润函数，$c_X^f=c_D^l/\tau^f$的情况下，企业自由进入条件变为：

$$L^l[1+(\beta^l-\delta^l)\lambda_D^l](c_D^l)^{k+2}+L^f[1+(\beta^f-\delta^l)\lambda_X^l](c_D^h)^{k+2}\rho^f=\gamma\phi$$
(5-23)

其中，技术指数 $\phi\equiv 2(k+1)(k+2)(c_M)^k f_E$，贸易自由化指数 $\rho^f=(\tau^f)^{-k}<1$，产品质量（λ_D^l和λ_X^l）以差异的形式存在。故开放经济条件下的成本临界值c_D^{lf}为：

$$c_D^{lf}=\left\{\frac{\gamma\phi}{L^l}\Big[[1+(\beta^f-\delta^f)\lambda_D^f]-\rho^f[1+(\beta^f-\delta^l)\lambda_X^l]/\right.$$

$$[1+(\beta^l-\delta^l)\lambda_D^l][1+(\beta^f-\delta^f)\lambda_D^f]-\rho^l\rho^f[1+(\beta^f-\delta^l)\lambda_X^l]$$

$$\left.[1+(\beta^l-\delta^h)\lambda_X^h]\Big]\right\}^{1/(k+2)} \quad (5-24)$$

显然，进出口国的成本临界值是由贸易双边国决定的。通过c_D^{lf}可进一步测度 l 国企业出口至 f 国的价格和质量，具体如下式所示：

$$\bar{p}_X^f=\left[\frac{1+2k+(\beta^l-\delta^f)\lambda_X^l}{2k+2}\right]c_D^{lf} \quad (5-25a)$$

$$\bar{z}_X^f=\lambda_X^f\left[\frac{1}{k+1}\right]c_D^{lf} \quad (5-25b)$$

3. 多目的国出口贸易

考虑到发达国家和发展中国家贸易成本的异质性，本节进一步将上述模型假设条件放松至多目的国贸易框架（以三边贸易为例）。假设 m 国和

n 国分别为高标准和低标准国家，l 国企业出口至前者的遵从成本[①]要高于后者（$compliance_m \geqslant compliance_n$）。此时，出口质量函数为：

$$\bar{z}_X^l = s_m(compliance_m) \times \bar{z}_X^m + s_n(transfer_n) \times \bar{z}_X^n \quad (5-26)$$

其中，$\bar{z}_X^m = \lambda_X^m \left[\frac{1}{k+1}\right] c_D^{bm}$，$\bar{z}_X^n = \lambda_X^n \left[\frac{1}{k+1}\right] c_D^{bn}$。$\bar{z}_X^l$ 表示 l 国出口产品的质量水平，s_m 和 s_n 分别代表 m 国和 n 国的出口占比，c_D^{bm} 和 c_D^{bn} 分别是外生给定的质量门槛。当目的国 SPS 标准提高时，出口企业质量水平受两方面的影响：一是企业为达到原出口市场 SPS 标准需承受的质量升级遵从成本（$compliance_m$）；二是企业放弃 m 国，将出口对象转移至 n 国时需要承受的转移成本（$transfer_n$）。故进一步求偏导[②]时，$\frac{\partial \bar{z}_X^l}{\partial compliance_m} = \frac{\partial \bar{z}_X^l}{\partial s_m} \frac{\partial s_m}{\partial compliance_m} < 0$，$\frac{\partial \bar{z}_X^l}{\partial transfer_n} = \frac{\partial \bar{z}_X^l}{\partial s_n} \frac{\partial s_n}{\partial transfer_n} > 0$。因此，得出命题一：针对多边贸易模型下的出口质量升级，SPS 标准提高直接引发的遵从成本对其起负面作用，而国际间 SPS 标准的异质性间接引发的转移成本起正面作用。

同理，出口收益函数为：

$$\bar{\pi}_X^l = s_m(compliance_m) \times \bar{\pi}_X^m(p_m, Q_m) + s_n(transfer_n) \times \bar{\pi}_X^n(p_n, Q_n) \quad (5-27)$$

其中，$\bar{\pi}_X^m = \frac{1}{2}[1+(1+(\beta^m-\delta^m)\lambda_X^m)]\left[\frac{1}{k+1}\right] c_D^{bm}$，$\bar{\pi}_X^n = \frac{1}{2}[1+(1+(\beta^n-\delta^n)\lambda_X^n)]\left[\frac{1}{k+1}\right] c_D^{bn}$。出口企业的收益不仅受遵从成本和转移成本的影响，还受遵从质量标准后目的国的市场价格（p）和贸易量（Q）的影响，且通常情况下，目的国市场的产品价格在短期内是固定值[③]。公式（5-27）对遵从成本求偏导得到 $\frac{\partial \bar{\pi}_X^l}{\partial compliance_m} = \frac{\partial \bar{\pi}_X^l}{\partial s_m} \frac{\partial s_m}{\partial compliance_m}$，SPS 标准提高时，出口产品的可变成本（$compliance_m$）上升而市场价格 p_m

---

① 除此之外，影响 l 国企业出口成本的还有其他因素，如出口距离、关税水平等，为后期实证模型设定需考虑的重要变量。

② 如果短期内遵从收益的上升程度超过了单位农产品成本提高的程度，那么出口量减少也会带来出口增长。但考虑到质量升级的短期效益不明显，所以，在此假定当下或者近期遵从收益不变。

③ UNComtrade 数据显示：中国出口 HS6 分位层面农产品至各个目的国市场的价格均较稳定。

保持不变或小幅上升，则原出口市场的贸易量Q_m下降或保持不变，不能实现遵从收益的显著提升。因此，$\frac{\partial \bar{\pi}_X^l}{\partial\ compliance_m} \leqslant 0$。此时，出口企业需要重点考察转移成本和转移收益。

公式（5－27）对转移成本求偏导得到$\frac{\partial \bar{\pi}_X^l}{\partial\ transfer_n} = \frac{\partial \bar{\pi}_X^l}{\partial\ s_n} \frac{\partial\ s_n}{\partial\ transfer_n}$，SPS标准在逆向倒逼引发出口转移后，可变成本（$transfer_n$）上升而市场价格$p_n$保持不变甚至下降，出口转移企业产品价格下降（$p_m \rightarrow p_n$），而出口量$Q_m$的变化幅度存在以下选择方式：一种是出口转移的新增贸易量（ΔQ_n）小于或等于企业在高质量标准市场贸易量的降幅（ΔQ_m），表现为弥补式的出口转移，即$\frac{\partial \bar{\pi}_X^l}{\partial\ transfer_n} \leqslant 0$；另一种是超越了该降幅，表现为扩张式的出口转移，即$\frac{\partial \bar{\pi}_X^l}{\partial\ transfer_n} > 0$。

因此，遵从成本同时作用于遵从收益（负）[①] 和转移收益（正），而转移成本同时作用于遵从收益（正）和转移收益（负），SPS标准的提高对出口总收益的作用方向待定。但考虑到配第—克拉克定理对农业超出一定限度呈现投资报酬（技术进步）递减规律以及对农产品质量升级投资风险大的认定（马亚西，2014），本节认为出口企业短期内很难实现原出口路径的“高质—高价—高市场占有率”，而弥补式的出口转移并不能承受企业短期内的遵从成本和转移成本。为追求短期利润最大化，扩张式的出口转移会导致企业在长期内锁定低质量标准市场，进而陷入质量升级陷阱。综上可概括出命题二：进口国异质性贸易壁垒→出口企业理性抉择遵从成本和市场转移成本→短期利润最大化发展模式→目标市场转移→SPS倒逼质量升级作用被扭曲→长期增长落入“质量升级陷阱”[②]。

5.4.3 实证模型和数据

5.4.3.1 实证模型

根据多目的国非对称异质性企业贸易模型（Chaney，2008），推导出

① 命题一结论。

② 以上结论在超过三国的贸易模型假定下依旧成立，此处不再赘述。

如下引力模型：

$$X_l^h(q,\varphi)=\sum_{m=1}^{M}X_{lm}^h(q)=\begin{cases}\mu_h\times\dfrac{Y_i\times Y_m}{Y}\times\left[\dfrac{\omega_i\gamma_{im}^h}{\theta_m^h}\right]^{-Yh}\times(f_{im}^h)^{-\left[\frac{Y_h}{\alpha_h-1}-1\right]}\\ \varphi\geqslant\varphi_w,q\geqslant q_{im}\\ \mu_h\times\dfrac{Y_i\times Y_{m'}}{Y}\times\left[\dfrac{\omega_i\gamma_{im'}^h}{\theta_{m'}^h}\right]^{-Yh}\times(f_{im'}^h)^{-\left[\frac{Y_h}{\alpha_h-1}-1\right]}\\ \varphi\geqslant\varphi_w,q_{im}\geqslant q\geqslant q_{im'}\\ 0\quad\varphi\geqslant\varphi_w,q<q_{im'}\end{cases}\tag{5-28}$$

其中，X_{lm}^h代表的是l国向m国出口h类产品的总出口额，Y代表经济规模，ω_l代表农业生产率，τ_{lm}^h和θ_{lm}^h分别代表固定贸易成本和可变贸易成本，θ_m^h代表多边贸易阻力（Multinational Resistances），μ，γ，σ是三个外生参数，分别代表消费份额、企业异质性参数和产品间的替代弹性。当且仅当出口产品质量q满足m进口国的质量标准时，$q_{lm}\leqslant q$，企业对m国的出口额为正；当$q_{lm'}\leqslant q\leqslant q_{lm}$时，出口企业可以将出口目的国转移至$m'$，企业对$m'$国的出口额为正；但当$q<q_{m'}$时，企业的出口额为零，企业退出出口市场。

根据 Hummels & Klenow（2005）对三元边际的定义，可进一步将质量指数嵌入到价格指数的分析框架①，并根据 Chaney（2008）对集约边际计量方程的定义②，建立质量升级和出口总额的回归方程③，如下式所示：

$$\ln X_{lm}^h=\alpha_0+\alpha_1\ln Y+\alpha_2\ln\varphi+\alpha_3\ln\tau_{lm}+\alpha_4\ln\theta_m+\alpha_5\ln f_{lm}+\alpha_6\phi+\alpha_7X+\varepsilon\tag{5-29}$$

其中，Q_{lm}^h和X_{lm}^h分别代表l国出口h类产品的质量升级④和出口总额；$Y,\varphi,\tau_{lm},f_{lm},\theta_m$分别代表目的国的市场规模、农业生产率、可变成本（遵从成本）、固定成本和多边贸易阻力（转移成本），ϕ为国家层面控制变量，X为其他控制变量，ε为残差。

---

① $X_{lm}^h=E_{lm}^h\times I_{lm}^h=E_{lm}^h\times P_{lm}^h\times q_{lm}^h$。$E_{lm}^h$、$I_{lm}^h$和$q_{lm}^h$分别代表扩展边际、集约边际和数量边际。根据余淼杰（2017），将价格分解为质量指数和质量调整后的价格，即$P_{lm}^h=Q_{lm}^h\times P_{lm}^h_adjusted$。

② $I_{lm}^h(q,\varphi)=\lambda_3\times\left[\dfrac{Y_m}{Y}\right]^{(\sigma-1)/\gamma}\times\left[\dfrac{\theta_m}{\tau_{lm}}\right]^{\sigma-1}\times\left[\dfrac{\varphi}{\omega l}\right]^{\sigma-1}$，$\varphi\geqslant\varphi_w\&q\geqslant q_{lm}$。

③ 各解释变量对质量升级和出口总额的作用方向存在差异，具体分析见变量解释。

④ 本节将质量的影响因素同等于质量升级的影响因素。

5.4.3.2 变量和数据来源

1. 被解释变量

（1）质量升级。本节选用 UNComtrade 2000—2015 年中国企业出口到世界的 HS 六分位编码数据，采用需求残差法（Khandelwal et al.，2013）测度质量，采用汇率调整后的价格作为工具变量，通过进一步标准化处理并汇总到不同时期 HS 二分位层面中国出口到世界各国的质量水平，并对 t 期中国出口 h 农产品较 $t-1$ 期的质量差值取对数（$\ln Quality_{lm}^{h}$）来获得。

（2）出口总额。选用 2000—2015 年中国企业出口到世界的 HS 六分位编码层面汇总得到中国出口到世界各国的贸易额，并计算 $\ln Value_{lm}^{h}$。

2. 核心解释变量

（1）遵从成本。包含来自 WTO 的 SPS 标准通报系统[①]中的紧急、一般和特定通报，新通报一般会在公布日后 6～9 个月后实施，且农产品出口商改善产品生产工序、提高质量存在时滞性，因此将静态分析拓展至动态分析，并将滞后一期的通报数量（sps_1）作为 SPS 措施质量标准的代理变量。

（2）转移成本。借鉴钱雪峰和熊平（2010）对多边阻力的重新定义，选取进入某国市场的多边贸易阻力作为转移成本（$transfer$）的代理变量。即 $\theta_d^{-\gamma}=\sum_{r=1}^{R}\frac{Y_r}{Y_{all}}\varphi_{od}$，$\varphi_{od}$ 作为双边贸易自由度，代表 γ 国出口到 d 国的贸易阻力值，进一步通过加总该国出口到其他国家的贸易阻力作为测度 γ 国出口到 d 国的转移成本，即 $transfer_{\gamma}^{-d}=\sum_{d=1}^{D}\theta_d^{-\gamma}$。整个测度过程中，$\varphi_{od}=\sqrt{\frac{E_{od}}{E_{oo}}\frac{E_{do}}{E_{dd}}}$（Head & Mayer，2014），$E_{od}$ 和 E_{do} 分别代表从 o 国出口到 d 国的总出口以及从 d 国出口到 o 国的总出口，E_{oo} 和 E_{dd} 分别是 o 国和 d 国的国内销售，等于各自国内的总产值减去各自的总出口，具体双边贸易值及国内总产值来自 FAOSTAT（Food and Agriculture Organization of the United Nations）数据库。

① https：//i-tip. wto. org/goods/Forms/TableView. aspxSPS 标准的通报数。

3. 控制变量

为尽量减轻遗漏变量对计量结果产生的影响，本节还纳入描述国家农产品生产状况的一系列控制变量，包括：①国家市场规模。CEPII Gravity 数据库中汇总了世界各国与中国的相对 GDP 水平。②国家农业生产率。FAOSTAT 汇总了世界各国每年的农产品生产量指数，用于衡量该国较前一年农产品生产能力的变化情况，代指各国的农业生产率。③国家对外开放度。作为固定贸易成本，采用 The Heritage Foundation 中的贸易自由度评价指数作为目的国对外开放程度。④出口市场集中度。中国海关进出口数据库可以获取国家层面每年每种产品对不同国家的出口贸易量，按照 $MC = \sum_{d=1}^{D} (x_d/x)^2$ 汇总计算每类产品的出口市场集中度。⑤出口产品种类数。从中国海关进出口数据库获得每年出口到某一目的国 HS 二分位层面上，其在 HS 八分位下的产品种类数。⑥出口目的国数量。出口目的国个数可从中国海关进出口数据库获得。⑦贸易距离。CEPII Trade Prod 数据库[①]中的国家首都间的距离是重要的固定成本。⑧其他控制变量（X）。关税作为控制变量代表的是关税壁垒[②]对质量升级的影响；CEPII Gravity 数据库中提供了区域经济一体化、地理毗邻的虚拟变量值；考虑到农产品生产受土地要素禀赋的影响较大，本节又加入了土地面积的代理变量。以上变量[③]的描述性统计如表 5 - 11 所示。

表 5 - 11　描述性统计

变量	样本量	均值	标准差	最小值	中值	最大值
质量升级	36 344	2.080	1.400	0	1.950	4.610
遵从成本	36 344	0.030 0	0.170	0	0	71.00
转移成本	36 344	2.500	1.430	1.280	2.120	6.090
贸易自由度	36 344	7.340	1.100	2.060	7.500	9.750
农业生产率对数值	36 344	0.660	0.090 0	0.240	0.670	1.370
相对 GDP 对数值	36 344	−4.030	2.210	−12.39	−3.860	2.150

① http：//www.cepii.fr/CEPII/en/bdd_modele/presentation.asp？id=6.

② https：//wits.worldbank.org/datadownload.aspx？lang=en.

③ 有关各解释变量间的相关性分析，限于篇幅限制，不做呈现，备索。

（续）

变量	样本量	均值	标准差	最小值	中值	最大值
出口产品种类数	36 344	1.500	0.120	0.400	1.100	8.000
出口目的国数量	36 344	7.000	0.100	1.000	3.000	124.0
出口市场集中度	36 344	12.49	3.490	2.500	12.50	19.40
关税对数值	36 344	2.170	1.130	0	2.390	7.480
贸易距离对数值	36 344	8.960	0.530	7.060	8.990	9.860
农业用地面积	36 344	8.350	2.700	−1.200	8.590	13.03
区域一体化	36 344	0.070 0	0.260	0	0	1

5.4.4 实证结果与讨论

1. 总体层面

本节采用的实证模型是融入遵从成本、转移成本、多边贸易阻力项和异质性企业假设等因素改进后的引力模型，又考虑到引力模型回归过程中可能存在的样本选择不足、异方差、过度散布和零数据频度过大问题（秦臻和倪艳，2014）。采用不同方法进行回归。结果显示（表 5－12）：①相比 OLS 而言，面板 Tobit 回归结果受控制变量选取多少的影响不大，且无论在作用方向和显著性水平上均较稳定，该结果验证了选用面板 Tobit 回归方法的科学性；②SPS 标准对质量升级和出口总额的边际影响分别为－0.542（0.063 个标准差）和 0.176（0.055 个标准差），转移成本对质量升级和出口总额的边际影响分别为 0.145（0.009 个标准差）和 0.074（0.007 个标准差）。质量门槛提高，遵从成本不仅不会促进出口产品质量上限的提升，反而会增加企业创新升级的生产成本，故其对质量升级的影响为负。虽然出口方通过升级质量获得的遵从收益有限，但进口国 SPS 标准的提升会间接引致“出口转移效应”（秦臻和倪艳，2013；董银果和李圳，2015），存在较大的转移收益，故其对出口总额的影响为正。由于转移成本衡量的是与其他贸易伙伴的贸易阻力指标，当与其他贸易伙伴的阻力变大时，转移成本对出口总额和质量升级影响系数的符号应该为正。以上结果印证了本节命题一和命题二的理论推导，但这显然有别于双边贸易下，质量标准促进出口国的整体质量和福利水平提高的结论（Mayer et al.，2015；董银果和黄俊闻，2018）。

表 5-12　SPS 标准对中国农产品质量升级和出口增长的回归结果

	$\ln Quality_{lm}^{h}$				$\ln Value_{lm}^{h}$			
	ols	xttobit _ 1	xttobit _ 2	xttobit _ 3	ols	xttobit _ 1	xttobit _ 2	xttobit _ 3
遵从成本	−0.466***	−0.527***	−0.508***	−0.542***	0.181***	0.196***	0.169**	0.176**
	(0.055)	(0.064)	(0.064)	(0.063)	(0.055)	(0.055)	(0.055)	(0.055)
转移成本	0.132***			0.145***	0.076***			0.074***
	(0.008)			(0.009)	(0.007)			(0.007)
贸易自由度	−0.038*	−0.026	−0.037*	−0.042*	0.098***	0.067**	0.113***	0.097***
	(0.016)	(0.015)	(0.017)	(0.017)	(0.023)	(0.022)	(0.023)	(0.023)
农业生产率	2.572***	2.256***	2.037***	2.798***	−2.673***	−3.132***	−2.860***	−2.621***
	(0.155)	(0.166)	(0.167)	(0.172)	(0.176)	(0.176)	(0.177)	(0.177)
GDP	−0.121***	−0.159***	−0.147***	−0.127***	0.227***	0.258***	0.166***	0.210***
	(0.010)	(0.009)	(0.010)	(0.010)	(0.022)	(0.023)	(0.023)	(0.023)
出口市场集中度	0.640***	0.520***	0.518***	0.604***	−2.222***	−2.078***	−2.106***	−2.200***
	(0.123)	(0.134)	(0.133)	(0.133)	(0.202)	(0.207)	(0.204)	(0.203)
出口产品种类数	−1.643***	−2.634***	−2.173***	−2.151***	11.285***	12.322***	11.401***	11.303***
	(0.169)	(0.178)	(0.185)	(0.188)	(0.312)	(0.316)	(0.316)	(0.314)
出口目的国数量	−0.133***	−1.261***	−1.284***	−1.406***	0.328***	0.355***	0.348***	0.330***
	(0.005)	(0.053)	(0.052)	(0.053)	(0.008)	(0.008)	(0.008)	(0.008)
关税	0.082***	0.083***	0.073***	0.086***	−0.163***	−0.171***	−0.167***	−0.163***
	(0.014)	(0.015)	(0.015)	(0.015)	(0.024)	(0.024)	(0.024)	(0.024)
贸易距离	0.171***		0.152***	0.171***	−1.408***		−1.473***	−1.428***
	(0.028)		(0.029)	(0.030)	(0.082)		(0.086)	(0.085)
农业用地面积	−0.024**		−0.016*	−0.027***	0.166***		0.191***	0.171***
	(0.007)		(0.008)	(0.008)	(0.019)		(0.020)	(0.020)
区域一体化	−0.369***		−0.358***	−0.410***	0.225***		0.234***	0.218***
	(0.045)		(0.051)	(0.050)	(0.048)		(0.048)	(0.048)
截距项	0.026	1.529***	0.630*	−0.077	21.315***	10.555***	21.352***	21.320***
	(0.287)	(0.185)	(0.304)	(0.311)	(0.747)	(0.284)	(0.780)	(0.769)
样本量	12 486	12 486	12 486	12 486	21 504	21 504	21 504	21 504

注：* $p<0.05$，** $p<0.01$，*** $p<0.001$。

此外，当一国对外开放程度越高，而其目的国进入门槛越低，其结果易造成该国出口产品良莠不齐，不利于出口产品的质量升级。如中国在加入WTO初期，出口产品质量出现一定的下滑（张杰等，2014；刘雪梅和董银果，2019），对外开放激发了企业的出口热情，故贸易自由度对企业出口质量的影响为负，对出口总额的影响为正；进口目的国生产量指数越高，表明农业生产能力提升越快，其本国市场农产品的短缺程度下降，因而对进口农产品质量水平要求就越高。本节采用目的国较中国农产品生产量的相对值作为代理变量，结果显示，其对中国出口质量升级的影响符号为正，而对出口总额的影响符号为负。Amiti & Khandelwal（2010）认为，目标市场规模越大，对进口产品质量要求就越高。由于固定成本的存在，出口商需要承担更高的成本，故目标市场规模对质量升级的符号为负。不仅两国间的贸易流量与经济规模成正比（Tinbergen，1962），而且低质量企业退出和高质量企业出口扩张也会促进出口增长，故其对出口总额的符号为正。一般来说，出口市场集中度越高，该类产品在遇到SPS标准时会越倾向于路径依赖，故其对质量升级的影响符号为正。同时，出口市场过度集中不利于提高出口增长的扩展边际（綦建红和冯晓洁，2014），而质量升级在路径依赖的作用下，对出口增长的贡献不足，故其对出口总额的影响符号为负。当出口企业部分产品面对较高的质量标准时，企业可能通过减少高质量标准产品的资本投入，调节弥补到其他利润率高、质量标准低的产品上（Henn et al.，2013；桑瑞聪等，2018），故出口产品种类数量对出口质量的影响符号为负。然而，单产品生产在应对外部冲击时存在脆弱性，出口发展中内在的专业化发展惯性有待扭转（高凌云等，2012），故其对出口总额的影响符号为正。在路径依赖作用下，出口企业即使要做市场转移，也倾向选择与本国原来的出口市场地理相近、文化相同、经济结构相似的国家作为新进入市场（綦建红和冯晓洁，2014）。因此，出口目的国越多，越有利于企业在遇到SPS标准时，实施市场转移策略，故出口目的国个数对质量升级的影响符号为负，对出口总额的影响符号为正。“距离困境”直接关系着农产品的新鲜度、质量水平和安全性，在“华盛顿苹果”效应下，越是质量高的产品才能运输到越远的国家（Hummels & Skiba，2002），以实现出口扩张，故其与质量升级正相关，与出口总额负相关。

2. 稳健性检验

本节进一步从变量测度方法、实证回归方法和样本量选择等方面进行回归结果的稳健性检验。首先，就遵从成本的测度而言，为避免SPS标准通报数衡量“质量门槛”高低过于粗糙的缺点，对Calvin & Krissoff（1998）价格楔方法①进行改进，从相对值角度出发，将出口国在竞争效应下正常的价格波动作为标准实施前的贸易成本，采用t期中国出口到某一目的国所有农产品平均价格（汇率调整后）的增长率（$Growth_{pro}$）表示，并将t期中国出口到目的国HS二分位层面农产品价格（汇率调整后）的增长率（$Growth_{post}$）作为标准实施后的价格，二者相减可作为SPS标准所导致的遵从成本的代理变量②。其次，就估计方法而言，数据最大的特点是，被解释变量质量升级中可能存在大量的零值，属于设限数据（censored data）。此类样本下，使用Possion Pseudo - Maximum - Likelihood（PPML）回归方法不仅能够有效解释国际贸易中的零点贸易、满足总贸易额的边际分解要求（钱雪峰和熊平，2012），还可以有效规避Tobit模型估计结果存在异方差的问题（Silva & Tenreyro，2006）。再次，贸易中介商面临贸易壁垒、政府管制等市场进入成本的敏感度远远低于生产出口商，在农产品贸易领域通过调整组合来应对SPS措施遵从成本的可能性极高，产品质量较少发生调整与升级。为避免样本选择偏误，剔除贸易中介商的样本后做相关稳健性检验。最后，劳动密集型农产品③（HS03水产品类、HS07蔬菜类、HS09咖啡茶叶类、HS16水产制品类）已经成为中国主要的农产品种类，本节又针对劳动密集型农产品做稳健性检验。

如表5-13所示，回归（1）～（4）分别代表针对遵从成本、PPML回归、剔除贸易中介商和劳动密集型的检验结果，四种稳健性检验结果与

① 价格楔方法从绝对值角度测度遵从成本的方法相对比较精准，但对数据要求比较高（包括进口国国内销售价格、出口价格、国际运输成本、国内运输成本、保险等方面数据），仅限于调研数据或针对特定国家、特定产品的出口考察（周华等，2007；Gao et al.，2018）。

② 虽然此方法下，不能充分衡量SPS标准的持续性效应，造成对遵从成本的低估，但较通报数衡量方法而言，价格楔方法不仅体现了不同产品质量标准的异质性，也体现了国际市场对农产品质量的差异偏好，不失为一个较好的代理变量。

③ 《中国农产品贸易发展报告2017》指出，2017年中国劳动密集型农产品出口比重高达67%，较2001年上升了近5个百分点。

总体样本回归结果基本一致。事实上，针对引力模型估计方法选择问题，国内外专家们并没有明确指出彼此的优劣，但当存在厂商边际误配和对数线性方程偏误问题时，PPML 模型更好（秦臻和倪艳）。因此，下文将主要针对 PPML 结果进行解释，但依旧分析 Tobit 的回归结果，以增强结果的稳健性。

表 5－13　稳健性检验

	质量升级				出口总额			
	(1)	(2)	(3)	(4)	(1)	(2)	(3)	(4)
遵从成本	−0.208***	−0.323***	−0.523***	−0.965***	0.018	0.022***	0.192***	0.052
	(0.020)	(0.057)	(0.064)	(0.284)	(0.014)	(0.006)	(0.056)	(0.169)
转移成本	0.149***	0.058***	0.159***	0.148***	0.074***	0.010***	0.074***	0.068***
	(0.009)	(0.004)	(0.009)	(0.022)	(0.007)	(0.001)	(0.008)	(0.015)
其他变量	控制	控制	控制	控制	控制	控制	控制	控制
截距项	0.107	−0.134	−0.491	2.222**	21.330***	3.192***	21.296***	16.833***
	(0.311)	(0.121)	(0.311)	(0.829)	(0.770)	(0.022)	(0.765)	(1.925)
样本量	12 486	12 486	12 011	2 417	21 504	21 504	20 909	4 275
R^2		0.238				0.494		

注：* $p<0.05$，** $p<0.01$，*** $p<0.001$。

5.4.5　农产品质量升级陷阱的形成机理

1. 不同标准目的国层面

发达国家是国际市场农产品质量标准的主要制定者和实施者，其 SPS 标准不仅通报数量较多，而且质量要求更为严格。因此，有必要将目的国区分 OECD/非 OECD 国家，分别考察其 SPS 措施对中国农产品质量升级的倒逼作用（表 5－14）。分析发现：①在控制了其他影响因素的情况下，OECD 和非 OECD 国家 SPS 标准的遵从成本对质量升级的边际影响为负，对出口总额的边际影响为正，符合理论预期；OECD 国家遵从成本对质量升级的影响高出非 OECD 国家 20.3 个百分点，对出口总额的影响低于非 OECD 国家 1.2 个百分点，且对出口至 OECD 国家的影响不显著。反映了出口方在利润最大化的诱导下，选择承受将出口市场转向低质量标准（非 OECD）国家的转移成本，进而规避遵从 OECD 国家 SPS 措施所必需的质量升级。②转移成本对质量升级和出口总额的边际影响均为正，符合理论预期；逃离 OECD 市场的转移成本对质量升级的影响作用要高出非 OECD 国家 13.5 个百分点，对出口总额的影响作用要低于非 OECD 国家 0.6 个百分点。反映了在转移成本的限制约束下，原出口至质量标准较高市场的企业仍倾向于坚持固有出口路径。综上所述，即便企业受转移成本的限制作用（尤其是针对逃离非 OECD 国家企业），一定程度上降低了企业转移目的地市场的可能性，但非 OECD 国家遵从成本的提高，更能促进质量升级[①]，引致出口总额的扩张。

表 5-14　OECD/非 OECD 国家的回归结果

	质量升级			
	xttobit _ OECD	xttobit _ nonOECD	PPML _ OECD	PPML _ nonOECD
遵从成本	−0.610***	−0.410***	−0.436***	−0.233***
	(0.111)	(0.076)	(0.094)	(0.060)
转移成本	0.326***	0.125***	0.183***	0.048***
	(0.024)	(0.010)	(0.013)	(0.004)
其他变量	控制	控制	控制	控制
截距项	0.373***	0.470***	−2.515***	0.184
	(0.042)	(0.020)	(0.356)	(0.133)
样本量	2 521	9 965	2 521	9 965
	出口总额			
	xttobit _ OECD	xttobit _ nonOECD	PPML _ OECD	PPML _ nonOECD
遵从成本	0.088	0.202**	0.006	0.028*
	(0.076)	(0.072)	(0.004)	(0.011)
转移成本	0.031*	0.076***	0.004**	0.010***
	(0.015)	(0.008)	(0.001)	(0.001)
其他变量	控制	控制	控制	控制
截距项	26.536***	21.038***	3.395***	3.157***
	(1.380)	(0.901)	(0.046)	(0.029)
样本量	4 493	17 011	4 493	17 011

注：* $p<0.05$，** $p<0.01$，*** $p<0.001$。

① 可能是低质量企业的退出，市场竞争减小，原出口至高标准的企业进入；也可能是低质量企业在“技术溢出”效应下提升质量更明显。

进一步剖析质量升级发生扭曲的原因，大致可概括为以下几点：①质量的升级能力不足。中国在全球农产品价值链上充当“原料供应者”和“生产加工者”角色，出口质量升级受到国内“人多地少水更少”的基本农情和“小农经济”条件下农业现代化、机械化水平受到制约，农产品生产更多依赖自然，故质量升级存在客观束缚。②质量升级的投资回报率低。农业较非农产业的生产周期更长、技术进步更难，农业资本有机构成和资本周转率偏低，再考虑农业劳动力成本被严重低估问题，农业生产（尤其是粮食生产）利润率会更低，甚至为负（马亚西，2014）。即使在质量升级遵从成本相对较低的情况下，遵从企业仍面临着投资回收期限长，短期内出口转移的利润收入大大抬升了质量升级的机会成本，造成遵从收益对出口企业的吸引力流失，短期内出口转移的收益成效更显著。③贸易政策的影响。中国出口导向型的贸易政策仅以出口的“数量维度”作为考察依据，而不是或还未意识到“质量维度”创新升级的重要性。无论是出口到高标准国家还是低标准国家，农产品企业的出口补贴或出口退税无显著差异，这大大滋养了逃避质量升级型企业的市场惰性。贸易政策造成中国农产品出口企业在应对高质量标准国家SPS标准提升时，出口转移至低质量标准国家的倾向性更强。因而，由于国际市场上SPS标准的异质性特征，即便部分国家产品质量门槛抬高，中国农产品出口企业短期利润最大化传统发展模式根深蒂固，并最终导致SPS标准倒逼作用被扭曲。以上从国家层面印证并解释了异质性SPS标准倒逼下质量升级陷阱的形成机理。

2. 不同技术水平企业层面

质量升级不仅取决于出口企业的动力，还取决于其升级能力。因此，本节将引力模型进一步带入到企业微观层面进行扩展分析，将企业区分为技术前沿和技术落后分别考察，并假设前者的质量升级能力更强。表5-15给出了在质量升级模型中引入遵从成本、技术前沿距离、转移成本交互项的实证结果。分析发现：①在控制了其他影响因素的情况下，SPS措施的遵从成本和转移成本对质量升级的边际影响在1%统计水平上分别为－0.612和0.232，对出口总额的边际影响分别为0.055和0.003，均符合理论预期。②当融入遵从成本×技术前沿距离后，发现遵从成本对技术前沿企业质量升级的抑制作用较技术落后企业降低了11.8个百分点，即技术前沿企业质量升级表现出“能力强—升级幅度小”的特点；而遵从成本对技术前沿企业出口总额的促进作用较技术落后企业降低了 2.6 个百分点，即“能力弱—升级幅度大”的技术落后企业却保持着较高的出口总额。③当融入转移成本×技术前沿距离交互项后，发现 *transfer* 对落后企业质量升级的促进作用较前沿企业降低了 2.8 个百分点，即落后企业进行出口转移的概率更高一些，表现出“出口转移灵活”的特点；而 *transfer* 对落后企业出口总额的促进作用较前沿企业提高了 0.1 个百分点，即落后企业通过转移市场获得短期收入较高。④当融入遵从成本×转移成本×技术前沿距离三重交互项后，发现在遵从成本和转移成本的共同作用下，SPS 标准的提高对落后企业质量升级的抑制作用和出口总额的促进作用同时增强，表明出口企业在理性权衡遵从成本和转移成本后，落后企业为最大化短期利润更倾向于“逃避升级、灵活转移”。

表 5-15　技术前沿/技术落后企业的回归结果

	质量升级		出口总额	
	xttobit	PPML	xttobit	PPML
遵从成本	−1.333***	−0.612***	0.816***	0.055**
	(0.184)	(0.099)	(0.189)	(0.021)
技术前沿距离	0.310***	0.170***	−0.122***	−0.024***
	(0.004)	(0.002)	(0.004)	(0.001)
遵从成本×技术前沿距离	0.255***	0.118***	0.068	0.026***
	(0.038)	(0.019)	(0.039)	(0.005)
转移成本	0.417***	0.232***	−0.006	0.003***
	(0.006)	(0.003)	(0.004)	(0.001)
转移成本×技术前沿距离	−0.048***	−0.028***	0.009***	0.001***
	(0.001)	(0.001)	(0.001)	(0.000)
遵从成本×转移成本×技术技术前沿距离	−0.021***	−0.009***	0.008	0.002*
	(0.005)	(0.002)	(0.005)	(0.001)
其他变量	控制	控制	控制	控制
截距项	0.514***	−0.118***	15.515***	3.133***
	(0.053)	(0.027)	(0.083)	(0.006)
样本量	204 980	204 980	408 440	408 440
R^2		0.142		0.166

注：* $p<0.05$，** $p<0.01$，*** $p<0.001$。

面对国际市场 SPS 标准的提升，不同技术层级企业的应对方式也明显不同，技术前沿企业更符合 SPS 标准提升后的质量标准且升级创新能力更强，遵从成本倒逼质量升级的抑制作用会被削弱；而技术落后企业灵活性强、创新升级能力弱，内在固有的逐利性对“有限学习追赶”动力下的质量升级具有负面冲击，故市场表现常常为“重短期收益、轻长期竞争力”。以上从企业层面解释了异质性 SPS 标准倒逼下质量升级陷阱的形成机理。

3. 中介渠道

质量标准在“国家—产品”层面的异质性、“政治—经济”目的的复杂性、“官方—私营”标准的双重性、“自由—保护”贸易的双向性等为直接界定 SPS 与质量升级的关系增加了难度，而中介渠道检验则是全景式认识 SPS 标准倒逼作用的有效途径。本节借鉴温忠麟（2014）的检验和分析方法，对 SPS 标准的中介效应进行考察。

假定在面临 SPS 标准的变更后，出口企业存在两种选择：要么承担遵从成本进行质量升级，要么坚持原产品质量将出口转移至 SPS 标准较低的市场，因此，质量价格和质量升级就成为影响 SPS 标准与农产品出口增长的中介变量（其具体概念模型如图 5-5 所示）①，分析发现：静态下，质量价格②表现为中介效应显著③（0.014），占总效应（1.866）的比重为 0.008，说明质量价格解释了 SPS 标准促进原出口路径农产品出口增长作用的 0.8%；而动态④下，质量升级同样表现为中介效应显著（0.671），但其中介效应方向相反，占总效应（1.866）的比重为－0.359，说明 SPS 标准并未通过倒逼质量升级促进原路径农产品的出口增长，反而企业通过“新市场、老品质”的方式解释了 SPS 标准倒逼扭曲下农产

① 假定质量价格和质量升级是静态和动态下 SPS 标准和农产品出口增长之间的中介变量，借鉴温忠麟（2004）关于中介效应的检验和分析方法，采用普通最小二乘法回归。在考察自变量 X 对因变量 Y 的影响时，如果 X 通过变量 M 来影响 Y，则称 M 为中介变量。在中介效应检验程序的结构方程分别为：$Y = cX + e_1$，$M = aX + e_2$，$Y = c'X + bM + e_3$，$c - c' = ab$ 表示中介效应的大小。

② 指代当期质量水平，且 SPS 标准倒逼下的高质高价会促进企业的出口增长。

③ 在检验系数 c、a、b 均显著的情况下，若 c' 也显著意味着中介效应显著，若 c' 不显著则意味着完全中介效应显著。

④ 动态过程中需注意，SPS 标准遵从成本的提高抑制了质量升级程度，说明多目的国贸易扭曲了 SPS 标准对质量升级的倒逼作用，部分企业会通过出口转移逃避质量升级并维持增长。

品出口增长的 35.9%。综上得，SPS 标准倒逼作用下原出口路径企业“质”的上升对出口增长的作用微乎其微，企业明显依赖“低端质量锁定”的出口转移模式实现出口总额的持续扩张。若要发挥异质性 SPS 标准的倒逼升级作用，并规避出口企业落入质量升级陷阱，成功实现从“外延式扩张”向“内涵式升级”的转变，其根本动力仍面临着国内土地、劳动力、技术、资本和制度约束，未来有待对企业的市场行为、政府监管和农产品出口退税政策进行深入分析。

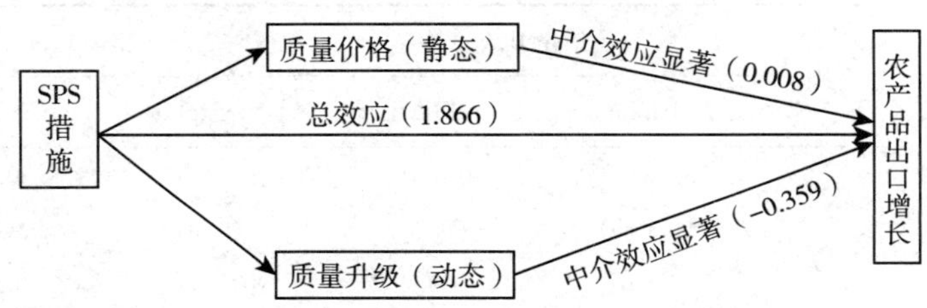

图 5-5　SPS 标准促进农产品出口增长的中介渠道

4. 发达国家表现

美国是世界第一大农产品出口国和第二大农产品进口国。一方面作为农业生产大国，在国际市场上具有较强的定价权；另一方面作为农产品贸易强国，制定的 SPS 标准十分严格。据欧洲议会农业和农村发展委员会统计指数显示，美国的农药残留标准（Minimum and Maximum Residue Level，MRLs）要远远高于加拿大、新西兰、中国等。与此同时，国际市场针对美国的 SPS 特别贸易关注（Special Trade Concerns，简称 STCs）最高，1995—2017 年有关美国 STCs 的申报数量增速高达 20.3%，成为遭遇质疑申报最高的国家，这还不包括绝大部分欠发达国家因受较高的额外质量安全评定附加成本限制而放弃 STCs 申诉。那么，美国作为实施 SPS 通报和遭受 STCs 申报“双高”国家，其农产品的质量升级和出口增长在应对技术性贸易壁垒时会依旧存在“质量升级陷阱”吗？

如表 5-16 所示，遵从成本和转移成本对美国出口农产品质量升级幅度和出口增长的影响均为正，与中国的表现显然不同。首先，这直接反映了美国农产品出口在应对异质性 SPS 贸易壁垒时不存在“质量升级陷阱”。这可能是因为美国大农场经济在生产土地密集型、资本密集型等农产品时，具有土地、技术、资本等多方面得天独厚的要素禀赋，“质量驱动型"的出口增长动力更能克服技术性贸易壁垒的抑制作用；其次，这也印证了SPS作为技术性贸易壁垒对发展中国家农产品贸易的抑制作用要大于发达国家的说法。在当前逆全球化背景下，发展中国家处于实现产业结构转型升级的关键时期，要十分警惕技术性贸易壁垒异质性所带来的目标市场转移和出口路径扭曲，长期发展中内部动力挖掘将是中国等发展中国家顺利实现出口质量升级、经济高质量发展的关键。

表5-16 SPS标准对美国农产品质量升级和出口增长的回归结果

	质量升级		出口总额	
	xttobit	PPML	xttobit	PPML
遵从成本	0.062***	0.170***	0.066***	0.091***
	(0.005)	(0.017)	(0.018)	(0.004)
转移成本	−0.002*	−0.002	0.058***	0.013***
	(0.001)	(0.004)	(0.003)	(0.001)
贸易自由度	0.040***	−0.045***	0.100***	0.036***
	(0.004)	(0.010)	(0.013)	(0.003)
农业生产率	−0.574***	0.126	−1.420***	−0.708***
	(0.021)	(0.074)	(0.080)	(0.019)
GDP	0.120***	−0.049***	−0.114***	0.081***
	(0.004)	(0.008)	(0.013)	(0.002)
出口市场集中度	−0.111***	−0.347***	2.467***	0.700***
	(0.030)	(0.039)	(0.072)	(0.008)
出口产品种类数	0.467***	−0.120**	2.258***	−0.173***
	(0.030)	(0.043)	(0.112)	(0.011)
出口目的国数量	0.022***	−0.044***	0.114***	0.018***
	(0.001)	(0.004)	(0.005)	(0.001)
关税	−0.070***	−0.003	−0.094***	−0.002
	(0.003)	(0.005)	(0.011)	(0.001)
贸易距离	0.205***	−0.036***	−0.484***	−0.046***
	(0.012)	(0.011)	(0.036)	(0.003)
农业用地面积	−0.115***	0.011***	0.159***	0.007***
	(0.003)	(0.003)	(0.009)	(0.001)
区域一体化	0.031***	0.019	0.154***	−0.016***
	(0.004)	(0.017)	(0.016)	(0.005)

（续）

	质量升级		出口总额	
	xttobit	PPML	xttobit	PPML
截距项	1.633***	−2.441***	5.276***	2.088***
	(0.098)	(0.123)	(0.309)	(0.036)
样本量	70 921	92 582	92 582	92 582
R^2		0.007		0.179

注：* $p<0.05$，** $p<0.01$，*** $p<0.001$。

5.4.6　结论与政策含义

当前技术性贸易壁垒的贸易成本研究主要基于对称和非对称的双边贸易壁垒，而在现实的多边贸易往来中不同目的国的技术性贸易壁垒往往是异质的，同时技术性贸易壁垒的限制扩张效应和倒逼升级效应共存。本节通过将出口质量扩展至多目的国的 MO 模型，采用 2000—2015 年中国海关数据和 UNComtrade 数据，以异质性 SPS 标准倒逼背景下中国出口农产品质量升级不明显为切入点，利用 Tobit 和 PPML 回归改进后的引力模型。研究发现：①理论层面：目的国异质性 SPS 标准扭曲了质量门槛影响机制的作用方向，遵从成本对质量升级（负）和出口总额（正）的边际影响不同，而转移成本的边际影响均为正。短期内虽可以促进出口总额扩张，维持“外延式增长”，但长期内会生成质量升级陷阱，不利于“内涵式增长”。②实证分析层面：就不同国家质量标准层面而言，OECD 国家质量标准的提高对质量升级的倒逼扭曲更明显，为最大化短期内出口利润的目标，企业更愿意通过出口转移至低质量标准的非 OECD 国家；就不同企业技术前沿距离层面而言，技术落后企业采取“逃避升级、灵活转移”的倾向性更强；就 SPS 标准作用机理的中介渠道而言，现阶段中国农企主要通过“低端质量锁定”的出口转移效应，而“高质高价”对出口增长的贡献微乎其微。而 SPS 作为技术性贸易壁垒对以美国为首的发达国家的限制效应中，则不存在“质量升级陷阱”。以上结论说明发展中国家因内在驱动不足，SPS 贸易壁垒的倒逼质量升级机制会扭曲，进而被“质量升级陷阱”锁定，这充分解释了当前中国农产品出口质量升级不显著、出口增长减缓的新业态。

本节的政策建议如下：①以供给侧结构性改革为主线推动质量升级，促进我国现代农业的科学化、工业化、市场化和社会化发展。在兼顾SPS标准短期内“外延式增长”效应的同时，察觉到倒逼质量升级陷阱的存在，并主动促进农产品生产供应链的优化升级，形成质量升级的长期出口增长动力；②精准实施出口政策，提升政策干预效度。当质量升级的遵从成本较高时，落后企业出口转移的规避效应较大，可以通过取消出口补贴、完善出口退税，发挥“看得见的手”干预创新型发展路径下微观经济活动；③创新发展理念和开放发展理念具有内在自洽性，农产品质量的进一步升级创新有利于促进长期内开放型出口增长，而开放性地将农产品生产国内标准和国际标准“对标”是克服技术性贸易壁垒、维护出口企业权益、实现高质量的重要基础。

第6章

质量升级对应对SPS措施的影响

本章在前文分析的基础上，进一步探讨农产品质量升级对应对 SPS 措施的影响。主要探讨的问题是：农产品质量升级的表现是什么？农产品质量升级对应对进口国 SPS 措施会产生怎样的影响？

6.1 农产品质量升级的表现

既然安全性是农产品质量的最基本层次，因此，农产品质量安全是农产品质量升级首要解决的问题。信息不对称是导致农产品质量安全问题的源头，因此，农产品的质量升级也是围绕着如何向消费者提供农产品生产过程的细节，以解决生产者和消费者之间的信息不对称问题。当然，质量安全水平的提高与生产标准和过程标准的水平密切相关，对产品质量和过程控制的标准越严格，产品的质量水平自然越高。

本节主要围绕农产品的溯源体系、质量认证系统、质量标准提升几个方面阐述农产品的质量升级。

6.1.1 产品溯源体系

食品安全溯源体系，是指在农产品、食品产供销的各个环节（包括种植养殖、生产、流通以及销售与餐饮服务等），食品质量安全及其相关信息能够被顺向追踪（生产源头—消费终端）或者逆向回溯（消费终端—生产源头），从而使食品的整个生产经营活动始终处于有效监控之中。该体系能够理清职责，明晰管理主体和被管理主体各自的责任，并能有效处置不符合安全标准的食品，从而保证食品质量安全。追溯性是指农产品、食品生产过程、加工和消费的所有原料、饲料、种子以及投入物都能找到其最初的源头。这样在发生食品安全问题时，就能立即找到源头，便于切断污染物的传播以及分清责任，使无辜者免于受损，也能让消费者产生安全感。

食品安全溯源体系，最早是1997年欧盟为应对“疯牛病”问题而逐步建立并完善起来的食品安全管理制度。这套食品安全管理制度主要由政府推动，覆盖食品生产基地、食品加工企业、食品终端销售等整个食品产业链条的上下游，通过类似银行取款机系统的专用硬件设备进行信息共享，服务于最终消费者。一旦食品质量在消费者端出现问题，可以通过食品标签上的溯源码进行联网查询，查出该食品的生产企业、食品的产地、具体农户等全部流通信息，明确事故方相应的法律责任。

食品溯源制度提高食品质量，是对食品生产进行安全管理的一个重要手段。由于现代食品种养殖、生产等环节繁复，食品生产加工程序多、配料多，食品流通进销渠道复杂，食品生产、加工、包装、储运、销售等环节都可能引起食品质量安全问题，从而使食品安全问题发生的概率大大增加。为了严格控制食品质量，发达国家的食品安全监管强调从农田到餐桌的整个过程的有效控制，并且在全程监管的基础上实行食品溯源制度。全球已有40多个国家采用相关系统进行食品溯源，特别是英国、日本、法国、美国、澳大利亚等国，均取得了显著成效。

《欧盟一般食品法》规定，所有食品和饲料都必须进行追溯，所有食品和饲料企业都要建立起专门的追溯系统，能够查到食品和饲料的来源和去向，并能随时向政府食品安全管理部门提供此类信息。食品、饲料在生产、加工及销售的所有阶段都应建立可追溯制度，并进行追溯登记。欧盟从2004年起要求在欧盟范围内销售的所有食品都能够进行跟踪与追溯，否则就不允许上市销售。欧盟的畜产品可追溯系统主要应用在牛及牛肉制品的生产和流通领域。自2002年1月1日起，所有在欧盟国家上市销售的牛肉产品必须在牛肉产品的标签上标明牛的出生国、饲养国、屠宰场许可号、加工所在国家和加工车间号，否则不允许销售。

早在2000年，英国农业联合会和全英4 000多家超市合作，建立了食品安全“一条龙”监控机制。目的是对上市销售的所有食品进行追溯，如消费者发现购买食品存在问题，监管人员可以很快通过电脑记录查到来源。对于农产品，不仅可以查出源于哪家农场，甚至连使用的农药剂量都有据可查。

西班牙政府对牲畜的养殖、屠宰、加工等建立了一套严格的识别和追踪机制，农场的每头牲畜自出生起便在耳上钉上识别牌，将信息录入电脑，建立档案，牲畜在屠宰时要调查原档案，并进行严格检疫，食品公司、超级市场所购进的各种肉类均有产地证明，一旦发现质量等问题，均能迅速追溯其来源。澳大利亚建立了"国家畜禽识别系统"，在 2002 年给全国 1.15 亿只羊打上了产地标签，一年一换，当牧场主将羊出售给屠宰场或出口时，必须在申请表上填写标签号码，有关部门一旦发现某种疾病，便可以根据标签号码迅速查出该羊的产地和农场，并尽快采取相应措施。日本在 2001 年实行了食品溯源制度，已经从牛肉推广到猪肉、鸡肉等肉食产业、牡蛎等水产养殖产业及蔬菜产业。2005 年 8 月，美国农业部动植物健康监测服务中心（APHIS）实施了牛及其他种类动物的身份识别系统。

中国当代的食品安全追溯制度自 1995 年《食品安全法》的颁布开始实施，规定了包装食品必须在包装上标识相关信息。2010 年，商务部、财政部开展肉类蔬菜、中药材、酒类流通追溯体系建设试点，取得了显著成效，企业及社会对溯源体系认知度、接受度和参与度不断提高。2015 年 10 月，新版《中华人民共和国食品安全法》开始实施，新规中明确了国家建立食品安全全程追溯制度，从国家立法层面上形成了食品安全追溯法律制度，中国的产品追溯体系建设工作步伐持续加快。2015 年 12 月，国务院办公厅颁发《关于加快推进重要产品追溯体系建设的意见》，要求统筹规划食用农产品、药品等追溯，推动生产经营企业加快溯源体系建设，并且提出鼓励采用物联网等技术手段采集、留存信息、建立信息化的追溯体系。

2016 年 6 月，农业部《关于加快推进农产品质量安全追溯体系建设的意见》提出建立全国统一的追溯管理信息平台、制度规范和技术标准。2016 年 9 月，国家食品药品监督管理局印发《关于推动食品药品生产经营者完善追溯体系的意见》，要求生产者、药品生产企业等按照相应法规进行数据记录，以保证可追溯。2016 年，国务院"十三五"计划将食品安全追溯体系建设列为我国的一项重要战略工程，要求提升企业质量管理能力，促进监管方式创新，保障消费安全。2017 年 2 月，七部委联合颁发《关于推进重要产品信息化追溯体系建设的指导意见》，文件制定了建立目录追溯管理制度，完善追溯体系标准，推进溯源体系互联互通等基本任务。2017 年 10 月，随着政策文件的陆续出台，为响应国家号召，实现食品的安全可追溯，去向可查询，责任可追究，上海市正式实施《上海市食品安全信息追溯管理办法》，要求对粮食及其制品、畜产品及其制品、禽及其产品等在内的十类产品，在上海市内生产、流通以及餐饮服务环节实施信息追溯管理并建立了食品安全信息追溯平台。

6.1.2 生产过程控制及认证

农产品生产过程控制是通过生产企业采纳相关的标准，对生产过程中可能存在的风险进行分析，进而采取措施对风险进行管理，以确保终端产品的质量安全。在农产品的生产过程中，主要有以下几种广为流行的过程质量控制方法，如果出口商能获得认证，那么它们的产品质量自然提升，消费者的信任也会增强。

1. HACCP 认证

HACCP（Hazard Analysis and Critical Control Point）表示危害分析和关键点控制，是首先对农产品、食品加工过程中可能产生风险的因素进行分析和识别，然后采取预防性措施避免这些风险的产生，确保食品在消费、生产、加工、制造、准备和食用等过程中的安全。HACCP 体系在危害识别、评价和控制方面是一种科学、合理和系统的方法。识别食品生产过程中可能发生的环节并采取适当的控制措施防止危害的发生。通过对加工过程的每一步进行监视和控制，从而降低危害发生的概率。

HACCP 并不是新标准，它是 20 世纪 60 年代由皮尔斯伯公司联合美国国家航空航天局（NASA）和美国一家军方实验室（Natick 地区）共同制定的，体系建立的初衷是为太空作业的宇航员提供食品安全方面的保障。随着全世界人们对食品安全卫生的日益关注，食品工业和其消费者已经成为企业申请 HACCP 体系认证的主要推动力。世界范围内食物中毒事件的显著增加激发了经济秩序和食品卫生意识的提高，在美国、欧洲、英国、澳大利亚和加拿大等国家，越来越多的法规和消费者要求将 HACCP 体系的要求变为市场的准入要求。一些组织，例如美国国家科学院、国家微生物食品标准顾问委员会以及 WHO/FAO 营养法委员会，一致认为

HACCP 是保障食品安全最有效的管理体系。

HACCP 系统具有下列特点：①强调识别并预防食品污染的风险，要对所有潜在的生物的、物理的、化学的危害进行分析，确定预防措施，防止危害发生；②HACCP 体系是一个基于科学分析建立的体系，需要强有力的技术支持；③HACCP 体系是根据不同食品加工过程来确定的，要反映出某一种食品从原材料到成品、从加工场到加工设施、从加工人员到消费方式等到各方面的特性，其原则是具体问题具体分析，实事求是，结果更有效，有助于法规方面的权威人士开展调查工作；⑤HACCP 体系是一个实践—认识—再实践—再认识的过程；⑥有助于提高食品企业在全球市场上的竞争力，提高食品安全的信誉度，促进贸易发展。

通过实施 HACCP 过程控制体系，有效降低了农产品、食品在生产和加工过程可能产生的风险，提高了产品的安全程度和质量水平，也提振了消费者对食品质量安全的信心。

2. GAP

良好农业规范（Good Agriculture Practice，简称 GAP）是主要针对初级农产品生产的种植业和养殖业的一种操作规范，关注动物福利、环境保护、工人的健康、安全和福利，保证初级农产品生产者生产出安全健康的产品。GAP 是应用现代农业知识，科学规范农业生产的各个环节，在保证农产品质量安全的同时，促进环境、经济和社会可持续发展。它是以危害分析与关键控制点（HACCP）、良好卫生规范、可持续发展农业和持续改良农场体系为基础，避免在农产品生产过程中受到外来物质的严重污染和农产品生产过程不当操作带来的产品危害。

GAP 认证是欧洲零售商农产品工作组（EUREP）1997 年提出来的。良好农业规范认证近年来已成为各国农产品质量认证认可制度的重要组成部分。欧盟、美国、日本等国都在推行良好农业规范管理体系，联合国粮食与农业组织（FAO）也积极向发展中国家推荐良好农业规范管理体系。良好农业规范日臻成为国际通行的农产品质量管理体系。该体系之所以能成为国际通行的体系，关键是该体系以全程监管为理念，通过关键控制点，形成产品质量的可追溯控制。

3. GMP

良好生产规范（Good Manufacturing Practice，简称 GMP）是为保证

食品质量安全而制定的贯彻于食品生产全过程的一系列方法、技术要求和监控措施，是政府强制性的有关食品生产、加工、贮藏、运输和销售的卫生规范。食品GMP于20世纪60年代诞生于美国。目前，美国已立法强制实施食品GMP，日本、加拿大、新加坡、德国、澳大利亚等国政府也在积极推动。食品GMP详细规定了食品加工、贮藏、流通等各个工序中所要求的操作、管理以及控制规范，对人员卫生健康、建筑设施、加工工艺等软硬件都作出了详细的要求和规定。

4. SQF认证

食品质量安全（Safe Quality Food）体系专门用于食品加工行业的全程质量安全管理，1995年开始于澳大利亚，2003年该体系监管权移交给了位于美国华盛顿的美国食品营销组织（FMI）。目前，SQF体系已被有关方面推荐为最符合从“农田到餐桌”全过程监控的体系之一。

5. ISO质量认证

ISO（国际标准化组织）质量体系标准包括ISO9000、10000及14000三种系列。ISO9000标准明确了质量管理和质量保证体系，适用于生产型及服务型企业。ISO10000标准为从事和审核质量管理和质量保证体系提供了指导方针。ISO14000标准明确了环境质量管理体系。

ISO9000系列是众多由ISO设立的国际标准中最著名的标准。此标准并不是评估产品的质量，而是评估产品在生产过程中的品质控制，是一个组织管理的标准。ISO14000则主要强调农产品生长的环境的安全性。

6.1.3 产品检验标准的提升

当农产品或者食品采纳更为严格的食品质量安全标准时，其所含的生物学病菌、化学品残留和物理性污染的数量显著下降，产品安全性提高，对消费者可能带来的风险下降（董银果，2009）。

生物学标准提高是指产品生产环境的改善，卫生条件的提升，明显地降低了产品的生物病菌数量，使消费者患病的概率大幅下降。需要强调的是，任何标准都不可能完全消除生物性污染，只能是降低到一定范围。

化学品标准提高主要包括两个方面的含义：一是标准数量的增加。数量增加是因为增加对不同农药、兽药的检验项目或者对不同植物根、径、叶或者动物的不同部位设置不同检验标准，导致标准的数量大幅增加。一般而言，发达国家技术先进，对风险的识别能力强，控制范围广，制定的标准数量多，覆盖面宽，保护水平高；而发展中国家标准数量少，覆盖面窄。二是表现为产品中化学品残留的限量大幅下降，导致标准的严厉程度上升，从而食品的安全程度提升。不同国家消费者收入不同，对风险的认识和容忍程度也不同，其制定的 SPS 措施的深度亦不同。当发展中国家将其较为宽松的控制标准提高到发达国家严厉的 SPS 控制标准时，面临高额的遵从成本（Maskus et al.，2005）。当发展中国家随着消费者收入增长，对食品质量安全提出更高要求时，也会导致政府调整化学品残留水平。有时这种调整也与饮食习惯密切相关，比如，莱克多巴胺的国家标准为 20 毫克/千克，但中国由于居民喜欢食用动物内脏，因此，对莱克多巴胺的残留限量为零，但 CAC 制定的莱克多巴胺国际标准为 20 毫克/千克。

物理性标准提高是指降低产品中人肉眼可见的污染，通过提高产品的外观进而提高食品的质量水平。比如，旋毛虫在许多国家的肉类产品中是不能检出的。

关于食品安全，国际法典委员会（CAC）是全球范围内制定食品安全国际标准的权威机构。联合国粮农组织向成员推荐采纳或者等同采纳 CAC 标准，因为这一标准是基于科学的风评基础上而制定的。

6.1.4　冷链系统的建立

冷链物流（Cold Chain Logistics）指冷藏冷冻类食品在生产、贮藏运输、销售，到消费前的各个环节中始终处于规定的低温环境下，以保证食品质量，减少食品污染和损耗的一项系统工程。它是随着科学技术的进步、制冷技术的发展而建立起来的，是以冷冻工艺学为基础、以制冷技术为手段的低温物流过程。农产品生产过程中冷链系统的建立大大减少了食品在仓储和运输过程的风险，降低了病原菌的致病性。

冷链物流提高了食品的保鲜能力，不会影响到食物的营养和味道，同时大大提高了食物的存储期限；冷链物流具有非常高的效率，不同地域之间的食物输送非常方便，食物在运送到目的地时仍然很新鲜；冷链物流为食品的安全输送提供了保证，冷藏和冷冻食品需要一个完整的冷链物流对货物进行全程的温度控制，以确保食品的安全，而冷链物流可以实现装卸货物时的封闭环境。

发达国家的冷链物流意识强，发达国家把产后贮藏加工保鲜放在农业的首要位置，如美国农业总投入30%用于生产，70%用于产后加工保鲜；意大利、荷兰农产品保鲜产业化率为60%，而日本则大于70%。欧、美、日等国食品冷藏运输率均达到80%～90%。日本果蔬在流通过程中有98%通过冷链，果蔬损失率控制在5%以下（田华等，2016）。美国的蔬菜水果低温物流更为典型，产品从田间收获后到消费者的冰箱一直在低温环境中流通，水果蔬菜在物流环节的损耗率仅有1%～2%（王煦、刘鑫，2011）。

根据中国食品工业协会资料显示，中国由于冷链的问题造成每年约有1 200万吨水果和1.3亿吨蔬菜的浪费，总值在100亿美元。据非正式的统计显示，每年中国约有80%左右的水果、蔬菜、肉类和水产以传统的车厢（常温和保温车）进行运输。

6.2 质量升级与应对进口国SPS措施

当出口企业实施了质量升级行为后，这无疑大大便利了企业对发达国家农产品、食品SPS措施的遵从，降低了SPS措施对企业出口农产品的影响，也提升了企业出口农产品广延边际和价格边际。

6.2.1 质量升级便利了对进口国SPS措施的遵从

当进口国颁布新的SPS措施，意味着其对进口产品在安全性和质量方面提出了更高的要求，这些要求无非体现在，产品具有可追溯性，产品的生产和运输过程的要求提高，产品的终端检验标准上升等，或者检验方法变动。

我们认为，质量升级便利了出口产品对国外SPS措施的遵从，这种便利主要体现了以下三个方面：首先，质量升级意味着企业的产品品质得到提升，减少了过程的污染和提高了产品的安全性，这些都满足了进口国的SPS措施要求，使产品出口到进口国的风险大大降低。其次，质量升级意味着企业的产品技术层级向着质量阶梯的上端迈进，可能已经从落后企业演变为一般企业或技术前沿企业，进口国的SPS措施对企业不再构成障碍，如果质量升级使企业成为行业中的质量前沿企业的话，SPS措施可能还会演变为企业产品出口的助推器。这是因为 SPS 措施的实施减低了市场的竞争程度，使得质量前沿企业获得更多的市场份额和贸易利得。最后，即使出口产品在质量升级后还不能完全满足进口国 SPS 措施要求，质量升级过程已经使企业的产品质量得以提升，距离进口国的要求距离拉近，那么遵从也变得更为简单，遵从成本下降，这使企业的遵从成本和遵从能力上升。出口产品是否遵从了进口国的 SPS 措施，可以从出口产品的持续时间得到反映。因此，我们提出假设 1：质量升级延长了出口产品的持续时间。

6.2.2　质量升级是突破新市场 SPS 措施的敲门砖

产品要出口到一个新的市场，首先必须满足作为“进入门槛”的 SPS 措施，要出口到发达国家，不仅要求产品的价格具有一定竞争力，更为重要的是产品的质量安全满足市场的要求，这就要求企业不应停留在传统观念上，只要产品价格低就能打开市场的思维定势，而是要提高产品的“性价比”，即在相同的价格下，产品的质量比竞争对手更高。越是出口到发达国家的产品，对产品质量的要求越高，这意味着企业必须进行更多的质量升级才能进入这些国家的市场。

例如，企业的产品质量进行了升级，获得了诸如 GMP、EurepGAP、BRC 等认证，这意味着产品不仅能进入英国市场，而同样可以进入德国、法国等欧盟市场。同样的道理，产品质量升级后如果能进入一类农产品国际市场，而其他市场自然而言对该产品打开了国门。这自然延伸了产品出口的广延边际，也促进了产品的集约边际。广延边际意味着更多的市场和更多的产品出口。由于质量升级具有规模经济效应和范围经济效应，企业一个产品的质量升级可能带动相关的产品质量升级，这也意味着质量升级使更多产品进入国际市场，拓展了企业出口的领域。因此，我们提出假设 2：质量升级拓展了出口的扩展边际。

6.2.3　质量升级降低了 SPS 措施对出口的负面影响

SPS 措施之所以对出口商的产品构成贸易限制或者贸易禁止，是因为出口商的质量水平与进口国的要求之间存在巨大的“质量鸿沟”，但是在出口商进行质量升级后，双方之间的“质量鸿沟”消失了，至少差距缩小了，故SPS措施不再对出口商构成限制，或者限制的幅度下降，比如出口商的多种产品，只有一小部分还构成限制，大部分已经能顺利出口。因此，从这个意义上看，质量升级使出口国产品质量与进口商要求的质量趋同，降低了出口商的遵从成本和进口国SPS措施对出口国农产品出口的影响。伴随着出口商的质量升级，出口国的SPS措施的水平也随之上升。有研究显示，当两个国家SPS措施差异较大时，SPS措施对标准较低的出口国影响较大，以中国茶叶出口为例，由于中国与日本、欧盟国家的SPS措施差异较大，这些国家颁布的SPS措施无疑将重击中国茶叶出口，导致市场份额和出口量双双下降。而中国茶叶的质量升级就意味着中国的标准越来越严格，也越来越靠近世界的高标准，这样发达国家SPS措施的负面影响将大幅减少（董银果，2014）。当出口产品进行了质量升级后，出口商在进口国的出口量增加，拓展了出口产品的集约边际。假设3：质量升级正向作用于出口的集约边际。

6.3 质量升级对企业应对SPS措施影响的实证分析

本节将采用实证方法检验质量升级对遵从SPS措施的影响，我们以本期质量与上期质量之差代表质量升级，以产品同一市场出口的连续性代表遵从SPS措施。以出口产品品类增多代表广延边际，以同一品类数量增加代表集约边际。

6.3.1 引言

随着中国经济步入新常态，社会的主要矛盾已经转化为人民日益增长的美好生活需要和不平衡不充分的发展之间的矛盾。随着收入增长，消费者对产品质量提出了更高要求，而供给结构调整的滞后导致农产品市场上过剩和短缺并存的结构性矛盾。在这一背景下，作为市场的主体企业，质量升级成为它们生存和发展的必要条件。提升农产品质量已是中国农业可持续发展面临的重要课题。2014至今，中央1号文件连续多年都明确要求提高农产品质量和食品安全水平，甚至将农产品质量与政府绩效考核挂钩。

中国加入世界贸易组织以来，进口国关税的降低和非关税壁垒的取消便利了中国农产品出口贸易，然而进口国技术性贸易壁垒包括SPS措施成为中国农产品出口的主要障碍。面对进口国尤其是发达国家不断上升的SPS措施，质量升级是中国农产品应对的唯一有效措施。有学者直言，产品质量升级是一国成功出口甚至经济发展的一大前提（Khandelwal，2009）。2017年中央经济工作会议强调，中国经济发展进入了新时代，质量问题在国际贸易领域集中反映在出口产品质量的提升瓶颈，中国的贸易增长模式也迫切需要重点以提升出口产品质量进行转型。

那么，质量升级对中国出口产品遵从国外SPS措施会产生怎样的影响？如何去度量这种影响，本节尝试以企业产品出口的稳定性代表对国外SPS措施的遵从，以本期和上期质量之差代表质量升级。并将农产品分解为广延边际和集约边际，探讨质量升级对农产品出口二元边际的影响。

6.3.2 文献综述

学界关于农产品出口贸易稳定性的研究显示，农产品贸易关系的风险函数存在明显的负时间依存性（李清政等，2016）。中国农产品出口持续的中位数只有2年，有58.55%出口企业在2年内消失（陈勇兵，2012）。中国大多数企业在1～2年内消失，只有25%企业能存活5年，不到20%的企业能存活10年（冯伟等，2013）。潘家栋（2018）以美国作为出口目的市场，得出中国农产品对美出口持续平均值为6.51年，中位数为5年。近年来，中国与发展中国家的贸易明显增强，但是针对发展中国家的研究却显示企业出口的持续时间都不长。例如，中国农产品对金砖国家平均持续时间为4.1年，其中48%的贸易关系持续时间低于1年（谭晶荣和童晓乐，2014）。中国对新兴经济体国家的出口持续时间均值不到4年（舒杏等，2015），中国对中亚五国出口持续时间的均值和中位值分别为5年和3年左右（朱晶等，2017）。

关于影响农产品贸易持续时间的因素，学者们发现，初始贸易额影响农产品持续时间，假若贸易双方的初始贸易额越大，则贸易持续时间越长（何树全等，2011；冯伟等，2013；谭晶荣和童晓乐，2014）；出口产品的多元化也可以延长贸易持续时间，中国与贸易伙伴签订人民币互换协定有助于提高贸易稳定性，延长贸易持续时间（舒杏等，2015）；政治制度也是影响贸易持续时间的因素，贸易伙伴的国家自由度和经济自由度越高，则其贸易风险降低，贸易持续时间延长（李清政等，2016）；潘家栋（2018）研究了汇率波动对贸易持续时间的影响，作者发现，双边汇率波动越大，进出口商面临的贸易风险加大，贸易的稳定性变差；自由贸易协定也影响双边贸易稳定，若双方签署了自由贸易协定，则随着关税下降和非关税壁垒的取消，双边贸易变得更为稳定（李星晨和刘宏曼，2019）。

耿献辉等（2014）针对中国农产品出口二元边际的研究显示，集约边际的贡献率在2005年之后达到并维持在较高水平。贸易伙伴生产效率越高，对中国刚进入出口市场的新产品设置的门槛越高；但中国向固定贸易成本较低或者相对于其他国家贸易成本更高的贸易伙伴出口新产品更有利。朱丽娜（2017）研究了不同非关税壁垒对农产品出口二元边际的影响，实施卫生与植物卫生（SPS）措施有利于贸易，而技术性贸易壁垒（TBT）措施则阻碍贸易。张宇青等（2014）研究发现，中国对发达国家的农产品出口扩展边际高于不发达国家，引起差异的主要因素可归结为贸易对象在距离、相对经济自由度、农业规模、多边阻力上的差异。集约边际上体现为中国对不发达国家要高于对发达国家，差异主要来源于出口对象“发达与否”和在农业生产率上的差异。鲍晓华、颜小杰（2014）认为，中国农产品出口的总量增长主要是由于集约边际扩张所致，SPS措施主要从集约边际层面对中国农产品出口总量产生显著的抑制作用。

针对农产品质量升级的研究，目前文献很少，主要关注的是质量升级的影响因素，尤其是SPS措施对农产品质量升级的影响。比如董银果、黄俊闻（2018）研究发现，进口国SPS措施促进了出口产品的质量升级。董银果、刘雪梅（2019）认为，出口多产品的企业质量升级幅度要大于出口单一产品的企业。陈容、许和连（2018）认为，日本的肯定列表制度促进了中国农产品的质量升级。

遗憾的是，目前文献并没有关注质量升级对于遵从SPS措施的影响，也没有相关质量升级对于贸易持续时间以及出口二元边际的影响。基于此，本节将研究聚焦于质量升级的效果评估，将质量升级与农产品的出口持续时间相结合，探讨质量升级是否延长了农产品出口时间，如果延长了出口持续时间，也就意味着质量升级后企业的产品遵从了进口国SPS措施。本节的边际贡献主要有：①将农产品质量升级与SPS措施的遵从相联系，检验质量升级行为是否延长了农产品的出口持续时间，以便准确评估质量升级的效果；②分别检验了质量升级行为对技术前沿企业和技术落后企业出口持续时间的影响，评估了质量升级对异质性企业的影响。③将农产品出口分解为广延边际和集约边际，集约边际又进一步分为数量边际和价格边际，检验质量升级对二元边际的影响。

6.3.3　质量升级对出口贸易稳定性的影响

1. 实证模型

根据 Chaney（2008）多目的国非对称异质性企业贸易模型中对计量方程的定义，企业只有在出口成本小于边际成本时才能进入目的国市场（钱学峰和熊平，2010），得出如下引力模型：

$$X_{lm}^{h}(\varphi,q)=\omega_l L_l\int_{\bar{\varphi}_{lm}^{h}}^{\infty} x_{lm}^{h}(\varphi)d\,G_h(\varphi),\ \varphi\geqslant\varphi_{lm} \tag{6-1}$$

式中，X_{lm}^{h} 代表 l 国向 m 国出口 h 类产品的总出口额，ω_l 代表农业生产率，L_l 代表劳动力数量，x_{lm}^{h} 代表企业层面的出口量，$\bar{\varphi}_{lm}^{h}$ 代表出口企业的生产率门槛，G_h 是生产率和质量的分布函数[①]。

$$X_{lm}^{h}(\varphi)=\omega_l L_l\int_{\bar{\varphi}_{lm}^{h}}^{\infty}\lambda_3\times\left[\frac{Y_m}{Y}\right]^{\frac{\sigma-1}{\gamma}}\times\left[\frac{\theta_m}{\omega_l\,\tau_{lm}}\right]^{\sigma-1}\times(\varphi)^{\sigma-1}\times\frac{\varphi^{-\gamma_h-1}}{\gamma_h}\mathrm{d}\varphi\ \ \varphi\geqslant\varphi_{lm} \tag{6-2}$$

式中，$\bar{\varphi}_{lm}^{h}=\lambda_4\times\left[\frac{Y}{Y_m}\right]^{\frac{1}{\gamma}}\times(\frac{\omega_l\,\tau_{lm}}{\theta_m})\times f_{lm}^{h\ [1/(\sigma-1)]}$。因此，本节在推导引力模型时，得出如下实证模型：

$$X_{lm}^{h}(\varphi)=\begin{cases}\mu_h\times\dfrac{Y_l\times Y_m}{Y}\times\left[\dfrac{\omega_l\,\tau_{lm}^{h}}{\theta_m^{h}}\right]^{-\gamma h}\times(f_{lm}^{h})^{-\left[\frac{\gamma_h}{\sigma_h-1}-1\right]}, & \varphi\geqslant\varphi_{lm}\\ 0,\quad 其他\end{cases} \tag{6-3}$$

式中，Y 代表经济规模，τ_{lm}^{h} 和 f_{lm}^{h} 分别代表可变贸易成本和固定贸易成本，θ_m^{h} 代表多边贸易阻力（Multinational Resistances），μ、γ 和 σ 是三个外生参数，分别代表消费份额、企业异质性参数和产品间的替代弹性。

① $P(\widetilde{\varphi_h}<\varphi)=G_h=1-\varphi(q)^{-\gamma h}$。Alexis Antoniads（2015）中指出，当产品异质性程度较小时，企业生产率和产品质量呈正相关关系；当产品异质性程度较大时，企业生产率和产品质量呈负相关关系。因此，我们将企业生产率看做质量的 q 相关函数。

为进一步考察质量升级对出口稳定性的作用方向，将上述改进的引力模型从出口增长拓展至出口稳定性层面，进一步加入了质量升级幅度这一核心解释变量。

$$E^h_{flm} = \alpha_0 + \alpha_1 \ln delt\_quality^h_{flm} + \alpha_2 \ln quality\_1^h_{flm} + \alpha_3 \ln Y + \alpha_4 \ln \omega_l + \alpha_5 \ln \tau_{lm} + \alpha_6 \ln \theta_m + \alpha_7 \ln f_{lm} + \alpha_8 X + \varepsilon \quad (6-4)$$

式中，E^h_{flm}、$\ln delt\_quality^h_{flm}$ 和 $\ln quality\_1^h_{flm}$ 分别代表出口稳定性（企业出口次数）、质量升级幅度、滞后一期质量水平；Y，φ，ω_l，τ_{lm}，f_{lm}，θ_m 分别代表目的国的市场规模（人均收入水平）、企业生产率、工人工资、可变成本、固定成本和多边阻力，X 为国家层面控制变量，ε 为残差。

对于上式估计需要确定出口稳定程度、质量升级幅度、经济规模、企业生产率、可变成本、固定成本、多边阻力及引力模型中国家层面控制变量等。

（1）出口稳定性。本节选用 UNComtrade 2000—2015 年中国出口到世界的 HS 六分位编码数据与中国海关企业层面数据相结合，统计了 16 年间任一企业出口到同一目标市场的出口次数。假定企业出口的次数越多，说明其出口的稳定性越高。

（2）出口质量升级幅度。采用 DSM（Demand Structure Model）质量测度模型，其前提假设为产品价格一致时，市场份额越高的产品代表其质量越高。假设消费者的 CES 效用函数为：

$$U = \left[\int_{h\in H} [\varphi(h)q(h)]^{(\sigma-1)/\sigma} d_h\right]^{\sigma/(\sigma-1)} \quad (6-5)$$

其中，$q(h)$ 和 $\varphi(h)$ 分别表示 h 产品数量和质量，σ 代表同一大类下不同品种产品间的替代弹性。c 国消费者购买 h 产品的预算约束函数如下：

$$q_{ocht} = (\varphi_{ocht})^{\sigma-1} (p_{ocht})^{-\sigma} P_{ct}^{-1} Y_{ct} \quad (6-6)$$

其中，q_{ocht}、p_{ocht} 和 φ_{ocht} 分别表示 t 期 c 国消费者消费 o 国 h 产品的数量、价格和质量水平；P_{ct} 表示 t 期进口国的价格指数；Y_{ct} 表示 t 期进口国的收入水平。对式（6-6）取自然对数，进行简单整理后得到如下回归方程，即测度质量的核心公式：

$$\ln q_{ocht} + \sigma \ln p_{ocht} = \alpha_h + \alpha_{ct} + e_{ocht} \quad (6-7)$$

其中，α_h 表示产品固定效应，可以有效控制产品类别对产品质量的影响，α_{ct} 表示国家—时间两维虚拟变量，可以有效控制地理距离等随出口国家以及汇率、制度等随时间变化的变量，也可以控制出口国家国内生产总值等随出口国家和时间同时变化的变量，e_{ocht} 表示包含产品质量的残差项。可以通过回归估计得出每一个产品层面 $\hat{e}_{ocht}$，进一步测度出质量，其计算公式如下：

$$quality_{ocht} = \ln(\hat{\varphi}_{ocht}) = \frac{\hat{e}_{ocht}}{\hat{\sigma} - 1} \qquad (6-8)$$

为方便比较不同国家不同种类农产品质量水平，获得整体质量水平，对质量进行了如下标准化处理①：

$$\widehat{quality} = \frac{quality_{ocht} - quality_{\min}}{quality_{\max} - quality_{\min}} \qquad (6-9)$$

式中，$quality_{\min}$、$quality_{\max}$ 分别代表某一 HS10 分位农产品某一年度在所有出口国层面的最小值和最大值，$\widehat{quality}$ 介于［0，1］之间。进一步得出质量升级幅度公式：

$$delt\_quality_t = quality_t - quality_{t-1} \qquad (6-10)$$

（3）国家市场规模。CEPII Gravity 数据库中汇报了世界各国的人均 GDP 水平，取 lngdp 进入方程。

（4）农业企业生产率。FAOSTAT（Food and Agriculture Organization of the United Nations）数据库②给出了世界各国每年的农产品生产量指数，衡量该国较前一年农产品生产能力的变化情况，即农业生产率。本节采用各国较中国的农业生产率水平用于衡量企业生产率和工人工资③。取 ln$sclzs$ 进方程。

（5）可变成本。本节将 CEPII Trade Prod 数据库④中的国家首都间的距离（ln$dist$）作为重要的可变成本（Helpman 等，2008；钱学峰和熊平，2010）。

① 需要特别说明的是，式（6－9）的标准化质量不具有经济学意义。

② http：//www. fao. org/faostat/en/＃home.

③ 限于农企工人工资获取性较难以及非企业形式的农业组织较多（信用社、农户），采取国家间农业生产率的相对水平作为代理变量（钱学峰和熊平，2010）。

④ http：//www. cepii. fr/CEPII/en/bdd _ modele/presentation. asp? id=6.

(6) 固定贸易成本。本节取 The Heritage Foundation 中的贸易自由度评价指数作为目的国对外开放程度，并取其倒数作为固定贸易成本。

(7) 多边贸易阻力。即 $\theta_d^{-\gamma}=\sum_{r=1}^{R}\frac{Y_r}{Y_{all}}\phi_{od}$，$\phi_{od}=\sqrt{\frac{E_{od}}{E_{oo}}\frac{E_{do}}{E_{dd}}}$ 作为双边贸易自由度，代表 γ 国出口到 d 国的贸易阻力值（Head 和 Mayer，2014）。具体测度过程中，E_{od} 和 E_{do} 分别代表从 o 国出口到 d 国的总出口以及从 d 国出口到 o 国的总出口，E_{oo} 和 E_{dd} 分别是 o 和 d 的国内销售，等于各自国内的总产值减去各自的总出口，具体双边贸易值及国内总产值来自 FAOSTAT 数据库。

(8) 国家层面控制变量（X）。ln（$tariff$）作为控制变量代表的是关税壁垒[①]对出口稳定性的影响；考虑到农产品生产受土地要素禀赋的影响较大，又加入了人均耕地面积的代理变量，即 ln（$area\_agri$）；CEPII Gravity 数据库中还提供了区域经济一体化（fta_wto）的虚拟变量值。

2. 描述性统计

本节主要选取的是 2000—2015 年中国与 50 个主要农产品贸易伙伴的双边值。表 6-1 给出了主要变量的描述性统计。采用的是个别数据缺失的平衡面板数据，个体数是 50 个经济体[②]，跨度为 2000—2015 年共 16 年，包含被解释变量出口稳定性、质量升级幅度、滞后一期质量水平、固定成本、可变成本、多边阻力、目的国人均 GDP 和农业生产率指数等核心解释变量，人均农业耕地面积、出口产品种类数、目的国个数、出口市场集中度、关税等国家和产品层面控制变量，以及冲击和区域经济一体化的虚拟变量。对于解释变量的描述性统计值而言，各个指标差异明显，表明中国对 50 个目的国出口存在差异。

① https://wits.worldbank.org/datadownload.aspx? lang=en.

② 世界前 51 大农产品进口国（地区）：阿拉伯联合酋长国、澳大利亚、奥地利、巴拉圭、巴西、加拿大、瑞士、智利、哥伦比亚、捷克共和国、德国、丹麦、阿尔及利亚、埃及、西班牙、芬兰、法国、英国、希腊、中国香港、匈牙利、印度尼西亚、印度、爱尔兰、伊朗、以色列、意大利、日本、韩国、科威特、黎巴嫩、摩洛哥、墨西哥、马来西亚、尼日利亚、荷兰、巴基斯坦、秘鲁、菲律宾、波兰、葡萄牙、罗马尼亚、俄罗斯联邦、沙特阿拉伯、新加坡、瑞典、土耳其、美国、越南、南非和中国。农产品进口量占中国出口总量的 95%以上，具有较强的代表性。

表 6-1　描述性统计结果

variable	变量名称	N	mean	sd	min	p 50	max
exportcishu	出口次数	8.5e+05	4.860	3.810	1	4	16
delt quality	质量升级幅度	8.2e+05	0.020	0.060	0	0	0.660
quality ha - 1	滞后一期质量水平	7.7e+05	0.450	0.080	0	0.460	0.690
ln*fixedcost*	固定成本	8.1e+05	1.200	0.140	0.980	1.200	2.890
ln*dist*	可变成本	8.2e+05	8.410	0.800	7.060	8.610	9.850
ln*xd MRES*	贸易阻力	8.2e+05	1.250	0.570	0.050	1.290	2.610
sclzs xd	生产率	8.2e+05	−4.780	0.310	−6.120	−4.770	−4.140
gdpcap d	人均 GDP	8.2e+05	9.960	0.990	5.860	10.35	11.39
area agri - *p*	人均耕地面积	8.2e+05	0.240	0.280	−0.080	0.160	2.620
ln*tariff*	关税	8.2e+05	1.680	1.340	0	1.760	7.480
fta wto	区域经济一体化	8.2e+05	0.170	0.380	0	0	1

3. 基准回归结果

考虑到引力模型回归过程中可能存在的样本选择不足、异方差、过度散布和零数据频度过大问题（秦臻和倪艳，2014），普通最小二乘法（OLS）和 Tobit 回归估计方法均存在不能解决的问题。Silva 和 Tenreyro（2006）指出 PPML（Poisson Pseudo - Maximum - Likelihood）回归可以在异方差存在的情况下得出一致的估计量，所以本节主要选择采用 PPML 实证回归方法，具体结果详见表 6-2。

表 6-2　基准回归结果

	（1）OLS1	（2）OLS2	（3）PPML1	（4）PPML2
delt _ quality	−1.737***	−2.449***	−0.794***	−0.933***
	(0.200)	(0.217)	(0.026)	(0.030)
quality _ hat _ 1	−0.791***	−1.140***	−0.010	−0.042*
	(0.181)	(0.185)	(0.018)	(0.018)
jiaohu		5.067***		1.105***
		(0.605)		(0.122)
ln*fixedcost*	2.684***	2.682***	0.487***	0.486***
	(0.109)	(0.109)	(0.014)	(0.014)
ln*dist*	−0.624***	−0.634***	−0.082***	−0.083***
	(0.053)	(0.053)	(0.001)	(0.001)

（续）

	(1) OLS1	(2) OLS2	(3) PPML1	(4) PPML2
ln*xd* _ *MRES*	−0.256***	−0.252***	−0.058***	−0.057***
	(0.045)	(0.045)	(0.004)	(0.004)
sclzs _ *xd*	−1.137***	−1.148***	−0.086***	−0.089***
	(0.034)	(0.034)	(0.004)	(0.004)
gdpcap _ *d*	0.327***	0.328***	0.158***	0.158***
	(0.023)	(0.023)	(0.002)	(0.002)
area _ *agri* _ *cap*	0.220**	0.273**	−0.370***	−0.365***
	(0.085)	(0.085)	(0.006)	(0.006)
ln*tariff*	0.415	0.429	−0.695***	−0.695***
	(0.255)	(0.255)	(0.027)	(0.027)
fta _ *wto*	0.087***	0.076**	0.045***	0.043***
	(0.023)	(0.023)	(0.003)	(0.003)
_ *cons*	−2.118***	−1.967***	−0.124***	−0.115***
	(0.527)	(0.526)	(0.032)	(0.032)
N	576 867	576 867	576 867	576 867
R^2			0.050	0.050

注：* $p<0.05$ ** $p<0.01$ *** $p<0.001$。

列（1）和列（3）是分别采用 OLS 和 PPML 实证方法的基准回归结果，技术前沿企业和技术落后企业在质量升级幅度的异质性，列（2）和列（4）分别引入了质量升级幅度和技术前沿距离的交互项，其中用滞后一期的出口质量水平作为技术前沿距离。基准回归结果显示，质量升级幅度与企业出口稳定性之间呈负相关关系，这与本节的预期不一致。但考虑到不同技术前沿距离企业质量升级幅度和出口稳定性的异质性表现，当融入二者交互项后，发现技术前沿企业的质量升级幅度与出口稳定性呈正相关关系，而落后企业的质量升级幅度与出口稳定性仍旧呈负相关关系。

此外，固定成本正向作用于出口稳定性。固定成本主要受多边体制和双边协定中非关税壁垒、国内行政干预等的影响（钱学峰和熊平，2010），该贸易成本越高，企业进入门槛越高，难度越大。测度过程中选用自由贸易度指数的倒数作为代理变量，贸易自由度越低，固定成本越高，市场竞争越小，越有利于维持已有出口企业的稳定性，故固定成本促进了企业出口贸易的稳定性。可变成本负向作用于出口稳定性，这是因为相比固定成本等直接成本，可变成本直接增加了企业生产或出口的成本，可变成本的提高会显著负向作用于出口的稳定性。多边阻力（ln*xd* _ *MRES*）负向作用于出口稳定性，主要是因为多边阻力作为衡量目的国与其他所有国家质检的贸易成本对双边贸易流量的影响（钱学峰和熊平，2010），该阻力越大，越不利于出口国与世界出口同类产品贸易流量的扩张，进而不利于维持出口稳定性。而目的国农业生产率水平（*sclzs* _ *xd*）越高，越不利于出口国企业的出口增长，这与传统引力模型和异质性贸易模型的结果相一致。此外，传统引力模型认为目的国经济规模（*gdpcap*）越大，目的国农产品的进口越多，企业的出口增长就越快，故正向作用于出口稳定性。其他控制变量中，目的国的人均耕地面积（*area* _ *agri*）显然不利于企业出口农产品的稳定性，会阻碍出口贸易增长；关税（ln*tariff*）加剧了出口企业贸易成本，负向作用于出口稳定性，与传统引力模型结果一致。

4. 以平均质量水平分组

为了进一步考察不同质量梯队企业质量升级幅度对出口稳定性的作用方向，本节将出口企业分为质量平均水平以上（≥0.46）和质量平均水平以下（<0.46）两类企业，并就质量升级幅度对出口稳定性的影响进行定量评估。表 6 - 3 给出了两类企业质量升级幅度对出口稳定性的 PPML 实证回归结果。列（2）和列（4）较列（1）和列（3）而言，融入了质量升级幅度和企业技术前沿变量，是主要分析对象。分析发现：①在两组企业下，质量升级幅度和技术前沿距离对出口稳定性的作用均为负，与基准回归结果一致；②考虑二者的交互作用后，位于质量平均水平以上企业的质量升级幅度对出口稳定性由负向转向正向影响。这说明当企业进行质量升级，而且产品的质量水平位于平均质量以上时，质量升级正向作用于企业的出口稳定性。换句话说，当企业进行了质量升级且质量水平位于出口产品的平均水平以上时方可满足进口国的质量门槛要求，企业才算遵从了进口国的 SPS 措施，否则，即使企业进行了质量升级，如果质量升级的幅度不够大，产品的质量水平仍在平均质量水平之下，则说明还不足以满足进口国的 SPS 措施。可能的原因是质量平均水平以上企业在技术、资本等要素禀赋方面具有一定的原始积累，质量升级更多通过技术创新来实现，而质量平均水平以下企业的质量升级可能更多依靠“干中学”效应获

取的“熊皮特租金”，质量升级幅度在短期内会有大幅度提升，但在长期内不具持续性，对出口稳定性并不能发挥促进机制。此外，其他变量的作用方向与基准回归一致，此处不再赘述。

表 6-3 不同质量梯队回归结果

	质量平均水平以下		质量平均水平以上	
	PPML1	PPML2	PPML3	PPML4
delt _ quality	−1.145***	−1.157***	−1.113***	−1.330***
	(0.051)	(0.052)	(0.049)	(0.054)
quality _ hat _ 1	−0.183***	−0.181***	−0.454***	−0.504***
	(0.035)	(0.035)	(0.042)	(0.042)
jiaohu		0.297		1.363***
		(0.267)		(0.143)
ln*fixedcost*	0.450***	0.450***	0.441***	0.446***
	(0.021)	(0.021)	(0.021)	(0.021)
ln*dist*	−0.068***	−0.068***	−0.088***	−0.090***
	(0.002)	(0.002)	(0.002)	(0.002)
ln*xd _ MRES*	−0.013**	−0.013**	−0.090***	−0.084***
	(0.005)	(0.005)	(0.007)	(0.007)
sclzs _ xd	−0.068***	−0.068***	−0.104***	−0.111***
	(0.006)	(0.006)	(0.006)	(0.006)
gdpcap _ d	0.116***	0.116***	0.207***	0.205***
	(0.002)	(0.002)	(0.003)	(0.003)
area _ agri _ cap	−0.214***	−0.213***	−0.522***	−0.513***
	(0.007)	(0.007)	(0.009)	(0.010)
ln*tariff*	−0.424***	−0.424***	−0.834***	−0.834***
	(0.041)	(0.041)	(0.035)	(0.035)
fta _ wto	0.117***	0.117***	−0.038***	−0.043***
	(0.004)	(0.004)	(0.006)	(0.006)
_ cons	0.262***	0.259***	−0.277***	−0.276***
	(0.046)	(0.046)	(0.050)	(0.050)
N	287 748	287 748	289 119	289 119
R^2	0.033	0.033	0.069	0.069

注：* $p<0.05$ ** $p<0.01$ *** $p<0.001$。

6.3.4　质量升级对二元边际的影响

1. 模型与数据

根据 Hummels 和 Klenow（2005）对二元边际的定义，可将总出口分解为扩展边际和集约边际。从出口国 l 到目的国 m 的总出口额 X_{lm}^{h} 由单位企业的平均出口额 I_{lm}^{h} 乘以出口企业的数量 E_{lm}^{h}，具体如下所示：

$$X_{lm}^{h}(q, \varphi) = E_{lm}^{h} \times I_{lm}^{h} \tag{6-11}$$

质量升级作为出口增长的动力来源，而二元边际作为出口稳定的主要表现。本节进一步从国家层面设定了质量升级对出口二元边际的实证模型，具体如下所示：

$$E_{lm}^{h} = \alpha_0 + \alpha_1 \ln quality\_hat_{lm}^{h} + \alpha_2 \ln Y + \alpha_3 \ln \omega_l + \alpha_4 \ln \tau_{lm} + \alpha_5 \ln \theta_m + \alpha_6 \ln f_{lm} + \alpha_7 \phi + \alpha_8 X + \varepsilon \tag{6-12}$$

$$I_{lm}^{h} = \alpha_0 + \alpha_1 \ln quality\_hat_{lm}^{h} + \alpha_2 \ln Y + \alpha_3 \ln \omega_l + \alpha_4 \ln \tau_{lm} + \alpha_5 \ln \theta_m + \alpha_6 \ln f_{lm} + \alpha_7 \phi + \alpha_8 X + \varepsilon \tag{6-13}$$

对于上述公式的估计需要确定二元边际、经济规模、企业生产率、可变成本、固定成本、多边阻力、外部冲击及引力模型中国家层面控制变量等。选用 UNComtrade 2000—2015 年中国出口到世界的 HS 六分位编码数据，采用 Hummels 和 Klenow（2005）测度中国出口的二元边际。其他变量在上述章节已经陈述，此处不再赘述。通过以上实证模型推导，具体数据的描述性统计如表 6-4 所示。

表 6-4 中汇报了主要变量的描述性统计。本节采用的数据是个别数据缺失的平衡面板数据，个体数是 50 个经济体①，跨度为 2000—2015 年共 16 年数据，包含出口占比、扩展边际、集约边际、质量水平等被解释变量，固定成本、可变成本、多边阻力、目的国人均 GDP 和农业生产率指数等核心解释变量，人均农业耕地面积、出口产品种类数、目的国个

① 世界前 51 大农产品进口国（地区）：阿拉伯联合酋长国、澳大利亚、奥地利、巴拉圭、巴西、加拿大、瑞士、智利、哥伦比亚、捷克共和国、德国、丹麦、阿尔及利亚、埃及、西班牙、芬兰、法国、英国、希腊、中国香港、匈牙利、印度尼西亚、印度、爱尔兰、伊朗、以色列、意大利、日本、韩国、科威特、黎巴嫩、摩洛哥、墨西哥、马来西亚、尼日利亚、荷兰、巴基斯坦、秘鲁、菲律宾、波兰、葡萄牙、罗马尼亚、俄罗斯联邦、沙特阿拉伯、新加坡、瑞典、土耳其、美国、越南、南非和中国。农产品进口量占中国出口总量的 95%以上，具有较强的代表性。

数、出口市场集中度、关税等国家和产品层面控制变量，以及冲击和区域经济一体化的虚拟变量。对于解释变量的描述性统计值而言，各个指标差异明显，表明中国对50个目的国出口存在差异。

表6-4 数据描述性统计

变量	变量名称	观测值	平均值	标准差	最小值	中位数	最大值
st	出口占比	17 632	0.06	0.11	0	0.01	1
Em	扩展边际	17 632	0.52	0.37	0	0.57	1
Im	集约边际	17 632	0.09	0.16	0	0.03	1
quality_hat	质量水平	17 647	0.38	0.17	0	0.46	0.69
ln*fixedcost*	固定成本	13 002	0.12	0.02	0.1	0.12	0.29
ln*dist*	可变成本	13 329	8.83	0.6	7.06	8.96	9.85
ln*xd_MRES*	贸易阻力	16 572	0.87	0.59	0.05	0.72	2.61
sclzs_xd	生产率	13 329	108.79	13.73	87.28	111.72	129.1
gdpcap	人均GDP	13 329	23 066.18	18 719.74	350.29	20 409	87 998.5
agri_area	人均耕地面积	13 329	1 151.62	3 245.96	0.12	362.6	23 782.18
multi	市场多元化程度	17 632	44.6	7.01	12	47	50
hhi	市场集中度	15 288	0.02	0.06	0	0	0.85
diver	产品多样化程度	15 288	10.58	9.34	1	8	67
ln*tariff*	关税	8 282	1.89	1.28	0	1.95	7.48
shock	外部冲击	17 632	0.19	0.39	0	0	1
fta_wto	区域经济一体化	13 329	0.13	0.33	0	0	1

2. 实证结果

表6-5呈现了质量升级对中国出口农产品二元边际的PPML回归结果。分析发现：质量水平是核心解释变量，在扩展边际模型和集约边际模型中均显著为正，这表明出口国质量水平的升级不仅会带来出口额和出口份额的增加，也会促进出口扩展边际和集约边际的增长，从而维持了稳定出口的可持续性。多边阻力（ln*xd_MRES*）是衡量目的国与其他所有国家质检的贸易成本对双边贸易流量的影响（钱学峰和熊平，2010），多边阻力越大，越不利于出口国与世界出口同类产品贸易流量的扩张，但却有助于本国生产的产品种类的扩展，这可能与农产品贸易特征有关，即在地形、地貌等自然条件差异的影响下，农产品生产具有突出的地域性特色，

如亚洲箭齿鲽、美国得州牛肉、印度阿萨姆红茶、牙买加蓝山咖啡、澳洲龙虾、法国葡萄酒、埃及的尼罗河长绒棉等，特有农产品的替代性较差。而目的国农业生产率水平（*sclzs _ xd*）越高，越不利于出口国扩展边际和集约边际的增长，这与传统引力模型和异质性贸易模型的结果相一致。此外，传统引力模型认为目的国经济规模（*gdpcap*）越大，目的国农产品的进口越多，出口国扩展边际、集约边际的增长就越快。但本节却显现出不同的作用方向，这可能是农产品出口国在贸易初期主要依靠扩展边际，但发展到一定阶段后，扩展边际受要素禀赋的约束并不会有显著扩张，进而进入“瓶颈期”。目的国人均 GDP 的提升并不会促进贸易种类和流量的显著提升；另外，随着目的国人均 GDP 水平的提高，消费者对食品农产品的质量偏好强度会刚性提升。如果出口国产品质量不能满足目的国消费者的预期质量标准，将导致单位出口企业贸易流量的下降。

表 6-5　质量升级对中国出口农产品二元边际的回归结果

	出口总额	出口份额	扩展边际	集约边际
quality _ hat	0.294***	1.407*	0.288***	3.993***
	(−0.039)	(−0.549)	(−0.079)	(−0.348)
ln*fixedcost*	0.151***	1.980***	0.219***	−0.664***
	(−0.025)	(−0.219)	(−0.054)	(−0.163)
ln*dist*	−0.060***	−0.210***	−0.129***	−0.182***
	(−0.003)	(−0.043)	(−0.007)	(−0.02)
ln*xd _ MRES*	−0.035***	0.043	0.093***	0.014
	(−0.007)	(−0.1)	(−0.016)	(−0.054)
sclzs _ xd	−0.033***	−0.398***	−0.041*	−0.195***
	(−0.009)	(−0.115)	(−0.018)	(−0.057)
gdpcap	0.089***	0.021	0.002	−0.194***
	(−0.004)	(−0.054)	(−0.008)	(−0.021)
area _ agri	−0.241***	0.418***	0.022	−0.071
	(−0.01)	(−0.124)	(−0.019)	(−0.063)
multi	0.968***	−3.896***	2.473***	0.238
	(−0.076)	(−1.064)	(−0.175)	(−0.45)
hhi	0.674***	−1.240**	0.398***	1.627***
	(−0.027)	(−0.446)	(−0.039)	(−0.112)

（续）

	出口总额	出口份额	扩展边际	集约边际
diver	1.063***	3.301***	0.807***	1.127***
	(−0.019)	(−0.285)	(−0.035)	(−0.13)
ln*tariff*	−0.008***	−0.125***	−0.054***	0.028*
	(−0.002)	(−0.035)	(−0.005)	(−0.014)
shock	0.008	−0.074	0.021	−0.031
	(−0.006)	(−0.086)	(−0.012)	(−0.035)
fta_wto	0.021**	0.143	0.065***	0.082*
	(−0.007)	(−0.093)	(−0.014)	(−0.037)
截距项	0.843***	−5.697***	−1.177***	−0.927
	(−0.069)	(−0.955)	(−0.148)	(−0.485)
观察值	8 015	8 015	8 015	8 015
R^2	0.599	0.03	0.249	0.153

注：* $p<0.05$ ** $p<0.01$ *** $p<0.001$。

其他控制变量中，目的国的人均耕地面积（*area_agri*）对扩展边际的影响也不显著，会阻碍出口贸易流量的增长；HS 二分位层面出口国家的多元化程度（*multi*）越高，出口国家越多，一方面，说明该类农产品生产的地域特色性就越强；另一方面，说明该出口国的出口经验越丰富，这对扩展边际和集约边际都有积极的促进作用。HS 二分位层面出口到某一目的国的市场集中度水平（*hhi*）越高，说明目的国对原始路径的依赖程度越高、出口经验越熟练，也有利于原出口路径下扩展边际和集约边际的扩张。HS 二分位层面出口产品的多样化水平（*diver*）越高，越有利于贸易流量的扩张，在种类间的“技术溢出”效应下，会促进出口企业产品种类的扩张（董银果和刘雪梅，2019）。

6.3.5 结论与政策启示

本节主要探讨当企业的出口产品进行了质量升级后，其出口是否更好地遵从了国外的 SPS 措施，我们用本期质量水平与上期质量水平之差代表质量升级，用出口的连续性、稳定性代表遵从了 SPS 措施，因为只有遵从了 SPS 措施的质量要求，产品才被允许进口，出口也才具有连续性和稳定性。研究结果表明：①质量升级与产品出口的稳定性为负相关，与预期不符。但是当考虑到企业的技术水平，将企业分为质量前沿企业和质量落后企业后，我们发现，质量前沿企业的质量升级与出口稳定性正向相关，而质量落后企业的质量升级对出口稳定性的影响不明显。②将出口产品的质量以平均水平为界，分为高于平均水平和低于平均水平，结果显示高于平均水平的产品质量升级有助于出口稳定性，即遵从了 SPS 措施，而低于平均质量水平之下产品的质量升级并没有便利遵从 SPS 措施。③质量升级正向作用于企业出口的扩展边际和集约边际。

根据以上的研究结论，本节认为，对于出口企业而言，应将国际农产品市场分类，质量前沿企业或者出口产品质量高于平均水平的企业，出口市场应主要瞄准发达国家，当这些国家实施了新的 SPS 措施后，应进行产品的质量升级满足一类市场（即最发达国家）的 SPS 措施；而对于技术落后企业或者出口产品质量低于平均水平的企业而言，其目标市场应以新型市场和发展中国家为主，当发达国家实施了新的 SPS 措施后，转移到比当前市场低一个档次的市场出口，或者称为转移市场可能更为合算，因为即使企业进行了质量升级，也无法满足当前市场的 SPS 措施。中国企业应以市场为导向，不断进行质量升级，提高产品的质量安全竞争力，才可能保持出口的连续性和稳定性。质量升级无疑是企业扩大农产品出口的不二选择。

第7章

中国农产品质量升级策略

第 6 章研究显示，SPS 措施促进了中国农产品的质量升级，而质量升级本身又便利了企业进入新的出口市场，更好地遵从国外 SPS 措施，两者是相辅相成的过程，因此，对于中国农产品企业而言，如果具有遵从国外 SPS 措施的条件和能力，应以遵从 SPS 措施为契机，促进产品质量的升级，不仅能在国外市场继续农产品的出口，而且可以通过产业链带动国内相关企业进行质量升级，进而整体提高中国农产品的质量水平。本章主要探讨农产品质量升级的路径以及微观、产业和宏观方面的策略。

7.1 农产品质量升级的路径

7.1.1 以遵从发达国家 SPS 措施为契机实现质量升级

发达国家收入水平高，消费者对产品质量有较高的要求。前文研究显示，SPS 措施是促进农产品质量升级的动力，通过遵从发达国家的进口 SPS 措施要求，就可以提高农产品的质量水平，增加产品在国内外市场的竞争力。

发达国家 SPS 措施的要求目前呈现下列特征：一是强调产品的标准化。发达国家的农产品生产正在经历“准工业化”，特别强调产品的标准化生产和种植，要求产品的个头、大小、弯曲度等基本趋于一致，这样好在市场上按照“个数”销售，例如青椒、生菜、黄瓜等。标准化不仅体现在最终产品上，而且体现在生产过程中，比如产品的种植行距、温度、湿度等按照科学原则执行。即使对于养殖的产品，也有个头和种类的标准化要求。二是强调生产过程的风险管理。目前发达国家对于农产品特别重视生产过程的管理，要求建立加工农产品 HACCP 体系，对于生产过程的风险进行预防管理。HACCP 体系也已成为 FAO 对世界食品加工企业的基本要求之一。第三，强调生产源头的监管。欧盟在食品生产中强调“从田头到餐桌”的管理，为了监管生产源头，欧盟特别重视种植的土壤环境和生产过程的良好规范。为此，欧盟还制定了针对源头环境的 EureGAP 规范，这一规范已发展为全球规范。例如，针对水产养殖，水域的环境就必须满足这一标准。第四，强调产品生产过程的透明度。这反映在产品的追溯体系上，产品生产过程中每个环节都需要记录其详细信息，比如何时操作的，谁负责的，这些必须反映在产品的档案记录中，对于牛肉产品有“护照系统”。第五，强调产品的环保型和安全性。这体现在产品的农兽药残留具有较高的标准和限制。以日本为例，其 2006 年开始实施的肯定列表制度对于农药残留的标准达到 50 000 多条，对于植物的根茎叶、动物的不同部位都有详细的标准。

针对中国产品而言，源头的环境污染和生产过程的药物残留污染是面临的主要问题，因此，中国农产品必须以遵从发达国家 SPS 措施为契机，进行农产品的质量升级。尤其是针对发达国家农产品生产的趋势，对中国农业生产模式进行调整，适应全球农业从粗放型向精细化管理的趋势迈进。当某出口企业为遵从国外 SPS 要求产品进行质量升级时，必然也涉及到其上游产品，出口企业可能对其原料（种子、化肥、农药、饲料）来源提出更高要求，对加工过程实施全程管理，这也迫使上游企业也必须进行相应的质量升级。例如，农药企业要保证药品绿色环保、毒性较小等。有些出口企业为了能对上游企业进行有效管理，不得不建立“企业＋基地”的生产模式，这样的模式便利了对产品质量的控制，但是也意味着较高的资金要求和风险承担。即便如此，也有一些出口企业无法控制的因素，例如，农药兽药的真伪和药效。因为出口企业不可能把所有上游产品的生产都内部化，这就要求国家职能部门必须发挥作用，保证市场上的产品都满足国家的强制质量标准要求。

7.1.2　以区域公用品牌建设推动质量升级

农产品区域公用品牌是指在一个具有特定自然生态环境、历史人文因素的区域内，由相关组织所有，由若干农业生产经营者共同使用的农产品品牌，一般由“产地名＋产品名”构成。

区域公用品牌是基于各地资源禀赋和独特的历史文化所产生的产品质量的异质性，通过品牌建设和有序开发，做大做强优势特色产业，带动乡村振兴和农民收入增长。2017 年 11 月，国家发改委、农业部、国家林业局联合印发了《特色农产品优势区建设规划纲要》，提出到 2020 年，围绕粮经、园艺、畜产、水产、林产五大类，创建 300 个左右国家级特优区，打造一批“中国第一、世界有名”的特色农产品优势区促进特色农产品出口。通过支持特色农产品优势区建设标准化生产基地、加工基地、仓储物流基地，完善科技支撑体系、品牌与市场营销体系、质量控制体系，建立利益联结紧密的建设运行机制，形成特色农业产业集群。按照与国际标准接轨的目标，支持建立生产精细化管理与产品品质控制体系，采用国际通行的良好农业规范，塑造现代顶级农产品品牌。实施产业兴村强县行动，培育农业产业强镇，打造“一乡一业”“一村一品”的发展格局。

农产品具有很强的同质性，相同产品之间替代性强，产品的附加值较低，因而农业的利润也相对较低。品牌建设是试图塑造产品的差异化，提高产品的附加值。农产品区域公用品牌是指在一个具有特定自然生态环境、历史人文因素的区域内，由相关组织所有，由若干农业生产经营者共同使用的农产品品牌，一般由“产地名+产品名”构成。拥有良好区域品牌声誉的农产品生产地既是中国国内市场高质量农产品的供给源头，也是农产品出口创汇区。如 2016 年，在中国农产品贸易逆差达 2 500 亿元的情况下，区域性特色农产品仍然实现较大顺差，其中蔬菜 920 亿元、水产品 730 亿元、水果 85 亿元、茶叶 98 亿元。2017—2020 年，中央 1 号文件多次强调，加快发展乡村特色产业，积极倡导“一村一品”“一县一业”的发展新格局，不断强化农产品地理标识和商标保护，推进区域农产品公用品牌建设，打造一批“土字号”“乡字号”特色农产品品牌。实施特色优势农产品出口提升行动，扩大高附加值农产品出口。

这种升级路径的依据是农产品受产地气候、土壤、水质等特殊地理因素影响，生产具有很强的地域性特征。“橘生淮南则为橘，生于淮北则为枳”。经过长期的生产积累和消费者的市场认可，某种农产品（质量）声誉就与其生产地区结合起来，形成一种良好的区域品牌声誉。比如，新疆哈密瓜、吐鲁番葡萄、烟台红富士苹果等都是良好区域品牌声誉的典型。区域公用品牌声誉既是本地区农产品质量的历史结晶，又是现有企业（农户）产品质量的重要信号，能帮助消费者在市场识别和选择优质农产品，解决市场经济的信息不对称问题。

农产品区域公用品牌建设的主要方式有两种：一是地理标志认证是农产品区域公用品牌的主要来源之一（苏悦娟，2013），是保护农产品异质性和塑造差异化的有效手段。地理标志（Geographical Indications，GIs），又称原产地标志，是标示某商品来源于某地区，该商品的特定质量、信誉或者其他特征，主要由该地区的自然因素或者人文因素决定。地理标志农产品也因其良好的区域品牌声誉，不仅在市场中获得较高溢价，如GI农产品平均价格比普通农产品增幅达20%～30%（陈沫、周殿武，2019），而且已成为农产品出口的主体。平谷大桃于2002年通过GI认证，认证后其价格比普通桃子高出30%～100%，2004年平谷大桃出口占中国新鲜桃子出口的40%。2005年其销售额达到4.2亿元，比2004年增加了18%[①]。“章丘大葱”获得地理标志认证后，价格也由原先每千克0.2～0.6元上升到1.2～1.5元，增长了2～5倍。“绍兴酒”获取认证后在日本市场的份额增长了近14%。相关研究也表明，地理标志农产品对当地农业发展和农民收入具有正的溢出效应，各省市区的地理标志农产品每增加一种，农民收入实际增加0.1%，地理标志农产品对实际农民收入平均每年贡献为2.03%（曾德国，2019）。中国自1999年启动地理标志认证以来，截止到2018年底，获得地理标志认证品牌已超过2 300个，地理标志认证的农产品区域公用品牌正成为乡村振兴、农民致富和区域经济发展的有力推手。

除地理标志认证形成的单一产品区域公用品牌外，地方政府为发展经济，也纷纷打造多产品区域公用品牌，如“丽水山耕”“天赋河套”“寒地黑土”等。以“丽水山耕”为例，该品牌于2014年9月产生，成为覆盖全品类、全区域、全产业的地市级区域公用品牌，2017年成功注册为全国首个含有地域名称的集体商标，品牌评估价值达到26.59亿元，2018年跃居“中国区域农业品牌影响力排行榜——区域农业形象品牌”首位，品牌指数96.76。截至2018年底，“丽水山耕”农产品销售已覆盖北京、上海、深圳等20多个省市区，加盟会员企业852家，建设合作基地1 122

① 数据来源于世界知识产权局.https：//www.wipo.int/ipadvantage/en/details.jsp? id=2595.

个，至2018年底累计销售额135.2亿元，产品平均溢价率达到30%以上[①]。

7.1.3 以创新驱动实现产品质量升级

2019年《政府工作报告》中明确指出：中国自主创新能力不强，关键核心技术短板问题凸显。在农业领域内，农业科技创新能力不强，知识产权和专利权与发达国家差距较大。

中国自1998年加入《保护植物新品种公约》（UPOV）以来，虽然在植物品种权和农业技术方面取得了一些成就[②]，但受制于知识产权保护制度建设水平相对落后以及国际专利权转化率较低的现实，中国和其他发展中国家在“南北”贸易的知识产权博弈中常处于劣势。例如，2003年日本颁布的《种苗法修正案》，使中国涉农企业出口日本的贸易利润和技术转让都受到了冲击。近年来，中国对外贸易中关于知识产权的纠纷日趋增多，尤其是美国发起的“337调查”[③]，涉及到中国农业相关领域，例如农药行业、农作物原料产品（糖化甜菊糖苷等），极大地损害了中国跨国企业的出口竞争力。又如，1985—2017年间，美国、日本和欧盟占据了全球种业42.8%的专利申请，并且掌握着全球64.7%的DNA重组技术专利（任静等，2019）。不仅如此，有效力的植物品种权也大多掌握在发达国家手中，排名前四位的欧盟、美国、荷兰和日本占据了全球品种权申请总量的近五成，涉及到大田作物、果蔬和花卉等多类植物品种，导致发达国家（地区）在品种权领域内的竞争优势仍在不断扩大（Moser and Wong，2015）。相比之下，中国的种业专利申请和植物品种权所占的比例均不足7%，其海外品种权转化率较低且品种单一，植物品种权中近70%为水稻、玉米等大宗农产品，以及极少部分的蔬菜和花卉。

由于知识产权的劣势地位，中国农产品技术创新又受到跨国公司的技术壁垒制约。以种业发展为例，自1995年以来，知识产权保护扩张加剧

① 中国经济网，http：//finance. sina. com. cn/roll/2019-05-06/doc-ihvhiews0158021. shtml.

② 中国植物品种授权总数接近1.2万件，占UPOV成员授权总数的近7%，2017年和2018年申请量分别为3 842件和4 854件，连续两年位于世界首位（UPOV官方网站统计，https：//www. upov. int/databases/en/）。

③ 中国是美国“337调查”的主要受害国。自2001年至2018年以来，美国国际贸易委员会（ITC）受理的调查案件总计699起，涉及中国企业多达213起（败诉率较高），约占案件总数的近1/3，其中绝大多数案件为“专利侵权”，特别是2018年涉及中国企业19起，“专利侵权”是唯一案由。

了美国、欧盟和日本等少数跨国种业企业（杜邦先锋、孟山都、拜耳等）的并购趋势，这些巨头通过对农业技术和资源的重组集聚，利用专利制度降低技术溢出，巩固了包括大田作物、果蔬和花卉等多个植物类农产品品种的主导和垄断地位（Dutfield，2009）。而中国种业行业尚未形成具有国际影响力的种业集团，不仅国际贸易市场占有率较低（王磊，2014），还需要遵从发达经济体更高的知识产权保护标准，尤其是中国从国外引进的种子，其生产和贸易出口需要支付高昂的专利费用，受到跨国种业巨头的种种技术贸易壁垒限制。

因此，深入实施创新驱动发展战略，加快农业科技进步，提高农业科技自主创新水平、成果转化水平，可为农业发展拓展新空间、增添新动能，引领支撑农产品质量升级和增加农业效益。首先，提升农业科技创新水平。培育符合现代农业发展要求的创新主体，强化农业基础研究，实现前瞻性基础研究和原创性重大成果突破。加强种业创新、现代食品、农机装备、农业污染防治、农村环境整治等方面的科研工作。深入实施现代种业提升工程，开展良种重大科研联合攻关，培育具有国际竞争力的种业龙头企业，推动建设种业科技强国。其次，建立农业科技创新平台基地。通过建设国家农业高新技术产业示范区、国家农业科技园区、省级农业科技园区，吸引更多的农业高新技术企业到科技园区落户，培育具有国际竞争力的农业高新技术产业。建设农业科技资源开放共享与服务平台，充分发挥重要公共科技资源优势，整合和完善科技资源共享服务平台。最后，加强基础研究，加快农业科技成果转化应用。加强基础研究，改变中国“只有技术而没有科学”的尴尬处境。鼓励高校、科研院所建立一批专业化的技术转移机构和面向企业的技术服务网络。健全省、市、县三级科技成果转化工作网络，支持地方大力发展技术交易市场。健全基层农业技术推广体系，健全农业科技领域分配政策，落实科研成果转化及农业科技创新激励相关政策。

7.2　微观企业的质量升级策略

任何质量升级都依赖于微观企业去实施，只有微观企业的行为才可能将国家质量升级的路径得以实践，使其落到实处。而微观企业的技术基础不同，其质量升级的路径和策略则有些不同。

7.2.1 质量前沿企业的升级策略

对于质量前沿企业而言，应以产品出口高附加值的发达国家为己任，为国家出口创汇做贡献，因此，这些企业的主要目标市场是发达国家，以不断遵从发达国家SPS措施为质量升级的动力。以不断的科技创新培养质量升级的能力，通过股票市场的融资为质量升级提供资金。另外这些企业的产品也用来满足国内高端市场的需求，例如，五星级宾馆、国宴招待等，这些都要求企业以发达国家的标准作为生产的主要标准，以高于国内标准的要求指导农产品的整个生产过程。近年来，中国农产品市场出现了“国货入库、洋货入市”的怪相（倪洪星，2016），其原因是产品质量无法满足市场的需求。

质量前沿企业可以界定为国家或者省级龙头企业。龙头企业是指在某个行业中，对同行业的其他企业具有很深的影响、号召力和一定的示范、引导作用，并对该地区、该行业或者国家做出突出贡献的企业。龙头企业涵盖三个产业，可以是生产加工企业，可以是中介组织和专业批发市场等流通企业。龙头企业肩负着开拓市场、创新科技、带动农户和促进区域经济发展的重任，能够带动农业和农村经济结构调整，带动商品生产发展，推动农业增效和农民增收。只要具有市场开拓能力，能够进行农产品深精加工，为农民提供系列化服务，带动千家万户发展商品生产和流通的，都可以充当龙头。根据国家有关部委联合发的文件规定，重点龙头企业（国家级）的标准：一是东部地区的企业固定资产达5 000万元以上；近3年销售额在2亿元以上；产地批发市场年交易额在5亿元以上。二是经济效益好，企业资产负债率小于60%；产品转化增值能力强，银行信用等级在A级以上（含A级），有抵御市场风险的能力。三是带动能力强，产加销各环节利益联结机制健全，能带动较多农户，有稳定的较大规模的原料生产基地。四是产品具有市场竞争优势。重点龙头企业应建成管理科学、设备先进、技术力量雄厚的现代企业，成为加工的龙头、市场的中介、服务的中心。

龙头企业资金实力强、技术水平高，因此发挥龙头企业在质量管理、科技创新、市场拓展和品牌培育方面的优势，龙头企业不仅自身通过对发达国家出口过程对 SPS 措施的遵从提升自身的质量水平，还可以通过其辐射带动相关企业的质量升级，比如通过“龙头企业＋生产基地＋农户”“龙头企业＋合作社＋农户”等生产组织形式，示范引领广大农户提高农业生产和流通的组织化和标准化水平，提高产品质量。一是加强对农业合作社、家庭农场和种粮大户的新型经营主体的生产技能培训。推广生产记录台账制度，推行农业良好规范，按照规定的标准进行操作，并对既定的项目执行情况进行记录、检查和评价。二是扶持龙头企业创建标准化示范园区。通过园区经营管理人员、农机推广人员的帮助，使小农户能够利用先进技术和管理知识从事标准化农产品的生产、加工和销售。龙头企业以园区为载体，对农民合作社、家庭农场和广大农户进行技术推广和经营管理经验交流。三是提高物流效率，降低流通环节中的农产品品质损耗。建立供求信息交流平台，鼓励龙头企业、中介组织在“小生产”和“大市场”中牵线搭桥。加大对物流类、平台类龙头企业的扶持力度，缩短流通半径，提高冷链物流能力，提高产品品质。

7.2.2　质量一般企业的升级策略

对于中等质量水平的企业而言，这类企业担负着出口世界农产品二类市场（比发达国家标准稍微低一些的新兴经济体市场）和供给国内市场，满足国内消费者需求的重任。这类企业也应保护本国消费者食品安全、动植物安全和生态环境安全的职责，主要采取以下措施提升产品的质量水平。

第一，大力提升标准化生产能力。严格执行国家强制性标准，积极采用国内先进标准或者高于国家标准的行业标准，大力推行农产品的标准化生产。加强与农业产业化龙头企业、农产品加工领军企业、农民合作社等规模化生产经营主体的技术联动，充分学习龙头企业开展标准化生产的示范引领作用。

第二，大力提升全程化质量控制能力。农产品企业要积极学习先进的质量管理、食品安全控制等体系认证，对质量管理岗位实行岗前技能培训和持证上岗制度，定期开展质量改进、质量攻关等活动，提高加工环节的质量管理，争取早日获得国际权威的第三方认证。企业应该认识到，质量管理是一个全程化过程，应将质量管理前延后伸到原料生产、物流销售等环节，逐步建立全员、全过程、全方位的质量管理制度，实现全程质量管理和控制。

第三，大力提升技术装备创新能力。有条件的企业加快建设产品研发或工程技术中心，提高企业原始创新能力。企业应采用先进生产装备和技术，加强装备、原料、工艺的集成和优化，提高引进吸收再创新能力。有条件的企业应积极与科研机构签订合作协议，组建产业技术创新联盟，建立产学研用合作机制和技术创新体系。

第四，大力提升品牌培育创建能力。企业应以质量和诚信为核心建立农产品品牌，不断挖掘品牌文化内涵，提升品牌附加值和软实力。企业可以充分利用自媒体、社会媒体、终端消费群体等平台，加速品牌、生产和销售能力的全面升级。

第五，建立产品质量全程可追溯体系。企业应积极参与政府构建的追溯体系，保留产品生产过程的质量信息和中国环境信息，一旦发现产品的质量问题，随时可以召回产品。

7.2.3 质量落后企业的升级策略

质量落后企业是市场中质量水平处于下游的企业，这类企业往往在市场竞争中面临较大的生存压力，往往也是一些食品质量安全问题的源头企业。这类企业应主动聚集在龙头企业的羽翼之下，主动将自身融入龙头企业的产业链，通过学习和龙头企业的技术溢出，提升自身的质量水平，成为市场合格产品的供给者。落后企业通过产业链进入龙头企业主导的质量升级环节的机制主要是：①成为龙头企业产品原料的提供者。农产品的质量，尤其是加工农产品取决于原材料的质量，处于加工和流通环节的龙头企业通过研究国内外农业的发展趋势或者国外市场对农产品的要求，制定相关的产品标准，严格要求其上游企业和原料提供者遵守，一旦这些企业或者农户未能遵守标准，其产品将被龙头企业拒绝接受，其典型模式为"企业＋农户""中介组织＋农户""超市＋农户"。②通过股权让渡成为龙头企业的子公司或者附属公司。龙头企业通过直接的股权收购或者股权控制直接管理上游企业，也就是垂直供应链。这要求龙头企业具有非常强的资金实力和抗风险能力，这对很多龙头企业来说是一大挑战。

除此之外，技术落后企业为成为国内市场合格的农产品、食品供给者，还应该做好以下几点：一是严格遵守国家的市场准入关。进入市场销售的食用农产品，销售者应提供具有可追溯效力的相关证明材料，无法提供的，应通过检验检测合格后方可入市销售。此“关”将选择具备一定生产规模，能够保障产品质量的企业成为市场营销的主体，把没有质量保障的生产经营者拒之门外。二是不断提高产品的检测合格率。政府部门一般用快速检测技术手段严控食用农产品入市，实施“政府主导并购买部分服务、市场开办者委托第三方检测机构进驻”市场，企业应保证自己的产品检测合格，否则其负面影响可能使企业退出市场。三是保证产品来源可查。保持产品原料、日常管理以及检查的记录，使企业出售产品始终有据可查，以完善的信息和负责的态度获得消费者的信任。

7.3　产业组织在质量升级中的作用

产业组织是连接企业和政府的桥梁，是企业和农户对应大市场自发形成的合作社组织或者企业社团。他们在企业的质量升级中，主要扮演中小企业质量升级的引导者、区域公用品牌的运作主体以及行业标准制定中的积极参与者等角色。

7.3.1　中小企业质量升级的引导者

行业协会是市场经济发展的产物，它作为行业企业互益性组织，是沟通政府、企业和市场的桥梁和纽带。随着市场经济体制的建立和完善，各种所有制企业的共存发展，行业协会的作用日益彰显。行业协会的主体是企业，其中绝大多数是中小企业。行业协会一般由大型企业或者龙头企业出面组织，中小企业参与的行业组织。在这一组织中，大企业处于主导地位，通过行业组织这一桥梁带动行业内的中小企业进行质量升级。

行业协会带动中小企业质量升级的功能主要通过以下方式体现：①行业协会通过其信息功能，强化中小企业的质量意识。如行业协会经常举办各种活动，为会员提供交流的机会，加强相互之间的了解和沟通。同时还收集、分析、发布与本行业有关的国内外生产、技术、市场信息，供协会成员参考。有些行业协会还组织本行业技术开发及新产品的宣传推介会，举办与本行业发展有关的研讨会、报告会和经验交流会。还有些行业协会举办国际展销会，宣传企业及其产品，为国内企业与外国企业搭建交流平台等。此外，很多行业协会通过创办协会杂志，及时主动地为企业提供与本行业相关信息，为企业搭建一个良好的信息平台。②行业协会通过培训功能提高中小企业质量升级的能力。在日本，许多行业协会都设立了职工培训的专门机构，有的则创办了职业学校，如日本的包装协会创办了包装学校，以帮助初步掌握职业技能的劳动者进入包装行业。德国工商会非常重视对工人的职业技能培训，特别是对年轻人的岗前培训。中国的涉农行业协会也应重视对会员的技术和质量培训，比如“冷链”如何构建、产品检验检疫的基本知识、国外对产品质量的要求以及如何满足检验检疫要求，农药使用和停药培训等，以便其成员掌握基础且重要的提高产品质量的措施。③协会通过提供质量升级的咨询服务助推中小企业质量升级。一般而言，行业协会主要为会员提供三个方面的咨询服务，包括法律法规、技术和企业运作。如国家和国外对某些产品的质量要求和质量标准、满足这些质量标准的关键技术和检验方法以及检验流程等，这些都是中小企业质量升级过程中的“拦路虎”。只有突破这些难题，中小企业的质量升级才可能实现。

7.3.2 区域公用品牌的运作主体

农产品区域公用品牌建设主体可分为四种类型：政府主导型、农企对接型、多元联合型、文旅融合型（李德立、宋丽影，2013）。按照目前实践运作来看，农产品区域公用品牌主要有以下几个运作主体：①行业组织。从世界范围内来讲，行业组织是区域公用品牌建设中最常见的运营主体。例如，法国巴黎的香槟区，自 19 世纪末起，先后成立了香槟区商行联盟、香槟葡萄种植协会、香槟区种植者总工会，并最终于 1941 年通过立法成立香槟酒行业委员会（CIVC），由其统筹运营管理“香槟”这一举世闻名的区域公用品牌。美国加州的橙子协会管理着“Sunkist”区域品牌，同样“华盛顿苹果”“艾奥瓦土豆”都是由当地的行业协会运营管理。中国的“烟台苹果”“吉林大米”等区域公用品牌，也通过组建行业协会、产业联盟等形式，实现对品牌的运营管理。②政府部门。很多地方政府在建设农产品区域公用品牌时，会将品牌直接交由相关的职能部门进行运营，常见于农口的农业农村局、林业局、渔业局等。例如陕西的“户县葡萄”，从创建至今，一直由户县农业农村局全权负责品牌的运营管理。也有地方政府将品牌交由商务部门运营，例如，甘肃环县的“环乡人”。另外，也有工商、宣传等部门主导运营的农产品区域公用品牌。③国有企业。2013 年，浙江省丽水市人民政府注资成立国有独资的丽水市农业投资发展有限公司，负责“丽水山耕”这一区域公用品牌的运营管理，开创了由国有企业运营农产品区域公用品牌的新模式。此后，宁夏盐池的“盐池滩羊”，巴彦淖尔的“天赋河套”，保山的“一座保山”等品牌，均采用了这种模式。④合资企业。“丽水山耕”模式成功后，很多地方政府试图学习丽水，组建国有企业来运营当地的区域公用品牌。但出于财政压力，以及市场活力的考量，一些地方政府通过吸引社会资本共同组建一家混合所有制的合资企业，实现对区域公用品牌的运营管理。例如，济宁市现代农业投资有限公司，是一家国企控股的混合所有制企业，也是“济宁礼飨”这一区域公用品牌的运营主体。⑤民营企业。也有地方政府在组建国有独资企业或者合资企业时困难很大，于是便通过购买服务或者授权的形式，委托一家民营企业来运营管理当地的区域公用品牌。例如，贵州省毕节珍好农特产品开发公司的“毕节珍好”，吉林省长白山人参产业集团有限公司的“长白山人参”①。

由此可见，行业协会是区域公用品牌农产品的主要管理者之一。但在目前，中国行业组织通常是比较松散的，缺乏执行力，也缺乏话语权，能够发挥的作用十分有限。同时，行业组织中各个个体间的利益联结与平衡，至今在中国农业领域中还未出现较为完善的机制，导致各个个体缺乏一致的目标与动力。故在地理标志的农产品区域公用品牌实际管理过程中，首先，要加强行业协会对实际生产农户的协调管理功能。其次，在地理标志区域公用品牌农产品的质量管理方面，要发挥好行业协会作为企业（或者个体生产者）和政府之间沟通交流的桥梁作用。一方面，行业协会要积极组织相关企业和农户进行有关地理标志农产品质量安全方面的教育培训，加强地理标志农产品生产者对质量安全问题的重视；另一方面，行业协会要代表企业（或者个体生产者）多与政府沟通交流，协商制定相关

① 庄庆超：农产品区域公用品牌该由谁来运营？浙江大学中国农村发展研究院，http：//www. brand. zju. edu. cn/Article/show. aspx？ articleid=1283.

符合生产者利益和保护消费者的质量标准。最后，发挥好行业协会的监管作用。依托相关管理制度，引进先进的检测技术，建立健全地理标志农产品质量管理机制，协助政府对地理标志农产品从生产制造到流通销售环节进行全方位的监管，以全面提升地理标志农产品质量（范公广、孟飞，2018）。

7.3.3 借助行业标准的制定和执行推动质量升级

在国际上，行业协会是标准的制定和执行机构，其目的是旗下的产品具有更强的吸引力，获得消费者的认可，如全国性的零售商协会或生产商协会为其出售或生产的产品制定的具体标准，同样可基于或高于国内/区域/国际标准，包括管理方案、具体认证或其他要求。如英国零售商协会的放心食品标准（Assured Food Standard）。这种由行业协会等非政府组织机构制定的私营标准具有先入为主的特性，谁首先制定标准，就可以控制市场供应链，并逐渐演变为权威的标准，引领国际贸易发展，排挤圈外企业（董银果、严京，2010）。由行业组织制定私营标准的优势在于它将聚集相关产业总体发展状况，在原本相互孤立的地区和市场之间建立联系，以便更有效地进行标准的实施与推广。国际化组织在其中发挥着十分重要的作用。首先，通过实施统一的标准化管理，在消费者心目中树立信任和良好的声誉，并通过有形的标志或品牌宣传得到消费者的支持，这样厂商可以减少广告、促销等方面的成本支出；其次，随着企业经营地理范围的扩大，私营（行业协会）标准在集中或垂直一体化管理体系中已逐渐成为监管整条生产销售链的重要工具（Caswell et al.，1998），这样使跨地区/国境的双方减少采购费用，厂商在更大的市场获得成本优势。如英国的零售商标准BRC影响越来越大，通过认证的产品可以在欧洲国家超市销售。美国《半导体知识产权保护法》就是由美国半导体行业协会（SIA）起草，由国会讨论通过，最后上升为WTO《贸易相关知识产权协议》（TRIPS）的8个重要组成部分之一。

行业协会根据行业发展的需要，制定本行业的产品质量安全标准，并要求行业内的企业执行这一标准，其标准要求一般高于国家标准。另外，在无差异化的公共或官方标准下，同类产品不仅不能满足消费者偏好的多样性，同时也使那些在产品质量安全方面进行投资的生产者利益受到损害

(Reardon，2002)，这时非政府机构如行业协会就有强烈的动机自行制定私营标准或者行业标准以补充官方标准针对产品质量方面的不足和缺陷。如 20 世纪 60—80 年代，巴西针对面粉的国家标准只有两个等级，随着市场的逐步开放，到 90 年代巴西的小麦生产者已经能够提供很多不同种类的专用型面粉，然而国家标准的缺失无法反映产品质量的差异，于是小麦生产者组织建立了自己的行业私营标准以使面粉差异标准化，不仅满足了消费者多样化的需求，而且对于不同规模生产者的投资回报也更加公平。由于私营标准可以递进为官方标准，因此，私营标准或者行业标准发达的国家，其官方标准的控制水平也比较高。

近年来，农业农村部会同财政部、国家发改委启动了全国农业行业标准制修订财政专项计划和农产品质量安全检验检测体系建设规划。据农业农村部网上资料，截至 2019 年底，全国已组织制定农业国家标准 691 项，行业标准 1 613 项，地方农业标准 7 000 多项。其中，新制定无公害农产品标准 334 项，绿色食品标准 79 项，有机食品标准 4 项，已基本建立起全国农产品质量标准体系框架。

7.4　政府在农产品质量升级中的作用

政府是政策的制定机构，通过公共政策影响和改变企业的经济行为。针对产品质量升级，政府主要通过政策引导、标准驱使和 SPS 措施强制质量升级。

7.4.1　政策引导质量升级

政府可以通过实施一定的农业倾斜政策引导企业进行质量升级。比如，针对发达国家市场的出口企业可以缩短出口退税的时间，针对生产优质产品的企业给予税收减免和贷款倾斜，另外，还可以将某项政策与具体的农产品质量升级行为进行挂钩考察。比如，追溯体系是提升农产品质量安全的一项重要举措，为了推广这一项目，农业农村部于 2018 年 11 月提出了《农产品质量安全追溯与农业农村重大创建认定、农业品牌推选、农产品认证、农业展会等“4 挂钩”工作》，包括：①与农业农村重大创建认定工作挂钩，即首批与国家农产品质量安全县认定及国家现代农业示范区、国家农业可持续发展试验示范区（农业绿色发展先行区）、国家现代农业产业园"二区一园"创建工作挂钩。②与农业品牌推选挂钩。推选部级农产品区域公用品牌时，将生产经营主体及其产品实行追溯管理作为前置条件。③与农产品认证挂钩。指与农业农村部绿色食品、有机农产品、地理标志农产品认证审批及产品续展条件挂钩。认证绿色食品、有机农产品、地理标志农产品时，将相关生产经营主体及产品纳入国家农产品质量安全追溯管理信息平台，作为新申报审批和产品续展的前置条件。④与农业展会挂钩。指与参加农业农村部主办或部省共同主办的全国农业展会的审查条件挂钩，参加国内或境外展会时，应当优先支持实行追溯管理的农产品生产经营主体及其产品，以提升中国农产品国际形象。

7.4.2 标准驱使质量升级

通过农产品标准促使企业的产品质量升级。一是加快制定对接国际标准的质量安全标准。2019年新增农兽药残留限量标准1 152项，新版农兽药残留限量及检测方法食品安全国家标准总数达到10 068项，基本覆盖批准的农兽药品种和主要农产品，超过国际食品法典限量标准数量且限量指标一致率达到80%以上，提前完成"到2020年1万项"的目标任务。二是健全优化提高产品质量的绿色标准。例如，围绕农产品产地清洁化、农药化肥投入品减量化、生产循环化、资源节约化，加强相关国家和行业标准的清理、整合、优化，助推农业从增产导向向提质导向转变。目前，农业农村部归口的相关国家标准1 098项，行业标准6 416项。三是支持制定带动产业升级的优质标准。结合优势产业产区打造，支持新型经营主体制定一批影响力大、技术领先的团体标准和企业标准，将技术和知识产权优势转化为品牌优势，带动产业提档升级。据统计，目前有影响力的农业相关团体标准1 000余项。四是推动研发引领健康消费的营养标准。根据国民营养健康消费需求，研制农产品营养品质及分等分级标准100多项，推动农产品优质化。

不仅仅要制定相关的农产品质量安全标准，还需要采取多项措施，强化农业标准推广应用。一是严格监管促达标。制定国家农产品质量安全风险监测计划，对187种农产品的636项参数进行监测，2019年抽检样品达到5万个，覆盖主要产区、主要品种、主要限量指标。实施农产品质量安全专项整治行动，禁限用高毒农药 36 种，严厉打击违规用药行为，以最严格的监管倒逼安全达标。二是品牌引领促达标。大力发展绿色有机地理标志农产品，2019 年新认证绿色食品和有机农产品 1.6 万个，累计超过 4.3 万个。实施地理标志农产品保护工程，支持 29 个省份及 3 个计划单列市 210 个地理标志农产品发展，带动 780 万农户增收 150 多亿元，以绿色品牌引领主体执行绿色标准。三是示范创建促达标。持续开展果菜茶标准示范园、畜禽水产标准化健康养殖示范创建活动，“三园两场”总数达 1.8 万个。在国家现代农业示范区、国家农产品质量安全县和“菜篮子”大县开展全域标准化示范，实现规模主体按标准生产。通过部地共建，打造了青海绿色有机农畜产品示范省、粤港澳大湾区高标准“菜篮子”、寿光全国蔬菜质量标准中心等创标、制标、用标、达标的全国典型。

7.4.3　SPS 措施强制质量升级

随着一国经济发展水平的提高，消费者对生产质量和食品质量安全提出更高要求，政府随之对一国执行的农产品、食品进入市场的标准进行修订，并将这种修订通报 WTO 的 SPS 委员会，要求进口产品必须同样遵守。因此，政府的食品标准或者上市要求可以算作本国的 SPS 措施要求，是最低质量要求，也是一种强制要求的标准，国内外企业都要遵从。这种强制性要求迫使国内农产品、食品生产进行质量升级。例如，城市的超市和农贸市场销售的肉类产品都必须具有冷藏条件，这种冷链系统基本就是强制所有肉类企业采用，肉类从企业到市场的过程中也必须全程冷链。2013 年以来，中国卫生部对许多农产品标准都进行了更新。目前中国在肉类生产中已完全禁止使用“莱克多巴胺”，那么饲养户必须对饲养过程的方案进行调整，严格执行这一标准，这个过程就是质量升级。

SPS 措施的变动反映了一国对风险的综合偏好和最低可接受风险水平（董银果，2017）。SPS 措施代表的质量升级是产品进入市场的“门槛质量”要求，只有等于或者高于这一质量水平的产品才能在市场销售。另外，在中国企业执行发达国家严格 SPS 措施的过程中，政府通过对出口企业的技术援助、信息提供、检疫便利等帮助出口企业质量升级，政府部门反馈企业在执行发达国家 SPS 措施中遇到的困难、技术难题，并在国际机构进行相应的技术征询。

7.4.4 农产品质量升级的保障体系建设

农产品质量升级依赖于政府的基础技术支持和检测检验体系建设，政府应重点建设以下5大体系。

第一，加快建立农产品质量安全技术标准体系。质量安全标准体系是确保农产品安全生产的技术依据和管理依据。要进一步加快农产品质量安全标准的制定和实施步伐，抓紧制定农产品的质量等级标准、安全生产技术标准、产品质量标准以及加工、贮运、包装质量标准，修订已有的各类农产品质量标准，尽快形成一个具有中国特色，涵盖产前、产中、产后全过程的与国际标准接轨的农产品质量安全生产技术标准体系。

第二，加快建立农产品质量安全检验检测体系。农产品质量安全检验检测体系是提高农产品质量安全的重要保障，是实施农产品质量安全监督管理的主要手段。要加快充实和完善市县一级的农产品质量安全检验检测体系和以基地、加工、流通为主的农产品自我检验检测体系，从而形成检验检测网络，对农产品的生产全过程进行有效监控，发现问题及时处理。农产品的检测重点放在生产基地、加工企业和上市交易三个环节，积极扶持建立具有权威性、法定性的检测中心，做到检测和执法相分离。要建立定期和不定期相结合的检测制度，加强对上市农产品的质量安全检测。设立农产品检测流动站，采用先进的仪器配备相关设备，甚至推广到田间，重点开展快速检测和生物检测，确保做到"产地准出、市场准入"。

第三，加快建立农产品市场营销体系。农产品的优质、安全，最终要得到市场的认可。要把工业企业产品的营销模式引入农业领域，搞好市场营销，创造有利于全面搞活农产品流通的外部环境，运用现代网络技术尽快建立和全国农产品市场融为一体的、稳定的、对市场信息反应灵敏的营销网络。一要将分散的千家万户联合成一个利益共同体，实施市场准入制度，实现销售组织化。二要积极举办和参与各种洽谈会、商品交易会、农产品博览会，主动出击，寻找商机。三要大力支持和培育经纪人队伍，充分发挥中介组织的作用，把握好订单来源、合同签订、销售兑现等环节，确保农产品能够比较顺利地卖出并获得较好收益。四要加强对农产品品牌战略的策划、宣传，引进企业形象识别体系，发展农业企业文化。

第四，扶持农产品质量认证体系建设。农产品质认证体系建设是推动农产品质量升级的重要一环。政府在优化财政支农结构中，把扶持农产品质量认证作为切入点，加快实现品牌农产品战略升级。为此，可制定相关《农产品认证认定奖励办法》，对按照农业农村部、国家认监委《无公害农产品认证程序》取得的无公害农产品认证、绿色食品、有机食品认证和地理标志产品保护认定的单位，分别给予不同额数的现金奖励。奖励办法的实施，一是激发农业产业化龙头企业的认证积极性；二是促进企业加快自主创新产品的质量认证速度；三是强化地理标志产品认定意识。

第五，健全农产品质量安全监督管理体系。面对新形势，各级政府要从对农业微观经济活动的直接管理转向宏观经济活动的间接管理，从主要运用行政手段管理转向主要运用经济手段和法律手段来管理。要依法加强对农产品安全质量的监督管理，建立健全上下一致、关系顺畅、人员精干、运行高效的农产品质量安全行政执法体系。如建立并健全农业执法队伍，打击一切损害农产品质量安全的行为。

总之，农产品质量升级是一个长期的过程，不可能一蹴而就，也不可能通过政府运动式推动就能完成，而必须将质量升级的理念根植于任何一个市场主体（企业）的灵魂。对于任何一个想要在市场经济中长期生存的企业而言，质量升级都是其不二的选择，也是企业长期的努力方向。政府和中介组织所能做的就是通过高悬的利剑和规则强制推动企业进行质量升级，当然，必要的技术辅导和帮助也是企业质量升级中不可缺少的一环。

[1] 鲍晓华，朱钟棣．技术性贸易壁垒的测量及其对中国进口贸易的影响［J］．世界经济，2006（7）：3-14.

[2] 鲍晓华．技术性贸易壁垒的量度工具及其应用研究：文献述评［J］．财贸经济，2010（6）：91-99.

[3] 鲍晓华，金毓．出口质量与生产率进步：收入分配的影响力［J］．财经研究，2013，39（8）：64-74.

[4] 鲍晓华，严晓杰．我国农产品出口的二元边际测度及 SPS 措施的影响研究［J］．国际贸易问题，2014（6）：33-41.

[5] 毕克新．加拿大 SPS 管理体系研究及对我国 SPS 管理体系建设的建议［D］．北京：中国农业大学，2005.

[6] 曹亮、张相文、符大海：区域主义与多边主义：共存或冲突？——一个政治经济方法的分析视角［J］．管理世界，2007（4）.

[7] 蔡昉：汇率变动对我国农业和农村经济影响的研究［J］．中国农村经济，1994（10）.

[8] 蔡岩，吕美晔，王凯．我国蔬菜产业及其主要出口蔬菜品目的国际竞争力分析［J］．国际贸易问题，2007（6）.

[9] 蔡振军．中国出口农产品的质量测度［J］．统计与决策，2014（15）：110-112.

[10] 曹亮，张相文，符大海．区域主义与多边主义：共存或冲突？——一个政治经济方法的分析视角［J］．管理世界，2007（4）.

[11] 陈航宇．我国出口产品质量升级动力研究［D］．杭州：浙江大学，2017.

[12] 陈俊红，孙东升．美欧诉 WTO 转基因农产品争端案及对中国的政策启示［J］．国际贸易，2008（1）.

[13] 陈立虎，李晓琼．从 SPS 看中国动植物检疫法的完善［J］．世界贸易组织动态与研究，2005（5）.

[14] 陈君石．国外食品安全状况对中国的启示［J］．中国卫生法制，2002（1）.

[15] 陈龙江，黄祖辉．人民币汇率变动对浙江农产品出口的影响：实证检验与政策含义［J］．浙江社会科学，2007（5）.

[16] 陈容，许和连．肯定列表制度对中国出口农产品质量的影响——基于微观数据视角［J］．国际贸易问题，2018（5）：68-77.

[17] 陈蓉，许培源．产品多样化与国际贸易收益：研究述评 [J]. 国际贸易问题，2014 (6)：151-163.

[18] 陈向前．动物产品国际贸易争端解决案例研究 [M]. 北京：中国农业科学技术出版社，2007.

[19] 陈勇兵，陈小鸿，曹亮．中国进口需求弹性的估算 [J]. 世界经济，2014 (2)：28-49.

[20] 陈勇兵，李梦珊，赵羊．中国企业的出口市场选择：事实与解释 [J]. 数量经济技术经济研究，2015，32 (10)：20-37.

[21] 陈永福、魏荣．世界蔬菜贸易竞争力和产业内贸易分析 [J]. 中国农村经济，2005 (4).

[22] 成敦杰．中国对泰国水果出口增长三元边际分析 [J]. 世界农业，2014 (12)：120-124，161.

[23] 程国强．中国农产品出口：增长、结构与贡献 [J]. 管理世界，2004 (11)：85-96.

[24] 程国强，崔卫杰．多哈回合农产品关税谈判对中国的影响评估 [J]. 管理世界，2005 (12)：157-158.

[25] 程虹，李丹丹．一个关于宏观经济增长质量的一般理论——基于微观产品质量的解释 [J]. 武汉大学学报（哲学社会科学版），2014，67 (3)：79-86.

[26] 崔凡，邓兴华．异质性企业贸易理论的发展综述 [J]. 世界经济，2014，37 (6)：138-160.

[27] 崔和平．跨越茶叶出口的高门槛 [J]. 福建茶叶，2007 (2).

[28] 崔卫东．中国农业国际竞争力研究——论波特“钻石”框架下政府行为与农业竞争力的提升 [D]. 杨凌：西北农林科技大学，2006.

[29] 邓翔，路征．“新新贸易理论”的思想脉络及其发展 [J]. 财经科学，2010 (2)：41-48.

[30] 董振国，王汝堂，林嵬．农业入世五年的近忧远虑 [J]. 瞭望，2007 (4).

[31] 段辉娜，王巾英．SPS措施对中国畜产品出口的影响及对策——基于引力模型的实证分析 [J]. 国际经贸探索，2007 (12).

[32] 冯宗宪．开放经济下的国际贸易壁垒 [M]. 北京：经济科学出版社，2001.

[33] 范公广，孟飞．农业供给侧改革视角下新疆地理标志农产品质量管理研究 [J]. 新疆农垦经济，2018 (1)：15-20.

[34] 符磊，强永昌．世界非关税壁垒形势与我国的策略选择 [J]. 理论探索，2018 (4)：99-107.

[35] 傅朝阳．我国出口商品比较优势的实证分析 1980—2000 [J]. 国际贸易问题，2005 (4).

[36] 付仲文，李宁．美欧转基因农产品争端诉WTO案例分析 [J]. 世界农业，2008 (3).

[37] 高川．人民币升值对中国农产品贸易的影响 [J]. 世界农业，2008 (6).

[38] 高敬峰．我国对外贸易模式分析 [J]．北方经贸，2004 (1).

[39] 高美玲．我国通货膨胀、FDI 及进出口的关联性研究——基于 VAR 模型的实证分析 [J]．经济问题，2012 (4)：53 - 56.

[40] 高颖，郑志浩，吕明霞．中国大豆进口需求实证研究 [J]．农业技术经济，2012 (12)：84 - 89.

[41] 高越，李荣林．国际市场竞争与中国出口产品质量的提高 [J]．产业经济研究，2015 (3)：11 - 20.

[42] 葛志荣．《实施卫生与植物卫生措施协定》的理解 [M]．北京：中国农业出版社，2003.

[43] 葛文进，俞立平．外商直接投资对中国出口产品质量影响分析 [J]．科技与管理，2017 (2).

[44] 耿献辉，张晓恒，周应恒．中国农产品出口二元边际结构及其影响因素 [J]．中国农村经济，2014 (5)：36 - 50.

[45] 耿晔强．中国对日本水产品出口的动态增长：基于 CMS 模型的实证分析 [J]．中国农村经济，2010 (7)：19 - 27.

[46] 苟建华．拉美国家出口农产品供应链质量安全管理经验及启示——以巴西、阿根廷、智利为例 [J]．生物技术世界，2014 (12)：68 - 68.

[47] 郭芳，王咏红，高瑛．技术壁垒影响中国水产品出口的实证分析 [J]．中国农村经济，2007 (11).

[48] 韩杨，曹斌，陈建先，等．中国消费者对食品质量安全信息需求差异分析——来自 1573 个消费者的数据检验 [J]．中国软科学，2014 (2)：37 - 50.

[49] 韩会朝，徐康宁．中国产品出口“质量门槛”假说及其检验 [J]．中国工业经济，2014 (4)：58 - 70.

[50] 韩剑．出口多样化与经济增长：理论及对中国的经验研究 [J]．国际贸易问题，2009 (8)：23 - 29.

[51] 贺蕾，霍学喜．进口需求函数选择及弹性分析——以美国苹果汁进口需求为例 [J]．统计与信息论坛，2011 (7)：38 - 44.

[52] 贺祥民．产业集聚对城市出口产品质量的影响——基于中国地级以上城市动态面板数据的实证分析 [J]．西部论坛，2017，27 (2)：100 - 106.

[53] 洪涛．以档案农业应对技术性贸易壁垒 [N]．农民日报，2008 - 04 - 22.

[54] 侯鲜明．美欧之间转基因产品贸易争端与启示 [J]．对外经贸实务，2007 (6).

[55] 胡莉莉，周春林．广义基础设施对我国出口产品质量的影响——基于空间面板模型的实证检验 [J]．江汉学术，2017，36 (3)：14 - 25.

[56] 黄祖辉．转型、发展与制度变革：中国“三农”问题研究 [M]．上海：人民出版社，2008.

[57] 綦建红，李丽．贸易中介研究的最新进展与评述 [J]. 国际贸易问题，2016 (2)：167-176.

[58] 贾伟，宫同瑶，秦富．贸易成本对中国各地区农产品贸易增长的影响——基于可计算一般均衡模型的分析 [J]. 中国农村经济，2017 (4)：59-74.

[59] 江保国．WTO转基因农产品贸易争端第一案述评 [J]. 法商研究，2007 (5).

[60] 蒋家东，李依锦，郑立伟．基于国际贸易的中国产品质量溢价研究 [J]. 国际贸易问题，2016 (8)：62-73.

[61] 兰昌贤，张波．巴西农业支持政策对我国的启示 [J]. 价格理论与实践，2017 (12)：74-77.

[62] 李德立、宋丽影．农产品区域品牌竞争力影响因素分析 [J]. 世界农业，2013 (5)：85-90，133.

[63] 李畅．突破农产品出口技术性贸易壁垒 [J]. 中国经贸，2006 (10).

[64] 李常君．中国蔬菜出口日本的增长效应分析 [J]. 世界经济研究，2006 (2).

[65] 李方静．企业生产率、产品质量与出口目的地选择——来自中国制造业企业微观层面证据 [J]. 当代财经，2014 (4)：86-97.

[66] 李海鹏，张俊飚，朱信凯．我国蔬菜出口的增长效应分析 [J]. 国际贸易问题，2007 (2).

[67] 李怀建，沈坤荣．出口产品质量的影响因素分析——基于跨国面板数据的检验 [J]. 产业经济研究，2015 (6)：62-72.

[68] 李丽玲，王曦．卫生与植物检疫措施对中国农产品出口质量的影响 [J]. 国际经贸探索，2015，31 (9)：4-19.

[69] 李景睿．收入差距、本土市场需求与出口产品质量升级——基于跨国数据的传导机制比较与优化方向选择 [J]. 产业经济研究，2017 (1)：14-24.

[70] 李良波．浙江农产品产业内贸易的实证研究 [J]. 商业时代，2006 (25).

[71] 李硕．国际技术性贸易壁垒的新态势及对我国的影响 [J]. 经济纵横，2015 (12)：111-115.

[72] 李智：应对贸易壁垒：积极妥善有理有节 [J]. 国际经济合作，2007 (7).

[73] 李小平，周记顺，卢现祥．出口的“质”影响了出口的“量”吗？[J]. 经济研究，2015，50 (8)：114-129.

[74] 廖涵，谢靖．“性价比”与出口增长：中国出口奇迹的新解读 [J]. 世界经济，2018，41 (2)：95-120.

[75] 刘春燕．美国农业环境问题与风险对我国的警示 [J]. 西部学刊，2014 (7)：71-74.

[76] 刘靖，毛学峰，辛贤．中国农产品出口地理结构的衡量与分析 [J]. 世界经济，2006 (1).

[77] 刘璐，邓仕燕．影响中国与东盟贸易的因素分析——基于引力模型的研究 [J]. 金

融经济，2007（18）.

[78] 刘晓宁．贸易自由化、异质性企业出口决策与出口产品质量升级研究［D］．济南：山东大学，2015.

[79] 刘晓宁，刘磊．贸易自由化对出口产品质量的影响效应——基于中国微观制造业企业的实证研究［J］．国际贸易问题，2015（8）：14-23.

[80] 刘晓宁，刘磊．企业出口强度与产品质量的相互影响——质量促进效应还是出口学习效应［J］．财贸研究，2016，27（6）：60-69.

[81] 刘欣．技术性贸易壁垒对中国农产品出口影响的实证分析与对策研究［D］．沈阳：沈阳工业大学，2007.

[82] 刘鑫．技术性贸易壁垒对山东农产品出口影响的实证研究［D］．济南：山东大学，2007.

[83] 刘伟丽，袁畅，曾冬林．中国制造业出口质量升级的多维研究［J］．世界经济研究，2015（2）：69-77，87，128.

[84] 刘雪梅，董银果．"数量"、"质量"抑或"性价比"：中国农产品出口增长动力探究［J］．国际贸易问题，2019（11）：100-115.

[85] 刘学忠，辛丽轲．影响中国畜产品出口的因素及对策［J］．经济研究导刊，2008（7）.

[86] 刘怡，耿纯．出口退税对出口产品质量的影响［J］．财政研究，2016（5）：2-17.

[87] 刘艺卓，田志宏．基于恒定市场份额模型的中国林产品出口分析［J］．林业经济问题，2007（5）.

[88] 刘钻石，张娟．中国商品贸易结构升级了吗——基于贸易品类别、技术附加值和质量水平的分析［J］．南方经济，2016（8）：24-41.

[89] 刘启仁，铁瑛．企业雇佣结构、中间投入与出口产品质量变动之谜［J］．管理世界，2020（3）.

[90] 龙金光．对虾出口解禁初现曙光　当前形势深度分析［N］．南方都市报，2007-10-12.

[91] 栾敬东，李靖．中美农产品贸易增长特征及其成因探析［J］．农业技术经济，2006（2）：33-37.

[92] 罗利平，蒋勇．基于 Rotterdam 模型的德国花卉进口需求弹性分析［J］．世界农业，2014（1）：83-89.

[93] 孟菲，侯明利．技术贸易壁垒对我国稻米出口影响的实证分析［J］．粮食加工，2007（2）.

[94] 孟雪，郭白滢．从海关税号层面量化非关税壁垒及其福利效应分析［J］．亚太经济，2015（1）：93-99.

[95] 毛雪丹，等．2013—2014 年食品安全相关 WTO/SPS 通报措施分析［J］．中国食品学报，2016，16（5）：130-135.

[96] 齐皓天，徐雪高，王兴华．美国农产品目标价格补贴政策演化路径分析［J］．中国农村经济，2016（10）：82－93.

[97] 齐乐，祁春节．中国橙汁进口差异化需求弹性分析［J］．世界农业，2017（4）：144－150.

[98] 齐明珠．全球应对人口老龄化的政策比较及启示［J］．国家行政学院学报，2013（2）：118－122.

[99] 钱学锋，王胜，陈勇兵．中国的多产品出口企业及其产品范围：事实与解释［J］．管理世界，2013（1）：9－27，66.

[100] 全世文，于晓华，曾寅初．我国消费者对奶粉产地偏好研究——基于选择实验和显示偏好数据的对比分析．农业技术经济，2017（1）：52－66.

[101] 荣静，杨川．中国与东盟农产品贸易竞争和贸易互补实证分析［J］．国际贸易问题，2006（8）.

[102] 山世英，姜爱萍．中国水产品的比较优势和出口竞争力分析［J］．国际贸易问题，2005（5）.

[103] 石敏俊．日本进口食品安全管理体制和进口蔬菜农药残留标准［C］．食品安全、消费者行为、国际贸易及其规制国际研讨会论文集，2003.

[104] 施炳展．中国企业出口产品质量异质性：测度与事实［J］．经济学，2013（13）：263－284.

[105] 施炳展，王有鑫，李坤望．中国出口产品品质测度及其决定因素［J］．世界经济，2013（9）：69－93.

[106] 施炳展，邵文波．中国企业出口产品质量测算及其决定因素——培育出口竞争新优势的微观视角［J］．管理世界，2014（9）：90－106.

[107] 宋海英，陈志钢．SPS措施影响国际农产品贸易的研究述评［J］．农业经济问题，2008（6）.

[108] 宋海英，JENSEN，H. Helen. SPS措施对中国蜂蜜出口欧盟的影响——基于面板数据的实证分析［J］．国际贸易问题，2014（1）：83－91.

[109] 孙东升．技术性贸易壁垒与农产品贸易［M］．北京：中国农业科学技术出版社，2006.

[110] 孙东升，孙雯静，周锦绣．欧盟农药最大残留限量（MRLs）对中国茶叶出口的影响［J］．农业技术经济，2007（1）.

[111] 孙敬水．我国TBT预警机制的架构［J］．科技进步与对策，2006（3）.

[112] 孙立芳，陈昭．“一带一路”背景下经济开放度如何影响农产品国际竞争力：来自RCEP成员国的证据［J］．世界经济研究，2018（3）：81－94.

[113] 孙林．中国与东盟农产品贸易竞争关系——基于出口相似性指数的实证分析［J］．国际贸易问题，2005（11）.

[114] 孙林，卢鑫，钟钰．中国出口产品质量与质量升级研究［J］．国际贸易问题，2014（5）：13－22.
[115] 孙龙中，徐松．技术性贸易壁垒对我国农产品出口的影响与对策［J］．国际贸易问题，2008（2）.
[116] 孙致陆，李先德．世界农产品出口贸易技术结构收敛了吗——基于主要农产品出口国 1995—2012 年数据的检验［J］．国际贸易问题，2015（5）：41－52.
[117] 谭晶荣，蔡燕林，高颖．中国对丝绸之路经济带沿线国家农产品出口贸易决定因素分析［J］．农业经济问题，2015，36（11）：9－15，110.
[118] 谭晶荣，贺妍婷．中国进口农产品质量测算与影响因素研究［J］．现代管理科学，2019（8）：7－10.
[119] 唐吉洪．通胀及货币政策的不确定性对货币政策调控的影响［J］．金融理论与实践，2017（3）：1－6.
[120] 陶红军．世界主要农产品进口国进口价格弹性及关税福利损失估算［J］．对外经济贸易大学学报，2013（4）：27－40.
[121] 田东文，叶科艺．安全标准与农产品贸易：中国与主要贸易伙伴的实证研究［J］．国际贸易问题，2007（9）.
[122] 田华，周瑞琪，朱柏青．发达国家冷链物流发展的成功经验及启示［J］．价格月刊，2016（4）：68－71.
[123] 王蓓雪．WTO 框架下的农产品贸易争端及其解决机制研究［D］．北京：中国农业大学，2005.
[124] 王芬．“肯定列表制度”对我国农产品、食品出口贸易的影响分析［J］．生产力研究，2007（11）.
[125] 王厚双，刘爽．食品安全与农产品贸易摩擦问题研究——辽宁农产品出口受阻的调查与思考［C］//食品安全：消费者行为、国际贸易及其规制国际研讨会论文集，2003.
[126] 王纪元，肖海峰．中国出口农产品质量及国际比较——基于嵌套 Logit 模型［J］．农业技术经济，2018（3）：133－142.
[127] 王江，龚丽．构建我国农产品技术性贸易壁垒预警体系的框架［J］．农业经济问题，2006（5）.
[128] 王晶．我国农产品产业内贸易现状分析［J］．国际贸易问题，2008（1）.
[129] 王琦，田志宏．农产品关税政策的内生性检验——基于国际数据的分析［J］．世界经济研究，2013（3）：48－52.
[130] 王认真，邱凤鸣．绿色贸易壁垒对策分析［J］．安徽农业科学，2002（30）.
[131] 王锐，王新华，李援亚．我国粮食进口需求增长及弹性分析——基于大豆和谷物的比较［J］．经济问题探索，2016（12）：72－78.

[132] 王小梅．金融危机以来贸易保护主义对中国农业出口的影响 [J]．经济问题探索，2016 (1)：140 - 148.

[133] 王忠锐，郭红东．加快农民合作组织建设，应对绿色贸易壁垒 [C] //食品安全：消费者行为、国际贸易及其规制国际研讨会论文集，2003.

[134] 魏荣．中国蔬菜贸易现状及影响因素分析 [D]．北京：中国农业大学，2005.

[135] 吴丹．东亚区域内贸易发展研究 [D]．长春：吉林大学，2007.

[136] 吴国松．中国农产品进口非关税贸易壁垒量化研究 [J]．经济经纬，2012 (5)：43 - 47.

[137] 魏方．生产率和产品品质双重异质性对企业出口的影响：文献综述 [J]．国际贸易问题，2015 (1)：123 - 131.

[138] 武敬云，闫实强．加入 WTO 以来的中国出口贸易结构质量——基于质量调整出口复杂度 QWEXPY 的实证研究 [J]．对外经济贸易大学学报，2013 (1)：28 - 40.

[139] 伍德里奇．计量经济学导论——现代观点 [M]．费剑平，林相森，译．北京：中国人民大学出版社，2003.

[140] 吴小康，于津平．产品关联密度与企业新产品出口稳定性 [J]．世界经济，2018，41 (7)：122 - 147.

[141] 武玉英，郭珉．我国水产品出口欧盟遭遇技术性贸易壁垒的影响研究 [J]．财贸研究，2007 (2).

[142] 邢健．2001 氯霉素事件：中国遭遇欧盟伏击战 [J]．WTO 经济导刊，2004 (4).

[143] 许家云，佟家栋，毛其淋．人民币汇率、产品质量与企业出口行为——中国制造业企业层面的实证研究 [J]．金融研究，2015 (3)：1 - 17.

[144] 许雄奇，张宗益．中国出口发展的地区差异实证研究：1992—2001 [J]．上海经济研究，2003 (1).

[145] 许咏梅，高启杰．技术壁垒影响我国茶叶出口的实证分析 [J]．国际贸易问题，2006 (5).

[146] 徐美娜，彭羽．出口产品质量的国外研究综述 [J]．国际经贸探索，2014，30 (7)：25 - 36

[147] 颜小挺，祁春节．中国鲜活农产品出口三元边际与定价能力研究——以中国水果对俄罗斯、日本和美国出口为例 [J]．农业现代化研究，2016，37 (4)：694 - 700.

[148] 杨逢珉，李文霞．中国对日本农产品出口的三元边际分析 [J]．上海对外经贸大学学报，2015，22 (5)：24 - 35.

[149] 杨金瑞．日本再祭技术壁垒　中国蔬菜如何闯关 (OL)，http：//info. china. alibaba. com/news/detail/v5003374 - d5175647. html.

[150] 杨莲娜，李先德．中国农产品对欧盟出口结构分析 [J]．商业经济与管理，2007 (4).

[151] 杨汝岱．如何“升级”中国出口产品质量 [N]．第一财经日报，2015 - 11 - 17

(A14).

[152] 杨文静．农产品出口突破技术贸易壁垒的思考 [J]. 科技创业月刊，2006 (12).

[153] 杨颖虹．人民币升值对农产品进出口贸易的影响及对策分析 [J]. 农业经济，2006 (3).

[154] 叶初升，邹欣．农产品出口多样性、普遍性与农业增长 [J]. 中国农村经济，2016 (3)：82-96.

[155] 易靖韬，蒙双．多产品出口企业、生产率与产品范围研究 [J]. 管理世界，2017 (5)：41-50.

[156] 尹宗成，田甜．中国农产品出口竞争力变迁及国际比较——基于出口技术复杂度的分析 [J] 农业技术经济，2013 (1)：77-85.

[157] 袁晓梅，郭建芳．中国—东盟农产品产业内贸易的影响因素分析 [J]. 北方经济，2007 (2).

[158] 翟印礼，庞辉．肯定列表制度对中日蔬菜贸易的影响 [J]. 农业技术经济，2011 (8)：121-126.

[159] 张寒，赵青，李周．中国原木进口需求弹性——基于月度时间序列的 DFGLS 估计 [J]. 中国农村经济，2015 (8)：67-75.

[160] 张海东．SPS 壁垒及其经济效应量度研究新进展 [J]. 管理世界，2008 (2)：163-169.

[161] 张海东．技术性贸易壁垒与中国对外贸易 [M]. 北京：对外经济贸易大学出版社，2004.

[162] 张汉林，王曙光．农产品贸易争端案例 [M]. 北京：经济日报出版社，2003.

[163] 张吉国．日本“肯定列表制度”对山东蔬菜出口的影响及对策 [J]. 农业经济问题，2007 (4).

[164] 张杰，郑文平，翟福昕．中国出口产品质量得到提升了么？[J]. 经济研究，2014，49 (10)：46-59.

[165] 张磊．论 WTO 对环境贸易措施的放松趋势——以五个典型案例为视角 [J]. 上海对外经贸大学学报，2009 (1)：8-13.

[166] 张小瑜．国际农产品贸易的发展趋势与特点 [J]. 农业展望，2008 (4).

[167] 张淑荣，殷红．我国农产品贸易条件影响因素的实证分析——基于灰色关联分析 [J]. 国际贸易问题，2010 (11)：29-35.

[168] 张亚斌，姚志毅．技术壁垒影响中国主要农产品出口贸易的实证分析 [J]. 湖南财经高等专科学校学报，2003 (6).

[169] 张亚迪．企业异质性视角下产品质量与出口行为研究 [D]. 杭州：浙江工商大学，2019.

[170] 张洋．政府补贴提高了中国制造业企业出口产品质量吗 [J]. 国际贸易问题，2017 (4)：27-37.

[171] 张友祥，梁姝娜．我国农产品自主型贸易模式分析［J］．商业时代·学术评论，2006（5）．

[172] 张玉娥，朱晶．农产品贸易顺差的毗邻态势与格局把握［J］．改革，2015（11）：116－125．

[173] 张宇青，周应恒，张晓恒．中国对发达和不发达贸易对象的农产品出口二元边际差异分析［J］．国际贸易问题，2014，373（1）：43－50．

[174] 赵亮，穆月英．东亚“10＋3”国家农产品国际竞争力分解及比较研究——基于分类农产品的CMS模型［J］．国际贸易问题，2012（4）：59－72，133．

[175] 赵文．国内支持与农产品贸易次优格局研究［D］．南京：南京农业大学，2009：98－100．

[176] 赵一夫．中国农产品贸易格局的实证研究［D］．北京：中国农业大学，2005．

[177] 郑风田，顾莉萍．我国农产品出口面临的食品安全危机事件实证分析——山东大蒜产业簇群案例分析［J］．中国农村观察，2007（3）．

[178] 钟钰，华树春，靖飞．中国农产品贸易进口波动因素分析［J］．南京农业大学学报，社会科学版，2005（4）．

[179] 周建明．中国蔬菜为何难上国际餐桌［J］．山西农业（致富科技），2006（16）．

[180] 邹俊毅，周星．我国出口产品质量及其分化趋势研究［J］．山西财经大学学报，2011，33（2）：38－45．

[181] 周娟．韩国农业危机及其启示［J］．农业经济问题，2015（3）：93－100．

[182] 朱海霞，顾海英．基于引力模型的中美农产品贸易边境效应研究［J］．财贸研究，2008（3）．

[183] 朱丽娜．非关税壁垒对中国农产品出口二元边际的影响［J］．世界农业，2017（10）：140－147．

[184] 朱其太，宋阳威，刘学辉．我国主要贸易伙伴的卫生与植物卫生措施［J］．中国禽业导刊，2004（16）．

[185] 朱小梅，田贤亮，王红玲．人民币汇率变动对中国农产品对外贸易影响的实证分析——以中国与日本农产品贸易为例［J］．中国农村经济，2006（9）．

[186] 庄丽娟，姜元武，刘娜．广东省与东盟农产品贸易流量与贸易潜力分析——基于引力模型的研究［J］．国际贸易问题，2007（6）．

[187] ADB Research Institute. Did East Asian Developing Economics Lose Export Competitiveness in the Pre－Crisis 1990's?［R］．Assessing East－Asian Export Performance from 1980 to 1996，ADB Institute Research Paper Series No. 34，2002．

[188] Aghion P，Bloom N，Blundell R，et al. Competition and innovation：An inverted－U relationship［J］．The Quarterly Journal of Economics，2005，120（2）：701－728．

[189] Ahn J B，Khandelwal A K，Wei S J. The role of intermediaries in facilitating trade

[J]. Journal of International Economics, 2011, 84 (1): 73 - 85.

[190] Aisbett, Emma, Pearson, Lee M. Environmental and Health Protections, or new Protectionism? Determinants of SPS Notifications by WTO Members [D]. Crawford School Working Paper 12 - 13, December 2012. Crawford School of Public Policy, The Australian National University, Canberra.

[191] Akerlof G. A. The Market for "Lemons": Quality, Uncertainty and the Market Mechanism [J]. Quarterly Journal of Economics, 1970 (84): 488 - 500.

[192] Alexander C., Fernandez - Cornejo, J., Goodhue, R. E. Effects of the GMO controversyon cornsoybean farmers acreage allocation decisions [D]. Manuscript. University of California, Davis, 2001.

[193] Amiti M., &Khandelwal A. K. Import Competition and Quality Upgrading [J]. Review of Economics and Statistics, 2013, 95 (2): 476 - 490.

[194] Anders S. M., Caswell J. A. Standards as barriers versus standards as catalysts: Assessing the impact of haccp implementation on u. s. seafood [J]. American Journal of Agricultural Economics, 2009 (91): 310 - 321.

[195] Anderson, James E. and Van Wincoop, Eric. Trade Cost [J]. Journal of Economic Literature, 2004, XLII: 691 - 751.

[196] Anderson, James E. A Theoretical Foundation for the Gravity Equation [J]. American Economic Review, 1979 (69): 106 - 116.

[197] Anderson J. E. & van Wincoop, E. Gravity with Gravitas: A Solution to the Border Puzzle [J]. American Economic Review, 2003 (1): 170 - 192.

[198] Angulo A M, Gil J M. Risk perception and consumer willingness to pay for certified beef in Spain [J]. Food Quality and Preference, 2007, 18 (8): 1106 - 1117.

[199] Anonymous. New Report Includes a Five - Year Forecast for the Global Food Products Industry [R]. Business Wire. New York: Nov 6, 2007.

[200] Antoniades A. Heterogeneous firms, quality, and trade [J]. Journal of International Economics, 2015, 95 (2): 263 - 273.

[201] Antràs P. Firms, contracts, and trade structure [J]. The Quarterly Journal of Economics, 2003, 118 (4): 1375 - 1418.

[202] Antràs P. Incomplete contracts and the product cycle [J]. American Economic Review, 2005, 95 (4): 1054 - 1073.

[203] Arita S, Beckman J, Mitchell L. Sanitary and phytosanitary measures and technical barriers to trade: how much do they impact US - EU agricultural trade? [R]. Amber Waves, 2016: 11.

[204] Armington P S. A Theory of Demand for Products Distinguished by Place of

Production [J]. Staff Papers 1969, 16 (1): 159 - 178.

[205] Athukorala, Prema - Chandra & Sisira Jayasuriya. Food Safety Issues, Trade and WTO Rules: A Developing Country Perspective [J]. The World Economy, Wiley Blackwell, 2003, 26 (9): 1395 - 1416.

[206] Baldwin R. E &. Harrigan, J. Zeros, Quality and Space: Trade Theory and Trade Evidence [J]. American Economic Journal: Microeconomics, 2011 (2): 60 - 88.

[207] Baldwin R. The World Trade Organization and the Future of Multilateralism [J]. Journal of Economic Perspectives, 2016, 30 (1): 95 - 116.

[208] Bastos P, Silva J. The quality of a firm's exports: where you export to matters [J]. Journal of International Economics, 2010, 82 (2): 99 - 111.

[209] Becker G. Sanitary and Phytosanitary (SPS) Concerns in Agricultural Trade [R]. CRS Report for Congress, Order Code RL 33472, June 15, Congressional Research Service, The Library of Congress.

[210] Beghin, John C. and Bureau, Jean - Christophe. Quantitative Policy Analysis of Sanitary, Phytosanitary and Technical Barriers to Trade [J]. Economy International, 2001 (87): 107 - 130.

[211] Beghin, John C. and Bureau, Jean - Christophe. Measurement of Sanitary, Phytosanitary and Technical Barriers to Trade [R]. A Consultants' report prepared for the Food, Agriculture and Fisheries Directorate, OECD, 17 - 18 September, 2001.

[212] Beghin J, Melatos M. The Trade and Welfare Impacts of Australian Quarantine Policies: The Case of Pigmeat [J]. World Economy, 2011, 35 (8): 1006 - 1021.

[213] Beghin J C, Li Y. The Political Economy of Food Standard Determination: International Evidence from Maximum Residue Limits [R]. Staff General Research Papers, 2013.

[214] Beghin J C, Maertens M, Swinnen J. Nontariff measures and standards in trade and global value chains [J]. Annu. Rev. Resour. Econ., 2015, 7 (1): 425 - 450.

[215] Bernard A B, Eaton J, Jensen J B, et al. Plants and productivity in international trade [J]. American economic review, 2003, 93 (4): 1268 - 1290.

[216] Bernard A B, Jensen J B, Redding S J, et al. Firms in international trade [J]. Journal of Economic perspectives, 2007, 21 (3): 105 - 130.

[217] Bernard A B, Jensen J B, Redding S J., The Margins of US Trade [J]. American Economic Review, 2009, 99 (2): 487 - 93.

[218] Bernard A B, Redding S J, Schott P K. Multiproduct firms and trade liberalization [J]. The Quarterly Journal of Economics, 2011, 126 (3): 1271 - 1318.

[219] Bernard H U, Burk R D, Chen Z, et al. Classification of papillomaviruses (PVs) based on 189 PV types and proposal of taxonomic amendments [J]. Virology,

2010，401（1）：70－79.

[220] Berry S. Estimating Discrete－choice Models of Product Differentiation Rand [J]. Journal of Economics. 1994，25（2）：242－262.

[221] Bhagwati J N. Protectionism [M]. MIT Press，1988.

[222] Bigsby H. R.，and C. F. Whytc. Quantifying Phytosanitary Barriers to Trade，In Interdisciplinary Food Safety Research [M]. Edited by N. Hooker and E. Murano，Boca Raton：CRC Press.

[223] Digby Gascoine. Appropriate level of protection：an Australian perspective，in The economics of quarantine and the SPS Agreement [D]. Anderson，Kym，Adelaide University，2001.

[224] Broda C，Greenfield J，Weinstein D. From groundnuts to globalization：A structural estimate of trade and growth [R]. National Bureau of Economic Research，2006.

[225] Buchler S.，Smith K.，Lawrence G. Food risks，old and new demographic characteristics and perceptions of food additives，regulation and contamination in australia. Journal of Sociology，2010，46（4）：353－374.

[226] Calvin L.，Krissoff B.，Foster W. Measuring the costs and trade effects of phytosanitary protocols：A us－japanese apple example [J]. Applied Economic Perspectives and Policy，2008，30（1）：120.

[227] Calvin L. & Krissoff B. Technical Barriers to Trade：A Case Study of Phytosanitary Barriers and U. S. －Japanese Apple Trade [J]. Journal of Agricultural and Resource Economics，1998（2）：351－366.

[228] Chang H. and Kinnucan H. Advertising，information，and product quality：The case of butter [J]. American Journal of Agricultural Economics，1991，73（4）：1195－1203.

[229] Chen Kevin. Export Competition in China's Agri－food Import Market：Pattern，Assessment，and China's Entry to th WTO [R]. Department of Rural Economy，University of Alberta Can. J. Agric. Econ，2000（48）：479－491.

[230] Chen C.，Yang J.，Findlay，C. Measuring the effect of food safety standards on chines agricultural exports. Review of World Economics，2008，144（1）：83－106.

[231] Chen Kevin，Xu Lian，Duan Yufeng. Ex－post Competitiveness of China's Export in Agri－food Products：1980－1996 [J]. Agribusiness. Hoboken：Summer. 2000，16（3）：281.

[232] Cheng I－Hui and Howard J. Wall. Controlling for Heterogeneity in Gravity Models of Trade and Integration [J]. Federal Reserve Bank of St. Louis Review，January/February，2005，87（1）：49－63.

[233] Cho，Guidae，Ian Sheldon，and Steve Mccorriston. Exchange Rate Uncertainty and

Agricultural Trade [J]. American Journal of Agricultural Economics, 2002 (84): 931 - 942.

[234] Claudia Orozco. The SPS Agreement and Crisis Management: The Chile - EU Avian Influenza Experience [R]. World Trade Organization, December, 2005.

[235] Clive James. Global Status of Commercialized Biotech/GM Crops: 2006 (OL). ISAAA Brief, http: //www. isaaa. org/resources/publication/briefs/35/executinesummary/default. htm.

[236] Crivelli P, Gröschl J. SPS measures and trade: Implementation matters [R]. WTO Staff Working Paper, 2012.

[237] Crinò R, Epifani P. Productivity, quality and export behaviour [J]. The Economic Journal, 2012, 122 (565): 1206 - 1243.

[238] Crozet M. , Keith H. & Thierry, M. Quality Sorting and Trade: Firm - level Evidence for French Wine [J]. Review of Economic Studies, 2012 (2): 609 - 644.

[239] Curzi D, Raimondi V, Olper A. Quality upgrading, competition and trade policy: evidence from the agri - food sector[J]. European Review of Agricultural Economics, 2015, 42 (2): 239 - 267.

[240] Deardorff, Alan. V. and Stern, Robert. M. Measurement of Non - Tariff Barriers[R]. Economics Department, Working Paper No. 179, OECD, Paris, 1997.

[241] Deardorff A. V. and Stern R. M. Measurement of Nontariff Barriers [M]. Studies in International Economics, The University of Michigan Press, Ann Harbor, 1998.

[242] De Jonge J. , Van Trijp H. , Renes R. , Frewer L. Consumer confidence in the safety of food and newspaper coverage of food safety issues: A longitudinal perspective [J]. Risk analysis, 2010, 30 (1): 125 - 142.

[243] Delind L B, Howard P H. Safe at any scale? Food scares, food regulation, and scaled alternatives [J]. Agriculture & Human Values, 2008, 25 (3): 301 - 317.

[244] Devesh R. Trade impacts of aflatoxin standards [J]. International Food Policy Research Institute (IFPRI), 2013, 20 (12).

[245] Dickinson D L, Von Bailey D. Experimental evidence on willingness to pay for red meat traceability in the United States, Canada, the United Kingdom, and Japan [J]. Journal of Agricultural and Applied Economics, 2005, 37 (3): 537 - 548.

[246] Disdier, Anne - Celia, Lionel Fontagne, and Mondher Mimouni. The Impact of Regulations on Agricultural Trade: Evidence from SPS and TBT Agreements [R]. Paper provided by CEPII research center in its series Working Paper with number, 2007.

[247] Disdier A. , Fontagn'e L. and Mimouni M. : The Impact of Regulations on Agricultural

Trade: Evidence from SPS and TBT Agreements [J]. American Journal of Agricultural Economics, 2008, 90 (2): 336 - 350.

[248] Disdier A., van Tongeren F. Non - tariff measures in agri - food trade: What do the data tell us? evidence from a cluster analysis on OECD imports [J]. Applied Economic Perspectives and Policy, 2010, 32 (3): 436 - 455.

[249] Disdier A. C. Fontagne, L. & Mimouni, M. The Impact of Regulations on Agricultural Trade: Evidence from the SPS and TBT Agreements [J]. American Journal of Agricultural Economics, 2008 (2): 336 - 350.

[250] Dong Fengxia, and Helen H. Jensen. Challenges for China's Agricultural Exports: Compliance with Sanitary and Phytosanitary Measures [J]. The Magazine of Food, Farm, and Resource Issues, 1st Quarter, 2007, 22 (1): 19 - 24.

[251] Dong Y. G., Lu Y. H. SPS standards and catching up strategy [J]. Ecological Economy, 2015, 11 (4): 323 - 332.

[252] Dong Y., & Yu J. On Import Growth Path of China's Bulk Agri - Products from Perspective of Ternary Margins [J]. South Asian Journal of Social Studies and Economics, 2020, 6 (4): 8 - 16.

[253] Dong, Yinguo and Pu, Lijuan. Driving Force of China's Agricultural Exports to Japan [J]. Asian Agricultural Research, 2019, 11 (2): 1 - 4, 18.

[254] Dragan Miljkovic. Sanitary and Phyto - Sanitary Measures in International Trade: Policy Considerations vs. Economic Reasoning [J]. International Journal of Consumer Studies, 2005, 29 (3): 283 - 290.

[255] Drogué F. DeMaria. Pesticide residues and Trade, the Apple of Discord? [J]. Food Policy, 2012 (37): 641 - 646.

[256] Dulleck U., Foster N. Stehrer R, Wrz, J. Dimensions of Quality Upgrading in CEECs [J]. Economics of Transition, 2004, 13 (1): 51 - 76.

[257] Eckel C, Irlacher M. Multi - product offshoring [J]. European Economic Review, 2017 (94): 71 - 89.

[258] El - Enbaby H, Hendy R, Zaki C. Do SPS measures matter for margins of trade? Evidence from firm - level data [J]. Applied Economics, 2016, 48 (21): 1949 - 1964.

[259] Engler A., Nahuelhual L., Cofré G. and Barrena J. How far from harmonization are sanitary, phytosanitary and quality - related standards? [J]. An exporter's perception approach. Food Policy, 2012 (37): 162 - 170.

[260] Evenett S. J. and W. Keller. On Theories Explaining the Success of the Gravity Equation [J]. Journal of Political Economy, 2002 (110): 281 - 316.

[261] Falvey R. E., Kierzkowski H. Product Quality, Intra - Industry Trade and Imperfect

Competition, in edited by Kierzkowski, H. Protection and Competition in International Trade: Essays in honor of W. M. Corden [M]. Oxford: Basil Blackwell, 1987.

[262] Fan H, Li Y A, Yeaple S R. Trade liberalization, quality, and export prices [J]. Review of Economics and Statistics, 2015, 97 (5): 1033 - 1051.

[263] Faruq H. Impact of Technology and Physical Capital on Export Quality [J]. Journal of Developing Areas, 2010, 44 (1): 167 - 185.

[264] Fischer R, Serra P. Standards and protection [J]. Journal of International Economics, 2000, 52 (2): 377 - 400.

[265] Flam H. and Helpman, E. Vertical Product Differentiation and North - South Trade [J]. American Economic Review. 1987, 77 (5): 810 - 822.

[266] Feenstra R C. Restoring the Product Variety And Pro - Competitive Gains From Trade With Heterogeneous Firms And Bounded Productivity [J]. Journal of International Economics, 2018 (110): 16 - 27.

[267] Ferro E, Otsuki T, Wilson J S. The effect of product standards on agricultural exports [J]. Food Policy, 2015 (50): 68 - 79.

[268] Fontagné L, Von Kirchbach F, Mimouni M. A first assessment of environment - related trade barriers [M]. CEPII, 2001.

[269] Francois J. F., and Kaplan S. Aggregate Demand Shifts, Income Distribution, and the Linder Hypothesis [J]. The Review of Economics and Statistics, 1996 (78): 244 - 250.

[270] Ganslandt M., and Markusen J. Standards and Related Regulations in International Trade: a Modeling Approach [R]. National Bureau of Economic Research Working Paper, 8346, June, 2001.

[271] Gao Y, Whalley J, Ren Y. Decomposing China's Export Growth into Extensive Margin, Export Quality And Quantity Effects [J]. China Economic Review, 2014 (29): 19 - 26.

[272] Gebrehiwet Y., Ngqangweni S. & Kirsten J. F. Quantifying the Trade Effect of Sanitary and Phytosanitary Regulations of OECD Countries on South African Food Exports [J]. Agrekon, 2007 (1): 23 - 39.

[273] Grossman G. M. and Helpman E. Quality Ladders in the Theory of Growth [J]. Review of Economic Studies. 1991, 58 (1): 43 - 61.

[274] Götz C., Heckelei T., Rudloff B. What makes countries initiate wto disputes on food - related issues? [J]. Food Policy, 2010, 35 (2): 154 - 162.

[275] Hallak J. C. Product Quality and the Direction of Trade [J]. Journal of International

Economics, 2006, 68 (1): 238 - 265.

[276] Hallak J. C. and Schott P. K. Estimating Cross - country Differences in Product Quality [J]. Quarterly Journal of Economics, 2011, 126 (1): 417 - 474.

[277] Hallak J C, Sivadasan J. Product and process productivity: Implications for quality choice and conditional exporter premia [J]. Journal of International Economics, 2013, 91 (1): 53 - 67.

[278] Harrigan J. OECD imports and trade barriers in 1983 [J]. Journal of international Economics, 1993, 35 (1 - 2): 91 - 111.

[279] Harrison G., T. F. Rutherford, and D. G. Tarr. Increased Competition and Completion of the Market in the European Union: Static and Steady State Effects [J]. Journal of Economic Integration, 1996, 11 (3): 332 - 65.

[280] Hausman R., Huang Y. and Rodrik D. What You Export Matters [J]. Journal of Economic Growth, 2006, 12 (1): 1 - 25.

[281] Head K., Mayer T. & Ries J. The Erosion of Colonial Trade Linkages after Independence [J]. Journal of International Economics, 2010 (1): 1 - 14.

[282] Helpman, Elhanan, and Paul R. Krugman. Market Structure and Foreign Trade: Increasing Returns, Imperfect Competition, and the International Economy [M]. MIT Press, Cambridge, 1985.

[283] Helpman E, Melitz M, Rubinstein Y. Estimating trade flows: Trading partners and trading volumes [J]. The quarterly journal of economics, 2008, 123 (2): 441 - 487.

[284] Helpman, Elhanan, Melitz, Marc J. and Rubinstein, Yona. Estimating Trade Flows: Trading Partners and Trading Volumes [OL]. (February). NBER Working Paper No. W12927, 2007, http: //www. nber. org/papers/w12927.

[285] Henn C, Papageorgiou C, Spatafora N. Export quality in advanced and developing economies: Evidence from a new dataset [R]. WTO Staff Working Paper, 2015.

[286] Henson, Spencer and Rupert Loader. Barriers to Agricultural Exports from Developing Countries: The Role of Sanitary and Phytosanitary Requirements [J]. World Development, 2001, 29 (1): 85 - 102.

[287] Henson S. and M. Heasman. Food Safety Regulation and the Firm: Understanding the Compliance Process [J]. Food Policy, 1998, 23 (1): 9 - 24.

[288] Henson S. J., R. Loader, A. Swinbank, M. Bredahl, and N. Lux. Impact of Sanitary and Phytosanitary Measures on Developing Countries [R]. Center for Food Economics Research, University of Reading, Reading, UK, 2000.

[289] Herath A. Cost of Compliance of Sanitary and Phytosanitary Requirements in Beverages and Spices in Sri Lanka [R]. Working Paper, CUTS, 2001.

[290] Hooker N. H and J. A. Caswell. A Framework for Evaluating Non - Tariff Barriers to Trade Related to Sanitary and Phytosanitary Regulation [J]. Journal of Agricultural Economics, 1999, 50 (2): 234 - 246.

[291] Hummels D. and A. Skiba. Shipping the Good Apples Out? An Empirical Confirmation of the Alchian - Allen Conjecture [J]. Journal of Political Economics. 2004 (112): 1384 - 1402.

[292] Hummels D. and Klenow P. The Variety and Quality of A Nation's Exports [J]. The American Economic Review, 2005, 95 (3): 704 - 723.

[293] Iacovone L. Analysis and Impact of Sanitary and Phytosanitary Measures [J]. Integration and Trade Journal, 2005 (22): 97 - 140.

[294] James S., and Anderson K. On the Need for More Economic Assessment for Quarantine/SPS Policies [R]. Seminar Paper 98 - 02, Centre for International Economic Studies, University of Adelaide, 1998.

[295] Jan Falowski J, Curzi D, Olper A. Contract (in) completeness, product quality and trade - evidence from the food industry [C] //2016 Fifth AIEAA Congress, June 16 - 17, 2016, Bologna, Italy. Italian Association of Agricultural and Applied Economics (AIEAA), 2016 (242321).

[296] Jaud M, Cadot O, Suwaeisenmann A. Do food scares explain supplier concentration? An analysis of EU agri - food imports [J]. European Review of Agricultural Economics, 2013, 40 (5): 873 - 890.

[297] Jayasinghe, Don Yamuna Sampath. Impacts of regional trade agreements on trade in agri - food products [D]. University of Guelph (Canada) 2003: 151.

[298] Jongwanich J. The impact of food safety standards on processed food exports from developing countries [J]. Food Policy, 2009, 34 (5): 447 - 457.

[299] Kai - Li Wang, Christopher B Barrett. Estimating the Effects of Exchange Rate Volatility on Export Volumes [J]. Journal of Agricultural and Resource Economics, 2007, 32 (2): 225.

[300] Kang, Myeongjoo. United States wood products and regional trade: A gravity model approach [D]. Auburn University, 2003: 103.

[301] Karemera, David. Gravity models and the role of carryover inventories in international wheat trade [D]. The University of Nebraska - Lincoln. 1989: 111.

[302] Kee H L, Nicita A, Olarreaga M. Import demand elasticities and trade distortions [J]. The Review of Economics and Statistics, 2008, 90 (4): 666 - 682.

[303] Kee H L, Neagu C, Nicita A. Is protectionism on the rise? Assessing national trade policies during the crisis of 2008 [J]. Review of Economics and Statistics, 2013, 95

(1): 342-346.

[304] Kerr W. What is new in protectionism? consumers, cranks, and captives [J]. Canadian Journal of Agricultural Economics, 2010, 58 (1): 5-22.

[305] Khandelwal A. The Long and Short of Quality Ladders [R]. NBER Working Paper, No. 15178, 2009.

[306] Khandelwal A. K., Schott P. K., Wei S. J. Trade Liberalization and Embedded Institutional Reform: Evidence from Chinese Exporters [J]. The American Economic Review, 2013, 103 (6): 2169-2195.

[307] Kindleberger C. P. Standards as Public, Collective, and Private Goods [J]. Kylkos, 1983, 36 (3): 377-395.

[308] Krissoff, Barry, Linda Calvin, and Denice Gray. Barriers to Trade in Global Apple Markets [R]. Fruits and Tree Nuts Situation and Outlook, FTS-280, Economic Research Service, U. S. Department of Agriculture, August, 1997.

[309] Kruger M. & Verhoogen E. Prices, Plant Size, and Product Quality [J]. Review of Economic Studies, 2012 (1): 307-309.

[310] Krugman P R. Increasing Returns, Monopolistic Competition, And International Trade [J]. Journal of international Economics, 1979, 9 (4): 469-479.

[311] Kugler M., Verhoogen E. Prices, Plant Size, and Product Quality [J]. The Review of Economic Studies, 2012, 79 (1): 307-339.

[312] Kym Anderson, Cheryl McRae, David Wilson. The Economics of Quarantine and the SPS Agreement [D]. University of Adelaide Press, 2012: 159-164.

[313] Leamer E E. Latin America as a target of trade barriers erected by the major developed countries in 1983 [J]. Journal of Development Economics, 1990, 32 (2): 337-368.

[314] Lee J. W. & Swagel P. Trade Barriers and Trade Flows across Countries and Industries [J]. The Review of Economics and Statistics, 1997 (3): 372-382.

[315] Linder S. B. An Essay on Trade and Transformation [M]. New York: Wiley & Sons, 1961.

[316] Liu L., Yue C. Non-tariff barriers to trade caused by SPS measures and customs procedures with product quality changes [J]. Journal of Agricultural and Resource Economics, 2009, 34 (1): 196-212.

[317] Liu L. & Yue C., Investigating the Impact of SPS Standards on Trade Using a VES Model [J]. European Review of Agricultural Economics, 2012 (3): 511-528.

[318] Liu X. GATT/WTO Promotes Trade Strongly: Sample Selection and Model Specification [J]. Review of International Economics, 2009 (3): 428-446.

[319] Li Y，Beghin J C. Protectionism Indices for Non - Tariff Measures：An Application to Maximum Residue Levels [J]. Food Policy，2013，45 (3)：57 - 68.

[320] Looi Kee H，Nicita A，Olarreaga M. Estimating trade restrictiveness indices [J]. The Economic Journal，2009，119 (534)：172 - 199.

[321] Manova K，Zhang Z. Export prices across firms and destinations [J]. The Quarterly Journal of Economics，2012，127 (1)：379 - 436.

[322] Manova K，Yu Z. Multi - product firms and product quality [J]. Journal of International Economics，2017 (109)：116 - 137.

[323] Maskus，Keith E.，Wilson，John S.，and Otsuki，Tsunehiro. An Empirical Framework for Analyzing Technical Regulations and Trade [M]. in：Maskus，K. E.，Wison，J. S. (Eds.)，Quantifying Trade Effect of Technical Barriers：Can it be Done? University of Michigan Press，Ann Arbor，MI，2001.

[324] Marie - Agnès Jouanjean，Jean - Christophe Maur，Ben Shepherd. Reputation matters：Spillover effects for developing countries in the enforcement of US food safety measures [J]. Food Policy，2015 (55).

[325] Maskus K. E. Otsuki T. and Wilson S. The Cost of Compliance with Product Standards for Firms in Developing Countries：An Econometric Study [OL]. http：//www - wds. worldbank. org/servlet/WDSContentServer/WDSP/IB/2005/05/15/000090341 _ 20050515133900/Rendered/PDF/wps3590. pdf，2014 - 10 - 06.

[326] Matthieu Bussiere，Bernd Schnatz. Evaluating China's Integration in World Trade with a Gravity Model Based Benchmark [R]. SSRN Working Paper Series. Rochester：Dec，2006：180.

[327] Mattoo A. Discriminatory Consequence of Non - Discriminatory Standards [R]. American Journal of Agricultural Economic Integration，March，2001.

[328] Mayer T，Melitz M J，Ottaviano G I P. Market size，competition，and the product mix of exporters [J]. American Economic Review，2014，104 (2)：495 - 536.

[329] Melitz M J. The impact of trade on intra - industry reallocations and aggregate industry productivity [J]. Econometrica，2003，71 (6)：1695 - 1725.

[330] Melo O，Engle A. & Nahuehual，L. Do Sanitary，Phytosanitary，and Quality - related Standards Affect International Trade? Evidence from Chilean Fruit Exports [J]. World Development，2014 (54)：350 - 359.

[331] Melo O.，Engler A.，Nahuehual L.，Cofre G. and Barrena J. Do sanitary，phytosanitary，and quality - related standards affect international trade? Evidence from Chilean fruit exports [J]. World Development，2014 (54)：350 - 359.

[332] Melitz M. J. The Impact of Trade on Intra - Industry Reallocations and Aggregate

Industry Productivity [J]. Econometrica, 2003, 71 (6): 1695-1725.

[333] Melitz M. J., Ottaviano G. I. P. Market size, trade, and productivity [J]. The review of economic studies, 2008, 75 (1): 295-316.

[334] Michaely M. Trade, Income Levels and Dependence [M]. North - Holland, Amsterdam and New York, 1984.

[335] Mitra D, Trindade V. Inequality and trade [J]. Canadian Journal of Economics/Revue canadienne d'économique, 2005, 38 (4): 1253-1271.

[336] Moenius J. Information versus Product Adaptation: The Role of Standards in Trade [R]. Kellogg School of Management Working Paper, Northwestern University, 2004.

[337] Mugableh M I. Estimating elasticity function of Jordanian aggregate import demand [J]. Applied Economics and Finance, 2016, 4 (2): 33-37.

[338] Montagna C. Efficiency gaps, love of variety and international trade [J]. Economica, 2001, 68 (269): 27-44.

[339] Mumford J. Economic issues related to quarantine in international trade [J]. European Review of Agricultural Economics, 2002, 29 (3): 329.

[340] Murina M, Nicita A. Trading with Conditions: The Effect of Sanitary and Phytosanitary Measures on the Agricultural Exports from Low - income Countries [J]. The World Economy, 2017, 40 (1): 168-181.

[341] Nardella M, Boccaletti S. The impact of EU and US agro-food non tariff measures on exports from developing countries [R]. 2004.

[342] Neeliah S. A. Neeliah H. & Goburdhun D. Assessing the Relevance of EU SPS Measures to the Food Export Sector: Evidence from a Developing Agro - food Exporting Country [J]. Food Policy, 2013 (6): 53-62.

[343] OECD. An Assessment of the Costs for International Trade in Meeting Regulatory Requirements [R]. Organization for Economic Development and Cooperation, Paris, 1999.

[344] OECD. Measurement of Sanitary, Phytosanitary and Technical Barriers to Trade [R]. A Consultants' Report Prepared for the Food, Agriculture and Fisheries Directorate, 2001.

[345] OECD. Analysis of Non - tariff Barriers of Concern to Developing Countries [R]. Organization for Economic Development and Cooperation Trade Policy Working Paper, No. 16, 07-Nov, 2005.

[346] Olper A. et al. Trade, import competition and productivity growth in the food industry [J]. Food Policy, 2014, 49 (1): 71-83.

[347] Orden, David, and Eduardo Romano. The Avocado Dispute and Other Technical Barriers to Agricultural Trade under NAFTA [R]. paper presented to the conference "NAFTA and Agriculture: Is the Experiment Working?" San Antonio, TX, November, 1996.

[348] Otsuki Tsunehiro, John S. Wilson and Mirvat Sewadeh. What Price Precaution? European Harmonization of Aflatoxin Regulations and African Groundnuts Exports [J]. European Review of Agricultural Economics, 2001, 28 (3): 263-283.

[349] Otsuki Tsunehiro, John S. Wilson and Mirvat Sewadeh. Saving two in a Billion: Quantifying the Trade Effect of European Food Safety Standards on African Exports [J]. Food Policy, 2001, 26 (5): 495-514.

[350] Otsuki T, Wilson J S, Sewadeh M. What price precaution? European harmonization of aflatoxin regulations and African groundnut exports [J]. European Review of Agricultural Economics, 2001, 28 (3): 263-284.

[351] Otsuki T, Maskus K E, Wilson J S. Quantifying the Impact of Technical Barriers to Trade: A Framework for Analysis [J]. Social Science Electronic Publishing, 2016, 41 (2): 596-597.

[352] Overton B. E., J. Beghin, and W. E. Foster. Phytosanitary Regulations for U. S. and Agricultural Trade Flows: Tobacco Inputs and Cigarette Output [J]. Agricultural and Resource Economic Review, 1995 (24): 221-231.

[353] Paarlberg, Philip, and John Lee. "Import Restrictions in the Presence of a Health Risk: An Illustration Using FMD", American Journal of Agricultural Economics, 1998, 80 (1).

[354] Paiva, Claudio. Assessing Protectionism and Subsidies in Agriculture: A Gravity Approach [R]. IMF Working Paper, WP/05/21, 2005.

[355] Peter Gallagher. Managing the Challenges of WTO Participation - 45 Case Studies [R]. World Trade Organization, December, 2005.

[356] Peterson, Everett B., and David Orden. Effects of Tariffs and Sanitary Barriers on High- and Low - Value Poultry Trade [J]. International Food Policy Research Institute, MTID Discussion Paper, 2004 (64).

[357] Peterson E., Orden D. Avocado pests and avocado trade [J]. American Journal of Agricultural Economics, 2008, 90 (2): 321-335.

[358] Peteson E. Grant J. & Roberts, D. Evaluating the Trade Restrictiveness of Phytosanitary Measures on U. S. Fresh Fruit and Vegetable Imports [J]. American Journal of Agricultural Economics, 2013 (4): 842-858.

[359] Pew Initiative on Food and Biotechnology. U. S. vs. EU: An Examination of the

Trade Issues Surrounding Genetically Modified Food [R]. December, 2005.

[360] Poyhonen, Pentti. A Tentative Model for the Volume of Trade Between Countries [J]. Weltwirtschaftliches Archiv, 1963, 90 (1): 93 - 99.

[361] Prema - Chandra Athukorala and Sisira Jayasuriya. Food safety Issues, Trade and WTO Rules: A Developing Country Perspective [M]. Blackwell Publishing ltd., 2003.

[362] Rauch J E. Networks Versus Markets In International Trade [J]. Journal of international Economics, 1999, 48 (1): 7 - 35.

[363] Ribaudo, Marc. Reducing Soil Erosion: Offsite Benefits [J]. Agricultural Economic Report, 1986 (561).

[364] Pimentel, David and Hugh Lehman (Editors). The Pesticide Question: Environment, Economics, and Ethics [M]. New York: Chapman & Hall, 1993.

[365] Richarson J. R., Roy A., Shalat S. L. Elevated Serum Pesticide Levels and Risk for Alzheimer Disease [J]. JAMA Neurology, 2014, 71 (3): 284 - 290.

[366] Rodrik D. How Far Will International Economic Integration Go? [J]. Journal of Economic Perspectives, 2000, 14 (1): 177 - 186.

[367] Saqib, Mohammed and Taneja, Nisha. Non - Tariff Barriers and India's Exports: The Case of ASEAN and Sri Lanka [J]. Indian Council for Research on International Economic Relations, Working Paper, 2005 (165).

[368] Schott P. K. Across - product versus Within - product Specialization in International Trade [J]. Quarterly Journal of Economics, 2004, 119 (2): 647 - 678.

[369] Shepherd B. & Wilson N. L. W. Product Standards and Developing Country Agricultural Exports: The Case of the European Union [J]. Food Policy, 2013 (5): 1 - 10.

[370] Shalini A. Neeliah, Harris Neeliah, Daya Goburdhun. Assessing the relevance of EU SPS measures to the food export sector: Evidence from a developing agro - food exporting country [J]. Food Policy, 2013 (41).

[371] Shi, Bingzhan. Extensive Margin, Quantity And Price In China's Export Growth [J]. China Economic Review, 2011, 22 (2): 233 - 243.

[372] Silva J M C S, Tenreyro S. The log of gravity [J]. The Review of Economics and statistics, 2006, 88 (4): 641 - 658.

[373] Simonis D. Belgium's export performance, a constant market share analysis [R]. Federal Planning Bureau, Working paper, March, 2000.

[374] Soderbery A. Estimating import supply and demand elasticities: Analysis and implications [J]. Journal of International Economics, 2015, 96 (1): 1 - 17.

[375] Sohn, Chan - hyun. Does the Gravity Model Explain South Korea's Trade Flows?

[J]. The Japanese Economic Review, 2005, 56 (4).

[376] Soloaga, I. and Winters, L. regionalism in the nineties: what effect on the trade [R]. North American Journal of Economics and Finance. 2001.

[377] SongH, Zhu L. Comparative Advantage and Multi - product Firms[R]. mimeo, 2010.

[378] Sumner, Daniel, and Hyunok Lee. Sanitary and Phytosanitary Trade Barriers and Empirical Trade Modeling [C]. in Understanding Technical Barriers to Agricultural Trade, Proceedings of a Conference of the International Agricultural Trade Research Consortium (IATRC), David Orden and Donna Roberts (eds.), IATRC: St. Paul, MN, January, 1997: 273 - 283.

[379] Sutton J. Technology and Market Structure [J]. Politická ekonomie, 1997 (1): 29 - 45.

[380] Sutton J, Trefler D. Capabilities, wealth, and trade [J]. Journal of Political Economy, 2016, 124 (3): 826 - 878.

[381] Swann P., and Shurmer M. Standards and Trade Performance: the UK Experience [J]. The Economic Journal, 1996, 106 (438): 1297 - 1313.

[382] Sykes A. O. Production Standards for Internationally Integrated Goods Markets [R]. Washington DC: Brooking Institution, 1995.

[383] Thimany, Dawn, and Christopher Barrett. Regulatory Barriers in an Integrating World Food Market, Review of Agricultural Economics, 1997, 19 (1): 91 - 107.

[384] Tinbergen, Jan. Shaping the World Economy—Suggestions for an International Economy Policy [M]. The Twentieth Century Fund, New York, 1962.

[385] Tobin D, Thomson J, LaBorde L. Consumer perceptions of produce safety: a study of Pennsylvania [J]. Food Control, 2012, 26 (2): 305 - 312.

[386] Tran N., Wilson N., Anders S. Standard harmonization as chasing zero (tolerance limits): The impact of veterinary drug residue standards on crustacean imports in the eu, japan, and north america [J]. American Journal of Agricultural Economics, 2012, 94 (2): 496 - 502.

[387] Trefler D. Trade liberalization and the theory of endogenous protection: an econometric study of US import policy [J]. Journal of political Economy, 1993, 101 (1): 138 - 160.

[388] Trienekens J. & Zuurbier P. Quality and Safety Standards in the Food Industry, Developments and Challenges [J]. International Journal of Production Economics, 2008 (1): 107 - 122.

[389] Unctad G. Non - Tariff Measures to Trade - Economic and Policy Issues for

Developing countries [R]. Developing Countries in International Trade Studies, 2013.

[390] Wei G, Huang J, Yang J. The impacts of food safety standards on China's tea exports [J]. China Economic Review, 2012, 23 (2): 253-264.

[391] Wei G, Hang J, Jun Y. Honey Safety Standards and Its Impacts on China's Honey Export [J]. Journal of Integrative Agriculture, 2012, 11 (4): 684-693.

[392] Wilson L. W. and Anton J. Combining Risk Assessment and Economics in Managing a Sanitary-Phytosanitary Risk [J]. American Journal of Agricultural Economics, 2006, 88 (1): 194-202.

[393] Wilson, John, Otsuki, Tsunehiro, and Majumdsar, Baishali. Balancing food safety and risk: do drug residue limits affect international trade in beef? [J]. Journal of International Trade & Economic Development, 2003, 12 (4): 377-402.

[394] Wilson, Norbert LW Wilson, and Jesus Anton. Combining Risk Assessment and Economics in Managing a Sanitary-Phytosanitary Risk [J]. American Journal of Agricultural Economics, 2006, 88 (1): 194-202.

[395] Wilson, John S., and Tsunehiro Otsuki. To Spray or not to Spray: Pesticides, Banana Exports, and Food Safety [J]. Food Policy, 2004 (29): 131-146.

[396] Wood J, Wu J, Li Y, et al. The Economic Impact of SPS Measures on Agricultural Exports to China: An Empirical Analysis Using the PPML Method [J]. Social Sciences, 2017, 6 (2): 51.

[397] WTO. Agreement On Sanitary and Phytosanitary Measures [R]. Geneva: World Trade Organization, 1995.

[398] World Trade Organisation. The Results of the Uruguay Round of Multilateral Trade Negotiations [R]. The Legal Texts. Geneva, 1994.

[399] Yadav N. Impact of Trade Facilitation on Parts and Components Trade [J]. The International Trade Journal, 2014 (4): 287-310.

[400] Yue C. & Beghin J. C. The Tariff Equivalent and Forgone Trade Effects of Prohibitive Technical Barriers to Trade [J]. American Journal of Agricultural Economics, 2009 (4): 930-941.

后记

本书是我主持的第三个国家自然科学基金面上项目（71673087）的成果集结，感谢国家自科基金委员会和华东理工大学重大交叉项目的经费支持！

本书也是我关于SPS措施研究的第四本专著，前三本分别是《SPS措施对猪肉贸易的影响及中国遵从方略研究》（博士论文改编）、《中国农产品应对卫生与植物检疫（SPS）措施的策略及遵从成本研究》（国家自然科学基金成果）和《农产品SPS措施适度保护水平的形成机理与应用策略研究》（国家自然科学基金成果），分别于2005年、2011年和2017年由中国农业出版社出版。特别感谢中国农业出版社赵刚先生不辞辛苦的编辑和修订！

我的数名研究生参与了项目的研究，他们的贡献主要体现在以下章节中：刘雪梅（第四章4.3和4.5；第五章5.3和5.4；第六章6.3.3和6.3.4）、黄俊闻（第四章4.1和第五章5.2）、濮丽娟（第三章3.3和第四章4.2）、吴倚天（第二章2.5和2.6）、李慧娟（第四章4.4）、陈佳羽（第三章3.1）。感谢以上同学的参与以及他们付出的辛勤努力！正是由于他们的努力，本课题才得以顺利完成！

感谢浙江大学黄祖辉教授、上海交通大学史清华教授和美国密苏里大学Meyers教授三位老师在本项目申报过程中的中肯建议！

特别感谢和怀念我的博士生导师——原西北农林科技大学徐恩波教授，恩师虽离开已两年有余，但他的谆谆教诲永存我心！

感谢本书文稿中引用的中外文作者，正是他们的卓越贡献，才使项目能在前人的基础上更上一层楼。

感谢父母的养育之恩，感谢家人的陪伴！感谢所有在我的人生中给予我帮助和关心的领导、老师和朋友。感谢所有读者！

作 者 简 介

董银果，女，陕西乾县人。1991 年毕业于西北大学经济管理学院经济学专业，获经济学学士学位，1998 年毕业于西北农业大学经贸学院农业经济管理专业，获管理学硕士学位；2005 年毕业于西北农林科技大学经济管理学院农业经济管理专业，获管理学博士学位。

1991 年 7 月参加工作，曾先后在西北农林科技大学、上海大学工作。2015 年进入华东理工大学商学院，现为国际经济与贸易专业责任教授，应用经济学点博士生导师。

工作期间，曾在上海财经大学、西安外国语学院、四川大学等地进修学习，曾先后在英国 Swansea University、德国 Goettingen University、芬兰农业部经济研究所（MTT)、美国 North Datota State University、美国 University of Missouri－Columbia 访问、学习和合作研究。

2005 年以来，曾先后获得国家自然科学基金、科技部软科学基金、上海市浦江人才等多项国家、省部级课题支持，出版学术专著四部、合著 1 部，发表学术论文百余篇，获得陕西省第八届哲学社会科学优秀成果三等奖、重庆市第六届期刊好作品优秀二等奖，国家质检总局科技成果三等奖，上海大学三八红旗手等荣誉称号。现为国家自然科学基金评阅专家、浙江省自科基金评审专家，《中国农村经济》、《农业经济问题》、《国际贸易问题》、《国际经贸探索》等期刊审稿人。

联系方式：dongyinguo2005@163. com

dongyinguo@ecust. edu. cn

图书在版编目（CIP）数据

SPS措施与农产品质量升级的耦合机制研究 / 董银果著. —北京：中国农业出版社，2020.11
ISBN 978-7-109-27629-1

Ⅰ.①S… Ⅱ.①董… Ⅲ.①农产品贸易－国际贸易－研究－中国②农产品－质量管理－研究－中国 Ⅳ.①F752.652②F326.5

中国版本图书馆CIP数据核字（2020）第251005号

中国农业出版社出版
地址：北京市朝阳区麦子店街18号楼
邮编：100125
责任编辑：赵　刚
版式设计：杜　然　　责任校对：周丽芳
印刷：北京中兴印刷有限公司
版次：2020年11月第1版
印次：2020年11月北京第1次印刷
发行：新华书店北京发行所
开本：700mm×1000mm　1/16
印张：20.75
字数：380千字
定价：68.00元
